Felix Römer

# KAMERADEN

Die Wehrmacht von innen

# 窃听

## “二战”美军审讯营
## 秘密监听档案解密

［德］菲利克斯·略莫尔 著
强朝晖 俞悦 高玉 译

译 歌德学院（中国）翻译资助计划

生活·讀書·新知 三联书店

**图书在版编目（CIP）数据**

窃听："二战"美军审讯营秘密监听档案解密／（德）菲利克斯·略莫尔著；强朝晖，俞悦，高玉译. —北京：生活 · 读书 · 新知三联书店，2017.1
ISBN 978 - 7 - 108 - 05722 - 8

Ⅰ. ①窃…　Ⅱ. ①菲… ②强… ③俞… ④高…　Ⅲ. ①第二次世界大战 - 间谍 - 情报活动 - 史料 - 美国　Ⅳ. ① D771.236

中国版本图书馆 CIP 数据核字（2016）第 133981 号

The translation of this work was financed by the Goethe-Institut China.
本书获得歌德学院（中国）全部翻译资助。

责任编辑　唐明星
装帧设计　康　健
责任印制　徐　方
出版发行　生活·讀書·新知 三联书店
（北京市东城区美术馆东街 22 号 100010）
网　　址　www.sdxjpc.com
经　　销　新华书店
印　　刷　北京新华印刷有限公司
版　　次　2017 年 1 月北京第 1 版
2017 年 1 月北京第 1 次印刷
开　　本　635 毫米 × 965 毫米　1/16　印张 29
字　　数　398 千字　图 30 幅
印　　数　00,001 – 10,000 册
定　　价　58.00 元
（印装查询：01064002715；邮购查询：01084010542）

献给瑟塔勒

# 目　录

# 前言

在“二战”中，那些成百上千万为希特勒卖命的德国国防军和武装党卫军士兵究竟是谁？他们为希特勒争夺世界大国地位和攫取生存空间所发起的非正义战争立下了“汗马功劳”。他们出身于纳粹独裁统治下由“雅利安人”占多数的社会的不同阶层，来自不同地区和教派。“二战”后，他们之中的幸存者获得了新的身份：企业家、工人、公务员或职员，还有从政者，甚至还有人又成了军人。

但他们首先是我们的家人，是我们的父亲、祖父和曾祖父，抑或是他们的兄弟、连襟。他们中的一些人如今还活着，但生者是一年比一年少。过不了多久，我们就再不可能与他们面对面交流，倾听他们的声音或感知他们的缄默。借由参战老兵或他们后代的口口相传，几乎每个非犹太裔的德国人和奥地利人心中都还保存着有关“二战”中士兵故事的记忆片段。在社会学家们看来，除了“文化记忆”之外，这种通过书籍、电视节目和博物馆保存下来“用于交流的”记忆，也是我们关于战争集体回忆中重要的组成部分之一。

我们究竟对自己那些手持武器，为一个非正义且近乎犯罪的目标而战的亲戚们了解多少？对他们在战争中的行为、思想和感受又认识到了多少？从我们的亲戚身上去找寻界限、探求身份和心理的矛盾，终归也是对我们自身的探究与反思。面对那些亲爱的父辈们，我们去探索这些可能令人痛苦的过往，除了好奇之外，更需要勇气。

探寻路上的指示牌和里程碑早已剥蚀不清，让人无从判断。从留存下来的老信件和老照片中，常常找不到任何线索。那些战后文学中讲述的故事，我们固然能够理解却不相信，也不能去相信。趁着人还在世，当兵的故事可以一直讲到孙子辈。那些战后文学里通常只描述优秀的战士和关于冒险的小故事，而几乎不涉及战斗本身、死亡和犯下的罪行。这些内容显然被刻意地避而不谈并淡而化之，但从表面上却看不出来。“有罪”这个词更多是作为双关语普遍存在，并且在极少的瞬间得到加强。在这些瞬间里，选择性的叙述模式被打破；在这些瞬间里，尽管还会立刻被重新湮没，但那些被压抑的记忆片段迅速被唤醒，并通过语言和情感表达出来。

哪个儿女、哪个孙辈敢执拗地去问他们的老辈：你都经历过什么可怕的事，又做过什么可怕的事？你过去也是一名纳粹吗？长久以来，人们在关于德国国防军和“二战”问题的公众历史意识方面一直在兜圈子，这种行为于事无补。战后重建那一代人的集体良知，不应因为要对这场罪恶战争造成的伤痕去刮骨疗毒而受到侵扰。刑事追诉以及从科学、道德角度出发去评价的对象，多是那些主要的战犯，特别是纳粹党内和党卫队中希特勒最密切的追随者。而那些身败名裂的老派精英人士——他们之中有军官、外交官、政府高官、司法人员、科学家，还有企业家等——却在纽伦堡审判后不久就归于平静，社会名誉和地位也得到了恢复。纳粹独裁政权的大部分罪犯和帮凶都没有遭受到什么麻烦，其中不少人反而在大量文章、电影、讲演和小说等文艺作品的鼓动下，形成了一种被害者式的叙述口吻：一个叫作“希特勒”的恶魔带领他的小规模犯罪团伙，诱骗了“那些”德国人，并使他们遭到不幸。象征性的代表，就是那些被恶势力煽动参战、然后又被置之不理、“英雄般”承受痛苦并死亡的士兵形象。在这种战后主流文学叙事话语中，德国士兵不仅是受害者，同时也是加害者的事实，就这样被省略掉了。

德国史学界对于纳粹暴政的核心人物态度显得高贵而克制，对普通士兵这样的下层人物也并不关注。20世纪60年代以来，对德国在“二战”中的集体犯罪行为和个人责任问题的批评声音越来越大，同时历史学家们却在新兴社会学理论的影响下，更加热衷于研究凌驾于个人之上的体制结构问题，而不是人本身。直到1995年，汉堡社会学研究所举办的巡回展览——“歼灭战，国防军1941至1944年间的罪行”，才满足了公众对关于战争浅显易懂答案的需求。观展的人们受到了极大震惊，引发的讨论直到今天还在继续产生影响。这场由汉纳斯·黑尔（Hannes Heer）担纲的国防军展览同时也强烈地印证了：国防军整个变成了一座“行进中的屠宰场”，国防军全体士兵出于对纳粹的信仰，成批变作了战争罪犯和杀人凶手，成了纳粹的帮凶。即使后来那次展览因为发现有重大问题而被一个更新的严肃版本所取代，它仍持续地影响着国防军及其士兵的历史形象。这次展览还引发了社会、学界和家庭对此话题的广泛讨论。因为那次展览将过去的每个国防军成员置于质疑之下，它对观看展览和参与讨论的人是否弊大于利，达到何种程度，我们还只能拭目以待。但无论如何，历史研究都会从公众辩论的推动力量中受益。这样的辩论诚然回答不了诸如有多少士兵曾参与战争和纳粹罪行这样的问题——这种问题原本也不是从经验出发就能够解决的。然而，要寻找那些在极端的政治、意识形态以及军事形势影响下，将士兵的“通常”行为转化为侵害和过激行为的外部条件、感知方式和动机状况，也是困难重重。

和那些向自己家人追问纳粹历史的后辈一样，想要探究普通士兵的经历与心态的当代史学者也面临着原始资料的来源问题。由于军事档案记录的侧重点不同，从中获得的战后记忆只是经过层层筛选的结果，当时战地军邮要经过政治审查和自我审查，留存至今的战地日记也寥寥无几。在这种情况下，能发现上万名德国（和意大利）战俘在被英国和美国关押期间的审讯和监听记录，实属幸运。

它将在对德军精英将领的充分调研基础上，带动新一轮对“二战”中普通士兵的研究。这些资料为了解德国士兵在战争中的心态和扮演的角色提供了新的视角。在这些记录中，战友间相互谈论战争和各自的亲身经历，貌似对彼此互无防备，即使谈话对象彼此有个适应过程，也全无像对待战地军邮和面对家人时的那种顾忌。由历史学家森克·耐策尔（Sönke Neitzel）和社会心理学家哈拉尔德·维尔策（Harald Welzer）牵头的学者小组，着手对这些能产生轰动效应的材料进行研究。他们的第一个成果就是由耐策尔和维尔策共同撰写的《士兵们——关于战争、杀戮和死亡的记录》（*Soldaten. Protokolle vom Kämpfen, Töten und Sterben*），该书于2011年一经出版便获得了极大关注。

两位作者按照自己的方式，通过此书阐述了他们的观点，但并不比那次国防军展览得出的结论更为准确。汉纳斯·黑尔和他的团队的出发点，是认为个体思想和行为受社会及其主导思想所决定的历史社会学观点；而耐策尔和维尔策则主要从军队集体化和社会心理学等角度进行论证。他们认为，国防军无休止的战斗行为更多是受当时士兵们实际生活的世界和他们对它的直接感知等因素影响，而非纳粹思想。如果拿意图同客观情境两相对比，客观情境因素才是指引士兵采取行动的关键。因此德国士兵之所以成为战争罪犯，是因为他们是士兵，其行为符合“战争”这个概念范围，在其他类似状况下也会采取同样做法。士兵们的暴力乃至犯罪行为据此被解释成人类本性和普遍的下意识行为，是客观情境和社会力量造成的结果。从这个角度看，意识形态因素和对战争的事先认知只起到了“配角”作用。试想如果在战争的某个领域，士兵们真的始终保持同一种行为模式，就连实施罪行时也一样，那么这场由国防军发动的战争，包括他们在东线战场上最恶劣的行径在内，便都失去了它的特点。

简而言之，士兵们之所以成为杀人犯，一部分人认为因为他们是纳粹，另一部分人则认为因为他们是士兵。这两种归纳性的解读给补充、修正及对其中差异性的研究工作带来了挑战。对于存在缺陷的国防军展览来说如此，对于由耐策尔和维尔策撰写的、引起广泛反响的《士兵们》一书来说亦是如此。尽管该书的论证水平要高得多，但其太着重于立论且观点又十分尖锐，因此也同样激起了反对的声音。目前，耐策尔和维尔策领导的项目团队中的一名成员将这场讨论提升到了一个新的高度，并得出了不同的结论，印证了这个团队的创新潜力和学术自信。

菲利克斯·略莫尔所著本书与《士兵们》一书完全不同，它是本完全体现个人风格和原创性的作品。菲利克斯·略莫尔的博士论文《专员的命令》获得学界的高度赞扬，并凭借此文成为对国防军最为了解的研究者之一；之后，他就开始为耐策尔与维尔策团队的书稿做必要的打磨、润色工作，不放过其中任何一个重要问题。一想到经此人之手完成初次评估的原始资料规模之大：超过10万页美国方面的审讯报告和监听记录，占了为"美因茨项目"所用的英美档案总量的2/3，并还取得较好的成果，就更使人对他的敬意倍增。

本书的阅读方式有很多种——当然也可随时与其他同类内容相对照，以构筑整体印象。首先，这是本值得关注的书，书中德国士兵的自述内容新颖且非常引人入胜；其次，这本书深入透彻地讲述了大量从普通士兵到中下级军官乃至团级指挥官不同等级军人的思想状况；第三，本书还对关于国防军的研究工作进行了权威性的总结。通过本书，读者能了解战俘的拘禁条件以及位于弗吉尼亚州的亨特堡审讯营的有关情况，深入了解政治意识形态和军人气质在其间所起的作用，更是了解有关牢房内战友关系和部队指挥官职责的第一手资料，从而能更好地解读那些士兵们对战争、战斗、死亡和罪行的感知及事实的阐述。对于那些在关于国防军公众讨论中有时只是浅尝辄止而没有深入回答的问题，作者从整体角度出发，给出了全面而多样的答案。菲利克斯·略莫尔对不同战场、武器兵种、兵团名称和军衔级别也进行了详细区分，唯有这样才避免了将大西洋上的U型潜艇艇长、意大利战场上的空军飞行员和东线上的装甲掷弹兵等人的言行混为一谈，避免了那些用"战争就是战争"这样的陈词滥调来消解的差异化；事实上，这些或广泛存在或故意而为的差异是因个人或集体原因而表现出来的。

对于上面提到的有关个人意图和环境因素哪个对“二战”德国士兵行为更具影响力的意见之争，略莫尔的观点基本处于中立。尽管他的这种看法并不像其他论点那么抓人眼球，却具有更强的可信度。从士兵们关于战争的对话中可以推断，行为不仅只靠社会和客观情境中的普遍性逻辑控制，还有诸如文化烙印、社会行为样本及个人立场等因素发挥着影响力。士兵的行为空间是严格受限的，级别越低，限制就越多。可一旦预先设定好范围，行为的回旋余地反而会越来越大。如何利用这种余地，往往要看他们是否在自己的职责范围内遵守了“普通战争”的规则，还是把它变成了“歼灭战”中的犯罪通行证。菲利克斯·略莫尔这本优秀著作的最大成功，也许就在于把德国士兵作为有血有肉的行为主体呈现出来并加以分析，而没把他们纯粹当成客观存在或是毫无思想的机器人。在对叙述对象的重塑中，个性占了很大比重，还体现了他们在特定暴力实践中应负的个人责任以及各种特殊、差别化的责任。本书针对离开历史视野的战争罪犯们做了总结性概述，也纠偏了“战争就是战争”这样追求同一化和相对合法化的陈词滥调的观点。当德国士兵们的自述作为对他们思想状态和个人经历的反映得到严肃对待时，公平也就降临到他们身上——这些自述也是他们作为士兵，除了被动隐忍之外，也是他们主动参与，甚至在极端情况下犯下战争罪行的证据。

与那些曾经参加国防军或者武装党卫队的家族成员的坦诚对话，和那些为我们打开探究恐怖战争中人的心态和遭遇视野的对话，加深了我们对自己家人的理解，最终也是对我们自身的理解。无论出于什么原因，这样的对话绝大部分读者没有经历过，也不可能再经历。更何况，在过去几十年中，人们对这段历史的回忆的不断累积，使得这种交流的认知价值被大大削弱……。正因为如此，这本书中那些如同多声部合唱般的叙述才显得弥足珍贵。从战俘们时常毫不掩饰的坦率中，我们可以真切地体会到他们的感受。那些如临其境的描述，仿佛是从与当年那些士兵无缘进行的谈话中截取的片段一般。

本书将给我们带来两重收益。一方面促使我们对作者字斟句酌的表述再进一步思考。另一方面，它让我们听到了那些男人们最原始的声音，而他们就可能是我们的父亲、祖父和曾祖父。愿这两方面对读者朋友们都能有所裨益。

约翰内斯·许尔特（Johannes Hürter）

2012年8月，于慕尼黑

第一章

# 导言

库尔特叔叔是我未成年时见到的第一个总爱哭泣的成年人。库尔特叔叔其实是我的叔祖父，名叫库尔特·埃尔弗特（Kurt Elfert），同时，他也是我认识的第一个国防军老兵。少年时代，我经常去探望他，我们一起下象棋，谈天说地。从他的身上，我看到了自己从未谋面的祖父的影子。但是，有时仅仅一个词，比如说苏联，就足以让他由满面欢喜瞬间陷入莫名的苦闷。然后，他不再说话，浑身颤抖着，眼中淌下泪水。有一次我在一种完全不同的情境下提到这个词，因为我弟弟弗洛（Flo）要去圣彼得堡做交换生。但是这个平平常常的词对库尔特叔叔来说却意味太多，于是，他一听到这个词，立刻面色大变，然后努力克制着情绪，试图让自己重新恢复平静。每一次，他总是讲不了几句，就泪水涟涟。很多时候，他都通过表达自己对战争的厌恶和对苏联人民的同情，来让自己的注意力重新回到战事本身。不过，他到底经历过什么，我永远都无从知晓。后来，我又见过其他老人在我面前哭泣。其中一个是我在弗莱堡军事档案馆遇到的，这位老人是去那里寻找自己的故事。然而，他的哭泣又与库尔特叔叔有所不同。在他痛苦的回忆中，既有垂死的战友和可怕的肉搏战中咬破颈动脉的画面，也有在东线战场上驾驶坦克的骄傲与自信。

但有些国防军老兵却从来不哭，比如我们的邻居君特（Günter）。干吗要哭呢？留在他记忆中的，都是快乐的事情，比如说与基尔警备司令女儿之间的风流韵事。君特原本想加入武装党卫军，但是却成了一名后勤兵，一直到战争结束，也没有上过一次前线。另外一个也叫君特的，是我家另外一个亲戚，他甚至在讲述战争场面时，也从不会哭。即使在讲到自己作为一名年轻的党卫军士兵，如何在战争尾声的维也纳之战中射杀红军战士时，他的声音也没有任何变化。

然而，我却再也没有机会向我祖父询问他当年的经历了。我的祖父埃尔文·略莫尔（Erwin Römer）1939年9月应征入伍，1945年5月3日阵亡，时年仅36岁。没有人知道他为何在1939年10月——入伍仅仅几周之后——申请加入纳粹党，[1]也没人能够解释，他为何在战争行将结束的那个清早，在巴伐利亚州基姆湖（Chiemsee）畔的小镇瓦京（Waging）丢掉了性命。瓦京医院的死亡证明上除了“失血致死”（阵亡）之外，没有其他说明。[2]在当地教区纪事里，也没有任何有关这一天的交战记录，而仅仅提到了一次在夜间误发的“教堂钟声警报”，以及在场的党卫军部队与其他国防军部队之间的“严重争吵”——事涉应不应该继续留守的问题。[3]美军第一支部队到达瓦京的时间是1945年5月4日的清晨，恰好是埃尔文·略莫尔刚刚离世的时间。[4]除了他的军人墓地之外，还有几个干巴巴的数字，周围人对他的一些粗略记忆，以及一直放在我祖母房间的穿着制服的肖像照，有关他的资料已所存无几。

相比而言，我的外祖父则幸运得多。他留下的痕迹，也比我祖父多得多。我的外祖父维尔纳·兰普（Werner Lamp）生于1904年，是后备军的一员，开始他是在东线战场服役，后来去了非洲。1943年5月，他在那里被俘，并以此结束了他的“战争”生涯——他甚至没有打过一次仗。与我的祖父不同，外祖父留下了堆积如山的资料。因为在战场上，他几乎每天都给家里写信。从这些信件可以看出，外祖父为能够穿上国防军制服深感自豪，并且打心眼里“感觉自己是一名军人”。[5]他在信里称呼他的小儿子是“伟大的士兵战友”，[6]他认为自己在距前线一公里远的后方所做的是“一个美好而充满责任感的工作”。[7]他强调说，他“很喜欢在这里做事”，[8]这也是因为他“和战友们相处得非常融洽”[9]的主要原因。军人精神、义务观念和战友关系——这些是维持纳粹军队运转的最大动力，我们在本书中还将不断地观察到这一点。而政治路线上的忠诚，在这里甚至是可有可无的。事实上，在这位来自汉堡阿尔托纳区（Hamburg-Altona）、信奉鲁道夫·斯坦纳（Rudolf Steiner）人智学的国防军老兵身上，几乎完全感觉不到这种政治忠诚的存在。在他富于爱国情怀的家庭中，显得格格不入，因此在很大程度上他真是形单影只。与他反差最大的是兄弟姐妹中最小的那一个：弟弟赫尔曼（Hermann），他完全被希特勒和纳粹思想洗脑了。1941年10月28日，维尔纳与赫尔曼在东线某地的战地影院不期而遇——在漫无边际的战场上，兄弟俩的相遇是一次意外的惊喜，两个人都感到“不可思议”“开心极了”。[10]为了定格这次偶遇，两人拍摄了一张纪念照。

这是一对境遇悬殊的兄弟：赫尔曼身着精英坦克部队的特殊制服，翻领上有铁十字勋章，胸前别着重伤勋章——这两个标志是在向每个人展示其佩戴者在战争中获得的荣誉。相反，维尔纳的空军制服非常朴素，没有任何装饰，也没有勋章。尽管他身上不乏军人气质，但是从他的站姿可以看出，与身边面容严肃的弟弟相比，明显逊色了不少。这张合影所呈现出来的面貌，是国防军内部巨大反差的真实写照。

这些来自我家庭的几位国防军士兵，他们每个人的经历都独具特色，但是从某种角度来看，又具有一定的典型性：就是个人经历与“二战”所走过道路的多样化，以及经验、命运和自我反思方式的差异性。毫无疑问，在大多数德国和奥地利家庭中，都能找到一个与此相似的多样化图景。我们在本书中还会经常遇到这一基本模式：国防军的构成是复杂多元的，正如招募这支队伍的社会一样。出身和经历对他们的影响差距之大，可以导致完全相反的士兵生涯。为此，我们可以找到许多对比鲜明的例子。有时，这一点也有可能在同一个家庭中得到反映——就像这对悬殊巨大的兰普兄弟一样。同样具有代表性的是，我家的两位国防军

插图 1：东线战场上的偶遇，摄于 1941 年 10 月 28 日

老兵对待自己战争经历的态度也是迥然相异。其中一人在当兵时就已习惯了暴力行为，在战后也能平静对待这些回忆；而另一个人却对战争始终无法释怀。但是，导致我们对两位家人的战争经历理解不同的原因或许也在于，我们对他们的了解实在太少。祖父埃尔文从开始到战争结束，除了几次短暂中断外，几乎一直在国防军服役——但是除了他最初所在的部队和最后的军衔之外，别的我们就几乎一无所知。尽管外祖父维尔纳从战场寄给家人的信件大都被保留下来，但是他在信中写给妻子的只是一些日常的琐事。仅仅是通信本身，便已占据了巨大的空间：兴奋地写信和读信，信件及包裹的发送和收取；还有，就是远在家乡的三个孩子，以及在汉堡遭到频繁空袭的时候，他对妻子和孩子们的担心和挂念；最后是在国防军的服役生活——“工作”，“活动”，“战友”，伙食，福利，“大自然”，以及闲暇时的“散步”。战争真正包含的东西，他却只字不提——人们丝毫不会注意到，这些信是寄自一场人类历史上最血腥的战争之中。这就是战地通信的特点：士兵们写信的主要目的，并不是为了记录自己的经历和思想。他们之所以写信，更多地是为了能够短暂逃离前线生活，为了能够在写信的那一刻让自己的意识重新回到家人身边，并从家人那里获得情感上的支持。他们在信件中，会有意回避那些有可能引起家人不安的话题。在维尔纳·兰普写给妻子的信中，反复出现的内容就是：“你真的不用害怕”，[11]“不要为我担心”。[12]审查和自我审查所导致的结果是，作为史料之一种，这些战地通信所提供的信息价值是有限的。对士兵来往信件进行检查的军队邮政检查站，也早已注意到这一点。甚至在东线战事最紧张的那个月——1941年12月——审查人员在对几千封信件进行检查后得出结论，“大部分信件（93%）的内容都平淡无奇”。[13]所有信件几乎都是“对来信的回复，里面提到的只是家庭或个人的私事，或是对生活状况、驻地环境的客观描述。信中没有一句提到写信者对这些事情的看法，或能让人从整封信的内容推测出写信者的态度”。毫无疑问，这些特点与我外祖父维尔纳·兰普绝大多数战地邮件的内容完全吻合。在战地通信中，士兵们描绘的是什么样的场景很大程度上取决于收信人是谁。这一特点在战后库尔特叔叔的家中依然很明显。从1941年到战争结束，他一直在东线战场作战——他对这段经历的讲述，往往会随着谈话对象的变化而变化。[14]在大范围家庭聚会的时候，比如说过节，他喜欢讲一些战场上发生的轶闻趣事。而他所讲的，几乎都是关于开小差或是发生在战友身上的糗事。而面对最亲密的家人，例如，两个女儿，他会跟她们讲述一些相对沉重的经历，常常讲着讲着就情绪激动得难以自已。在儿子面前，他总是有意识地选择轻松的故事版本——在父子之间，关于战争的话题从来都不会展开，所以他的儿子从来没有见到过父亲在讲述战争时情绪失控的样子。同女儿们不同的是，儿子自始至终都对父亲从苏联带回的精神重负——伴随他一生的噩梦，偶尔发作的吗啡瘾，还有无法克服的对森林的恐惧——一无所知。甚至对自己的女儿们，库尔特叔叔往往也会及时中止谈话。只有在他的妻子葛楚（Gertrud）和我的面前，在谈到苏联的时候，他才会任由泪水在脸上流淌。这些便导致在同一个家庭中，每位成员对战争的理解是各不相同的。在这些版本中，哪个版本更接近库尔特叔叔在当兵时实际经历的战争，没有人能够判断。回忆总是发生在当下，并随着时间流逝和需求的不同而变化，因此往往不可信。

此前，所有的文献只能为我们提供了解国防军内部的有限视野，因此眼下这批新的史料的发现堪称是一件幸事，它比以往其他任何类型的史料都能更接近真实地再现国防军士兵的心理状态：这就是“二战”盟军审讯营的秘密监听记录。从1939年起，英美盟军开始运营这种特殊的拘押营地，他们在里面通过隐藏的话筒偷听德国战俘的对话，并把它们记录下来。关于数千名普通国防军士兵的窃听记录和审讯报告加在一起，厚厚一大摞，远超过了10万页。这些原始资料构成了迄今为止内容最丰富、范围最广泛的“二战”德国士兵自述。从信息价值之大来看，盟军审讯记录堪称是一部独一无二的国防军意识形态史。

如我们所见，战地通信常常有检查和自检之嫌，而私人日记只能出自少数受过教育的人之手。官方的国防军文件，只能反映出军队领导层的观点。追溯性质的回忆录，大多反映的是回忆者当下的思考和生存状态，而并非是回忆的事件本身。相对而言，监听记录则远离了这些源头上的问题。这些资料产生于它所记录的事件刚刚发生后不久、在战争仍然持续时，常常是这些德国兵被俘仅仅几周之后。其最大的价值，在于讲话者在谈话时的坦诚。这些被俘的国防军成员谈及的话题，几乎涉及一切：从他们的打仗经历，到对希特勒和纳粹的看法，直到对战争罪行的态度，他们对任何话题都毫不回避。士兵们不用像在战地通信时那样有所顾忌，因为在这里，每个人的处境都毫无分别。那些不擅长书写的普通国防军成员，可以更干脆更直接地说出自己的心里话。尽管这并不意味着，审讯营内的士兵们没有根据面前的谈话对象而斟酌自己的言辞。但也正因为如此，监听记录才能更加真实地反映出这些男人作为国防军士兵的角色。当然，如今已不可能再核实他们在这里所说的话是否全部与事实相符。正如我们所看到的那样，很多人的叙述都掺杂着自己的感受。事实究竟怎样，未必是最重要的，关键是这些士兵主观上对事实的态度究竟如何。这恰恰是盟军窃听记录作为史料的真正价值所在：人们可以通过士兵们的眼睛来观察德国国防军和“二战”。

当下，这些窃听记录对国防军历史的研究起到了巨大的推动作用。从我们在美因茨、埃森和罗马的研究项目“战争参照框架”得出的结论可以看出这点。[15]森克·耐策尔和哈拉尔德·维尔策在其开创性作品《士兵们》一书中，成功地做到了变换另一个角度来看待普通国防军成员的“战斗、杀戮和死亡”。基于这些新的史料，他们主张应“停止对意识形态因素的高估”，这是目前与国防军相关的历史书写中经常出现的问题。[16]在对英国战俘营的窃听记录进行分析之后，他们得出一个明确结论：个人态度才是决定士兵行为的最重要动机。从这一点来看，大部分国防军成员并没有树立一个稳固的世界观。于他们而言，在前线阵地上，他们对士兵具体角色的理解，比任何抽象的理论都更重要。行动的那一刻，他们自己的意图无论怎样都毫不重要。他们更多的是被现实所推动，因为现实的力量远比其自身更强大：情境压力和动力，社会环境的从众压力，战友和上级的期望。在关于战争中的行动是受意图还是情境支配的研究和讨论中，耐策尔和维尔策将重点推向了后者。[17]这是他们所取得的一大研究成果。他们借助于社会心理学的解释模型理论以前所未有的方式清楚地展示出社会和情境压力是决定国防军士兵行动的关键——正因为如此，在战争环境中的特定情形下，这些男人几乎是无所不能的。

但是仍有一个问题尚无答案。我们不知道是否所有士兵都在同等程度上发自内心地对这一“战争参照框架”表示认同。根据目前现有的来自英国的窃听记录，这个问题仍未能得到解答。这个答案之所以空白，其原因就在于这些史料本身。因为此前来自英国审讯营的原始档案，绝大多数并没有任何关于被监听的国防军成员的其他说明。甚至连他们的名字，也往往未被提及。有可能因年龄和社会经历而导致的性格差异的产生，也同样只字未提。如今，这份新的档案资料有可能使普通国防军士兵的生平经历与心理状态之间的关系变得明朗。在本书中，这份档案将首次得到分析和评价：这份来自英美联合审讯营的监听记录和审讯报告，远超过102000页。同来自英国的资料不同的是，这些来自美国审讯营的卷宗里包含着关于被窃听国防军士兵的性格和生活经历的详细介绍。正是这些原始资料的出现，才为我们研究这些士兵的不同生活环境对其造成的影响——正如前面我家人的例子那样——成为可能。简而言之，我们将在本书中一再确认这一事实：无论在任何情况下，个性特点都必然会导致差异产生。

来自美国的资料揭示了士兵们的社会背景、“二战”经历及其个人观点，同时也显示出，这些因素之间存在怎样的关联。成百上千名普通国防军士兵的鲜明个人形象，以这种特殊的方式得以呈现。在美国留下来的这些卷宗中，总共出现了大约3000名德国士兵。就“二战”期间在国防军服役的大约1700万名士兵而言，这只是很小的一个截面——但它比我们以往所看到的任何一个截面都大得多，也更接近事情的本质。至少，它足以让我们实实在在地了解到，在阴雨绵绵的天气里，那样带有群体性特征的普通国防军士兵到底有着怎样的想法和感受。假如我们家人当中的那些国防军士兵也曾是秘密审讯营战俘中的一员，并在那里被窃听，他们大概会怎么说？由于这些文件涉及的只是一个人数很少的士兵群体，因此，在今天的德国国防军后代中，只有很少一部分人能够让自己对父辈的疑问得到解答。在美因茨大学，我们专门创建了一个网站，将所有在档案中留下记录的国防军士兵按照字母顺序加以排列，士兵的家属们可以通过这一途径从我们这里获取相关文件的副本。[18]对那些已经借此获得资料的家庭而言，一段他们以往几乎一无所知的历史由此而露出了真相，尽管这一过程偶尔也会伴随着痛苦。对于其他所有人而言，这些尘封已久的卷宗可以说极具代表性，它让我们了解到，当普通的国防军士兵们谈到“他们”的战争时，通常是如何互诉心声的。本书将以此作为基础，为读者讲述一部原声的德国国防军心灵史。

我们将分十章来进行讲述，每一章都可以独立成篇。在“导言”之后，我们将在第二章把目光投向美国审讯营，即本书基础——那份档案产生的地方。这个秘密营地的运营本身，就是一段扣人心弦的故事。对我们而言，认识到这一点十分重要，它有助于我们判断，那些产生于此的资料到底有多大的说服力和可靠性。另外，这些被俘的德国士兵即使在被监禁过程中，仍然表现出某些具有国防军特征的行为模式。在第三章中，我们将探讨一个在国防军研究中备受争议的话题：纳粹军队的意识形态化程度。资料显示，很多士兵都是不关心政治的——但这并不意味着，政治对他们没有产生影响。第四章主要是涉及那些决定士兵们行为的价值和标准：国防军的军人伦理。在这里我们可以确定，几乎所有的国防军成员都拥有某种共识，但同时也存在明显的差异。接下来，我们将在第五部分讲述国防军的社交文化。士兵们日常生活的内容堪称贫乏，而更多的是战友之间的相处。在他们记忆中留下积极印象的，除此几乎无他。但是我们也会看到，由于战友的数量极为庞大，因此，其关系在实际中自然也是矛盾不一。在第六章我们看到的是，士兵们如何讲述他们在战争中经历的事情；他们如何面对屡屡的败仗，还有敌军对家乡的轰炸？他们是否相信纳粹关于所谓奇迹武器的宣传？当潜水艇不断由驱逐艇变成被驱逐对象时，它们的驾驶者是怎么想的？士兵们从这些经历中所得出的差异性结论充分反映出，他们的感受程度取决于其个人对这些问题的态度和立场。第七章描绘的对象是国防军中下级军官——一旦抛开这一群体，我们将无法充分了解战场上所发生的事情，因为这些身处最前沿的人对战争的进程发挥了决定性作用。接下来我们将在第八章探究战争的核心：前线的战斗和死亡。我们将从士兵的角度去重温战火，去想象士兵们中弹或死亡发生时的情景，以及当事者在那一刻的所闻所感。在第九章，我们将进入“二战”最黑暗的一章，关于战争罪行和大屠杀的问题。毫无疑问，在战争状态下，绝大多数人都有可能做出极端之事——尽管如此，士兵们并不会在同等程度上赞成任何形式的暴力。正如我们在所有章节所看到的一样，国防军成员的态度主要取决于其自身的经历。在最后一章，我们将归纳前面的内容并做出结论。我们将确定地发现，国防军当中的每一个个体受集体和现实的影响是多么大。对于一个正处于战争中的军事组织而言，怎会有其他可能性存在？大部分人都是随大溜，做着与别人一样的事——但是仅仅凭借这一论断，并不能概括德国国防军的整部历史，因为随大溜的形式也是各不相同的。在既定的限度内，可以有形形色色的诠释，甚至有可能是截然相反的观点。尽管士兵们的行动空间常常很有限，但有时却关乎生死。如何充分利用这些空间，往往是偶然的、即兴的，更多是个人的，而很少是统一的。无论怎样，国防军的异质性都是构成其历史的一部分，值得我们去关注。为了从内部展示国防军，本书采用了定性与定量相结合的方法，既参考了军事史与社会史的理念，同时也借鉴了社会学的解释模型理论。如果读者读完本书后能够清楚地发现，整个战争离开个人的参与便无法运转，那么本书的目的也就达到了。

## 第二章

# 在战俘营

1944年9月11日，星期一，中午时分：大巴车停下，乘客们猛地往前一倾，发动机熄灭。外面发生了什么，里面的男人们无法看到，因为这辆车没有窗子；也没有人告诉过他们车子将驶往何处。当前门打开，他们被要求下车时，才明白，他们已到达其作为战俘的奥德赛之旅的另一站。外面的美国大兵向车里张望着，这些人身穿卡其色制服，手握冲锋枪，其中一个牵着一条拴着皮带的警卫犬。现在，乘客们一个接一个地下了车：一共15名德国战俘，都是几周前在意大利和法国前线落入美军之手的。[1] 虽然这个小组人数不多，但却像整个德国国防军一样人员混杂。其中最小的还不到17岁，是前希特勒青年团团员，年龄最大的已45岁，成长于帝国时期，其年纪足以做前面那一位的父亲。他们当中那些身经百战的人从“二战”开始就已经在希特勒军队服役了，参加过攻打波兰和法国的战役，部分人长期在东线作战——而那些初出茅庐的人在被俘时，才刚刚加入国防军没几周，还有些人虽然当了很久的后勤兵，却从来没有打过仗。这些士兵也通过其各自不同的立场展现出迥然相异的面貌：其中几个被美国人定性为“纳粹分子”，其他人则是“反纳粹分子”——两派人在封闭的车厢内就已经被安排分开坐。新来的这一组战俘反映出德国国防军的世界观差异，而绝非仅仅是在参军年限、阶层、军衔、兵种方面的差异以及经验与举止的差别。

这些从没有窗户的战俘运输车内走出来的男人们，都是非常普通的国防军士兵。有些人是因为具备军事方面的专业知识而被带到这里，而有些仅仅是因为入伍前的职业——具体的原因只有美国人才知道，战俘们只能自己猜测。现在从车上下来的是18岁的二等兵海因茨·金策尔（Heinz Kinzel），一位来自厄尔士山脉波考（Pockau）的普通步兵。[2]1944年6月6日，盟军登陆诺曼底的第一天，也是他第一次投入战斗的那天，他就被俘了。美国人想从他这里获知拉贝河畔乌斯季一家化学工厂的详细信息，参军之前他曾在那里工作。接着下车的是29岁的库尔特·亨士克（Kurt Hentschke）——在美国人眼里，这是一个典型的"纳粹"[3]。同年轻的战俘金策尔不同的是，他代表经验丰富的老兵。1939—1944年，亨士克共参加了位于西线、东线和南线的4个不同战场的战役。在此期间，他有大约一年半的时间"免服兵役"，在为德军生产军火的梅塞伯格容克斯工厂做涡轮机技术员。主要就是出于这个原因，他现在才被美国人带到了这个秘密地点。

接着，一名一头棕发、戴着圆眼镜的士兵出现在战俘运输车的门口。他跟亨士克年龄相仿，也有着类似的一度中断的从军生涯，但中断的原因则完全不同。曾出征法国但却一仗未打的他，曾被国防军除名——因为根据《纽伦堡种族法》，他的妻子是"半犹太人"。1943年底再次应征入伍之后，他在意大利前线的战斗中仅度过了短短8天：1944年6月7日，他在罗马向美军投降。他之所以被划为"反纳粹"一类，是因为1933年他曾作为年轻的共产党被纳粹关押在达豪集中营数周。头一面，他便给美国人一种"健谈、诚实、聪明"的印象——所以他们希望能从他这里获取一些真实的"有关德国心理和政治状态的信息"。[4]那时他在任何人眼里还都一文不名，没有人会想到，不出10年的时间，他便凭借根据自己中断兵役的经历创作的自传体小说《自由的樱桃》（*Kirschen der Freiheit*）而声名鹊起。他就是来自慕尼黑的30岁上等兵——阿尔弗雷德·安德施（Alfred Andersch），后来他成为了德国最有影响力的小说家之一。

安德施环顾四周，眼前的场景他早已习以为常：双层铁丝网，高高的瞭望塔，武装警卫，木板搭成的营房。目光所及，仅此而已，因为望向远方的视线被四周环绕的树林挡住了。安德施看到面前有一栋砖石建筑，四周有高墙环绕，后面稍远处，是一座瞭望塔——一位美国大兵拿着冲锋枪盯着他和他身后的新战俘们。从他所在的前院的位置，安德施无法知道，他所面对的其实是一个由四座长方形建筑组成的十字形的建筑群。他也无法看到，高墙的后面还有另一栋建筑物，里面有一条长长的走廊，走廊两侧的门依次编号，门后面正发生着最机密的事情，这也正是这个营地本身的秘密所在：这一刻，各个房间内坐着美国情报人员，他们头戴窃听设备的耳机，监听和记录着十字形建筑内各牢房里德国人之间的对话。安德施没有时间多做停留，因为他和被俘同伴一下车就被带到了屋内。他们排着队进去，经过一条长长的走廊。在走廊的中间站着一位全副武装的美国大兵，他站在四个建筑物的中间交叉点上，因为他可以从这里监视通往各个方向的每一条走廊。再走几步之后，这些男人被带进一个房间——在这里，所有人都在一条长凳上坐下。安德施有可能被第一个叫到，因为按照姓氏的字母顺序，他排在第一个。同其他人一样，安德施首先要接受战俘营的入营登记审查。[5]他被带到旁边的房间内，坐到一位美国军官的对面。安德施按要求说出自己的名字和个人信息，并交出所有随身携带的资料。他对审讯这类事情早已了如指掌，在意大利前线他曾经历了第一次审讯，这段经历后来被他写进了自己的小说。[6]美国军官拿出一张表格，记下安德施的信息，然后示意守卫带他出去。安德施被带到一间更衣室，按要求脱光衣服，淋浴，然后接受医生的检查。现在他拿到了自己的囚服：蓝色制服的上衣胸部和裤腿印着白色的粗体字母“PW”——“Prisoner of War”（战犯）。然后，安德施沿着长长的走廊往回走，经过很多扇关闭着的门，直到带领他的守卫停下来，打开第24号牢房。安德施走进去，身后的门被锁上。面前是一个简陋但不失整洁的房间，有着高高的天花板，两张床，两条长凳和一张固定在墙上的桌子，窗子装着铁栅栏。安德施一个人待了没多久，下午14点门又开了，他有了一个室友：24岁的二等兵海因茨·巴尔策凯维奇（Heinz Balcerkiewicz），之前在大巴上，安德施曾和他挨着坐。这位来自柏林的小伙子是第65步兵师的步兵，最后一次作战是在罗马，在那里他比安德施早两天被美军俘虏。两人再次相见，很快就攀谈起来。他们不知道，屋顶上藏着的麦克风，能捕捉他们的每一句话，然后将所有信息通过埋在地下的电线传输到旁边的窃听建筑内：在这里坐着美国二等兵佩列·巴德（Perre Bader），他正用笔同步记录两人的对话。两人的第一个话题是询问彼此的近况：他们问对方，为何来到这里，他们感觉这可能不是一个普通的营地，要不然不会用一个封闭的大巴运送，他们甚至怀疑，房间里有可能安装了窃听装备。[7]但是这并不影响他们像其他战俘一样，彼此敞开心扉，无所不谈，无论是关于前线还是在“第三帝国”的经历。[8]每一次，面对审问他的美国审讯官，安德施都采取了类似的坦诚态度。他跟他们交代了他对德国局势了解的一切，甚至还写了一份很多页的报告给他们。几天之后，安德施被换到了另一间牢房，在那里遇到了新的同伴，并跟他们一起讨论纳粹对犹太人的迫害行为。新室友格尔哈德·席尔德（Gerhard Schild）后来还成了他的一部文学作品中的人物原型。[9]一周之后，安德施便离开了这里。1944年9月19日他再次登上那辆没有窗子的大巴车。这次的目的地是位于马里兰州米德堡（Fort Meade）的临时营地，后来安德施又从那里被带走，到了路易斯安那州的拉斯顿营（Camp Ruston），一座正规的战俘营。安德施的名人履历中的一段空白期就此结束：这是一段直到不久之前仍然无人知晓的空白，正如这座数十年不为人知的秘密营地一样。安德施在这一周究竟去了什么地方，他或许永远都不会知道，就像其他有着同样经历的大部分同伴一样。所以在他的各种自传体小说中，没有一部曾经提到过，他曾是被关押在这里3000名德国士兵当中的一员：靠近华盛顿的弗吉尼亚州亨特堡联合审讯中心（Joint Interrogation Center）。

## 亨特堡

安德施更不会料到的是，这个秘密审讯营的存在，与另一位未来的小说家有着莫大关系，这位小说家的作品后来在全球征服了上百万读者。这件事还要追溯到1941年夏天，当时美国和英国正在着力加强情报方面的合作。英国人一向是现代情报界的鼻祖，在他们看来美国人在这一领域还差得很远，尤其是在利用敌军战俘的方法问题上。1941年6月，英国海军情报局局长、海军上将约翰·戈弗雷（John Godfrey）在考察华盛顿时也得出同样的结论。[10]在与美国当地官员会谈之后，戈弗雷了解到：英国人必须要为他们未来的战争伙伴提供发展援助。于是，1941年6月中旬，戈弗雷把自己所掌握的英国审讯技术和监听方法向美国人和盘托出，包括书面材料。[11]他的做法得到了其私人助理的支持，这位私人助理是位33岁的海军军官，其军衔跟后来他的小说中世界闻名的人物形象毫无分别：他就是海军中校伊恩·弗莱明（Ian Fleming），后来的"007"詹姆斯·邦德系列作品的作者。1941年6月25日，弗莱明在华盛顿向美国海军外国情报部门（Foreign Intelligence Branch）负责人汇报了英国审讯营的运行模式：

> 在第一个营地关押了10天到两周的时间之后，战俘们被带到一栋专门为他们布置的民宅内，他们可以在这里放松自己，并适应周围的环境。在接下来的时间里，他们将在这栋民宅里反复接受讯问。另外，屋子里的各个房间都装备有话筒和接收设备，这样犯人们的对话便可以被分别记录下来并加以分析。犯人们肯定也会怀疑房间内安装有话筒，也仔细检查过他们的房间，但是这些设备隐藏得太巧妙，没有人能够发现。[12]

海军中校弗莱明指出，对战俘的整个审讯事务，无论是上次战争期间英国人积攒的所有旧经验，还是这次战争当中产生的新经验，都非常精细复杂。

弗莱明汇报的情况受到了高度重视，因为早在一年前，当英国人的审讯方法引起美国外交官的注意之后，美国方面便已对此萌生兴趣。[13]现在他们已彻底心悦诚服。几天之后，美国海军情报局决定建立一个自己的审讯营，并明确表示将以英国审讯营作为样板。[14]1941年秋天，美国派一位军官到伦敦学习英国的营地系统——伊恩·弗莱明在6月份的谈话中称之为一个“精妙绝伦的主意”。[15]最终的决定由部长层面作出：岁末年初的时候，陆军部（War Department）和海军部（Navy Department）就在东海岸和西海岸各建一处联合审讯中心（Joint Interrogation Center）达成一致——营地由两个军种的情报局共同运营，即美国陆军军事情报处（MIS）和美国海军情报办公室（ONI）。[16]直到春天，他们才落实资金和审批手续，并选定地点、人员和设备。[17]1942年夏末和冬天，两个营地终于投入运营：位于加利福尼亚州的特雷西堡（Fort Tracy）和位于弗吉尼亚州、首都华盛顿以南数英里远的亨特堡——从华盛顿的总部出发，沿着波托马克河（Potomac River）风景如画的滨江道行驶半个小时即到。营地的任务是：获取“战略情报”，也就是极为重要的军事、技术和政治信息。美国既希望获得有关敌方军事结构、战略战术、武器和装备的有价值信息，同时也希望能够描绘出一个尽可能精确的敌方形象，了解德军的内部生活和思想。

这两个审讯中心是全球网络的一部分，这套体系在当时是独一无二的。其核心是1939年春天建立的联合服务审讯详情中心（Combined Services Detailed Interrogation Center，简称CSDIC），最初设在伦敦塔，后来迁到了伦敦城外的特伦特公园（Trent Park）。在这里，英国人将德国高级参谋官和将领关押在一座民宅式的建筑里，并对他们施行窃听。[18]后来，其他营地也仿效了这一手段。1944年夏天，英美盟军最终在五大洲建立了一个部分共同运营的秘密审讯中心（Secret Interrogation Centers）系统——包括开罗、新德里和布里斯班。[19]除了审讯中心，还有行动在战场前线的无数特派团和战术审讯小组。[20]作为一项创新发明，英国人载着整套的移动审讯装置（Mobile Interrogation Units）在前线后方到处跑，就像一处处车轮上的审讯营，在军事区安装有窃听装备的帐篷营房里对战俘们进行窃听。[21]这种久经试验的方法，直到战争结束之后还在被人使用。人们还在特殊营地，如“垃圾桶”［指专门关押德国高级战犯的“中央大陆第32号战俘营”（Central Continental Prisoner of War Enclosure No.32），代号“Ashcan”（垃圾桶）——译者注］，窃听高级战犯，诸如戈林（Göring）、里宾特洛甫（Ribbentrop）或者约德尔（Jodl）。[22]美国人试图通过“回形针计划”（Project Paperclip）来获取被俘的德国科学家的知识。[23]“二战”期间，其他一些国家也曾对他们的犯人进行监听，纳粹德国就是这样。同西方盟军的全球高精细的系统相比，在靠近法兰克福的奥贝鲁尔塞尔（Oberursel）的所谓“Dulag Luft”（用以关押盟军飞行员和空勤人员的转移营——译者注），德国的装备只能算业余水平。[24]

美国的窃听行为是高度保密的。为了对亨特堡和特雷西堡进行伪装，他们为这两处起了隐秘的别名：在通信当中，营地只作为第1142号邮箱（P. O. Box 1142）和第651号邮箱（P.O.Box 651）出现，以便给人造成一种印象，似乎这两处地址不过只是邮政信箱而已。[25]为了瞒住红十字会，他们在内部将营地划归为“临时拘留中心”，并避免将营地的名字收录在正规战俘营的清单上。[26]实际上，审讯中心是作为“黑营”运营的——战俘们跟外界没有任何联系。保持机密对美国人而言甚至比正义还要重要：在对战犯进行刑事诉讼时，他们有意不把在审讯中心取得的有关德国战争罪行的记录作为证据提交，因为如果交了，他们的伪装就泄露了。就连那些承认在亨特堡谋杀美国战俘的德国人，也因此被无罪释放。[27]审讯营地的工作人员也被判保持沉默。战争结束后，也禁止对营地的工作人员进行公开表彰——尽管各参与单位得到了嘉奖，但是却不得对外公开。[28]对每个人而言都一样。所有在审讯营工作的情报人员，都需要提前签署保密声明。[29]绝大部分的退伍老兵甚至都对自己的家人隐瞒了几十年，直到50年之后才首次对外公开。[30]这时亨特堡营地早已被夷为平地：那里的建筑在战后被完全拆除，原来的地址被改建成一个公园。唯一保留下来的只有营地记录下来的浩瀚卷宗：20世纪70年代，这些卷宗被移交给美国军方，之后在位于华盛顿的美国国家档案馆沉睡了约40年，世人对此几乎一无所知。[31]

在加利福尼亚州特雷西堡营地，对以日本人为主的战俘的监听几乎没有留下任何资料，营地的预期效果并没有实现。[32]而对面东海岸却完全相反：亨特堡的“德国作坊”不仅证明了其运营者，同时也证明了上级指挥机构所创造的“巨大价值”。[33]甚至他们的英国盟友也对其美国“门徒”“意想不到的卓越成果”肃然起敬。[34]美国海军情报办公室的男人们认为这些材料实属“夺人眼球的东西”，比如那些以此窃取到的有关德国新型声学鱼雷以及潜水艇换气设备、无线通信和战术等秘密信息。[35]美国海军情报办公室深信他们的这些发现对盟军获胜起到了至关重要的作用。[36]在亨特堡获取的信息是否当真对战争过程产生了如此重大的影响，是一个难以回答的问题。人们必须为此进行专门研究，以便了解那些窃取到的信息在美国错综复杂的军队系统中是如何被利用和付诸行动的。人们至少可以据此衡量，以亨特堡调查的情境状况为基础的心理战争到底产生了哪些影响。[37]无论如何，可以肯定的是：美国情报局在亨特堡所收集的资料是极其庞大的。毫无疑问，截至目前，没有任何战争中的一方对其敌人的了解，能够达到当年英美联军对轴心国的熟悉程度。他们在亨特堡探听到德国无数轰炸目标的精确位置，收集了各种各样武器、车辆和装备的详细技术数据，并且还掌握了很多有关德国国防军结构和习惯的信息，包括对手的心态和政治信仰。然而，美国人了解最多的还是有关国防军士兵诸多个体的信息。

1943年，亨特堡管理部门开始正式行使职能之后，秘密情报人员在这里为每一位战俘建立了一份相应的档案——将在其关押期内搜集来的与其本人相关的所有信息都放在这个文件夹内。档案被细心地收存起来，几乎每一份信息都有一份对应的表格，文件的格式也有明确规定。[38]正是由于这些繁琐规定的保证，才使得今天的人们能够从战俘档案中了解到如此众多的有关记录在案的国防军士兵的信息，并对其进行对比。因为原则上，所有档案中的内容构成都是相同的。在任何一份战俘档案中，

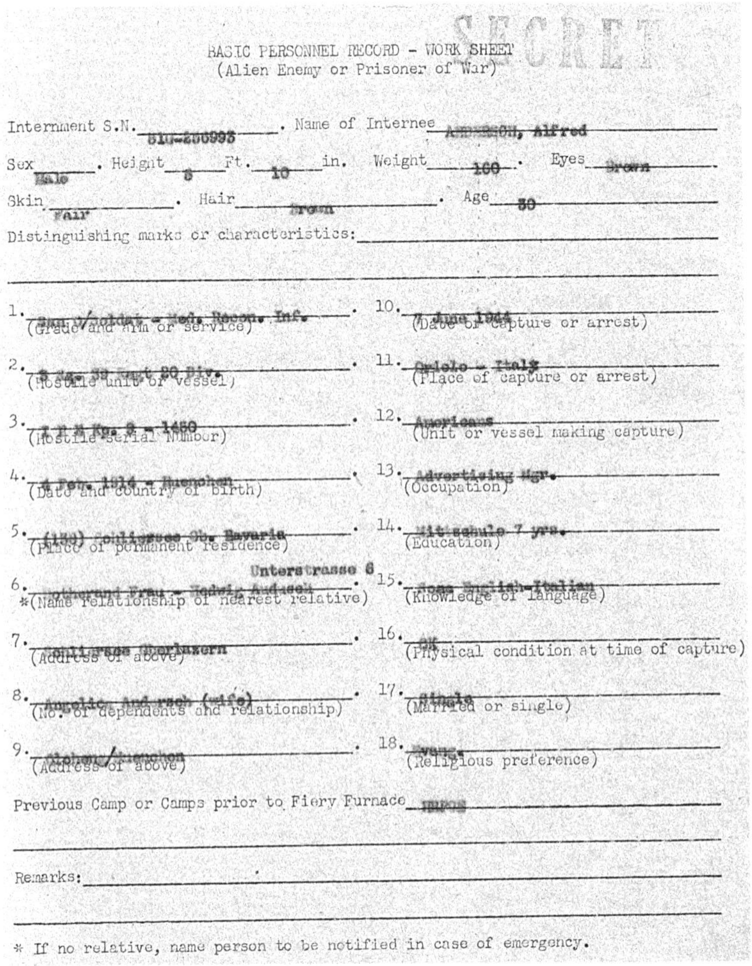

SECRET

BASIC PERSONNEL RECORD - WORK SHEET
(Alien Enemy or Prisoner of War)

Internment S.N. [illegible]. Name of Internee [illegible], Alfred

Sex Male. Height 5 Ft. 10 in. Weight 160. Eyes Brown

Skin Fair. Hair Brown. Age 30

Distinguishing marks or characteristics:

1. [illegible] – Med. Recon. Inf. (Grade and arm or service)
2. [illegible] 20 Div. (Hostile unit or vessel)
3. [illegible] – 1450 (Hostile serial Number)
4. 4 Feb. 1914 – Muenchen (Date and country of birth)
5. [illegible] Bavaria (Place of permanent residence)
6. [illegible] (Name relationship of nearest relative) *
7. [illegible] (Address of above)
8. [illegible] (wife) (No. of dependents and relationship)
9. [illegible] (Address of above)
10. 7 June 1944 (Date of capture or arrest)
11. [illegible] – Italy (Place of capture or arrest)
12. Americans (Unit or vessel making capture)
13. Advertising Mgr. (Occupation)
14. Mittelschule 7 yrs. (Education)
15. Some English-Italian (Knowledge of language)
16. OK (Physical condition at time of capture)
17. Single (Married or single)
18. [illegible] (Religious preference)

Previous Camp or Camps prior to Fiery Furnace [illegible]

Remarks:

* If no relative, name person to be notified in case of emergency.

插图 2：个人信息——上等兵阿尔弗雷德·安德施的基本个人信息记录

都可以找到所谓“基本个人信息记录”——一张填写战俘所有个人信息的表格。仅仅这些内容，已经透露了与战俘的社会和从军背景相关的近乎全部信息：除了士兵的军衔、所属部队和被俘经过之外，还包括婚姻状况、教育程度、入伍前职业和宗教信仰等。[39]

除此之外，每一份档案中还有一份有关战俘审讯的“审讯报告”（Interrogation Reports）。审讯涉及一切可以想象的话题，无论是军事、技术，还是政治。报告或是以手工填写的表格形式作为记录，或是机打的誊清稿。直接审讯的一种特殊形式只涉及战俘的人生经历，分为士兵的“平民背景”（civilian background）和“参军经历”（military history）两部分。有关士兵个人情况的审讯信息远不止登记表格中的这些基本数据，这些信息涉及这些国防军士兵参军前的各种详细经历，包括是否是纳粹组织成员等。另外，里面往往还准确到月份，详细地记录了这些士兵在“二战”期间是在哪里、哪支部队服役，直到被美军俘虏。这些资料通过上述内容，为我们提供了与受审国防军士兵性格和经历有关的可靠信息。

审讯的另一种特殊形式是政治访谈——其目的主要是了解德国军队的内部氛围。从1944年初起，亨特堡的情报局开展了系统化的审讯工作，他们总共与大约700名筛选出来的国防军士兵进行了谈话。受刚刚兴起的民意测验的启发，他们在这里也采用了标准化问卷，即所谓“品行问卷”（Morale Questionnaire）[40]。每一位战俘都会被问到同样的问题：对战争结果的预测，对希特勒和纳粹的态度，对国防军品行的印象，敌军在他们心目中的形象，以及其他方面的问题。总而言之，“品行问卷”构成了国防军士兵中一份反映时代特征的最全面的调查问卷，同时也是唯一一份其结果以受访对象生平背景作为根据的问卷。另外还可以看到的是，这些问卷资料具有极高的可信性：因为通常情况下，在涉及政治和世界观问题时，这些国防军士兵对美国审讯官员的描述与他们彼此之间在牢房内的谈话内容几乎如出一辙。[41]从根本上讲，战俘在审讯中的陈述之所以是可以验证的，其关键还在于亨特堡档案中最受瞩目的那些

SECRET

16 Sept 44
Lt. Schneider
P/W: Arndt.

ANDERSCH, Alfred
Obersoldat
20 L Feld Div
7 Jun 1944 Oriolo/Rome.

A sincere Anti-Nazi - was for sometime in Dachan - Reliable.

Civilian History:

Born on 4 Feb 1914 in Muenchen. Attended public schools, Humanistisches gymnasimm, worked 2 years for a publisher. In Dachan from March to September 1933 because he was a leader of the Youth-Group of the Soz- Demokrat. Gewarbe-schaften in Muenchen. Later worked for the Firma Leonar, Hamburg. P/W is married.

Military History:

1940: Drafted into a Baubattl. in Rastatt and worked in the areas between Rastatt and Breisach. Dismissed from the army because he's married to a half-jewess; worked with Firma Monsan/ Hamburg until Dec 1943.

1943: Recalled into the armed forces and assigned to Inf Ers Kp 9/ Siegen.

1944: Transferred to 39 Rgt L Feld Div which was located in area of Hobro/Denmark. P/W is familiar with Esbjak, Mitteljuetland and Aalsburg. In late May 44 the Div. moved to Pisa.

General:

P/W had a furlough in Feb 44 and during that time visited Muenchen. He observed that the bombings caused sonsiderable damage and that the morale of the people is low. He feels that the Catholic poluation is against the Nazi regime and make no attempt to hide their feelings. The student-revolt of 1943 may have been temporatily halted but by no means overcome. The Catholic Church is at present backing a movement known as the "Junge Kirche".

Dr. Hans HAGEMAYER
Dr. Erich LANGENBUCHER ) Leiter der Reichstelle zur Foerderung des deutschen Schrifttunis in Berlin.

Recommendation:

Geographic section for details on Westwall - Rastatt - Breisach, and Denmark.

SECRET

插图 3：生平简介——对上等兵阿尔弗雷德·安德施进行审讯的“审讯报告”

文件：被美国人称为“房间对话”（Room Conversation）的窃听记录。这些材料产生于监控建筑（Monitoring Building），在这座建筑里有众多军人——其中包括来自德国的具备相应语言能力的犹太移民——坐在窃听设备旁，以轮班形式昼夜不停地窃听战俘们的谈话。当班期间，监听员们将战俘的谈话用笔填写在印好的表格上，通常只是关键词，但内容在很大程度上是完整的。一旦谈话涉及看似重大的话题，监听员可以用他们的录音设备将整段内容完整地录下来。至于哪些话题值得关注，负责的审讯官（Interrogation Officer）事先会给出指示。在有疑问的情况下，就遵循原则，宁可多录，不可少录。在亨特堡监控室内的墙上贴有标语：“如有疑惑，请按键。”[42]（When in doubt, press button.）值班结束后，监听员们会将选出来的对话录音片段逐字逐句地转变成文字，记录下来。于是，在亨特堡就出现了两种截然不同但却各具优势的窃听记录：手写的记录按照时间顺序记下了国防军士兵们谈了什么，但并未说明他们是怎么谈的；而机打的记录虽然只是重现了较长谈话中的一些段落，但却一字不漏地记录了讲话者所说的话，包括用词和语气，以及各种添油加醋的形容。亨特堡总共留下了超过40000页的监听记录，其中约有10000页是机打誊清稿。

与英国的监听记录不同的是，每次当监狱密探出现时，美国的监听记录文件里都会标出来。这些“密探”（Stool Pigeon）是从具有合作意愿的战俘中招募的——他们当中有些人明显是出于投机，而另一些人是经过监听官长时间的说服[43]，才最终同意；还有的人则是出于反纳粹政权的政治理念。[44]他们以伪造身份进入牢房，从狱友那里套取信息。[45]然而在监听记录里，他们却并非以化名出现。每次“密探”参与到正被监听的对话中时，美国工作人员都在他们的名字后面标上缩写“SP”。这种规定严格的细节对分析监听记录而言是一大幸事：因为如此一来，“假”战俘的话便不会与“真”战俘的话相混淆。战俘档案还有各种各样的附加材料作为补充。如果一个人，比如阿尔弗雷德·安德施写了书面文字，那么这些资料就会被存放到档案中。各种资料的丰富组合，使得亨特堡

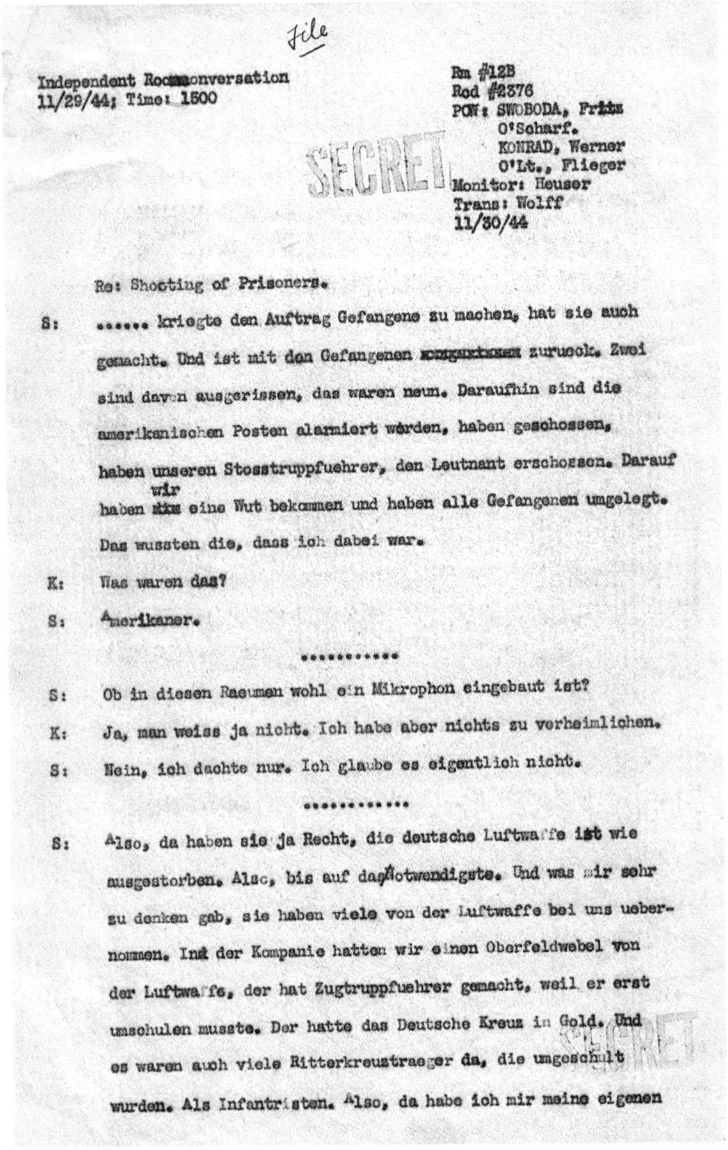

File

Independent Room Conversation
11/29/44; Time: 1500

Rm #12B
Rod #2376
POW: SWOBODA, Fritz
O'Scharf.
KONRAD, Werner
O'Lt., Flieger
Monitor: Heuser
Trans: Wolff
11/30/44

SECRET

Re: Shooting of Prisoners.

S: ...... kriegte den Auftrag Gefangene zu machen, hat sie auch gemacht. Und ist mit den Gefangenen xxxxxxxxxx zurueck. Zwei sind davon ausgerissen, das waren neun. Daraufhin sind die amerikanischen Posten alarmiert worden, haben geschossen, haben unseren Stosstruppfuehrer, den Leutnant erschossen. Darauf haben wir eine Wut bekommen und haben alle Gefangenen umgelegt. Das wussten die, dass ich dabei war.

K: Was waren das?

S: Amerikaner.

...........

S: Ob in diesen Raeumen wohl ein Mikrophon eingebaut ist?

K: Ja, man weiss ja nicht. Ich habe aber nichts zu verheimlichen.

S: Nein, ich dachte nur. Ich glaube es eigentlich nicht.

............

S: Also, da haben sie ja Recht, die deutsche Luftwaffe ist wie ausgestorben. Also, bis auf das Notwendigste. Und was mir sehr zu denken gab, sie haben viele von der Luftwaffe bei uns uebernommen. In der Kompanie hatten wir einen Oberfeldwebel von der Luftwaffe, der hat Zugtruppfuehrer gemacht, weil er erst umschulen musste. Der hatte das Deutsche Kreuz in Gold. Und es waren auch viele Ritterkreuztraeger da, die umgeschult wurden. Als Infantristen. Also, da habe ich mir meine eigenen

SECRET

插图 4：监听记录——用打字机记录的“房间对话”

战俘档案成为一份迄今无与伦比的原始史料。即使是英国审讯营，也没能给后世留下比这些机械监听记录更翔实的资料。在英国审讯记录中，很多讲话者只是以缩写名出现，其真实姓名则无从知晓。另外，英国材料中同样也不包含关于个人经历的补充信息。相反，美国审讯中心的档案则使德国士兵的性格和经历之间的关联变得一目了然。到目前为止，没有其他任何一份史料能够具备如此的规模：所有档案资料按战俘姓氏的字母顺序排列，页数达到102000页。[46]

涉及如此众多的德国国防军士兵的个性化自述，迄今是史无前例的。1942年至1945年，美国海军情报办公室与美国陆军的军事情报处总共将3451名战俘带进了亨特堡两座战俘大楼的约40间牢房里。在档案中留下记录的大约有3300人，其中约3100人是德国人和奥地利人。就像前面介绍过的与阿尔弗雷德·安德施一路同行的那些人一样，他们当中的大部分人都是普普通通的士兵。半数以上的人拥有最平常的军衔，近1/3是下士或中士，约1/6的人是军官，但是大多数只是从中尉至上尉的军衔。可以确定的是，被带到亨特堡的还有大量被挑选出来的特殊人才：其中有大约500名潜艇驾驶员和近100名飞行员，与这些人在整个国防军当中所占比例相比，其比例明显偏高——这反映出“第1142邮箱”对技术的重视。但是，半数战俘在被俘时都不过只是某作战部队中的普通一员，其中大部分是步兵。也就是说，一个平平常常的步兵也有可能被挑选出来，送到亨特堡。在这里，起关键作用的是这些士兵在入伍前所从事的职业——就像安德施和他的同伴一样。一个人之所以被选中，有可能仅仅是因为他以前居住的地方靠近某个军工厂，对亨特堡“地理部”（Geographic Section）而言，这是很有价值的。总的来说，挑选审讯候选人的标准是越来越宽，从其他机构转交到亨特堡的“要问及的问题”（Question to be asked）和“欲了解的信息”（Information desired）的愿望清单也是越来越长。[47]国防军生活的众多方面都令人感兴趣，于是乎到最后，似乎每个士兵都有可能成为“第1142邮箱”需要的对象。因此，亨特堡所集中的大部分都是最普通的国防军士兵。

这些档案反映了战争最后一个阶段的国防军状况：在所有被俘人员中，超过2/3的人是在1944年6月才被送到亨特堡，也就是在盟军诺曼底登陆之后。有些战俘是直接被飞机运过来的，其中一部分人在被俘短短几天之后就已经坐在了亨特堡的审讯室里。其他人是用船运过来的，其中部分人是在辗转数周之后，最终才到了这里。因此，这些人并不是作为随便一个人被送到这里的，这一点从阿尔弗雷德·安德施身上便可以看出。他也是在被俘约三个月之后，才到了这个秘密营地。在秘密营地期间，他还没有萌生要“美化”自身过往经历的念头。在亨特堡的审讯官面前，他所讲述的还是自己于1940年被国防军开除的真实故事。直到离开亨特堡审讯营几个月后，他才编造出另一番话：他之所以一度被国防军除名，是因为被关押在集中营的经历，而不是因为早年与一个“半犹太女人”的婚姻。1944年末，他甚至还将这个虚构的故事写进了一部小说中。[48]但是在亨特堡时，他并没有隐瞒这段生活经历，他甚至向牢房中的同伴敞开心扉，诉说自己对“半犹太人”在纳粹国家遭受威胁命运的担忧。由于他早在1943年就已与妻子离婚，所以他一直遭受罪恶感的折磨，之后这也成了他的作品中的一个重要主题。[49]亨特堡的大部分人也都像安德施一样：他们想要说出的，是那些让他们感触最深的事情。比如来自U-172潜艇的年轻通信兵伊西多尔·屈恩（Isidor Kühn）就非常“高兴”能够在亨特堡向室友讲述自己的以往经历：“能够说出这些令人备受折磨的经历，我觉得很开心，就在这里，在这柔软的小床上。”这番话很有代表性：战俘们与自己同病相怜的战友袒露心声，而且营地的环境也有利于此。绝大多数情况下，一间牢房只有两张床，最多3张。与牢房外其他战俘的交流，是不允许的。他们在亨特堡逗留的时间平均只有一到两周。因此，在其他长期营地常见的群体压力和拉帮结派现象，在亨特堡国防军士兵们与他人交往的态度上，几乎看不到任何的影响。无论是在普通的战俘营，还是在战后的德国，这些男人都不可能像在这里一样，如此坦诚、如此无拘无束地与他人交流。

尽管如此，大部分战俘大概也都明白，他们所在的是怎样一个地方。一位被关押的海军军官问他的室友："这个营地到底叫什么？"[50]，对方回答说："没有名字，这儿就是一个'磨坊'。"[51]没有人被告知这个营地实际上叫什么——所有被俘的士兵当中仅有一人知晓，而且是出于纯粹的偶然。上士亨里希·拉丁格（Henrich Radinger）知道营地的名字，因为战前他在德国驻华盛顿大使馆工作，甚至曾经到这处公园来过一次，但却是出于其他原因。"是的，亨特堡。以前这里是一个民间资源保护队（CCC）的营地[52]。前面，那个广场，我还清清楚楚地记得，我在那里搞过一个姑娘。"[53]他陶醉地回忆起营地周围的田园风光，那是如今的战俘们无法看到的，"这前面有一条通向弗农山庄（Mount Vernon）的公路，很漂亮，大概有两英里长。弗农山庄是乔治·华盛顿以前住过的地方。对了，要是前面没有那片树林的话，或许你能够看到山庄。然后那里就是波托马克河，景色很美。视线穿过波托马克河，你就能看到华盛顿，然后这边是一个小巧迷人的城市，弗吉尼亚州的亚历山德里亚（Alexandria）。"能了解这个地点的内幕信息，他自然属于绝对的特例。在大部分战俘眼中，营地只是一个"粉碎人意志的磨坊"。[54]由于日复一日的审讯，每个人都不可能不意识到，这里是一个"审讯营，而非战俘营"。[55]或早或晚，这里的每一个人都会经历潜艇军官霍斯特·盖德（Horst Geider）所描述的如下情景：

> 盖德：突然冲过来一个守卫，手里拿着一张纸条，吆喝着某个人的名字，都是用英文。然后被叫到的人就得出去，经过走廊，来到一个房间里，多数情况下那里会坐着一位军官。而且在那里，行德意志礼（即纳粹礼——译者注）可是不行的。
>
> P：不行，那肯定不行。
>
> 盖德：然后其中一个就会这么盘问，比如说："你是党员吗？你是怎么看待希特勒的？你对犹太人问题有什么看法？"然后他再另外问一些其他的问题。[56]

就像安德施一样，通常每个战俘在被关押期间都会受到多次提审。根据美军审讯官们的日程安排，这些士兵们必须接受“有时每天两至三次的审讯”。[57]美国人为此投入的巨大精力给很多战俘留下了深刻印象。[58]党卫军突击队长弗里德里希·施莱纳（Friedrich Schreiner）对此作出了中肯的评价，他认为德国的审讯系统根本无法与美国人在这里的投入相提并论：“但是要说德国也有这样的审讯营，战俘们在那里也要接受有关本国政治与经济优势的审讯，这点我无法相信。我压根儿就无法想象他们会对这些感兴趣。……审讯战俘都是前面（在前线）才会做的事。”[59]下士维尔纳·亨宁（ Werner Henning）本人曾作为一个德国IC部门[60]的书记员参加过前线地区对盟军战俘的审讯，他也可以证实这一点：“他们在这里的人手跟我们完全不一样，这些人想要描绘出一张关于我们整个国家制度的图像，而我们对此毫无兴趣，我们压根儿就不关心这些琐事。我们的确也没有做这个的人手。你觉得，我们会给每个人按手印，拍照吗？”[61]没有人不会觉出自己正在一个非同寻常的地方。尽管如此，大部分人都感觉在这里得到了公平的对待，他们享受着这里丰盛的饮食和相对舒适的住处。有些人甚至还认为：“虽然这儿是个‘磨坊’，但是已经好得不能再好了。”[62]而其他战俘则对这个地方持高度怀疑态度。士兵赫尔穆特·恩格布雷希特（Helmut Engelbrecht）跟他的室友说：“我早就告诉你，这是一个北方民族的‘磨坊’。那些苏联人故意让你挨饿，然后一会儿用热水浇你，一会儿用凉水，热水凉水交替，一直把你折磨到半疯，然后自愿坦白一切，在这里，他们采用的就是两面三刀的手段，表面弄得漂漂亮亮，背地里却用先进设备偷偷整你，比如窃听啊，等等，天知道还有什么其他可恶的玩意儿。”[63]安德施和他的室友巴尔策凯维奇在刚到亨特堡之后也曾怀疑过，这个营地到底是不是符合《日内瓦公约》。[64]

事实上，在亨特堡有些东西的确不合法——但是相对于德国违反国际法的行为，这里大多不过是一些可以饶恕的罪孽。违反国际法的一方面在于，那些被直接空运过来的战俘在离开这里之前，并没有进行登记。[65]在规定的登记手续补办之前，在德国，这些人一直被认为是失踪或者死亡。尽管负责战俘事宜的陆军宪兵司令（Provost Marshal General）曾经指出，这些做法违反了《日内瓦公约》的规定。[66]但是那些相关责任人却对此置若罔闻。[67]而当时的国际法中也没有明文规定，禁止对战俘实行窃听。正如亨特堡的人们知道的那样，他们这样做顶多只违反“文明行为标准”，但是这个“现代战争新武器”的价值远比最初的顾虑更有分量。[68]再说，美国审讯中心的情报人员向来也没把国际法太当回事。根据当时的公约规定，不允许审讯者逼迫战俘说出除个人信息之外的其他任何信息。但是这些人并没有对遵守这些国际公约给予重视——一位美国海军情报办公室的军官于1942年末在审讯技术课上对他的学生讲道：“国际惯例就是让战俘提供特定信息——他的名字、年龄、番号和出生地。我们不用太关心这些玩意儿，因为我们的很多犯人并不知道日内瓦发生了什么，如果你能诱导甚至确定，他们还有希望说出更多，那么就这么做，尽你所能从他们那里获取更多信息。”[69]还有另外一个更过激的方法：在审讯中心刚刚建立的初期，少数战俘还会被强迫服用毒品！审讯官塞西尔·科金斯（Cecil Coggins）少尉在一次课后回答提问时解释了这点：

> 问：毒品诱供怎样？
>
> 答：已经试过了。
>
> 问：是用东莨菪碱吗？
>
> 答：是，还有吗啡，可卡因，很多毒品组合。可能很奏效，我不清楚。问题在于，毒品有时会让人很敏感。你本来希望，那家伙的反应能变乖一些，可他却非但如此，反而是暴跳如雷，无法安静下来。这是一个问题。我更希望把这个问题交给一名医生，让他来讲一讲。我并不觉得这些东西很有效。FBI已经不用它们了——芝加哥警察局也是。但是，它却是一个让人着迷的问题，人们不止一次地尝试，用它做实验。[70]

但是人们很快就放弃了这种方法。[71]美国陆军军事情报处和美国海军情报办公室的负责人也摒弃了其他一些建议，比如用催眠术诱供——因为这些方法并不能带来预期的效果，而且他们对于这类明显违反国际法的行为毕竟还是有所忌惮的。[72]但是，亨特堡的情报人员们始终不曾放弃一种在国际法上存在争议的特殊手段：将战俘置于心理压力之下。为了能在审讯时逼迫德国人招供，亨特堡的情报人员拥有自己的一整套伎俩。如果战俘不合作，他们有时甚至会凭空捏造罪名，用坐电椅来威胁对方。[73]他们将自己最喜欢的方法称为“苏联疗法”[74]：美国审讯官穿着苏联特派员的服装出现，用苏联口音对战俘说，他有可能被流放到西伯利亚。来自U–856潜艇的19岁通信兵海因里希·施派尔（Heinrich Speyer）显然对该程序印象深刻：

> 他们非要让我签字。对了，他说，上面写着我不愿招供，我自愿要去苏联待25年。那个人，那个自称特派员的人，在出门前，把手放在我的肩上说：“伊万·伊潘诺维奇（Ivan Ipanovitsch）建议你，签字。伊万·伊潘诺维奇会让你见识他的厉害。”哎呀，我跟你们说，那感觉确实有点不一样。接着，他说：“你会真正见识到苏联的厉害。我们会用探照灯照瞎你的双眼。”你应该见识下这种人：翻版的歇洛克·福尔摩斯。帽子乱糟糟地挂到脖子上，嘴里叼着烟斗，衣领高高竖起，就这样走进来。[75]

这些方法在美国审讯官那里往往屡试不爽。两位美国上尉博尔歇特（Borchert）和赫什伯格（Hershberger）就是采用这种方法，在来自U–203潜艇的青年通信兵威廉·维尔贝茨（Wilhelm Wilbertz）身上达到他们的目的的：这位俘虏“在不断被施压，要求他回答预期问题之后，完全崩溃了”。[76]然而所有的威胁不过是欺骗而已——一旦审讯官意识到，无论如何都无法让战俘打破沉默，他们会直接把他送出亨特堡，不是送到西伯利亚，而是送到一个普通的战俘营地。尽管如此，他们的伎俩还是有效果的：至少有两次，战俘曾因此而试图自杀。其中一个以死亡结束，绝望的潜艇艇长维尔纳·亨克（Werner Henke）爬上一堵铁丝网围墙，被看守人员击毙。[77]这些方法的效果是显而易见的。尽管大多数德国人感觉在美国看守所是安全的，而且他们对美国人的看法也大都是积极正面的。但是无论如何：把战俘遣送到苏联这种事，他们相信美国人是绝对干得出来的。安德施也表示对此“印象深刻”，并且认为：“谁要是表现出纳粹倾向，就会被运到苏联，其他人留在美国。”[78]在亨特堡，几乎没有人会担心自己的性命，但是类似的谣言却促使囚犯们在秘密营地这种难以捉摸的环境下，表现出合作的意愿。

## 侃侃而谈

总体而言，粗暴生硬的审讯方法在这里相对少见。审讯官们首先总是尝试采用细腻温和的手段，最典型的就是，“用聊天的语气”[79]询问，有时候，这些谈话甚至还带有自由讨论的特点。[80]战俘从审讯室回来后往往会告诉室友，审讯官是个多么“友好的人”。[81]安德施也对审讯官接待他的方式表现出好感。他回到牢房后兴致勃勃地说：“我对他的印象很好，我进来时，他还跟我握了手。”[82]“软化”[83]受审者的手段俯拾皆是：战俘在接受审讯时，审讯官通常会给他们“倒上啤酒，递上烟和报纸”。[84]再结合潜意识的威胁举动，这种合作式的审讯风格使绝大多数的国防军士兵在审讯过程中就已准备好招供，有的人坦白的内容甚至远远超过了必须。除了无数的审讯报告，提前印好的档案封面也反映出这一点，审讯人员可以在里面填上对战俘的简短评价。在近900份档案封面上标注当事人合作意愿的“CO—OP”一栏中，有超过600份打上了钩。剩下约30%，自然是不愿意。从这里我们便可以发现（在接下来的几章，我们还将屡屡确认这一点）：国防军拥有一个非常坚定的士兵核心，他们即使在被俘后，也不会因为任何原因动摇自己的军人原则，并放弃对纳粹政权的忠诚。毫无疑问，国防军士兵在审讯过程中的表现也是大相径庭。

有些人毫无保留地招供，他们给审讯官原原本本地描绘出德国装备的技术细节，勾勒出家乡军事目标的位置图，或者画出武器系统的装配图。有些人这么做纯属是为了投机，而另外一些人则是出于对纳粹体制的反感。站在对立一极的是那些拒绝供出任何信息的人——他们坚定地恪守其“军人义务”[85]，这些人往往很快就被带离亨特堡。[86]然而大多数士兵的态度是处于这两个极端之间。很多人试图通过部分招供的办法来减轻审讯官对其施加的压力，同时又不至于变成“祖国的叛徒”。[87]尽管如此，难免也会出现这样的情形：在受审的状态下，这些人坦白的要比预想中的多——事后他们又常常不得不劝慰自己，这并不是“叛变”。[88]至少这符合他们只坦白到某种限度的预期，无论其最终能否把这一点坚持到底。大部分人都坚守一个原则，根据上等兵威利·策尔威克（Willi Zerrweck）的监听员转述：“策尔威克认为，说出自己的政治看法没什么关系，但绝不能透露任何军事信息。”[89]这种想法很具代表性：只要谈到的话题在他们看来“不涉及军事秘密”，这些国防军士兵通常说起来都会毫不迟疑。[90]所以，在谈到诸如平民背景、参军经历和政治观点之类的事情时，大部分士兵或多或少都愿意回答——因为这些东西在他们看来并非“战争攸关”的大事。[91]当涉及硬性的军事数据，例如，司令部结构、军事战略或者武器技术时，他们才会感觉比较棘手。比如说，当审讯官欲打听其所属的“师团编号”时，29岁的中士罗伯特·布劳赫（Robert Brauch）拒不招供。[92]但是，除了狭义的“军事要务”之外，他在审讯过程中几乎是“知无不言”，从他的入伍经历，到他对希特勒及纳粹的忠心。[93]国防军士兵讲述这些话题的坦白度令人吃惊。大部分人也认为，没有必要刻意去讨好审讯官们。尽管有些人认为，有时当涉及谁是“最棒的士兵”时，作为俘虏说些礼节性谎言也无妨，“在这里当然得说‘美国人’——在英国战俘营就得说是‘英国人’”[94]。但是多数国防军士兵并没有这么做。在以“品行问卷”为基础的意见调查中，亨特堡的约四百名德国战俘在回答有关各参战方军队的战斗力问题时，多数国防军士兵认为美国大兵比英国兵差劲，也不像红军战士那般强悍，和自己国家的军队相比更是不如。[95]也就是说，按照他们的评价，这支代表人员正端坐在自己前面的军队是最差劲的！同样也鲜有国防军士兵想对美国人隐瞒他们的世界观立场。例如，21岁的伞兵约瑟夫·韦尔曼（Josef Woehrmann），德意志国家社会主义工人党（即纳粹党——译者注）党员和希特勒青年团前团员，就是这么认为的。他对他的室友解释说："如果美国人想知道我的政治立场，那我就直接告诉他们。"[96]山地兵中士奥古斯特·特施勒（August Teschl）的看法也如出一辙："我是纳粹，我也告诉他们了，他们不就是想知道这个吗，我以前还加入过冲锋队。如果你是纳粹，那就应该说出来。我不需要为我做的事感到羞愧。"[97]他确实也是这样做的：在亨特堡的美国审讯官与他进行政治谈话时，他对自己效忠希特勒和纳粹的事实供认不讳，也坦承他曾加入纳粹党和冲锋队。[98]一个典型的现象是：国防军士兵在"品行问卷"中对美国审讯官坦承的内容往往与他们对同伴所说没有什么两样。在他们看来，也没有这样做的必要。政治谈话之后，士兵们回到牢房，心里往往在想，这"根本没什么大不了"[99]，"不过是谈论了一些日常的事情而已"[100]。即使审讯过程被"政治化"，他们很多人也感觉不到。[101]正因为大部分国防军士兵都抱有这样的想法，他们的政治观点才能够在美国人的审讯报告上相对真实地表现出来。因此，"品行问卷"是了解1944年与1945年国防军思想面貌的一个在很大程度上值得信赖的来源。

另外一个问题是，监听记录能够到何种程度真实地反映国防军士兵的思想？亨特堡的战俘们知不知道自己被监听了？根据对数千份谈话记录的分析，得出的一个清晰结论是：少数人对此有预感，不少人讨论过这件事，但是大部分人对此无法想象，几乎所有人在自己房间聊天时都会将这件事完全抛在脑后。可以肯定的是：一些国防军成员十分确定自己被窃听了。他们甚至偶尔开玩笑说，要和藏在暗处的"监听站同志"直接对话。[102]比如瓦尔特·巴托莱特（Walter Bartoleit）中士，一位纳粹驻巴塞罗那国外工作站的工作人员，在绝望时就曾做过这样的事。1944年5月初，他在亨特堡的牢房里对着看不见的美国人做了一个简短演讲——

为了反驳捏造的间谍罪名，审讯官曾以这一罪名对其施压：

听好了，先生们。我想请你们帮帮忙：你可以看到，我只是一个普普通通的商人而已，心怀良好的德意志思想。仅此而已。我不是盖世太保间谍。我不想看到或听到关于他们的任何事情，因为我对此不感兴趣。我跟你们说过了，我在这儿再说一次，据我所知，这辈子我从来就没有关注过盖世太保。我不是你们想的那样，我不是间谍。这真是一个疯狂的想法，但是似乎已经在你们的头脑中根深蒂固了。但是你们应该放弃这个想法。虽然在这里你们对我很友好，我还是要在此请求你们，放我离开这个现代化监狱吧。[103]

有些人甚至准确地猜到了，亨特堡是如何运营的。譬如上校奥托·冯·古索维乌斯（Otto von Gusovius），他被俘前是在国防军陆军总司令部（OKH）服役。然而他意识到这一点相对较迟，此前他和室友“压根儿都没有留意”这一问题。“这个房间确实有可能装着什么东西。这样做是有道理的。门一关，两个男人一屋，然后相互之间聊天。”[104]甚至有少数战俘看穿了亨特堡的整个监听系统。来自不伦瑞克的22岁潜艇中尉彼得·莱弗勒（Peter Leffler）向他疑虑重重的室友解释道：

莱弗勒：现在他们正在用唱片录下我们的对话。

莱恩：喊，我才不信呢。要是用唱片的话，会贵死的。

莱弗勒：为啥，剪辑唱片花不了多少钱。

莱恩：嗯，你听着，这个理论上是完全可行的，但是实际操作上非常难。你可以想一下，我们整天在一起，那唱片要转12—15个小时啊。

莱弗勒：不是，有个人坐在那里，听着我们说的内容，一旦涉及感兴趣的话题，就打开唱片录音。

莱恩：这样啊，这当然是——那好吧。

莱弗勒：在但泽，我去过电台广播室一次，那里的房间也是这样的，一模一样。[105]

抱有这种怀疑的人主要是军官，还有那些拥有专业技术知识的人，或者是在国防军部队中曾经接触过情报工作的士兵，比如IC军官或口译人员，这或许并非是一种偶然。[106]但是，就像前面引用的潜艇军官莱弗勒的那段对话一样，他们的谈话伙伴往往对此难以置信。例如，一位普通步兵在同伴说完之后是这样反应的："这儿哪里安装麦克风了？到底哪里有这种东西？你疯了吧，在讲童话故事吧。"[107]中尉莱弗勒准确猜中的事情，大部分的国防军士兵却不相信。一位海军少尉十分确定这是不可能发生的："这里？不，根本就没有麦克风，我知道的。要不然，就得有个人整天坐在那里，不停地听。或者他们得把听到的录到收音机，录到唱片里。这行不通，根本做不到。"[108]亨特堡关押的战俘之间出现的有关是否存在窃听设备的讨论，绝大部分最后都得出这个结论："这里没有麦克风。"[109]

总之，大部分战俘在聊天时都几乎没有把这种可能性考虑在内——无论他们是否相信有隐藏的麦克风存在。即使是那些心怀疑虑的人，一旦谈起话来，也常常忘记这一点。比如一位先前做过飞机机械师的人，一直在滔滔不绝跟他的战俘室友讲述有关飞机模型和武器技术的各种细节。[110]在讲述过程中，他偶尔也会闪过一个念头，"假如我们在这里被窃听了"该怎么办——但这并不会阻止他继续传播那些专业知识，这也正是美国人想从他那里听到的。来自U-841潜艇的四位船员也表现类似，他们在亨特堡详细讨论了最后一次征战敌军的经历。同时还提到了无数的技术细节，比如下潜深度，这对美国海军是非常有价值的信息。[111]谈话中间，当中一人突然提出"怀疑"，这里可能"装着麦克风"。他那吃惊的战友对此的反应非常典型："这是不可能的事。"然后，他们又接着前面的话题继续讲下去。有两名步兵在亨特堡甚至还敲了敲墙，然后非常确定地说："墙内有耳。"[112]尽管如此，他们还是会聊到所有能想到的话题：从他们的“世界观”和“元首”的“生存空间”政策，到德国那些“反对纳粹主义”的“蛀虫”，直至他们在前线“射击孔”的战争经历。[113]他们甚至还开玩笑说起自己在审讯时撒谎的事——美国人此时正在监听：“他问我，哪一连，我说：‘12连，1营（大笑）。’”[114]即使战俘们因为疑心而刻意避开某些话题，也仅仅是在涉及十分有限的内容的时候。最多是在谈到被其视为军事“秘密”的话题时，他们就会变得很谨慎——而其他大部分谈资在他们看来都是“正常的”，没有太大的必要回避。[115]个别情况下，他们可能会留意不说出指挥官的名字或是MG42机枪的火力。越是避开这些话题，他们在谈到对希特勒的看法以及自己的战争经历时，便越是表现得随心所欲。按说士兵们本该很少交流才对，这样才能避免他们的观点和思想在监听记录中被暴露。但他们偏偏没有这么做，而是相反：他们开放度非常大，以至于连战争罪这样的敏感话题也不避讳。有些人在谈到这些话题时，甚至会扯上自己。比如冲锋队小队长弗里茨·斯沃博达（Fritz Swoboda）就直言不讳地告诉他的室友，他是如何在西线与战友们一起杀害手无寸铁的美国战俘的。[116]他同其他很多人一样，在说话的那一刻并没有意识到自己正在被监听——这个想法是过了一会儿之后才出现的：

> 斯沃博达：在这些房间不会安装了麦克风吧？
>
> K：嗯，不知道啊。反正我也没有什么好隐瞒的。
>
> 斯沃博达：不，我只是想想。我也相信不会有的。[117]

国防军士兵将亨特堡的牢房看作一个自由空间，他们可以在此推心置腹地交谈。一个最明显的迹象就是他们在审讯中的态度与其在室友面前的表现之间的反差。因为他们很多人对审讯官们有所保留的东西，之后都告诉了自己的室友。[118]在结束审讯之后，这些士兵们一回到住的房间，往往立刻就把审讯员的问题以及自己的回答一一告诉自己的同伴。他们常常会吐露出那些在审讯过程中隐瞒的信息——这时监听人员听到后，马上将信息记录下来。例如，空军飞行员西尔维斯特·汉森（Sylvester Hansen）就是这样，在与室友谈话时，他坦白了自己刚刚在审讯时撒谎的所有事：

> 汉森：他问了我很多不同的名字。你认不认识海涅？海涅是飞行中队KG 40的指挥官。[119]然后我说，从没听说过。你不认识卡辛斯基（Kaschinsky）吗？哦，或许认识吧。你知不知道有个叫博尔希曼（Borchmann）的人？没听过，不知道。然后又问我飞机的代号。我说，我不记得了。然后他问，你还记得飞行中队的编号吗？记得，我说，名字是XP。对了，那还记得中队徽章什么样吗？然后我就告诉他了实情。它是一个土星，真正的土星形状。接着另一个人又开始问：在何种装备状态下177才会起飞？
>
> G：什么意思？
>
> 汉森：装备状态，有三种情况：鱼雷机，轰炸机，侦察机。他想知道这个，但是我说，不知道，我不清楚。[120]

亨特堡的情报工作就是这样开展的：如果美国审讯官事先还没有搞清楚战斗飞行中队KG 40的中队长名字或者亨克尔He-177轰炸机的型号信息，至少现在他们都知道了。审讯官们充分利用了这一点：牢房里的国防军成员们并没有意识到自己被监听。战俘们往往会讨论所有细节，审讯时应该注意哪些行为举止，相互之间可以帮忙圆哪些谎——而此时美国人正在监听。当然，这样做的前提是，彼此都是自己人。否则就不会有人请求室友，不要在美国人面前拆穿自己的谎言，比如空军飞行员曼弗雷德·格罗莫尔（Manfred Gromoll）曾说："但是我在这里跟你讲的，你一丁点儿都不能透露给他们。我已经扛住了。因为我是一名飞行教练，所以他认为我应该有高学历，然后我告诉他，我就上过五年中学，我靠！现在我还得继续统一口径。"[121]就像这样，德国人在亨特堡的牢房里反复讲述着，他们是如何"糊弄"美国人的。[122]再没有什么资料能够如此清楚地证实，大部分战俘对自己被窃听的意识是多么薄弱。他们对相互交流的需求，远远超过了内心的警惕。对这一点，亨特堡的管理者也有记录。他们将营地成功的原因一方面归功于德国人之间的相互信任以及对囚禁的准备不足。[123]但是更关键的因素，则是美国军官在战俘中间观察到的“好奇心”和“交流经验”的欲望。[124]“第1142邮箱”的绝大部分窃听记录都证明了这一点，而恰恰是这一点，才使得这些记录成为一份极具价值的有关国防军思想史的原始史料：在亨特堡，德国士兵无话不谈。

士兵们需要彼此交流，这是理所当然的事情。这不仅仅是因为他们在这间“磨坊”式的牢房里需要相互依靠，而且还是出于战友情谊。士兵们彼此相遇时，往往带着原始的信任感——这是他们在军队团体文化中所习惯的交往方式。早在入伍培训阶段他们就被灌输，要迅速跟新战友打成一片。[125]他们在国防军当兵时学会了这一点，所以在亨特堡，他们相处时也不会是另一番样子——在无数的窃听记录中都可以明显感觉出这点。大部分情况下，在被带到同一间牢房之前，这些男人们从未谋面。尽管如此，他们还是很快攀谈起来，只需很短的时间，他们就能从刚认识的寒暄进入到较为严肃的话题。[126]再到他们相互谈论机密的东西，间隔很短。与窃听设备相比，国防军士兵们更容易预料到的是战俘中间会有密探——但令人吃惊的是，他们在交往时却很少因此而互不信任。[127]一种极为罕见的特例是，战俘们非常合得来，以致发生了性行为——监听人员简直不敢相信自己的耳朵，他们吃惊地做着记录：“(他们)搞同性恋！！！”[128]在军队反同性恋的男性文化中，比较典型的无疑是另外一些话题，比如说女人、性爱和嫖娼。[129]男人们以此强调的不仅有自己的阳刚之气，还有他们的异性恋倾向——因为这被视为战友情谊坚不可摧的基础。[130]另一方面，战友情谊并不意味着，士兵们不能意见相左。毫无疑问，亨特堡的对话也不都是顺利和谐的。但这里的典型做法同样也是，在出现疑虑时，士兵们更多是相互妥协，而非继续展开有争议的话题。[131]士兵们基于战友情谊而彼此坦诚相待，这无疑增加了这些窃听记录的含金量。与此同时，这些对话本身也是一份记录有关国防军战友文化实践的史料。

但是士兵们谈论最多的，还是他们自身的处境。如果人们想要研究哪些话题出现的频率如何，监听记录可以给出这个答案。几乎没有任何话题能像在秘密审讯中心的现实处境一样，如此频繁且大量地被国防军士兵在交流中提及：关于美国人对他们的态度、住宿环境，特别是审讯中的详细情形。他们就这些对其迫在眉睫的问题的谈话，往往会填满很多页记录纸。18岁的士兵奥托·雅恩（Otto Jahn）和汉斯·海尔（Hans Heyer）在亨特堡的房间相邻，他们隔着墙和窗户进行了如下对话：

> 雅恩：现在我想告诉你一件事：他们根本不能对你做什么，因为这件事是对等的。如果枪毙你一个，一旦这事儿传出去，那么我们就要枪毙他们10个。也就是说，他们不会枪毙你的。他们只是把你关在这儿，可能会几天都不给你东西吃，但是绝不会枪毙你。他们只是借此威胁你，但是并不会这么做，反正我是不信。
>
> 海尔：你挨过饿吗，在这里面?
>
> 雅恩：啊，当然。但是你知道的。一只大象怎么都能挺过来。
>
> 海尔：也是。天哪，要是我能有根烟抽就好了。
>
> 雅恩：是啊，可惜我给不了你，我倒真想能这么做。
>
> 海尔：你在这里这么久，有没有得到过烟?
>
> 雅恩：没有。
>
> 海尔：我已经两次了，两盒。我到现在还颇感自豪呢。
>
> 雅恩：要是能从这该死的鬼地方出去，再回到德国……
>
> 海尔：他们从我这儿得不到任何东西。他们可以把我关在这里一年，到时候知道的还是跟现在一样多。那时候战争就结束了，他们必须得放我出去。
>
> 雅恩：你知道吗，昨天晚上我突然醒了，然后就想，天哪，怎么回事儿？我在家里。一切在我面前看得清清楚楚。

海尔：注意。（看守人员出现）

雅恩：现在他走开了。在这里要处处小心，要像一只猞猁。

海尔：对，对……

雅恩：再把窗户打开点儿。

海尔：天哪，要冻死我了。

雅恩：我这里也一样冷。如果你抓住暖气片，都会粘在上面。实在是太冷了。你饿了没?

海尔：嗯，还行吧。

雅恩：明天和后天还会这样。

海尔：我觉得你说得对。什么时候把你喊出去的?

雅恩：昨天。

海尔：然后你就没再进去?

雅恩：没有，然后他就问我，我想被送到纳粹营还是反纳粹营。那我就说，我是纳粹或非纳粹都无所谓，作为德国人，我是压根儿就不会说的，他爱怎么做就怎么做好了。所以他就把我关到了这里。喂，不要垂头丧气的。我们应该感谢上帝，我们这不挺好的嘛。

海尔：是的，我很幸运。

雅恩：我也是。[132]

在今天看似平平常常的事情，对这些战俘而言却是至关重要的：身体的健康，充足的食物，足够的温度，香烟，接受审讯。这些营地日常生活中的关切之所以频繁出现在窃听记录中，有一个非常简单的理由。毕竟亨特堡在这点上是有办法的：每当战俘们谈到审讯话题时，监听人员便会格外注意地竖起耳朵听。就像前面提到的例子一样，出现这种情形就意味着收获，因为审讯结束后，这些男人们往往会在牢房的亲密氛围中继续谈论这一话题，但是以更加开放的形式。即使抛开这一点不谈：这类聊天之所以在窃听记录中出现这么频繁，其原因也在于这些士兵的倾诉需求。无数这类对话显示，国防军士兵们是多么地活在当下。他们对眼下自身境遇的关心远胜于其他一切。这肯定不是当他们被俘后才变成这样的。他们在亨特堡牢房里的行为举止反映出在国防军服役时就无疑已经深入骨髓的东西。对士兵们而言，首当其冲的就是那些在前线日常生活中需要直接面对的东西——所见，所闻，所感。他们的思想主要围绕的是那些对克服眼前处境具有实际意义的事物——抽象的事情则暂时退居其次。这是非常符合人性的，从心理学上看大概也是人所皆知：注意力是一种紧俏的物品，人们必须得对其精打细算。因此，在他们的意识里主要都是那些对当下具有至关重要意义的事物。对国防军士兵而言，这就意味着：将所有精力专注于求生，专注于作战时的技巧与动作，专注于在上司和战友面前的表现。政治和世界观则往往处于相对次要的地位。但是正如接下来一章即将讲述的一样，这并不意味着意识形态对国防军士兵没有产生任何的影响。

第三章

# 意识形态

1943年11月，亨特堡：钥匙哗哗作响，7号牢房的门晃晃悠悠地打开。好奇的目光，问候，握手，闲聊——这是波托马克河畔秘密营地的数百名素不相识的国防军士兵首次相遇时的场景。这次，来自诺伊基兴（Neukirchen）的37岁下士海因里希·里斯（Heinrich Ries）与来自瓦内–爱克尔（Wanne-Eickel）的23岁机械军士长贝特霍尔德·埃尔克（Berthold Elke）相遇。按照惯例，两人很快便攀谈起来，除了知道对方是希特勒国防军的成员之外，他们对彼此一无所知。而这两位德国人除此之外，更是毫无共性可言。从年龄到教育背景，从军队经历到彼此的政治观点——里斯和埃尔克两个人的世界截然不同。里斯成长于魏玛共和国时期，埃尔克生长于“第三帝国”。里斯是天主教徒，埃尔克是新教徒。里斯有博士头衔，埃尔克是一名电工。里斯进的是普通的高射炮部队，而埃尔克则是自愿加入堪称精英的潜水艇舰队。里斯被亨特堡的美国审讯官归入“反纳粹”一列，埃尔克却被归为“纳粹”。所有这一切还不足以让他们的见面变得非比寻常——因为作为社会缩影的国防军，其内部所包含的矛盾远比这些更强烈。里斯与埃尔克之间的聊天虽然看似平平常常，但实际上却并非如此。两个人初次见面的时候，里斯就没有介绍自己的真实姓名——而是自称“约翰·墨灵格”（Johann

Möllinger)。保留这个秘密的原因很简单：里斯是那些亨特堡的美国情报人员招募来安插在德国战俘牢房的密探。埃尔克在接受审讯时一直保持沉默，而里斯却向美国人交代了所有他们想知道的，包括关于他的室友的信息。

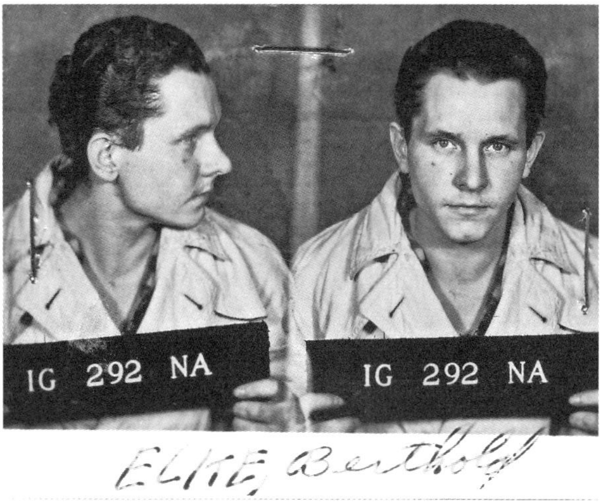


插图 5：机械军士长贝特霍尔德·埃尔克，生于 1919 年

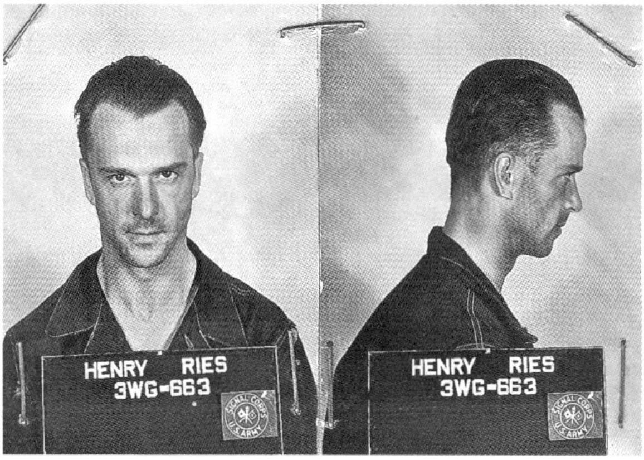


插图 6：伍长海因里希·里斯，生于 1906 年

与敌人合作对里斯来说，是其长期怀有的反纳粹倾向所导致的逻辑结果。他的个人经历为这一行为提供了合理的解释：里斯在萨尔地区的一个信仰天主教、注重自由的家庭中长大，后来他曾为一份宗教性周报工作。[1]无论是极右翼政权，还是纳粹军队，他都没有好感。从1940年应征入伍，到1943年5月在非洲被俘，他一直将国防军视为“匪帮”。[2]如今，他在亨特堡奉美军审讯官之命，想尽各种花招探听室友的底细。他向他的上级们提供所有他们需要的信息，或是以口头汇报的形式，或是以书面记录的形式。在亨特堡的其他无数德国战俘的档案中也出现了“墨灵格”的名字，这三个字不仅仅是出现在报告中，而且在窃听记录中还作为假装的谈话伙伴出现。现在他又被派去7号牢房调查埃尔克，但是这个“候选人”却让“墨灵格”白费了一番口舌。问题在于：他的室友对一切都闭口不谈。[3]“墨灵格”在一份报告中对于为何从埃尔克嘴中套不出任何话来做出如下结论：经证实，埃尔克是一个“冥顽不化的士官，视认真负责和坚贞不屈为自己的天职”，但是“由于缺乏兴趣，他对那些与其工作无关的军事或政治事件则毫不关心”，因此也无话可谈。[4]服役期间，这位年轻的潜艇驾驶员肯定耳闻和目睹了不少事情。1919年，他出生于一个装配工家庭，属于希特勒青年团一代，这一代人深受纳粹教育体系的影响。1933年希特勒掌权时，他才13岁，作为一个具有较强接受能力的青少年，他经历了“第三帝国”那段极强时期。在希特勒青年团和帝国劳动军团期间，他接触了纳粹思想，接受了训练和产生了集体崇拜。1939年他19岁时加入了海军，在那里继续接受洗脑：在新兵连队和潜艇学院，他听政治课和邓尼茨（Karl Dönitz，1891年9月16日—1980年12月24日，第一次世界大战德意志帝国海军指挥官和第二次世界大战纳粹德国潜艇舰队总司令——译者注）关于为“元首、人民和祖国”不惜牺牲一切的讲话。

然而，在征战过程中他所面对的现实却是，潜艇兵越来越像是“敢死队”。[5]1942年，在U-159潜艇的甲板上，埃尔克曾与战友们一起为击沉排水量超过5万吨的敌舰而欢呼。但是当他于1943年登上U-841潜艇时，这一页却早已成为过去。庆祝胜利的欢呼声越来越少，而被敌方追击的恐惧感则越来越强烈。在潜艇燥热密闭的空间里，他与战友们一样整日“神经紧绷”：敌军侦测器尖锐的“嘟，嘟”声不绝于耳，爆破的深水炸弹发出的巨大“砰，砰”声一步步逼近。[6]戏剧性的时刻出现在1943年10月17日，当U-841潜艇在北大西洋被敌舰击沉时：中弹那一刻“天摇地动”[7]，噼啪声震耳欲聋，仪器设备爆裂，“玻璃碎片飞溅”[8]；四处漆黑一片，喊叫声和慌张的指令声，断裂的管道，涌入的水流，飙升的肾上腺素，对死亡的恐惧，得救前落水战友垂死的“呆滞目光”[9]。U-841潜艇上54位船员中，有27人失去了生命。宣传口号与现实之间的反差截然不同。但是，无论是纳粹体制的影响，还是潜艇之战的难忘经历，似乎都未能给埃尔克留下较深的印象。“墨灵格”使出浑身解数，试图让埃尔克表态，但却徒劳无获。“墨灵格”在写给美国审讯官萨菲亚（Saphia）上尉的信中，是这样描述埃尔克的：

> 所有军事和政治上的事情对他来说都无关紧要。但是他很有责任感，很值得人尊重。因此，你很难跟他谈论军事话题。现在我已经花了至少两天的时间，跟他聊喝酒和女人。他对这些很感兴趣。现在我还没有提到任何跟军队有关的事情，他对我的政治观点也没兴趣。[10]

留存下来的有关这两个德国人之间对话的监听记录证明了“墨灵格”的判断：除了沉船时间，以及除技术、仪器、港口、妓女和性病之外，埃尔克没有谈及过其他任何话题。[11]然而这些对话同时也反映出，将埃尔克对政治的冷漠态度混同为中立，同样是一种错误。在这一点上，“墨灵格”大错特错：对埃尔克而言，政治——对纳粹政权的忠诚——与其说是“无所谓”，不如说是理所应当。甚至连沉船事件也丝毫没有改变他加入国防军为纳粹国家战斗的决心，正如他在亨特堡对“墨灵格”所表白的那样：“尽管如此，要是我从这儿出去，再回到德国，我后天就会再次参军。”[12]

“墨灵格”的这位既冷漠又忠诚的室友体现了很多普通国防军士兵的典型特征。尽管在历史书写中，20世纪被称为“意识形态的世纪”，国防军被看作是世界观被洗脑部队的一个典型案例，然而现实却比这些要简单得多。正如亨特堡的窃听记录所示，意识形态在绝大部分国防军成员的意识里最多扮演次要角色。但这并不表示，政治思想和纳粹信条对这些士兵没有产生任何影响。民族主义、军国主义和对希特勒的忠诚是绝大多数士兵在思想上的基本装备，他们所信奉的道德观与认知世界的模式，在一定程度上浸透着纳粹思想。除了这些抽象的基本信念之外，他们大部分人在政治问题上很少从复杂的大范畴与较深的理论层面去进行思考。对于大多数人而言，对政治和国家行为的评判，无外乎是胜利或者失败。

作为一个普通的德国人，他所思考的内容首先是围绕自己的日常生活、切身的生活环境和安定的生活。唯物主义和民族主义的狂热，更多是一种与“第三帝国”之间的情感联系。由于长久以来，纳粹政权满足了他们的这些基本需求，而希特勒作为一个具有个人魅力的领袖人物散发出强大的凝聚力，所以绝大多数“民众”都甘愿追随元首身后，直到1943年之后德国败仗连连，这种团结一致的状况才逐渐瓦解。于国防军士兵而言，对希特勒和纳粹国家的忠诚是一种无须思考的正常状态，很多人只是在被俘后，才开始对此有所意识。然而随大溜也有程度的不同：即使是那些对政权忠心耿耿的士兵，对“元首”的态度也存在差异。希特勒最忠诚的拥趸是最年轻一代的国防军成员——从这一点便可以看出，社会化有可能造成多大的差异。

## 政治化

大部分国防军士兵对政治的疏远一方面表现在聊天时对话题的选择上，因为政治和意识形态话题以及纳粹纲领等很少会成为他们讨论的焦点。即使提到这方面的内容，也主要是以附带评点或间接暗示的方式出现。另外，当然也有一些与意识形态信仰有关的内容之所以不会被提及，是因为在人们看来这些都是不言而喻的。然而另一方面，士兵们也往往会直截了当地表示，他们对与自身无关的政治话题不感兴趣。他们在审讯过程中和牢房谈话中反复表示，他们是“非政治的”[13]，“从来不关心政治”，[14]也不想“跟政治有任何瓜葛”[15]。尽管“非政治”一说既有可能是用来宣示在党派关系之外对国家无条件效忠的一种爱国主义代码，也有可能是为了在审讯过程中从表态上与纳粹政权拉开距离，但是在更多情况下，他们强调自己“非政治”，是因为政治对这些士兵来说确实是一件不重要的事情。因此，当一位来自巴伐利亚州的31岁中士在亨特堡接受审讯过程中被问到对纳粹国家制度的立场时，反应是茫然的。从审讯室回来之后，他对同伴说：“那个人（审讯官）从希特勒体系之类的开始说起，我就想：去他妈的，如果他用这个话题烦我，那就让他讲好了。对这个体系，我一无所知，也毫不关心。”[16]一位来自下萨克森州的27岁炮兵对其室友的无所谓态度做出了恰如其分的嘲笑式点评：“我知道，如果你回家以后，有啤酒喝，有工作干，有家人陪伴，那么所有的政治都是个屁。”[17]在普通国防军成员的话语中，经常可以听到这种知足常乐的表示，比如二等兵卡尔·林德纳（Karl Lindner），一位接受过正规培训的产业工人就曾经说过：“老百姓只要还活着，一切对他们来说都是无所谓的。我以前不大关心政治，我有自己的工作和不错的薪水，然后我就跟自己说，要是不打仗的话，这些原本可以就这样继续下去。”[18]这种态度对于希特勒统治下的社会稳定而言是有益的：士兵们的思想越是非政治，独裁在他们看来就越正常，他们也就越不会对纳粹政权提出质疑。

国防军士兵的政治意识主要与其受教育水平和社会出身有关。亨特堡美国情报人员对德国战俘进行的政治观点调查也表明了这一点：那些宣称自己对政治不感兴趣的士兵，主要来自于底层和小市民阶层。[19]相反，在那些年龄较长、出身市民阶层、受过高等教育的人当中，持这种态度的只是个别人，这些人更多是出于对政治的失望，而非对政治的淡漠。[20]导致士兵们被社会化的周边环境与家庭状况对其政治观念的形成究竟有多大影响，主要取决于这些影响的深入程度。要造成长期持久的影响，其个人生活的环境必须要拥有很高的政治活跃度，而不仅仅只是投票和流于肤浅的对某个政党的好感。一个在这样一种具有明确民族保守主义或极右主义世界观倾向的环境中长大的人，比那些在远离政治的社会环境中长大的人，更容易形成对纳粹的亲密感情。例如，来自图宾根的年轻中士奥根·马克格拉弗（Eugen Markgraf）1944年夏天在亨特堡的审讯中谈到希特勒和纳粹主义时，形象地借用他父亲——一位纳粹早期拥趸——的表述说道：

> 1933年德国已经破落得不行了。虽然那时候我还很小，可我的父亲也是这样跟我讲的。我父亲当时虽然在图宾根（一家医院中）有一份工作。但是德国经济一片萧条，如果用疾病来比喻的话，那就是病入膏肓。如果把阿道夫·希特勒比喻成医生，那么他就是拥有一剂或许能够救人性命的良药。可是他自己不知道行不行，因为他还没有试过。然后这位医生，也就是阿道夫·希特勒，无论如何也要试一试这剂药。[21]

在与其相对的阵营中，对世界观倾向的表达仅限于那些有强烈政治意识的核心人群。即使是天主教和社会主义——在最后几次自由选举中，这两派力量充分证明了其反抗纳粹的坚决立场——的社会环境里，随着纳粹政权所取得的成就日益明显，人们对它的反感也会逐渐消失。这种政治信念改变的例子比比皆是，就像31岁的党卫队士兵格尔哈德·席尔德在自己家中所观察到的那样："我父亲原来是一名社会民主党人，是铸造车间的师傅，但是后来却逐渐变成了纳粹分子。"[22]事实证明，大部分工人和天主教徒的政治意识并非坚不可摧，以至可以抵挡住纳粹主义的收买——他们越是不关心政治，改变观念的速度就会越快。当纳粹政权通过拉拢人心、政府施压和统一思想使固有环境对人的约束逐渐消解时，许多“民族同志”原有的党派倾向很容易就会被改变。因此，众多普通国防军士兵对政治的淡漠，恰恰是其效忠纳粹政权的一个重要前提。相反，那些政治立场坚定的“环境主导者”，以及出身市民阶层政治化程度较高、世界观不可动摇的受过高等教育的人，在国防军中明显只占少数。他们当中的很多人后来先是被送进了集中营，之后又被送到了军事惩戒部队。

与此相应，在国防军士兵的日常生活中，政治所扮演的角色同样也是次要的。比如24岁的潜艇船副弗里德里希·马斯特（Friedrich Mast）在亨特堡就这样说过，“德国兵”本来就“不是政客”，他自己就“从来没有跟政治扯上过关系”，而且“在当兵服役期间也根本没有谈到过政治”。[23]来自帕德博恩的通信兵约瑟夫·霍勒（Josef Höller）也表达了类似的看法：对潜艇驾驶员来说，所有与政治和战略有关的想法在他们的日常生活中很少会出现。当审讯官问及潜艇部队的“舆论气氛”时，他解释道：“这个问题很难讲，您可以看一下，这些潜艇或者说船员，也就是我们，这些士官等等，压根儿就没有任何想法，上尉先生。至少我什么都没想过。如果我能一整天都待在船厂，不需要出去跑的话，我当然会很高兴，但是实话讲我真的没想过。所以就我的看法来说，在潜艇部队根本就谈不上什么明确的舆论，要不然我们就没法再继续驾驶潜艇了。”[24]

在涉及国防军群体文化的人与人之间的交流中，世界观的作用也同样寥寥无几。[25]这一点在士兵们的闲聊中就明显可以看出。当士兵们和他人交流时，可以看出，他们对彼此的感受和判断，其标准都与政治无关。对于军队内部帮派的形成而言，人与人之间的好感以及专业技能才是关键性因素，而可能存在的政治差异则毫不重要。至于他们对彼此的评价是正面还是负面，是“勤劳”“勇敢”，还是“怪异”和“愚蠢”——政治内涵与他们相互之间的评价通常并无关联。士兵们很少用“纳粹”和“反纳粹”来划分自己的战友。最典型的例子是潜艇军官马克斯·克雷特（Max Coreth），一位为美国人工作的牢房密探，与他的同屋、海军少尉赫尔穆特·格拉姆罗（Helmut Gramlow）之间的谈话。这位年轻的海军军官明显也对政治不感兴趣。克雷特在谈话中提到一个他们共同认识的人，称其为“高级告密纳粹猪”，格拉姆罗感到很疑惑：“什么？我不知道，但是他确实是一个非常狡猾的家伙。我不知道他的政治态度，因为我从不跟我的战友们谈论政治。”[26]

如果国防军士兵表示自己“在政治上不是很确定”，那么这绝不仅仅是为了撇清与即将倒台的纳粹政权的干系而做出的自我保护声明。[27]士兵们在亨特堡的谈话一再印证了，很多人的世界观实际上是多么不成熟，多么随性和多变。有些国防军成员是在被关押期间与其他战俘的谈话中才逐渐形成了自己的政治观点，而在此之前，他们显然从没有认真思索过这些问题。比如29岁的船副理查德·基瑟巴赫（Richard Kieselbach），他在亨特堡接受审讯时就承认，之前“很多年都没有参与过政治”。直到与美国审讯官聊天时他才逐渐开窍：“我跟这里的几个军官讨论了这些事情，现在感觉比之前明白多了。”[28]青年潜艇驾驶员格尔哈德·海瑟（Gerhard Hesse）在与他的室友讨论时也逐步明确了自己的政治立场，而在谈话开始时，他的态度还是模糊不明的。[29]起初，这位21岁的年轻人的立场总是摇摆不定，他的态度是：“对政府既不支持，也不反对，因为我是军人。”当审讯官询问他对政治的看法时，他也是这样说：“这件事连我自己也搞不清楚。”对于审讯官提出的是否忠于纳粹政权这一问题，他显然毫无准备：“你问我是否支持政府？这究竟是什么意思？”这时他的室友显然已经不耐烦了，毅然插话说：“嗨，我们可是有祖国的人，我们就是为它而战。”于是，海瑟也立即表示赞同：“嗯，当然，所以我们也支持它的政府。”现在，海瑟终于找到了自己的立场，而在谈话之初他还完全是另一种口气：“我是一名德国士兵。没有德国人和纳粹之分，这两个是一回事。”很多国防军士兵对政治漠不关心并不意味着中立，而是随大溜所致：没有自己看法的人，自然更易受周围人态度的左右。

士兵们虽然并不常谈论他们的世界观立场，但这绝不意味着他们没有态度。在美国情报人员与上百名德国战俘在亨特堡进行的政治谈话中，比任何地方的谈话都更明显地反映出这一点：当他们直截了当地询问德国兵对希特勒和纳粹的看法时，他们总会或多或少说些什么。每个人至少可以用简短的话语来概括自己对这些问题的看法。这些士兵给出的答案看起来往往大同小异，而且总显得比较泛泛。然而对于他们认为希特勒是好还是坏，对纳粹喜欢还是不喜欢——所有的国防军士兵都可以给出答复。显而易见，他们在这里讲述自己的政治看法时，要比在牢房里的自由谈话明确得多。与政治谈话不同的是，士兵们在日常聊天中往往很难找到交流类似世界观等原则性问题的由头：他们更喜欢谈论具体事情，而很少涉及抽象问题——前面提到的潜艇船副埃尔克就喜欢讲他的机器、嫖娼和港口，而不会以哲学的方式去探讨纳粹主义。世界观信仰属于基本常识，对于这些男人而言是理所当然的，根本不值得一提。虽然不提，但信念还是有的，正如美国调查问卷结果显示的那样，大部分人对纳粹政权的态度是忠诚的。

应当服从于“政府”，这是不言而喻的现实——大多数人或多或少都抱有这样的信念。[30]正是这种信念导致了随大溜的风气，而对于国防军成员这种身负重任的“民族同志”，在这一点上当然也不会例外。对这些男人们来说，效忠国家越是理所当然，他们接受自己身为国防军士兵的自我认知便越是自然而然。然而政治观点和军人精神是两种不同的东西，两者未必存在必然的联系。说到底，在德国，军国主义要比纳粹主义有着更深厚的土壤。因此，作为保守派人士或曾经的社会民主党人，完全有可能既反对纳粹政权，但同时又是一名斗志昂扬的士兵，并为自己立下的军功和胸前的十字勋章感到骄傲。因此，一定程度的政治分歧往往并无大碍，但是，一旦这些局部的观点分歧被原则性的政治立场冲突所代替，这些士兵的自我身份认知便难免会受到影响。在国防军惩戒部队这样的小环境中，这种现象表现得尤为明显。在纳粹军队中，这些惩戒部队是从30年代中期之后出现的。其初衷是为了对那些违纪的国防军士兵、那些“有辱军队名声”的人、被判刑的犯罪分子或是政治异己，通过严格的纪律施以管教，使其成为可继续为部队效力的军人。[31]惩戒部队是由几个不同的分部组成的。例如“999师”，这里的人员除了普通的刑事犯之外，还有许多以前曾蹲过集中营的犯人，他们当中包括曾经的共产党员、社会民主党人以及其他反政府人员。另外，还有空军“特种部队”（Z. B. V.），这里的士兵大多数并不是政治上犯错，而只是因为违犯军纪才被送来的。这些惩戒部队有的会被派去打游击，有的也会被派到前线打仗。特别是“999师”，在1943年北非战场上，这支部队的表现给人们留下了褒贬不一的两种印象：一方面，部队指挥官在作战记录的总结中称，所有“参与战斗的小组全部表现出色”，并称赞“这些小伙子在打仗时的表现无可挑剔，堪称楷模”。[32]另一方面，逃跑或主动投降的例子也屡见不鲜，以致上级指挥部门不得不发布命令，“采取最严厉的措施，防止个别人投敌的行为进一步蔓延”。[33]

由于这些受惩戒士兵中的很多人在被美国人俘虏后表现得十分合作，因此他们中有80人被送到亨特堡并在那里接受审讯。在这80人中，有近60人来自“999师”。于是，一份迄今内容最全面的记录德国国防军惩戒部队的原始资料由此而产生。通过对这些战俘档案的深入分析可以看出，这些士兵不同的个人背景导致了怎样的差异。最大的差异体现于“政治犯”和“刑事犯”之间的鸿沟——在国防军惩戒部队的组织划分上，这些差异便曾发挥了决定性影响。[34]“刑事犯”之所以丧失了其作为国防军士兵的“尊严”，主要原因是普通的违法行为，而“政治犯”则是由于其另类思想而落入了纳粹司法部门之手。比如柏林的贸易代表汉斯-约阿希姆·韦格纳（Hans-Joachim Wegener）就属于“刑事犯”。据他自己的说法，他和纳粹政府的“大佬们关系非同一般”，[35]直到他由于黑市贸易而被判刑。而柏林的社会民主党人士埃德温·劳滕巴赫（Edwin Lautenbach）、鲁道夫·米勒（Rudolf Müller）和埃尔温·贝克（Erwin Beck），则属于“999师”里有政治前科的士兵。在亨特堡，他们共住一间班房。即使是在这里，他们仍然经常陶醉地回忆起早年在社会民主党组织中的活动，以及那些志同道合的同僚。[36]在惩戒部队中，也因此而形成了相应的派别，不同派别之间偶有重叠。因为对纳粹政权的仇恨，或早或晚会让不少“刑事犯”和“政治犯”彼此找到共鸣。

但是在一点上，两者是截然不同的：那些多年的反政府分子虽然身着国防军制服，但他们从来没有把自己视为军人；可在那些没有反政府背景的受惩士兵中，情况则完全相反，他们很多人把自己视为国防军的军人价值典范，他们无论如何都想成为优秀的士兵。例如，雅各布·格罗斯迪蒂尔（Jacob Grossdidier）是“999师”的一名狙击手，他所讲述的自己在北非前线打仗的经历，与正常国防军部队成员的讲述几乎别无二致：与后者一样，他也强调自己曾“像一头雄狮”一样战斗，并被提名授勋。[37]在韦格纳这样的“999师”士兵看来，这些同样也是理所当然的：“我是很看重军衔的，我毕竟是德国人。”[38]然而在“999师”前德共与社会民主党活跃分子那里，却看不到类似的现象。既没有“我是德国人”的爱国主义自白，也找不到任何军人气质的痕迹。毫无疑问，他们这种反叛行为是建立在其政治信仰之上的。而这种政治信仰是他们在已经灭亡的魏玛共和国时期，通过有组织的工人运动所导致的社会化而形成的。这种政治信仰使得他们无法去接受任何与纳粹体系有关的军人价值观。

抛开上述导致明显差异的因素，抽象的基础信念对于当事人对决定其实际行为的身份认知、价值和规范的接受程度，同样也会产生影响。但是，对于大多数国防军士兵来说，这并不会导致不和谐。因为与工人运动中的骨干不同，这些士兵既没有可以与之相提并论的政治活跃度，其对纳粹政权和国防军的仇恨程度也与之相去甚远。从这一角度来看，国家主义、军国主义和纳粹意识形态作为一种无意识的基础信念，同样也发挥了不可或缺的作用：它使得多数士兵能够认同其作为国防军士兵的身份。但是并非所有的士兵对他们的军人职责都抱有同样的热情。这一点在后面的章节中还会提到。[39]

## 民族主义与纳粹意识形态

虽然很多国防军士兵既没有完整清晰的世界观，也不具备对意识形态纲领的明确认知，但是这并不意味着他们没有政治倾向性。在绝大多数士兵当中，民族主义和军国主义在很大程度上是深入人心的，其原因在于他们对国家最基本的忠诚。与往往流于肤浅的政治观点相比，这种忠诚有着更深厚的根基。与其他很多意识形态方面的问题不同的是，大部分士兵在被问及爱国主义与对自身作为国防军成员的自我认知时，往往不需要思考太久。最典型的回答是："我是德国人，也是一名军人！"[40]"我是安分守己的军人，也是安分守己的德国人"，[41]这种说法是一种典型的身份认同模式，无论是反政府者还是坚定的纳粹分子，往往都会选择这样的回答。[42]与这些士兵对纳粹意识形态的混乱认识所不同的是，这些基本信仰是长期以来受文化影响而形成的根深蒂固的思维方式。它是如此自然，以致无须对此多做思考。

"为了一个民族的德国"，伞兵连司务长海因里希·布鲁斯（Heinrich Bruns）和与他同住一间牢房的24岁下士约翰纳斯·弗利彻（Johannes Fritsche）都对此深信不疑。[43]布鲁斯虽然承认："政治什么的我并不太懂，因为我从不太关心政治。"但是他从不怀疑，自己与国家是紧密相连的："是的，我跟他们说过，我以民族的思维方式进行思考。每个国家都会有民族精神。每个人都爱他自己的国家，这一点我们应该坦承。因此，人们不需要热爱执政的政权。"海军下士马克斯·弗格特（Max Voget）也有着同样的感受："我首先是一个德国人。"[44]这名25岁的下士认为，不管一个人对执政党是什么态度，"重要的是，他要保持自己作为德国人的品格"。无论国防军成员对纳粹政权怎样想，他们都觉得，由于民族主义是无条件的，因此他们有忠诚的义务。例如，当审讯官用讽刺的口吻问及他对"热爱的元首"是否忠诚时，34岁的坦克兵古斯塔夫·文特（Gustav Wendt）是这样表示的："对于您这个问题，我必须以德国人的身份来回答。我是一名军人。当要求我上战场的时候，我就必须为我的国家战斗，正如您也会为您的国家这样做一样。这时，我不会考虑我的政府是叫希特勒还是别的什么。"[45]

潜艇兵下士莱霍尔德·杰瑟（Reinhold Jesse）"要认可国家领导"的

义务感也是从“对祖国的信仰”中产生的：“说到底，是军队培养了我。一个人是生而为国的。我首先是一名士兵，必须服从命令。至于战争究竟为何开始，这真的无所谓。”[46]民族主义是理所应当的，士兵们的很多说法也都间接地表达了这一点：他们对无可逃脱的失败的遗憾，对以往所取得的战功和成就的骄傲，或者是对德国成为世界大国的期许。甚至很严重的挫败、痛苦和遗憾，也可以通过民族主义的思想转化为积极因素：“作为一个民族，我们以往所承受的和今后仍将承受的，世界上没有任何一个民族可以做到。”[47]无论是前面提到的机械师杰瑟那样的只上过初中的普通工人，还是像连队司务长布鲁斯一样的萨克森农民，抑或是装甲兵文特那样的柏林采购员，或是士官弗利彻一类的高中毕业生，对于他们而言：通过军人伦理得到进一步强化的民族主义思想，可以将国防军中各种不同类别的人群凝聚在一起，即使他们政治立场不同、年龄各异并且来自不同的社会阶层。

除了深入人心的民族主义之外，在国防军士兵的思想中，还有其他一些与纳粹意识形态元素和敌我观念相重叠的内容。在士兵们的谈话中，经常会出现一些不经意的评论，从这些评论可以看出，在一些人身上，种族主义、反犹太主义与反布尔什维克思想是多么的根深蒂固。例如，一个士兵指责希特勒与日本结盟是“疯狂行为”，在谈到太平洋战争时，他干脆站到了美国一边，因为在他看来，必须让白种人在这场“黄种人对抗白种人的战争”中获胜。[48]他的室友发表了类似的观点，认为盟军不应该“派有色人种去打仗”。在士兵们的谈话中，比类似“波兰佬和黑鬼”[49]一类贬低其他民族的话更常见的，是反犹主义的言论。年轻的伞兵沃纳·克拉格斯（Werner Klages）就是这样认为的：“有的犹太人的确有些本事，但是大多数犹太人都是骗子！犹太人在德国干尽了坏事，尤其是在（第一次）世界大战之后。元首做的唯一一件好事，就是把犹太人干掉。”[50]在亨特堡，当三位军官回忆起德国对波兰的占领时，三人的腔调也十分相似。当其中一人提起“犹太猪”“遇到德国兵时必须要让开路，并摘下帽子”时，其他两个人的回应是：“好，很好，就应该这么干。”[51]30岁的陆战队士兵马丁·科朗（Martin Klahn）对一脸惊愕的室友解释说，不能把共产主义和“狗屎布尔什维主义世界观”混为一谈。[52]说到理由，他用纳粹对“犹太布尔什维主义”的敌对认识作为解释：“布尔什维主义就是这样，一群垃圾和道德败坏的人在执政，就是混蛋犹太人那一群。掌握权力的，基本上都是社会渣滓。”

除此之外，传统的反犹太典型也经常会通过下意识的形式表达出来，比如说：受审士兵对亨特堡的犹太审问官的说法表示怀疑，怀疑是“犹太报刊”进行了反德国的宣传，或质疑犹太人在国际工业界的影响力。[53]反犹措施在一定程度上是得到德国人普遍认同的，这一点甚至在亨特堡的德国战俘对屠杀犹太人的批评中也可以看出：“犹太人真的对我们做了什么伤天害理的事情么？当时还有犹太医生呢，他们比德国医生的医术还高明。其实我们可以把犹太人赶出国有工厂，至于说那些犹太商人，倒是不用搭理他们。”[54]但是，这类种族歧视和反犹思想在国防军中到底有多大的普遍性，仅凭借亨特堡的卷宗也很难估量。对其他民族或“种族”的看法，是人的基础信仰的一部分。这些信仰太过抽象，而且从某种意义上讲也太过自然，因此无须就此多言。不管怎样，有一点是很明显的：对德意志民族异于且优于其他民族的认识，在德国人的心理意识中是根深蒂固的。它是民族主义不可避免的另一面，也是19世纪的遗产之一。至于说这种国家和民族的异禀究竟在多大程度上是文明进化的结果，也就是说从原则上讲是可变的，还是更多是由种族和生物学决定的，亦即先天的，对这一问题的认识从国防军士兵形形色色的表述中，很难做出明确的判断。同时，从亨特堡的窃听记录也可以清楚地看出，种族歧视和反犹思想在国防军士兵中也是有限度的。因为这些士兵中的很多人，在面对有关对欧洲犹太人的大屠杀的观察、谣言和新闻时，往往表现出一种本能的抗拒。[55]

除上述之外，意识形态方面的口号在国防军战俘的谈话中则很少出现。但是，尽管德国兵并不总是把“优越人种”和“低贱人种”挂在嘴边，并且相对于“布尔什维主义者”，他们更愿意说“俄国人”，但这绝不意味这些士兵对意识形态上的敌我划分是不赞同的。虽然国防军成员中的大多数是不问政治的，也就是说他们不会把纳粹宣传的每一条信息原封不动、逐字逐句地纳入自己的思维和日常语言体系，然而他们往往会用一些浓缩的意识形态词汇，来取代全套的系统化理论。纳粹的洗脑总不会完全无效，至少其核心言论是深入人心的。18岁的潜艇驾驶员库尔特·舒尔茨（Kurt Schulz）就是一个典型的例子。1934年6月，他在亨特堡讲述了这样一件事：大约两年前，作为新兵的他曾在皮劳（Pillau）基地听过海军元帅卡尔·邓尼茨的一次半小时左右的演讲。[56]邓尼茨的演讲从头到尾充斥着宣传纳粹意识形态的言辞。年轻的舒尔茨已经几乎回忆不起邓尼茨到底讲了什么。但是有一点他记得很清楚：元帅说，祖国期待他们能够圆满地完成自己的使命。士兵们同样也是通过这种简单化的形式，将纳粹政府描绘的敌人形象变成自我认知的一部分，因为他们需要这样一种概念化模式，来帮助自己在充满危险的战争世界中找到方向。这一点从他们对苏联和红军的看法中便可看出。在亨特堡档案中，每当美国军事情报部门在对德国战俘的政治问询中提到这些话题时，我们经常可以读到这样的内容：谈到东线的敌人，国防军士兵的反应几乎一模一样。

在近600名受审士兵中，有大约500名明确表达了对苏联的负面看法。[57]一方面，这些士兵对苏联士兵感到敬畏，视他们为勇敢、不畏死亡的对手；另一方面，他们也将这些苏联士兵视为野蛮和残暴的敌人。在这些表述中，充满了反布尔什维主义意识与对苏联红军“恶毒”形象的认识，自“巴巴罗萨行动”开始的那一刻起，这种形象便已被植入这些士兵的头脑之中。

除此之外，在美国战俘营里可以看到，苏联政治委员的模式化形象对德国国防兵也同样具有持续的影响力。这种通过军事指令和战地报纸的宣传而广泛传播的敌军形象，即使在东线战斗的残酷现实面前并没有发生太多实质性改变。在德国士兵的眼中，这些苏联政委始终是“布尔什维克恐怖政权”的“煽动者”和“刽子手”，是红军搏命式的战斗方式和战争暴行的始作俑者。这种笼统的指控为德军在东线所遭遇的前所未有的伤亡提供了合理的解释，并向他们指出了对这一切负责的罪魁。因此，通过对被俘的苏联政委实行枪决——况且这也是遵照上级命令——来宣泄暴力是合法的，借助这一手段，人们所理解的秩序也在臆想中得以恢复。[58]这些对敌人的想象不仅让士兵们找到了方向，而且还给他们带来了一种“得到补偿”的满足感。现实越是复杂、越是看不透、越是深奥，这些士兵对这种一目了然的解释便越是依赖。因为这些解释降低了现实的复杂性，还把现实变得既明白又易于接受。纳粹政权和国防军领导层所提供的解释满足了士兵们对领会旨意的需求，更何况这些宣传往往是与人们的传统思想紧密相关的。很多普通士兵的价值观中，封闭的纳粹思想纲领并不占主导地位，占主导地位的更多是明显简单化的认知模式，而纳粹政府的意识形态则以零星碎片的形式掺杂于其中。

## 希特勒神话和对国家的效忠

因此，大多数士兵日常生活与思想意识中对政治的淡漠并不意味着政治上的中立，而更多意味着一种默认的无须解释的共识，这就是“为国家而生”。[59]除了这种深入人心的民族主义思想之外，对纳粹国家的忠诚还建立在对希特勒效忠的基础之上。作为“元首”和最高领导人，希特勒直到最后还依然受到国防军中大部分人的信任。希特勒神话在纳粹军队中的影响力之大，不仅仅体现在亨特堡牢房中很多士兵的对话中，在美国军事情报机构对德国战俘的政治观点调查中，同样也得到了充分的反映。在“二战”的最后一年中，亨特堡的审讯官以一张标准化问卷为基础，与被俘士兵进行了大约700次政治面谈。这份所谓的“品行问卷”包括了类似“你所认为的战争起因”“对希特勒和纳粹主义的态度”“对敌军的看法”和“对国防军自身的看法”等问题。调查在直接审问的过程中进行，美国审讯官按照“品行问卷”中的问题，对战俘们逐条进行讯问。[60]

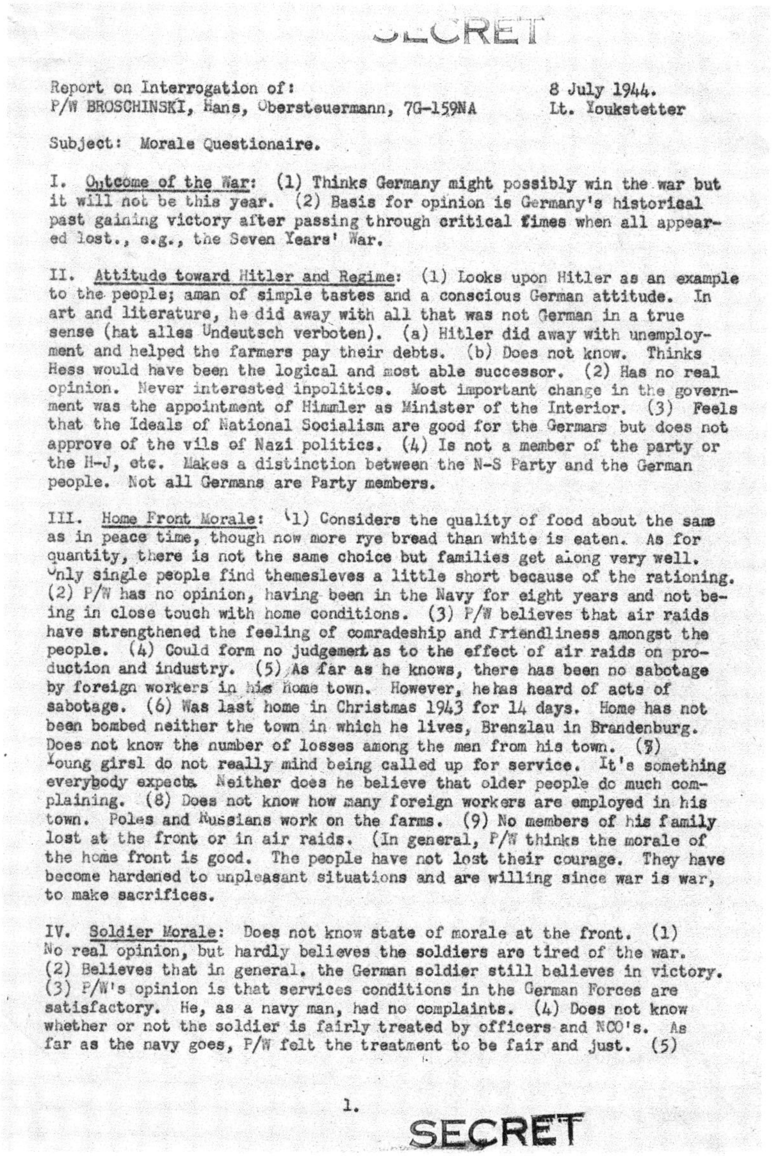

SECRET

Report on Interrogation of: 8 July 1944.
P/W BROSCHINSKI, Hans, Obersteuermann, 7G-159NA Lt. Youkstetter

Subject: Morale Questionaire.

I. Outcome of the War: (1) Thinks Germany might possibly win the war but it will not be this year. (2) Basis for opinion is Germany's historical past gaining victory after passing through critical times when all appeared lost., e.g., the Seven Years' War.

II. Attitude toward Hitler and Regime: (1) Looks upon Hitler as an example to the people; aman of simple tastes and a conscious German attitude. In art and literature, he did away with all that was not German in a true sense (hat alles Undeutsch verboten). (a) Hitler did away with unemployment and helped the farmers pay their debts. (b) Does not know. Thinks Hess would have been the logical and most able successor. (2) Has no real opinion. Never interested inpolitics. Most important change in the government was the appointment of Himmler as Minister of the Interior. (3) Feels that the Ideals of National Socialism are good for the Germans but does not approve of the vils of Nazi politics. (4) Is not a member of the party or the H-J, etc. Makes a distinction between the N-S Party and the German people. Not all Germans are Party members.

III. Home Front Morale: (1) Considers the quality of food about the same as in peace time, though now more rye bread than white is eaten. As for quantity, there is not the same choice but families get along very well. Only single people find themesleves a little short because of the rationing. (2) P/W has no opinion, having been in the Navy for eight years and not being in close touch with home conditions. (3) P/W believes that air raids have strengthened the feeling of comradeship and friendliness amongst the people. (4) Could form no judgement as to the effect of air raids on production and industry. (5) As far as he knows, there has been no sabotage by foreign workers in his Home town. However, hehas heard of acts of sabotage. (6) Was last home in Christmas 1943 for 14 days. Home has not been bombed neither the town in which he lives, Brenzlau in Brandenburg. Does not know the number of losses among the men from his town. (7) Young girsl do not really mind being called up for service. It's something everybody expects. Neither does he believe that older people do much complaining. (8) Does not know how many foreign workers are employed in his town. Poles and Russians work on the farms. (9) No members of his family lost at the front or in air raids. (In general, P/W thinks the morale of the home front is good. The people have not lost their courage. They have become hardened to unpleasant situations and are willing since war is war, to make sacrifices.

IV. Soldier Morale: Does not know state of morale at the front. (1) No real opinion, but hardly believes the soldiers are tired of the war. (2) Believes that in general. the German soldier still believes in victory. (3) P/W's opinion is that services conditions in the German Forces are satisfactory. He, as a navy man, had no complaints. (4) Does not know whether or not the soldier is fairly treated by officers and NCO's. As far as the navy goes, P/W felt the treatment to be fair and just. (5)

1.

SECRET

插图 7：思想调查——1944 年 7 月 8 日对潜艇兵下士汉斯 · 布罗金斯基（Hans Broschinski，1916 年生）所做的“品行问卷”

虽然这些国防军成员必须面对战争中的敌人就自己的立场表态，但审问的环境并未对调查结果的可信度造成太大的影响。尽管有一些国防军士兵没有表露他们的真实想法，因为他们要么是害怕批判性过强的言论会“伤害祖国”[61]，要么是出于机会主义的考虑而刻意“挥起反法西斯的大旗”。[62]但是大多数士兵并没有这样的深思熟虑，对于有关世界观的问题，他们不假思索地给出答案，因为这些话题在他们看来并不具有“关乎战争的重要性”。[63]欧洲战场其他地方进行的独立于亨特堡的问卷调查，同样也得出了类似的结果，这使“品行问卷”的可信性进一步得到了印证。

无论是美国情报服务机构在欧洲战俘营的调查，还是弗吉尼亚州秘密“审讯中心”的问卷都得出了这样的结论：即使是在第二次世界大战的最后阶段，国防军中的多数人还是支持希特勒的。在1944年前三个季度的问卷调查中，通常有超过60%的德国士兵明确表明了他们对“元首”的忠心。

美国的问卷调查结果显示：“民族共同体”（在纳粹德国时期指血脉相连、命运相同并拥有共同政治理想的群体——译者注）早期支持者和反对者之间的界线已经消除，而希特勒最忠诚的追随者是在年轻人当中。在亨特堡问卷调查中，对希特勒的支持率在所有受访者中几乎达到了64%。如果按照年龄分类，那么一种不容忽视的趋势就会浮出水面：士兵越是年轻，对“元首”的认同程度就越高。1916年之后出生，从1933年起有资格加入希特勒青年团的那些人，他们对希特勒的认同程度超过了平均值，达到了68.2%。而年龄较长的人群，即1916年以前出生的人，对“元首”的支持率只有56.3%。随着年龄的减小，支持希特勒的比例也随之增加。在1920年之后出生的国防军成员中有71%的人对希特勒持支持态度。而在1923年之后出生的士兵中（在“纳粹党掌权”时已至少10岁，因此有资格加入希特勒青年团），对希特勒的认同率甚至超过了74%。也就是说在最年轻一代德国兵中，即在第二次世界大战最后一年年龄在17—22岁的一群人中，有3/4的人始终对希特勒保持效忠，而比他们年长的战友则普遍倾向于与纳粹政权保持距离。

亨特堡的问卷调查结果提供了迄今为止最有力的证据，证明了所谓“希特勒青年团一代”，即在“第三帝国”时期长大成人并受纳粹教育体系熏陶的一代人，对纳粹政权的支持尤其坚定。不同年龄间的差异证明，社会化的方式和方法对士兵们对希特勒和纳粹主义的立场是一个重要影响因素。国防军成员成长环境和年代的不同，导致了差异的产生。魏玛共和国的民主体制也为多元化和思想自由创造了条件。除此之外，这个时期社会环境的多样化还没有受到破坏，因此，不同的世界观取向仍然可以在社区、社会团体和政党组织中不受阻碍地传播。但是纳粹政权不接受任何多元主义。它扼杀了多元的社会环境，并与其他生活领域一样，毫不妥协地按照“第三帝国”的方式来开展对青少年的教育。取代以怀疑为本的多党机制的，是簇拥在人人热爱的“元首”周围的满怀热忱的“民族共同体”。由世界经济危机所导致的生存恐惧被安全感所替代，意志消沉的情绪转化为民族自豪感，对未来的无望变成了希望。在20世纪30年代纳粹德国长大的士兵虽然不得不遭受束缚和洗脑，但是他们所经历的却是一个国家空前繁荣的时期。对于这一代国防军士兵来说，正因为他们不曾经历魏玛共和国的民主体系，因而纳粹的独裁便显得更加理所当然和无可替代。正像很多年长的士兵所说，这个年龄段的战友非常单纯，他们“太年轻，根本不知道1933年以前德国发生了什么”。[64] 30岁的二等兵海因里希·达雷姆斯（Heinrich Dahlems），面对他的室友（1925出生的党卫队士官）对纳粹政权效忠的口号，不屑地给出了同样的评论：“你才20岁，除了国家社会主义之外，什么都不知道。”[65]

但是很明显，纳粹政权成功地扼制住了一切有可能对其形成竞争的其他影响。在帝制时代的德国，社会划分成不同的社会群体，在各个群体中，阶层的归属感、世界观和政党关系是紧密交织的。但是，不同的社会群体之间却彼此隔阂，史学界将这种现象称为德国社会的“支柱化”[66]。因此，很多这一时代的同龄人往往将这种社会的碎片化视为一种弊端。早在魏玛共和国时期，对民族统一的渴望便引发了人们对“民族共同体”的设想，并成为持不同政见的政党宣传的主要内容。[67]尽管随着现代化进程的深入，各社会群体自20世纪初之后逐渐发生变化，不同的群体之间也开始彼此渗透，然而直到纳粹上台，消除社会分散化结构才被确立为政治目标，其手段是通过民族融合来消除社会隔离，一些特定的群体，例如，犹太人，自然被排除在外。对竞选的研究表明，这一目标首先是在新教保守群体和自由主义群体中获得成功，而信仰社会主义和天主教的阶层，直到最后几次自由选举时，仍然对国家社会主义抱有强烈的抵触。[68]但是这种差异并没有一直延续下去：美国军事情报机构对国防军士兵政治观点所做的问卷调查，便证明了这一点。因为正如“品行问卷”结果所显示的，在战争的最后一年，工人和天主教信徒对希特勒和纳粹主义的态度，已几无分别。[69]也就是说，在国防军中，最初由社会因素和信仰因素所导致的分歧在第三帝国终结时已基本消除：出身于以往对纳粹持反对态度的社会群体的士兵，此时对纳粹政权的认同感，并不亚于来自其他社会阶层的士兵，有时甚至更忠诚。世界观立场的划分，不再与传统的社会结构相对应。在所有的社会差异都因共同的政治忠诚而消弭的一刻，“民族共同体”的思想便不再是乌托邦式的宣传公式，而是成为这个共同体所有成员所面对的社会现实，或至少是其中的一部分。

德国国防情报局军官奥斯卡·曼特尔（Oskar Mantel）认为，他在自己的家乡法兰克州也观察到了这种原本与政府疏离的社会群体后来转而融入纳粹体制的现象。他说：在施韦因富特（Schweinfurt），“特别是年龄较大的工人，过去大都是坚定的共产主义者”，但是现在，“他们所有人都效忠于希特勒”。[70]曼特尔的分析与后来史学界的判断是一致的：当希特勒的成功显而易见的时候，工人群体最初对希特勒的怀疑也随之烟消云散：

> 德国老百姓最开始大都是红色的（即支持共产主义或者社会主义——译者注）。哪里有苦难，社会主义和共产主义就会在哪里冒

头。1933年希特勒掌权的时候，在工人阶级里他没有一个朋友。但是这个家伙突然想办法——不管他用的是什么办法——让这些工人有了工作，而且他做成的事还不止这一件。别人从前承诺的事情，在他手里兑现了，就是社会保障。总之，希特勒让德国老百姓体会到了富足是什么。毕竟从1914年开始，德国人就没再尝过富裕的滋味。所以，从1933年到1939年这短短的几年，自然也就被老百姓深深地铭记在脑海中了。

亨特堡的问卷调查和窃听记录也证实了这一点：对和平时期国家繁荣和生活富足的感恩是最常见的动机，士兵们在日常谈话和审问中都会把这种动机作为忠诚于纳粹政权的理由。[71]也正因如此，对于狙击手、来自迈森（Meißen）的工匠出身的弗里茨·科尔斯特隆克（Fritz Kohlstrunk）而言，20世纪30年代纳粹德国的生活一直是他记忆中“一段美好的时光”：“那绝对是最美好的几个年头，然后该死的战争就爆发了。当时各方面情况都很不错，消除了失业，给工人建造了居住区，当时国家做了很多了不起的事，这谁都得承认。什么都是新建的，无可指摘，我不得不这么说。还有很多有意义的事，‘力量来自欢乐’（Kraft durch Freude，缩写KdF，一个专门组织工人业余休闲活动的工会组织——译者注）组织旅游，家长可以送孩子去更高一级的学校读书，等等。”[72]直到1945年春天，45岁的中士瓦尔特·弗莱斯勒（Walter Freissler）依然还保持着最初对纳粹政权的幻想，虽然其他士兵，比如和他住同一个牢房的工程兵奥斯卡·艾格尔（Oskar Egger），早已出现了动摇：

弗：他们每个人以前都是纳粹分子，因为他们都是心甘情愿被人当傻子，自己一点脑子也没有。我当然也可以说，我不是纳粹——什么叫纳粹啊？但是我承认，我很佩服那个人，我跟我自己说：是这个人，终于让我们的生活有了秩序。你原来肯定也是这么想的。

艾：我没觉得这些事有什么让人兴奋的。德国怎么样，关我屁事？重要的是，我自己过得好不好。

弗：我要是有像你这样的生活观，那我宁肯上吊。

艾：没有政治，人也一样能活。

弗：太可笑了，要是活着就是为了填饱肚子的话，那我还算人么。[73]

从两个维也纳士兵之间的对话可以看出，面对“第三帝国”无可挽回的失败，这些身在战俘营的德国兵已渐渐开始对过去进行反思。此时，士兵们开始想办法为自己开脱，撇清自己与纳粹政权的关系，而希特勒在他们的口中已不再是“元首”，而是更多地被称为“骗子”[74]。同时，这两名同胞的讨论也反映出两种截然不同、却又十分典型的亲近“第三帝国”的原因。两人的立场看似是矛盾的：一个人对政治漠不关心，但是其个人的物质需求却在纳粹掌权时一直得到了很好的满足；另一个人充满了民族主义热情，对国家繁荣的感激之情导致他对“元首”产生了一种情感上的依恋。正是出于这两种貌似不同的动机，使大多数德国民众主动或者被动地成为“第三帝国”和“元首”的追随者。

然而恰恰在市民阶层，还有另外一些人则是完全从意识形态体系出发，加入了纳粹。中校赫尔穆特·里希特（Helmut Richter），在梅斯战役始至1944年12月期间率领一个步兵团，他长期坚持的一个观点是，国家社会主义是一种有着光明未来的“思想”。[75]甚至西线的溃败也没有改变他对希特勒的忠诚。“我追随元首，因为是他领导德国，在我看来，他确实为德国做了很多好事。”在类似希特勒青年团和纳粹冲锋队等纳粹组织里，他是“一个绝对的追随者”，里希特这样解释道，因为这些组织让国家离目标又近了一步，“人民就是应该与政府紧密站在一道”，而且“每个人应该感觉到自己是人民的一分子”：

工人们应该知道，他们是为了什么在战斗，他们的国家又带给了他们什么。他们应该感觉自己是民族和共同体的一分子，并且是完全的一份子。在其他地方，这种现象是绝无仅有的，在过去的德国也一样。在冲锋队中，工厂主任和工人是平等的，而军队领导则应当比一个没有领导军队的工厂主任做得更优秀。这就是人们所说的万众一心。这也是一种新生事物。

“什么是纳粹？”[76]弗莱斯勒中士的反问不禁让人联想起与这一概念相关的意识形态理念的相对开放性。[77]对纳粹政权的忠诚很少是建立在封闭的纳粹主义世界观上，而通常是充满了不同色彩、不同层面以及不同情感的矛盾。政治观点往往表现出彼此相异、而非一致的特点。通常情况下，共识和异见并存。如果一个人认为“第三帝国”的某些方面是值得赞同的，这绝不意味着这个人也赞同纳粹政权纲领内容的其他部分。相应地，从“反对纳粹政权纲领的某一点”并不能得出“全面排斥纳粹体系”的结论。对于普通士兵和高级军官，这一原则普遍适用。因此，反犹狂热分子并不完全等同于种族大屠杀的赞同者。[78]士兵们的想法在一定程度上会根据谈话对象和交流环境的不同而发生变化，尽管他们喜欢自诩为性格坚定的人，并恪守这样的信条：“自始至终，说一不二。”[79]然而，对于这些国防军士兵来说，立场的一贯性和坚定的意志力往往更多是一种自我期待式的想象，其自我描述的形象与真实性格之间，难免有着很大的反差。

很多国防军士兵世界观的灵活性还体现在他们世界观的可变性上。大多数国防军的典型特点是，其思想观念的发展并不是直线的，而是经历了一个过程，并且是不连贯的。甚至连1944年7月20日事件（指“刺杀希特勒事件”——译者注）的策划者来说，也不例外。他们同样也是经历了一个不无痛苦的背弃纳粹政权的过程，才最终下定了发动政变的决心。[80]然而，即使是那些坚定不移的纳粹分子，他们当中的一些人也是经历了种种周折，才最终确立了自己的世界观。例如，希特勒的狂热支持者、海军军事法官凯·尼施令（Kay Nieschling）在讲述其如何走上纳粹主义道路时，是这样说的：

我们每个人都曾经历了一个奇特的发展历程。我也一样。我是1933年5月之后加入纳粹的。从1933—1939年，这一段时期我一直参与其中，直到1939年战争爆发。当时，我是在最大的反对阵营里，我对纳粹提出了最严重的批评和最激烈的反对，我说，不能做这种事，这种极端的事情。也就是说，所有那些所谓反纳粹分子批评的事情，我都是反对的。然后战争爆发了。我的职位越来越高，责任越来越大，还立了功。直到有一天，我跟我自己说，我不能再当反对派了，这太不体面了。我要么说清楚，我没资格领这个军功章，要么就得跟着玩。1941年9月，苏德战争开火。在战争开始之后，我被调到了海军舰队总司令部。当我在那里干了差不多一年，并与党和国家最高层打过交道之后，我又成了一名坚定的纳粹分子。并不是出于智慧，而是出于真诚的信仰，因为我当时抱着这样一种信念：上帝保佑，等这场仗打赢之后，一切都会重新步入正轨。[81]

当人们回顾自己过去的生活经历时，永远是站在当下的角度：这时，人们对自我的认知，总是会被当前的现状和需求所影响，并难免会出现偏差。比如说尼施令，他在1945年5月底回忆过去时，就试图把自己描绘成一个抵抗分子。这是战后时期德国士兵的一种典型做法，他们总是千方百计地去美化自己在纳粹德国所扮演的角色——假如不是形势迫使他们必须坦白的话：他们会强调自己是“出于真诚的信仰”才成为纳粹分子的。尽管讲述的细节不乏添油加醋的成分，然而从尼施令的描述依然可以反映出纳粹德国政治社会化的典型机制。除了对纳粹主义态度的反复之外，他的讲述给人留下深刻印象的还有一点，这就是，在纳粹体系中，一个人究竟是如何确认其自身角色的。他为纳粹国家投入的越多、在官僚等级体系里的级别越高，掌握的权力越大，他就越来越会成为这种机制的一部分，并开始成为这个体制的代言人。自身角色的认知几乎是一个自然的结果：大多数人将自身地位的提升视为一种义务，而一个人在履行自身日常责任的过程中，其内在的抵触心理从长远来看，是令人难以忍受的。为了消除认知上的让人产生不适的反抗心理，很多人都选择采用心理战术，也就是说，对社会角色的要求并非原封不动地接受，而是赋予其自己所理解的意义。这些人赋予其社会角色的意义越多，他们在日常生活中的体验就越积极。而在这一过程中，保持一定程度的距离和个人异见，对于顺从地履行自身角色只会带来帮助。因为这样做可以帮助一个人利用对自主意志的令人惬意的幻觉，来抵抗自身在社会压力面前所萌生的无奈感。这种机制在来自埃森的纳粹骨干格尔哈德·豪斯曼（Gerhard Hausmann）身上便有所体现："坦白讲，我在政治上是一个不重要的人，我是一名党员，是个监狱长——就这些。我来自莱茵州，信仰天主教。我也曾经遇到过这样或那样的麻烦，因为他们总是想把我赶出教会，这我可不干。除此之外，他们吩咐我做什么，我就做什么。"[82] 对坚持己见的自我暗示，可以帮助一个人在随大溜的同时，为自己找到立足之地。

## 失望和批判

另一方面，纳粹政权也饱受国防军士兵的批判。战争持续的时间越长，这种批判的基础也就越广。批评的主要矛头是战争毫无希望的持续，以及战争所导致的破坏和死亡的增加。战争的持续越是无望，其造成的损失越大，便会有越来越多的德国兵把纳粹视为"犯罪团伙"[83]，把希特勒看作是"民族的掘墓人"[84]。虽然很多士兵是在被俘之后才产生这种想法的："在这种眼看已毫无希望的时候，还让老百姓去白白送死，这简直就是犯罪。"[85]但是，正如本书后面一章所描述的，这种指责直到战争后期方才出现，而且只有那些对战争局势拥有清醒判断的士兵，才有这样的认识。[86]如果有谁可以从德国城市一片废墟的场景中意识到，希特勒和纳粹领导层的行为是多么不负责任，那他一定不会掩饰自己的愤怒。"对自己的人民犯罪"，对于德国国防军士兵而言，他们所能说出口的最严厉的谴责莫过于此。相形之下，就连纳粹政权应该负责的反犹大屠杀与其他大规模杀戮行为，对这些士兵来说似乎也并不重要。[87]

在纳粹掌权的所有阶段，人们批评的焦点往往指向纳粹党各级干部的腐败、管理混乱和腐化作风。“第三帝国”这些问题的替罪羊通常是中下层干部，因为人们在背地里怎么批评这些人都可以。而这些批评通常也不是完全没有道理：“这些人整天都是吃喝玩乐，游手好闲。一群懒虫。然后他们还到处传经布道，没完没了地坑害人。”[88]“政党的统治官僚”对很多人来说就是“一群腐化堕落的家伙”，而这些人也常常成为众人抨击的对象。[89]甚至连纳粹高官也难以逃脱这些指责。中士弗里德里希·施密特（Friedrich Schmidt）讲述了一则关于罗伯特·莱伊（Robert Ley，纳粹政治家，原德国劳工阵线领导人——译者注）演讲期间的颇具讽刺意义的轶闻。在这则轶闻中，现实、谣言和传闻相互交织，真假难辨：

> 那是在一次企业动员大会上。这确有其事，只是被人们编成了笑话，很多人都对此津津乐道。罗伯特·莱伊当时要给人们解释纳粹党的党徽，他从鹰开始说起。他说：亲爱的工人同胞们，亲爱的民族同志们，也许你们中间有一些人懂得这个徽章的含意，但是大部分人应该是不知道的，所以我现在要给你们解释一下。从鹰的头部开始。头，代表我们的元首。两个翅膀，代表我们战无不胜的空军。躯干，代表强大的德国民众。而这时人群中有人喊了起来：那个屁眼，就是你！这是一件真事。[90]

这正是以底层和中层干部为代表的纳粹党成员所发挥的一项重要作用：他们是纳粹政权所有负面特征的折射面，同时也是“民族同志”发泄愤怒的出气筒。这样一来，政权领导层就会以更高大光明的形象出现。希特勒始终是人们希望的寄托，他和其他几位政府权威人物从不会成为受指责的对象：“假如希特勒和党的高层领导知道，他们手下那些人都干了些什么，是怎样滥用权力的话……这件事的基本思想当然是很棒的，但是那些执行者……”[91]

人们对纳粹政权批评的另一个焦点，是对限制人身自由、强迫和压制的反感，即使在纳粹执政的和平时期，这类批评的声音也不绝于耳。21岁的二等兵瓦尔特·乌格尔（Walter Unger）就是出于这个原因，将被俘的这一天称为“解放的日子，因为在德国，人们感受不到自由。在开口说话之前，必须先用所谓的德意志目光环视周围……”[92]军医约翰·斯达布什（Johann Stahlbusch）也描述了相似的经验：“如果三个人在一起聊天，那么他们当中每一个人都会认为，另外两个人是盖世太保的线人。”[93]飞机机械师瓦尔特·席格尔（Walter Seeger）对自己在阿拉多飞机制造厂工作期间来自上司的监视以及工人们彼此之间的不信任，留下了难以磨灭的印象：“作为工人，人们不能说一个字。因为另外一个工人可能会马上跑去报告说：这个人说了这样或那样的话。因此，每个人都对他人充满了戒心。”[94]一些国防军成员，尤其是惩戒营的士兵，甚至亲身经历过被跟踪、盖世太保审讯或被关押在集中营。[95]另一些人则是从家人或者朋友圈里听到过有关监禁、酷刑或死刑的传言，他们感觉这很可怕，并因此对纳粹体系产生了质疑。[96]

比残酷压制带来的直接冲突更常见的，是士兵们对下意识的拉拢、训戒和管制的经验。这些经验在一定程度上已经成为对士兵私生活的一种侵犯。因此，当听到同伴说起希特勒青年团的种种好处时，24岁的二等兵格奥尔格·吉尔（Georg Gehl）激烈地予以反驳，并毫不留情地提出了批评：

> 原因并不在于人，而在于从1933年以来统治德国人民的这种体制。不管这种垃圾体制是从运奶中心来的，还是厕所的下水道，或者市长办公室，它来自每一个方面，并对人民实行统治。所以，那些人总是能玩弄人民于股掌之中。你怎么能说年轻人需要这些？就连教师育人的权利也被剥夺了。那些女孩子也一样。你再看看工厂里的情况。那些在你之前来工厂工作的工人，还有工厂的领导们，

都在给你灌输那些思想，这才是最糟糕的。现在一个人过来说：我们当年有“力量来自欢乐”组织，有国家社会主义人民福利组（NSV），等等。朋友，如果有一个人走过来，跟我这么说，我就知道他是什么人了。我就知道，这个人的脑子完全是空空如也。这就是这种体制运转的前提。胡萝卜加大棒，二者缺一不可。[97]

相反，他谈话的对象，43岁的士兵弗里德里希·艾特纳（Friedrich Ethner）在“第三帝国”显然没有过太多负面的经历，因为他不同意室友对体制的批评。他觉得自己没有什么可抱怨的，在工厂里，他甚至还能通过法律途径来解决偶尔发生的冲突。而且在他看来，希特勒青年团也“并没有那么坏”。是批评还是认同，主要取决于观察者的视角，也就是士兵在纳粹德国经历了怎样的生活。对希特勒统治的经验从原则上讲较为正面的人，对那些附带的负面现象往往并不在意。

事实上，很多国防军成员对“第三帝国”的阴暗面几乎毫无感觉，而且正相反，很多士兵甚至在很大程度上认同希特勒政权，以至于对其镇压异己的行为，也明确表示赞同。年轻的一等兵威利·劳特伯格（Willi Lauterberg）在对他室友谈起美国审讯官对“盖世太保”的在其看来“颇为奇怪的看法”时，态度十分气愤：

我跟他们说，在德国我们杀死了一些人。但是我想说，当一个国家中出现与政府对着干的元素时，每个政府都会为了捍卫自己，清除掉这些元素。可这些人居然认为，在德国每个人都在被监视，任何一点小事都有可能让人掉脑袋。[98]

在亨特堡的审讯中，忠诚于纳粹政权的团长赫尔穆特·里希特也表达了类似的看法：

政府必须采取有力措施，这里也一样。每个有权威的政府都会坚持自己的意志，美国也是一样。采取有力措施，以保证法律得到遵守。当一个国家有了新的想法并希望把它付诸于实施时，就必须采取强硬手段，把反对政府的那些人制服或者关起来，我觉得这是完全正确的。[99]

他还表示，集中营里面发生了什么，他不知道，也不感兴趣。作为一个奉公守法的人，没有什么可害怕的。“我只知道一件事，一个认真工作并忠于国家的人，从整体而言，那些无关紧要的小事，肯定不会发生在他的身上。这一点我很清楚。”正是因为这种顺应时事的态度，才使得大多数德国人对纳粹政权的压制没有亲身感触。少尉弗莱迪·弗格特（Freddy Vogt）同样认为：“在德国，只要一个人融入国家体制，他便可以享受到在任何其他国家都无法享受到的个人自由，这样一来，每个人都能体面地生活。”[100]对破坏这种共识的人加以严惩，在这些奉公守法的“民族同志”看来是再正确不过。两名潜艇兵下士正是用这样的想法来劝慰对方的：国防军中的监视和相互监督，是为了防止“1918年事件”（指1918年基尔水兵起义——译者注）重演。

维：真不可思议，竟然来了那么多当官的。你想想看，一个连队，里面有一些不安分的人，他们说“我们现在不干了”之类的话。你觉得这些人会受到什么惩罚？这种事你信么？

沃：当然了，当官的就又会冒出来，然后说：跟我走。连队里只要有个人到他们那里去，报告一下情况。然后，不容这些人再说第二个字，他们就滚蛋了。[101]

相对于这些对纳粹政权的暴力行径坚决表示认同的士兵而言，更多的德国兵是对“第三帝国”的阴暗一面采取视而不见的态度，或者努力找出各种理由来解释，从而使自己的内心得到平复。希特勒的忠实信徒尼施令就是通过这样的信念，来消除自己潜意识里对纳粹政权的怀疑：

一旦战争结束，纳粹领导层“只消采取些手段”，就会“轻而易举地将这些负面现象和那些腐败的蛀虫清除干净”：“人们应该抱有这样的希望，我们一定会回到1933年之前的那个水平，对艺术和科学充满兴趣，就各种问题诚诚恳恳地展开讨论。”[102]曾经作为士兵在纳粹宣传大队中服役的多特蒙德市的记者保罗·林德曼（Paul Lindemann）对此也抱有同样的幻想：“我一直乐观地希望，这个体制或许是经得起检验的。”[103]对于“元首”的追随者来说，这些充满希望的想象起到了重要的作用：它可以帮助人们在思想上为纳粹政权无法漠视的罪行找到合理化解释，并以此来避免内心因这些罪行而产生令人不适的排斥感。只有借助这种方法来忘却纳粹政权的阴暗面，或者将问题的解决寄希望于幻想中的未来，人们才能毫无负罪感地在体制中扮演好自己的角色，并保持个人积极的形象。自1934年以来一直不间断地活跃于希特勒青年团和纳粹学生联盟（NS-Studentenbund）等纳粹团体，为“第三帝国”投入巨大热情的一等兵瓦尔特·谢弗纳（Walter Schäffner）就透露自己内心曾抱有这样的想法。[104]“这个体制是残忍和冷酷无情的”，直到1945年在艾费尔（Eifel）前线，他才认识到这个事实，而在此之前，他“一直努力以积极的目光看待”纳粹政权。只有极少数人对纳粹政权有所认识，但是即使这样，这些人仍然在想方设法“积极地看待它”。年轻的空军士兵霍斯特·克拉波特（Horst Krapoth）表示，“反对迫害犹太人的主要是知识分子圈的那些人，这一点是显而易见的”。[105]在日常生活中，人们总是想办法把屠杀犹太人这件事从自己的意识里清除出去，“人们知道它的存在，但却无视它。在德国，每个人都学会了沉默。我们也有这样的认识，但我们接受它”。

## 希特勒神话与决裂

对纳粹政权的绝大部分不满都因为希特勒神话而烟消云散。在很多国防军士兵眼中，“元首”是纳粹主义一切积极因素和希望的化身，而所有负面现象或被归咎于“元首”周围的人及其下属，或通过自我臆想的理由得到解释。这一点在美国亨特堡军事情报机构的政治观点调查中得到了印证：在“品行问卷”中，希特勒获得的支持率从百分比上看，明显高于整个纳粹体系获得的支持率。[106]在被俘国防军士兵的牢房对话中，希特勒始终都是以具有凝聚力的核心人物的形象出现，这一形象可以帮助人们驱散内心的疑惑并为人们臆想中的希望提供支撑。1945年2月，两名国防军军官对谴责纳粹政权一味将战争继续下去的决议是“极大的犯罪”，然而他们却否认希特勒本人是这一罪行的始作俑者：“元首为人民做了很多事，他怎么会做这样的事？我简直难以想象，这一切都是他批准的。应该不是他，他肯定是被挟持了。”[107]

很多士兵会把罪责推到其他纳粹高官，如戈培尔、戈林和希姆莱身上，或者把“第三帝国”陷落的责任归咎于带兵打仗的将领。对于来自弗伦斯堡的25岁中士理查德·雅科比（Richard Jacobi）来说，“元首”是绝对不容置疑的：“对元首来说只有一件事，那就是奋斗。否则，他所有的思想就完蛋了。他一手建立的一切，让德国强盛起来的一切，就统统完蛋了。而那些军官先生们，他们一心只想着自己。”[108]上士汉斯·盖姆（Hans Geim）和室友二等兵弗里德里希·施耐勒（Friedrich Schnelle）也都坚信，“第三帝国”陷落的责任不在元首，而是在元首周围的人身上。[109]盖姆非常确定地认为：“如果一切都是按照希特勒的想法执行的，那么现在一切都会好的。”施耐勒对此也表示赞同：“元首的想法一定是好的，但是他的想法却没能得到贯彻。”[110]战败真正的原因是什么，希特勒本人在其中起了多大作用，士兵们一直在逃避这两个问题。他们为此找到的解释是：体制中有一些“坏人”，他们“一直在跟元首对着干，搞破坏”。[111]士兵们对希特勒始终不渝的信仰的另一种表现是，他们总喜欢把希特勒演说中的话挂在嘴边，[112]以及他所声称的新武器[113]和军事上的天赋：“希特勒在指挥作战方面很有一套。”[114]正是出于对希特勒的坚定信仰，士兵们才能够让自己相信这样的幻想：参军打仗是有意义的。

正是因为“元首”是希望的寄托并深受人们的爱戴，因此希特勒神话的力量直到战争的最后一年还在对国防军士兵发挥着影响。除了美国调查问卷所显示的德国兵对希特勒居高不下的支持率之外，被俘士兵之间的许多对话同样也证实了这一点。直到1945年1月，24岁的步兵海因茨·考恩（Heinz Korn）还把“元首”称作“德国人民的伟大支柱”。他也曾当着美国审讯官的面表示了这一想法：“如果提到元首，那我要说：他是德国的救世主。没有一个德国人可以指责他，我也不能。元首真的做了很多了不起的事。如果换成你们，你们也会这样说的。”[115]在年纪稍大的一辈人中，也有很多希特勒的忠实追随者。51岁的海军中尉马克斯·鲁格（Max Ruge）甚至直到战争结束还视希特勒为“20世纪最富智慧的人之一”和“一个有着卓越才能的人”。[116]特别是在战争早期阶段，这种想法更是显得理所当然。例如，年轻的潜艇驾驶员瓦尔特·德雷克瑟尔（Walter Drechsel）在1943年6月还抱有这样的看法：假如没有希特勒，“情况会很糟糕”：“如果我们没有阿道夫的话，那么一切完全会是另一种样子，你觉得呢？”他的室友看法也与此类似：“我对我们的阿道夫是百分百地支持。”[117]很多士兵认为，在他们所在的队伍里，对希特勒的忠诚处处可见。二等兵沃纳·施特劳贝尔（Werner Streubel）称，他对“其他人口中津津乐道的那些事丝毫不感兴趣”，但是对大多数人而言，它却像是一剂“强心剂”。[118]他的室友和他一样，也认为这种歇斯底里式的迷恋甚至“直到今天还依然存在”，有“75%—80%的人仍然是支持纳粹的”。在忠诚于纳粹政权的军事法官尼施令看来，这一点正是战争之所以会持续这么久的根本原因：“反过来看，我们的人民也绝不会背离元首，这是万万不可能的。”[119]

对于大多数德国兵来说，不质疑国家也不质疑“元首”，是再正常不过的事情。但是随着战事持续时间的拖延，最初的胜利的喜悦渐渐被失败所淹没，质疑的声音也就越来越多。1944年8月，两位步兵在对话中便谈到，自从败仗屡屡增多，人们对希特勒的支持也逐渐出现了动摇：

> 雪：老百姓对希特勒一直是又尊敬又崇拜——
>
> 舒：没错，以前是。因为他给了老百姓工作。

雪：前几场战役的时候，情况也没变，到1943年也是——

舒：到1942年吧，差不多——

雪：不，到1943年还是这样。

舒：然后就……

雪：1943年底，应该是在那个时候开始的吧，从撤退开始，形势就急转直下了。德国人不应该失败的。然后那些政府领导就不再露面了。如果一切都是按照希特勒安排的那样，情况就完全不一样了。

舒：没错。[120]

虽然两名士兵对形势发展的时间节点有不同的看法，但是他们的描述还是真实地反映了民众情绪起伏变化的过程，后来历史学界的认识也证实了这一点：斯大林格勒战役的惨败和1943年春德国非洲军团的投降标志着人们对战争的心理转折点出现，即使是在“国内战线”（Heimatsfront），这种心理转折点也暴露无遗。1939年9月发动第二次世界大战时，希特勒在德意志帝国的受欢迎程度急转直下，[121]但是随着1940年和1941年战争的节节胜利，希特勒的支持率再次恢复。和1939年的情况一样，1943年开始的战事下行也导致希特勒不断丧失人民的信任。对希特勒批评声音的增多，在亨特堡国防军士兵的对话中也得到了反映。1943年9月，一名潜艇驾驶员回忆起自己最后一次回乡度假时所感受到的那种压抑气氛：“当你在德国坐火车的时候，就会发现怨声载道。你相信吗？他能想象那些人怎么说吗？我的天啊！气氛真是太糟了。”[122]他的室友对这种印象也有同感：“在家乡，包括在前线，60%或者70%的人，当年都是一心为了德意志，都是拥护纳粹的，千真万确！可现在，你再也看不出他们是支持纳粹的了。”从军事法官尼施令和高炮部队上校弗里茨·桑德拉特（Fritz Sandrart）在战争结束后的一次激烈争论中可以看出，后来在国防军中，人们对希特勒的看法已不再像原来那样统一了。引发争论的导火索是尼施令主观臆断的想法：即使在战争的最后阶段，在普通国防军士兵中也很难找到反对纳粹政权的人：

> 尼：怎么说呢？在普通士兵当中没有（政权反对者），在下级军官中也没有。这是策划“7·20事件”的那些人没有算计到的，他们丝毫没有考虑到老百姓的想法。他们只是在按照自己阶层的思维方式进行思考。
>
> 桑：得了吧，我听到过很多人的谈话，至少有几百次，大部分人都是百分百反对这位党的领袖的。如果您说，人民都是支持元首的，那您肯定是生活在月球上。人们恨死纳粹党了。
>
> 尼：老百姓肯定是支持元首的。
>
> 桑：以前是，现在不了。[123]

毫无疑问，在国防军士兵中早就有一些看清一切的政权反对者，他们并不是在战争最后一年才认清纳粹体制的罪恶本质的。“7·20事件”的谋划者只是这些人当中的杰出代表，他们自东线战事失败和1941年反犹太大屠杀开始之后，一步步坚定了反抗希特勒的决心。[124]但是在大多数普通士兵的头脑中，这类战略和政治方面的问题在其日常生活中充其量仅扮演次要角色。不少国防军成员是在成为战俘之后，才开始反思这些问题，并在思想上做出自己的判断。虽然美国人的问卷调查显示，在战争最后一年有大约1/3的士兵明确表示反对希特勒和纳粹主义，[125]但是在做出这样表态的国防军士兵中，大部分人明显是在离开战场成为战俘之后，才明确这一立场的。来自柏林的24岁潜艇兵中士埃德蒙·西蒙（Edmund Simon）在亨特堡时，对纳粹政权的“大国妄想”颇有微词，这种妄想是在“最初形势一片大好的局面下”滋生起来的。[126]同时他也承认，他是在来到美国战俘营之后，才有了这样的认识：“我来这里已经6周了，在这里我终于有时间好好思考，从（美国）军官这里，我也学到了很多。”30岁的上士威尔海姆·霍特曼（Wilhelm Holtmann）也是到了亨特堡，才开始反思自己在国防军中的那些时日：“如果仔细想想的话，人们肯定会说：天哪！我究竟是为什么参战，又为何变成了战俘的。”[127] 不少士兵表示，他们的“眼界终于打开了”。[128]

亨特堡的很多战俘在欧洲战场投降后先是在俘虏营里度过了几周的时间，之后才被送到了这座位于波托马克河畔的审讯营。可以肯定的是：被俘本身并不会使他们变成另外一个人。尤其是其内心深处的思维习惯和基本态度，在经历这样的人生转折之后往往并没有发生改变。即使有改变，也仅限于那些原本肤浅的政治观点。而这些变化的发生，则是在欧洲战俘营里，在被送往美国的途中，以及在美国中转营中，当他们开始对参战这件事展开思考和讨论之后。在了解到他们以往所不了解的“第三帝国”的事实之后，面对这些事实，一些士兵下决心与纳粹政权决裂。例如，以往效忠于纳粹政权的伞兵汉斯·海尔在目睹纳粹的宣传谎言被揭穿之后，气愤地说：“他们竟然这样欺骗我们，这是绝对无法原谅的。我是在成为战俘之后才了解到这件事的，自从听说这件事的那一刻起，我和纳粹就一刀两断了。”[129]而其他士兵则是通过大家对过去经历一同认真地进行反思，才最终得出了这样的结论。两位少尉赫尔穆特·施沃策（Helmut Schwotzer）和沃尔夫冈·格拉夫·冯·普莱滕贝格（Wolfgang Graf von Plettenberg）便是这样。他们在亨特堡经过热烈的讨论，决定背叛当年入伍时的誓言。[130]在对话结束后，年纪略长的施沃策说服了最初还有些迟疑的冯·普莱滕贝格，使他相信，如果“那时的誓言被用于邪恶的目的”，那么这些誓言“也就不再有任何约束力了”。两人也都承认，打破誓言在以前对他们来说还是不可想象的：

施：除非您那时候就有现在的这种认识。可是您没有，也不可能有。我也一样。

普：对，这一点儿都没错。

施：我们因为这句誓言而卷入了一种我们完全不了解实情的境地，而且是出于被迫。

普莱滕贝格也不得不承认，在国防军服役的那段时间里，他是不可能形成这种认识的："实话跟您说，我其实是来到这儿，经过长时间反思之后，才得出这样结论的。"在国防军的日常生活中，既没有时间也没有空间，能允许国防军士兵去深入思考自己所做的事情是否有意义，是否合理。除此之外，这样的思考会导致人萌生令人不适的反感情绪，这对于士兵们应对日常的挑战是无益的。士兵只要不进行这样的反思，也就不会对纳粹政权提出质疑。国防军士兵们在战争期间对希特勒和纳粹主义主动或被动的效忠，实际上比美国战俘营问卷调查所显示的程度更深，因为在问卷调查的过程中，一些人的思想已经开始发生转变。

## 反思过去

与纳粹政权决裂，强调自己"被欺骗"和"被引诱"，这标志着反思过去的开端，而这一切在战俘营便已开始了。从国防军士兵中间流传的政治笑话可以异常清楚地看出，时代已彻底发生了变化。1945年2月初，二等兵格奥尔格·吉尔给他的室友讲了一个笑话。在这个笑话中，对纳粹政权的忠诚被贬低得淋漓尽致："纳粹旗现在都被加工成内裤了，好让'屁眼'们（在德语中，'屁眼'的另一个意思是'混蛋'——译者注）看清楚他们当年把选票投给了一帮什么样的家伙。"[131]45岁的少尉莱恩霍德·德尔布吕克（Reinhold Delbrück）告诉他在亨特堡的室友，在之前的一个战俘营里面，"他认识了一个全新的圈子"，那个圈子里的人对纳粹政权"是彻头彻尾地反对"。在这里他也"听到了不少新的笑话"，比如下面这个可笑的问题："您知道哪个国家有最大的舰队么？——德国，它有8000万艘汽船（指德国民众——译者注）和一艘驱逐舰（在德语中，驱逐舰与毁灭者是同一个词——译者注）。[132]然后大家都轻松地笑起来：在这个笑话里，人们在战后时期为自我开脱的最常见方式已初见端倪。以往人们几乎都不会忽略这样的事实：纳粹政权之所以稳定，是因为在"元首"周围还有"太多小希特勒"。[133]而现在，人们却把"第三帝国”及其暴行的罪责一股脑儿都推到了“元首”一个人头上，而其他广大“民族同志”都是以被动受害者的形象出现，他们除了忍饥挨饿之外，什么都没有做。

“元首”现在成了“拐骗人民的人”[134]：不少士兵现在像“墙头草”一样，突然转变了看法，[135]这让那些忠诚于纳粹政权的战友们恼怒不已。在国防军士兵中出现了一个越来越明显的趋势，人们开始努力与希特勒划清界限，并否认自己在纳粹体系中所扮演的角色。美国亨特堡情报部门的分析专家们也注意到了这一点。一名美国审讯官在1944年3月得出了这样的结论：“您发现了么？等战争结束以后，再找纳粹就很难了。现在就已经开始了。”[136]很多窃听到的对话的确显示出，一些被关押的国防军士兵正在尝试摆脱自己身为纳粹的过去。“去他妈的，我根本没有罪，”随队军医约翰·斯达布什这样骂道。他声称自己“早在1933年之后原则上就是反纳粹的了”。[137]当然也不能断然排除，在这种自我标榜的话当中有一些可能是符合事实的。但是对于这种自述故事来说更为典型的是，人们在回顾自己过往历史时，其叙述结构往往不可避免地会受到人为因素的影响，因为每个人都在努力为自己勾勒出一副积极正面的形象。一些国防军成员，比如说曾在宣传大队效力的中士艾瓦尔德·卢瑟布林克（Ewald Lusebrink），甚至干脆称自己“一直就是站在反希特勒一边的”。[138]对过去的回忆永远发生在当下，而在当下，总会有足够多的理由让人们出于投机而改变原来的立场。为适应新的时代形势，就连原来对纳粹忠心耿耿的军事法官尼施令也开始发出另一种声音。1945年6月在亨特堡，他面对中校鲁尔夫·冯·胡曼（Rolf von Humann），一个与他同样忠诚的纳粹分子，说出了这样一番话：“您知道吗？我们必须把纳粹彻彻底底地消灭掉。”[139]据尼施令自己的说法，他在纳粹法庭供职期间，曾经“判处过几个共产党人死刑”，也参与过其他“国内政治犯”的审判。[140]他曾经“极为谨慎”地对一位反对分子做出了判决，因为他将这个人视为“一个不安分的瓦解（体制的）因素”。而这名反对分子正是由于被判坐牢，才没有卷入“7·20事件”：“这个人很侥幸地逃脱了。我想说，是我救了他的命。可惜——或者现在可以说，谢天谢地。”

面对美国审讯官，一些国防军成员之所以表现得非常配合并且对纳粹采取批判的态度，是因为他们希望这样做之后，“他们的处境或许会有所改善”。[141]国防军官员赫尔伯特·穆勒–耶纳（Herbert Müller-Jena）直言不讳地向他的室友透露，他在审讯中采取了这样的策略：“我已经开始悄悄挥动反法西斯大旗了。”[142]少尉弗莱迪·弗格特笑着告诉周围的人，他在审问时成功“扮演了一个小小的叛国者”。[143]对于一些人来说，这样做只是为了在战俘营中获得些好处，另一些人已经开始考虑未来别人会对他们怎么看。中士弗里茨·朗（Fritz Lang）对他年轻的室友这样建议：“留点儿意，假如事情到了不可收拾的地步，而你又是从纳粹营中来的，那么你就不能再说：我以前从没当过纳粹，那时候就太晚了。”[144]声称自己“从没当过纳粹”对每个士兵来说并不是都那么容易。许多士兵曾经对纳粹德国寄予了自己全部的希望，如今要与它划清界限，这在一定程度上是十分痛苦的。如今很多德国人所感受到的“莫大失望”，是希特勒和纳粹主义曾在他们身上所唤起的莫大期待的对立面。[145]他们曾经相信自己是在为“一件正义的事情”而战斗，与来自瑙斯（Neuß）的一等兵恩格尔伯特·威尔翰（Engelbert Werhahn）在亨特堡共住同一班房的“军营战友”就是“这些人当中的一个”。[146]相应地，这种思想转变对于这位室友来说是很难的，就像威尔翰所说的那样：“反纳粹、民主党之类的，在他看来很可笑，尽管他的想法在8天前还有可能和现在不一样。如果突然跟他说‘您被纳粹骗了’，是一件不容易的事。而且很可怕。我曾经帮助过他，去克服这个问题。”埃多尔德·穆勒（Eduard Müller）和海因茨·诺曼（Heinz Neumann），这两位水兵也在为克服现在和过去的冲突而共同努力着。他俩曾在海上并肩参战，后来又一起被俘。1945年2月初，他们已经看到“纳粹德国的末日就要来临”，而纳粹领导层为继续战争而采取的措施完全是一种“疯狂”行为。[147]诺曼在提到纳粹分子时，统统把他们称作“狗”，但穆勒却提醒他，别忘了自己在纳粹体制中曾经扮演过的角色：

穆：你也是体制里的人。当年你折磨过的那些人，他们现在一定会喊：就是他，他是个纳粹头头。你当时可是个小队长。

诺：哎呀，老兄，你住口吧。这都是陈年旧事了，我当时只有16岁。

穆：没错，你是被骗了。

现在，很多人都不愿意被提醒他们曾经是“纳粹的铁杆”。“我是无罪的”：确认这一点，是士兵们在努力为自己打造一种可以忍受的对往事的回忆时，所希望达到的核心目标。[148]自我开脱策略是战后德国“历史政策”（Vergangenheitspolitik）的标志性特点，在战争结束前几个月的战俘营中，这一特点便已显露端倪。人们把罪责归咎于希特勒和少数几个“主要战犯”。[149]相反，每个个体在“第三帝国”的角色则被忽略、被弱化，或以受希特勒“迷惑”之类的受害者式的解释而得到宽恕。对纳粹政权的失望主要是在战争结束前的最后几个月逐渐蔓延，在战俘营中，其反映尤为突出。而在很多士兵对过去的自传性叙述中，这种失望情绪萌生的时间则明显被大大提前了。与纳粹政权决裂的动机可以说是五花八门的：部分士兵确实是对纳粹所犯下的累累罪行深感震惊，他们感到自己对希特勒的忠诚遭到了利用，为了适应新的时代环境，他们往往会从机会主义出发，改变自己的立场。他们在“第三帝国”的所作所为虽已无法撤销，但回忆却是可以再造的。无论士兵现在如何摆正自己的世界观，他们在寻找意义过程中所追求的目标都是相同的：所有人都在付出努力，为自己保留一副尽可能正面的个人形象。“我想继续做一个正直体面的人”，备受自我怀疑困扰的少尉亚历山大·林特斯（Alexander Lentes）向他的继父彼得·沙根（Peter Schagen）透露了这一点。在亨特堡，这两个人被带到了一起。[150]这是一种典型的合乎人性的愿望：追求积极的、一致的、为社会所认可的自我认知，是这些人共同的最基本需求。这种需求当年在德国兵对其作为国防军士兵这一角色的自我认知中，也曾发挥了决定性作用，但却是在完全不同的情境之下。

## “纳粹”与“反纳粹”

这些以往对政治问题并不大关心的国防军士兵之所以如此急于表明自己的立场态度，其原因同样也源自于外部：其重要动力来自于拘押方的强大势力。美国审讯官向德国兵提出各种各样的政治问题，这些问题甚至是大多数德国兵从来没有思考过的。美国战俘管理处按照战俘的大致政治态度，将他们分为“纳粹”和“反纳粹”两类，这种划分也为后来几个主要战俘营的人员分配做了铺垫。[151]美国审讯官以审讯过程中对战俘的个人印象作为基础，依照这一模式对战俘进行分类。[152]在审问过程中，德国国防军士兵还必须对这样的问题做出表态：您还要继续在美国接受关押，您更倾向于“哪个战俘营”呢？这个问题也是战俘们在牢房里热烈讨论的一个问题：“纳粹战俘营”还是“反纳粹战俘营”？[153]美国战俘管理处为这两种战俘营建立了不同的战俘营制度。路易斯安那州的拉斯顿营就是一座“反纳粹战俘营”，国防军士兵阿尔弗雷德·安德施后来就被分配到这里；[154]而俄克拉荷马州阿尔瓦营（Camp Alva）则属于“纳粹战俘营”。[155]有时，在同一个战俘营内部也会分为“纳粹”和“反纳粹”两部分。这一形势要求士兵必须做出决定：现在，他们要亮明自己的政治观点。于是，在士兵们当中出现了政治化和极端化的现象，以往在国防军中，这种现象充其量仅处于模糊的边缘地位。

“反纳粹”其实是美国人的发明创造。因为政治态度在国防军的社会实践中是无足轻重的。只是因为美国军方要根据政治态度给士兵分类，政治态度这个概念才在德国士兵中流行起来。部队军官保罗·康拉德（Paul Conrad）和弗里茨·克莱默（Fritz Krämer）就对美国人创造的“反纳粹”一词感到很反感，当然在两人看来，“按照纳粹和反纳粹来分类的行为从根本上讲就是错的”：“反纳粹这个名字根本不是我们，而是美国人的媒体发明的。而且反纳粹这个词太蠢了，我在做笔录的时候也是这么说的。因为反纳粹这个词只会让那些有理性的人，大概占半数吧，感到厌恶和排斥。”[156]当德国士兵需要选择希望被归入哪一类时，康拉德和克莱默提到的这种情况便出现了。上尉格伯哈尔德·冯·雅戈夫（Gebhard von Jagow）对“反纳粹战俘营”很反感，他认为在“反纳粹战俘营”中只有那些“制造麻烦的人”，比如“共产党员”“见风使舵的人”“奥地利人”，“反正，都不是好东西”。[157]他绝对不会考虑进入这样的战俘营。“我无法做出进入反纳粹战俘营的决定，虽然我不是一名百分百的纳粹，但是我一直告诉自己，我是一名德国军官，如果部队决定，现在我们停手，那情况或许会不一样。说到底，我毕竟是宣过誓的。”民族主义、国家忠诚、军人道德，这些早已深入人心的思维方式在其他人身上也有所作用，让很多士兵无法认同“反纳粹”这个标签。对于来自维也纳的中士弗莱斯勒来说，“反纳粹”这个概念内在根本是矛盾的：

> 弗：你看看，一个人因为办了傻事，就被人当成傻子耍——比如说你看：我们是战犯，但现在我们却要成为“反纳粹”。如果我说，我是“反纳粹”，那我也就是反德国了。
>
> 艾：谁告诉你的？
>
> 弗：直觉。如果承认是反纳粹，那我就在反对我自己。这根本就是搬起石头砸自己的脚。[158]

根据政治态度对战俘进行分类，并没有带来被关押国防军士兵的两极分化，而是使其衍生了一种在分类前所不曾有过的新的政治意识。通过分类和随后的战俘营分配，很多战俘逐渐接受了他们是“纳粹”或者是“反纳粹”的身份。装甲兵中士保罗·康拉德就从他在俄克拉荷马州纳粹战俘营阿尔瓦营的同伴身上观察到了这种情况。因为他身边那些“纳粹分子”，与人们印象中对纳粹的认识并不相符：“和我一起到达的人里面，有10个人肯定不明白，他们为什么被送到这里。他们只是些活跃的年轻人，以前大概加入过冲锋队或者希特勒青年团之类的组织。”[159]只是出于对外界认知的反应，情况才发生了改变：“他们的面前，赫然出现了‘阿尔瓦，高级纳粹战俘营’这样的字样。您一定知道，作为年轻人，他们会有什么反应。他们之前并不是什么高级纳粹。然后这些年轻人会说：那就让我们来做高级纳粹吧，好让这个称号更名副其实。”即使对阿尔瓦的某些“纳粹分子”来说，政治问题以往在他们的生活中也并不占据重要地位。正如康拉德所说，最初在战俘们当中，“政治是人们不愿意谈论的话题”。但这并不意味着，这些士兵被归入“纳粹”一类是毫无根据的。他们当中的很多人曾经是纳粹党组织的成员，代表了国防军成员中特定的一类。对于这个群体的人来说，服从命令和顺应时势是再正常不过的。康拉德说，这些人都是“完美无瑕的士兵”，是“得过骑士十字勋章的人”，“在各个方面都是支持元首的”。这个群体的典型特征是，他们之所以遵守军人的道德，并不是因为必需，而是出于自愿。因此，美国战俘管理处的政治分类并不完全是人为的随意之举，而更多是激活并强化了国防军士兵既有的世界观倾向，以往这些倾向通常是隐晦的、模糊的和感性的。另一方面，通过分类再次证明了，许多士兵的政治化和意识形态化程度是很低的。很多希特勒的追随者自我定义为“反纳粹”，而以前“对纳粹并不大忠诚”的士兵却变成了纳粹，这种随意性又一次暴露了很多士兵在政治观点上的肤浅、随性和多变。

但是，一旦被归类为“纳粹”或“反纳粹”，士兵们与自己的阵营之间便有了某种束缚性联系。这一方面是由两个派别内部的社交活动促成的，在各派别中，有着相同政治观点的人们在日常谈话中通过彼此交流使其立场进一步得到确定。但是，导致两极化的原因更多是美国战俘营中“纳粹”和“反纳粹”之间的激烈冲突。如果有谁指望着能够在战俘营中彻底摆脱纳粹军队的制约，那么他很快就会得到教训。特别指导员弗兰茨·莱姆博尔德（Franz Reimbold）就是一例，他最初认为，“在这里终于可以畅所欲言了”。但是后来他发现，畅所欲言没给他带来“一点好处”，“而是完全相反”。[160]两个月后，有两名关押在亨特堡的军官提到了这样一件事：战俘营中“纳粹”团体的一个“私刑小组”把莱姆博尔德揍了一顿。[161]纵观广大的士兵群体，莱姆博尔德受到战俘营中“纳粹党派法庭”的惩罚并不是个案，也不是此类事件中最严重的一起。在美国战俘营里，“恶性事件”频频发生，例如，体罚，强迫自杀乃至针对所谓“叛徒”的私自处决，等等。[162]尤其是在提到的“纳粹”营地，“纳粹团伙”相对于政治中庸的一派士兵占据上风，后者是因为不想再支持纳粹政权，但同时又不愿意被送往“反纳粹”营地，才到了这里。[163]因此，“纳粹分子”占据阿尔瓦营生活的主导地位，正如一名少尉所说：“他们当然是最强大的，原因很简单，因为他们是有组织的。其次，因为其他人没有这种当仁不让的勇气。”[164]除了“强大的有组织的纳粹团体”之外，具有纳粹意识的“营地领袖”与他的“荣誉法庭”也在对党的原则的遵守发挥着监督作用。[165]

就像士兵们在纳粹专制下和国防军里所习惯的一样，在这些战俘营里，监控、胁迫和从众压力也丝毫不减。中尉马克斯·鲁格也经历了战俘营中纳粹式的内部统治：“我们所有人都生活在由保安服务部（SD）和盖世太保的一帮混蛋组成的小团体制造的恐怖氛围之下，他们规定上校必须得做什么。上校给纳粹政委指令，纳粹政委控制营地不同分部的上校们，再到营长、连长，这样由上而下，每一级各负其责。在每支连队，党卫队头目被指派为纳粹政委，他的身边再配备一个由10到20名党卫队员组成的小组，在我们集会时充当探子和间谍。”[166]在作为营地生活重要内容的、每个都必须出席的集会和讲座活动上，人们可以经历到最纯粹形式的纳粹思想教育。例如，在“纳粹营”阿尔瓦营，为了掩人耳目，这里定期会举行军事课和思想教育课。正如一位曾在该营地受关押的效忠纳粹的军官所说：“文学史：一是战术课，二是纳粹思想课。大家坐在课堂上，每个人面前都有一个小本，如果美国人进来，就讲授文学史；如果美国人没进来，那就讲纳粹主义。你必须得参加，因为这是你的义务。如果你不上课，那你就不会有好下场。”[167]在明确的权力结构的统治下，“纳粹营”里的气氛通常是“风平浪静”——从某种意义上讲，“纳粹营”可以说是国防军强制同一化的一个缩影。

而在其他一些“纳粹”和“反纳粹”之间力量对比不像这样清晰的战俘营里，气氛时常会处在“一触即发的状态”。[168]陆军军士长古斯塔夫·基什内尔（Gustav Kirchner）作为美国人指定的营地领导小组成员对其中一个营地的情况可谓了如指掌，在这个营地里，各个相邻监舍之间的冲突屡屡发生，“每一拨人都是自顾自”。尤其是下面两派力量更是势不两立：一派是效忠纳粹的“潜艇部队成员”，另一派是反对纳粹的所谓“自由斗士”，这些人大多来自于惩戒营。在这里，“宣传煽动”还只是“小事件”。而一块小小的挂在门上的富有挑衅性的牌子，则有可能引发“更大的危机”，比如说，“纳粹免进”。

伴随战俘营里的冲突，国防军内部出现了分裂。尤其是在那些坚定的“纳粹分子”身上可以看到，作为对“第三帝国”失败的反应，除了与纳粹政权决裂之外，还有另外一个选择。当“反纳粹分子”纷纷放弃对希特勒的效忠时，这些“纳粹分子”则仍旧顽固地捍卫着他们的“元首”。尽管士兵们在战俘营里是把自己划归为“纳粹”还是“反纳粹”，并不能够反映他们之前作为国防军成员时的真实想法，因为这种自我归类往往掺杂了很多投机主义的考虑、一时性冲动或是身边小环境的影响，毕竟士兵们的政治态度往往是易变和肤浅的，然而这种两极式分化仍然暴露了一点：国防军士兵们对“第三帝国”的失望有着不同的反应方式，而这种反应至少在一定程度上是与士兵本人与纳粹政权的亲近度有关的。这种差异主要并不取决于深层的纲领性立场，而更多取决于情感上的偏好，取决于这些人如何将纳粹思想转化为“世界观感受”“民族意识”或“立场态度”。[169]对于绝大多数士兵而言，对希特勒和纳粹的效忠已经转变为一种理所应当的日常状态，在前线打仗时，他们从未对此提出过质疑。一个人的个人观点越少，便越容易从众。但是，在这种随大溜的态度中，却存在着对纳粹政权认可度的不同差异。这种多样性来源于社会化、家庭出身、环境影响以及融入纳粹体制的深浅。另外，随大溜态度上的种种差异同时也反映出士兵们对军人价值规范的认可程度，而这一点是决定国防军士兵行为的最具体的因素。

第四章

# 军人伦理

1944年5月4日16时，亨特堡：24岁的中尉约翰·M.惠腾（John M. Whitten）正坐在十字形“建筑物”的厨房里吃饭。他新来这里不久，之前他刚刚在离这儿不远的里奇营（Camp Ritchie）结束审讯官培训，今天，是他作为看守值班。突然，希尔格昂特·格莱伯尔（Sergeant Graeber）闯了进来，报告说：有个犯人试图自杀！[1]惠腾放下餐具，和同事一起冲向出事的24号牢房：22岁的国防军士兵乔治·蔡灵格（Georg Zeilinger）躺在床上，昏迷不醒，他的左手腕已被割破，地上一片血迹。除了一枚血迹斑斑的剃须刀片，看守人员还发现了蔡灵格写给家人的遗书。短短几行，字迹清晰。[2]

由于美国看守人员反应迅速，蔡灵格被救活了。短短一个半小时之后，他又跟他的新室友聊了起来。从他对自杀未遂的抱怨可以看出这件事于他的严肃性：“……然后他们冲了进来，当时他们嘴里肯定还有饭，我没想到会这样。那一刻我还以为，一切都已经过去了，我一点也没觉得疼……我还会再试的，下次肯定能成，我真是受够了。”[3]他的绝望显然是由心理压力所致，在亨特堡接受审讯期间，美国人不断对其施压。美国审讯官使用了他们的惯用伎俩：他们身着苏联政委的服装，用带有俄罗斯口音的话威胁他们，说要把他们遣送到苏联，并用凭空捏造的间

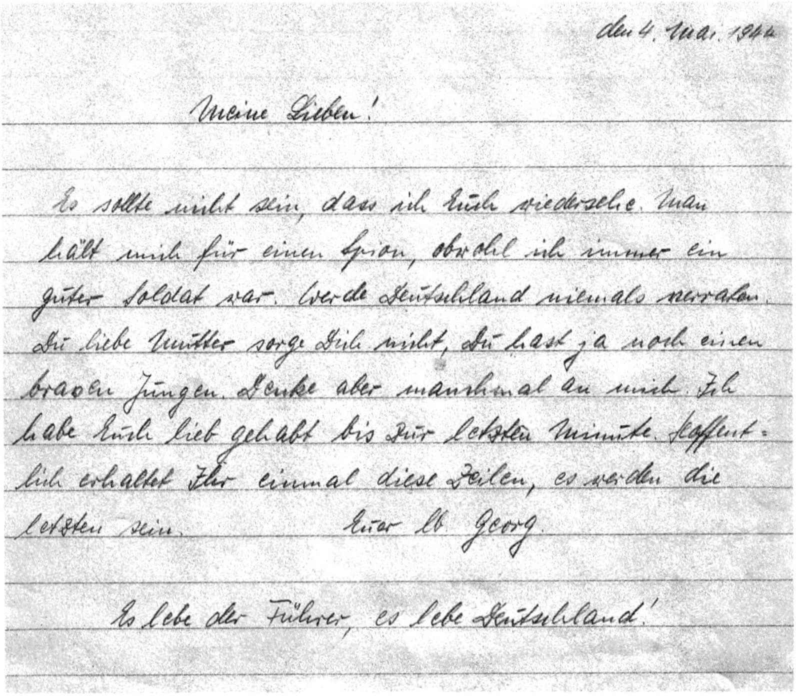

den 4. Mai. 1944

Meine Lieben!

Es sollte nicht sein, dass ich Euch wiedersehe. Man hält mich für einen Spion, obwohl ich immer ein guter Soldat war. Werde Deutschland niemals verraten. Du liebe Mutter sorge Dich nicht, Du hast ja noch einen braven Jungen. Denke aber manchmal an mich. Ich habe Euch lieb gehabt bis zur letzten Minute. Hoffentlich erhaltet Ihr einmal diese Zeilen, es werden die letzten sein.

Euer lb. Georg

Es lebe der Führer, es lebe Deutschland!

插图 8：乔治·蔡灵格的遗书

插图 9：通信海军下士乔治·蔡灵格，生于 1922 年

谍罪名逼他坦白。蔡灵格感到很震惊："你能想象这种卑鄙行径吗，他们把我交给苏联人摆布。四个男人对付我一个……这个世界真是肮脏透顶，哦，上帝啊。"对蔡灵格来说，不与敌人合作并且"绝不背叛德国"显然要比自己的生命重要得多。他的自杀行为以惨烈的方式显示出，德国国防军的军人价值观体系的威力有多大。这位国防军士兵选择对"元首"和"德国"的效忠作为自己最后的遗言，他一定是希望以"一位优秀军人"的形象留在家人的记忆中。就在这样一封寥寥数语的遗书中，他不惜笔墨地、明确地告诉家人，他与军人的模范形象是吻合的。这一点清楚地证明了，个体受周围社会通行的价值观与规范的影响有多大。爱国主义、对希特勒的效忠与军人伦理：为了这一切，像蔡灵格一样的国防军士兵不惜牺牲自己的生命。

当蔡灵格在24号牢房绝望地准备结束自己的生命时，另外一些德国战俘却在亨特堡的审讯室内做着蔡灵格不惜一切想要逃避的事情：他们心甘情愿地为美国审讯官提供其希望得到的一切信息，为其解释德国的军事战略，画下自己家乡工业基地的地图，还有国防军武器系统的示意图。[4]一些国防军成员对要“做一名好兵”这件事，显然并不像蔡灵格等人那样重视。44岁的伍长雅考布·博登（Jakob Boden），一位来自杜塞尔多夫的工人和一家之长，就是这些人当中的一个。从他1939年10月应征入伍加入国防军，到1944年6月7日在诺曼底被俘，博登一直是后勤部队的一名司机，从未上前线打过仗。[5]军人的自我认知在博登身上，并没有留下太深的印记。当然，他也会努力恪守职责，以赢得上级和战友们的认可。在亨特堡与同伴的谈话中，他总喜欢强调自己在服役期间“从未旷过工”，并因此得到了连队队长的夸奖：“我的上司也知道这件事，他老是说，博登是个有毅力的人。如果我是一个兵，我也会这样做。”[6]然而作为军人，他所投入的热情却远远不够。据他自己讲，他甚至连国防军配备的标准卡宾枪都不会用，而且他也从不觉得自己是一名合格的士兵：“我从来就不是一名军人……我只是在履行义务，完成工作，但从来就不是一个真正的兵。这话我甚至也跟队长说过。我从来就称不上是一名军人。”[7]窃听记录中记下的他在亨特堡与战友的对话也证实了这一点：博登对军事和战争的确没有太大的兴趣。

一个人想“从始至终做一个好兵”，而另一个人则只是“履行当兵的义务”，而不想“做一名真正的士兵”：想法截然不同的国防军成员蔡灵格和博登代表着两个极端，而大多数德国士兵的自我认知则介于这两者之间。他们对军人价值观的恪守程度有时候可以像蔡灵格那样达到极致，在个别情况下也可以降到最低，就像博登所代表的一类士兵一样。在以国防军榜样来约束自身的问题上，每个人的态度虽然参差不齐，但其差异却是局限于这一价值观体系的标准所能容忍的限度之内。因为军人价值观绝非寻常之物，绝不允许人们随意忽略：它构成了一套对所有国防军成员具有强大约束力的规则体系，并通过严格的法律和社会制裁得到强化。关于军人伦理和行为准则的规范是尚武精神的固定组成部分，自19世纪以来，尚武精神便已在德国社会中牢牢扎下了根。早在帝国时期，对军人的崇敬便已深入人心。公众场合出现的军事符号和仪式以及政治论辩中的好战言辞都传达出一条信息：军人的地位高于平民。军人价值观并不是在一个人进入“民族学堂”（Schule der Nation）为国效力之后，才逐渐被其内心所接受的。在从军之前，他早已在日常生活中学会了这样的道理：“军官乃至士兵都是很有身份的人。”即使是“一个普普通通的小兵”也“好过于一个平民百姓”。[8]早在帝国时期，对军事力量、尚武文化和男性军人气质的崇拜，以及对战功、军官、制服、旗帜、部队和武器的热情，便已成为社会的主流风尚。第一次世界大战失败后，在接下来的一个时期里，战败的经历在人们口中逐渐演变为一段浪漫的神话，在进入“第三帝国”后，军国主义也随之复苏。纳粹政权对所有生活领域实行军事化，创建了希特勒青年团（HJ）、帝国劳动军团（RAD）等各种新的组织，以此对民众进行意识形态上的洗脑，并作为对未来的士兵进行入伍前教育的手段。

军人价值体系有着悠久的传统，每个人对它都很熟悉并且有义务去履行它。它规定了作为一名军人应该有什么样的举止、什么样的行为，以及什么是美德，什么是耻辱。最高美德包括：有男子汉气概，忠诚不屈，斗志昂扬，勇敢无畏，随时待命，履行义务，作战力强，服从命令，爱国主义和集体意识。国防军通过教育和奖惩机制，来保证这些行为准则得到遵守。除此之外，部队集体文化中的社交实践也为此提供了保证。因为在部队里，士兵们的一举一动始终都处在战友和上级的视线之下。这种相互间社会制约的影响有多大，从亨特堡的战俘们对其战友的评价便可略见一斑：他们根据大家所公认的军人标准来评价自己的战友，据此将其分为“勤奋”和“无能”两类。[9]一个人越是符合这些标准，在部队的非正式等级划分中地位就越高。如果一个人不受战友欢迎，或者不尊重规则，他就会面临“社交死亡”的危险。[10]甚至连那些“厌恶一切与军事有关事物”的士兵，也都迫不得已，必须要遵守现行规范，以免在国防军内部沦为局外人而受到排斥，或受到国防军的军法处置。[11]军队尤其是战争中的生活，迫使士兵必须站在一道。然而虽然都是服从，其形态却各不相同。每个人随大溜的态度往往是在既定的限度内，呈现为对军人价值体系的不同程度的遵从和认可。

## 军国主义

对自身军事实力的自豪感构成了国防军的一种基本共识，与军队的亲密感促进了部队内部的团结统一。军国主义带来的凝聚力，从美军情报人员在亨特堡德国战俘中所做的意见调查的结果便可得到反映。因为在“品行问卷”中，接受问询的士兵也被问及对国防军看法的问题。[12] 他们的答案显示，无论阶层、职业、年龄段和宗教信仰如何，其对自己军队的自豪感都是一致的：尽管存在各种社会差异，但士兵们对德国军队的积极印象却是相同的。这首先反映在他们对德国军队斗志的自信评价上。在超过500名接受调查的国防军士兵中，近2/3的人对德国部队的军纪给予了乐观评价，况且是在1944—1945年——战争已进入尾声的最后一年。而对国防军服役条件，如伙食、武器装备以及上级对下级的态度等问题上，近3/4受询人员的回答是基本满意。关于部队军官的素质问题，尽管有些军官年轻而经验不足，从而使评价受到影响，但仍有近2/3的士兵给予了好评。而中士、下士等下级军官得到的好评则更多一些，其比例超过3/4。

观点更为一致的是对德军战斗力的评价，对此，士兵们几乎众口一词。在“品行问卷”中，近500名国防军成员对战争各方的“战斗素质”做出了表态。在所有被调查士兵中，对德国军队的能力持怀疑态度的总共不到20人。其余所有士兵都认为德国军队的战斗素质很高，有些人甚至认为，德国军队是世界上最好的军队。更有超过九成的受询人员因此对国防军的军人伦理做出了积极乃至高度赞誉的评价。在这一点上，无论是效忠于纳粹政权的士兵还是希特勒的反对者，其意见是统一的。就像来自波美拉尼亚（Pommern）的23岁士官、对“元首”心怀崇拜的卡尔·本克（Karl Behnke）所说：“德国兵的品行和战斗精神是无与伦比的。他们所做的事情，没有任何其他军队能够完成。”[13]就连步兵威廉·席勒尔（Wilhelm Scherer）——一位年轻的天主教徒和工厂工人——这种反感希特勒的士兵，也表露出同样的自信："德国兵是最优秀的士兵。"[14]在这里，对德国军人精神的赞赏与爱国主义认知是密不可分的，而德国人内心深处的民族主义情怀，则是军国主义赖以维系的基础。在它们面前，所有社会的、世界观抑或宗教上的差异全部退居其次。这一点正是德国军队的凝聚力形成所依赖的必不可少的前提。军队内部的强大凝聚力不仅来自于以级别制度为基础的初级群体（Primärgruppen）的集体精神，同时也建立在对国防军作为机构的认可之上。国防军象征并传递着某种军人伦理，当士兵们想要在其战友面前证明自己时，总是以此作为标杆。与军队组织之间的亲密感情以及对其价值体系的深刻认同，两者合而为一，并由此形成一种超越一切的群体道德。每个人都为自己是其中一员而感到骄傲。

## 男子汉气概

在"第三帝国"及其国防军中，人们不断宣扬着所谓军人价值观。它所包含的内容，可以从这个时代遗留下来的各种史料中得到反映，例如国防军档案、服役规章、军令文件、部队刊物、宣传品、新闻稿、纳粹首脑的报告和演说，等等。但是，每个士兵内心对这种价值观的领会程度，在这些官方资料里自然无法得到体现。只有一些个人文书，例如日记和战地通信，才能反映出这一点。而来自盟军审讯营的窃听记录，则使这一问题得到更充分的暴露。尽管亨特堡的德国战俘很少会直接说出他们对军人价值体系的看法——这些基本认识对他们来说太过理所当然，因此不可能在日常谈话中成为一个独立的话题。军人伦理更多是隐藏在人们的话语之中，但却因此而具有更高的可信度。士兵们对哪些话题最感兴趣，他们的评说带有哪些隐晦意义，他们如何在自己的室友面前展示自己，这些都会比直截了当的自白暴露出更多关于士兵内在的东西。因为那些没有说出口的、无须过多解释但却构成其谈话基本前提的内容，是其坚信不疑的信念，因此能够更加清晰地反映出其内心最深处的思想意识。

在德国社会中，人们最基本的认识之一就是，只有男人才能当兵，而当兵就得像个男人。这种军人精神与当时人们对男人气质的理解是密不可分的，这一点不仅体现了当时社会的男性至上思想，同时还反映出人们对男性强壮有力的阳刚气质的性别文化认知。自19世纪末以来，在德国，两性关系逐渐发生变化，服兵役是属于男性的最后堡垒，而士兵的保护职能更成为男性社会地位优于女性的一大明证。在人们看来，女人当兵是不可想象的。国防军士兵们对既有性别秩序受到破坏的敏感反应，在东线表现得尤其明显。在很多国防军部队，那些被视为"贱妇"的红军女战士往往在被逮捕后就被立即处决。[15]但例外的是，在通常情况下，他们会放过被俘的女卫生员或者女厨师，因为在他们眼中，这些女人还依然扮演着其传统意义上的女性角色。这一做法清楚地反映出人们对性别特征的认识：温柔与关怀之类的品格属于女性，而冷峻刚强则属于男性。

所有与上述认识不相符合的，一律被视为越界。比如二等兵乔治·威瑟尔（Georg Weiser）就因此很反感"第三帝国"的功勋女飞行员汉娜·雷驰（Hanna Reitsch）："我不喜欢那个老女人，她太盛气凌人，太男人气了。"[16]少校理查德·鲍什（Richard Bausch）和他的战友们也对这件事耿耿于怀，因为雷驰作为一个女人得到了原本只属于男人的嘉奖，"当时这个婊子拿到一等铁十字勋章以后，大家全都一片哗然"。[17]当亨特堡谣传说，德国军队允许女性出任将官时，特别行动队队长弗兰茨·莱姆博尔德感到难以相信："哦，上帝，德国国防军女少校。天哪，救命。"一想到女人也必须为军人荣誉而战，莱姆博尔德感到一阵晕眩："哎，天哪，快扶住我，我都快站不住了。"[18]纳粹领导层计划成立女子武装师的谣言，更加激起了人们强烈的反响。来自科隆的身为人父的中尉汉斯·多尔夫（Hans Dolff）听到这一消息后，比他之前对苏联"女兵"的愤怒程度还要严重："当苏联人把手拿武器的平民或者女人派到前线时，我们都感觉受不了。没想到如今在我们这儿，女人们也开始接受训练了。”他对这件事的反应是“这不可能，简直是疯了”。[19]中尉弗里德里希·贝恩特（Friedrich Berndt）同样也认为把女人派到前线打仗是绝对“疯了”，“简直就跟让小孩去打仗一模一样。她们就是去当炮灰的……女人怎么能打仗？肯定乱成一锅粥”。[20]他的室友少尉卡尔·施密德（Karl Schmid）也“抵制”这样做，“试想一下，女人去前线打仗，这根本不可能”。当这些男人们怒骂时，难免也会担心自己的女人受到牵连，“他们千万别把我们的女人也扯进来”。[21]但是除此之外，他们对这件事的反感更多还是因为“派女人冲锋陷阵”的想法与他们在性别角色分配上的父权主义思想是背道而驰的。[22]如果让女人“在交通部门干点儿活儿”，“在军工厂”或者“后勤保障部门”工作，这些在男人们看来还可以理解——“但是打仗无论如何都不行”。[23]打仗本来就是男人的事情。

男性自我意识受益于这种对军人阳刚气质的认识，因为这意味着他们相对于女人具有更高的价值。但与此同时，他们也必须得在军队的男性世界中证明自己，以便在战友圈子里获得社会认可，而不被当成“胆小鬼”或者“懦夫”。[24]男性气概的核心是铁血不屈，在第一次世界大战后的德国，围绕这一核心出现了一种名副其实的男性文化。铁血不屈意味着一个人可以像条汉子一样克服各种各样的挑战：战胜疲惫、困乏、恐惧以及对死亡的畏惧。在国防军的价值体系里，这种模式化思维深入人心，以至于每一种可以想象到的境遇都可以被理解为对不屈意志的考验。比如伞兵中尉君特·施庞（Günter Spang）就说过，从一架亨克尔（Heinkel）飞机还是从一架容克（Junker）飞机里面跳出来，是有天壤之别的，“很明显，从容克上跳下来比从亨克尔上跳下来让伞兵们兴奋得多”。[25]原因在于：“容克一跳”被视为一项特殊的“运动成绩”，因为伞兵们可以从亨克尔He-111轰炸机“后面跳出去”，而“容克一跳……单是站在机舱门口就是一件需要克服恐惧的事情”。战胜自我和铁血不屈的品格便是在这些日常挑战中得到训练，等到上战场征杀时，他们就已经千锤百炼了。坚韧不屈的品格是人们在战争中赖以坚持的核心。党卫队小队长弗里茨·斯沃博达的讲述就是一份有力的证据。莱因哈德·海德里希（Reinhard Heydrich，德国主管清洗犹太人任务的负责人，1942年5月被英国安全协调局秘密行动队暗杀——译者注）在捷克“保安区”遇刺之后，时年20岁的斯沃博达曾作为武装党卫队的成员参与了1942年6月和7月的大屠杀：

> 当时我们一天到晚不停地把人拉去枪毙，突击队每人每天可以领取12马克津贴，折合每天120克朗。我们所做的唯一的事情，就是每12个人为一组，把犯人每6个人一组拉出去枪毙。大概有14天的时间，我除此之外啥都没干。我们得到了双份伙食，因为这确实很耗费精力。我们一直是两个人对着一个人开枪，然后捷克医生用粉笔在死者身上画一个十字。我们也枪毙过女人，女人们的表现比男人好。我们看到很多男人，也有犹太人，到最后一刻都哭个不停。要是遇到这样的软蛋，就会有两个捷克人走过去，一边一个，把他架起来。如果换成女人，就是那些爱国分子，她们肯定都很镇静，她们站到那里，撕开衣服，然后喊几句口号，比如打倒德国或者捷克万岁之类。但是这双份的伙食和12马克的补贴不是那么好挣的，如果要在半天时间内杀掉50个女人的话……刚开始大家说，太棒了，这可比值勤好多了。但是几天之后，他们还是宁愿去值勤。这很折磨人，渐渐地大家就麻木了，无所谓了。我们当中也有一些人，在枪毙女人的时候下不去手。我们往往会挑选那些上过前线的老兵去做这件事。不过说到底，军令是不可违的。[26]

斯沃博达骇人听闻的讲述以罕有的直白再现了一个人对杀戮工作的适应过程，在犯罪研究中，人们对这一过程早已熟悉。[27]在与集体一道克服了最初的心理障碍之后，参与者的行为重复就变得越来越简单，直到杀戮对这些参与者来说变成了一件“无所谓”的事情。除此之外，这段描述也反映出人们对强悍品格的膜拜发挥着多么至关重要的核心作用。对理想中的强悍品格的追求，控制着斯沃博达的思维。他虽未在任何一处明确地提到过这一点，但是这恰恰反映出，这一点对他来说是多么理所当然，因为在他的内心中，已将其视为默认的前提。他强调自己所面对的巨大精神压力，并以此来炫耀自己的强大。他嘲笑那些被枪毙的人当中的胆小鬼，佩服有些女人面对死亡时的表现比男人棒。“前线老兵”在杀人时变得手软是不符合他的预期的，因为在他看来，久经沙场与铁血不屈显然是可以画等号的。斯沃博达的讲述以直观的方式展示了纳粹的“杀手品德”，在这里，克服人类对杀戮行为的心理障碍摇身一变，成为了大家引以为傲的美德。[28]上士赫尔曼·阿贝斯（Herrmann Abels）从另一个党卫队士兵口中也听到过类似的话：“他跟我说，一名党卫队员必须做到将一个4岁孩子的脖子割断，眼睛都不眨一下。如果不能做到这一点，就不是党卫队员。”[29]这样的说法出自于武装党卫队的士兵之口，绝非偶然。在党卫队发展壮大的过程中，洗脑和意识形态灌输无疑比普通的军队更为突出。[30]然而这并不意味着在国防军中，对强悍品格的追求因此只扮演次要的角色。尽管并不是每一位士兵都像这位党卫队员一样，将这种观念牢牢铭刻于心，但是作为行为的参照物和思维模式，铁血不屈的理想仍然在军队中发挥着难以估量的作用。对这一理想的认识可以为起伏跌宕的经历赋予积极意义，并使当事者通过社会认可的方式获得精神上的放松和愉悦。简而言之，铁血不屈是“第三帝国”时期人们对身着国防军“军服”的士兵所抱有的社会预期的一部分。

## 战绩与军功

在国防军中被视为军人楷模的，是那些在前线战斗中英勇无畏、立下赫赫战功的人。在国防军成员的价值观中，战斗能力所占据的重要地位，在亨特堡战俘窃听记录中同样有所反映，其主要表现是，士兵们在聊天中总是频频谈起自己以往的战绩。至于他们口中的英雄史是否每个细节都与事实相符，是无足轻重的。重要的是，士兵们确定地相信，这样的内容很受谈话对象的欢迎，就像他们自己一样。另外，这些男人们并不总是只吹嘘自己如何英勇，对其他士兵乃至整个部队的英雄事迹的赞叹，同样也是他们聊天时的重要谈资。在这些讲述中，洋溢着对拼搏和勇敢的崇敬之情。“骁勇善战”是“第三帝国”以及德国国防军的最高美德。作为一名士兵，谁要是能打仗，就能享受到各种社会美誉。“经验丰富的老兵”[31]，“真正的军人”[32]，“勇敢的家伙”[33]和“有真本事的人”[34]，是部队中最受尊敬的人。

最实实在在的战绩是摧毁敌军多少坦克、飞机或舰艇，等等。这些战绩有数字为凭，它们是国防军中真正令人炫耀并借以超越对手的东西，而上级的公开表彰和嘉奖更是一种鼓舞。因此，士兵们总是尽可能用确切的数字来落实自己的战绩。例如20岁的水兵伍长罗兰德·纳茨施卡（Roland Natzschka）充满自豪地讲述着他驾驶U-371潜艇出兵歼灭敌军的“一连串”战绩，“每次出征都以胜利告终”，“在我参与的征战当中，我们总共击沉了4艘驱逐舰，最近一次是两艘。我参加的第一次出征，击沉了三艘20000吨位的轮船。两艘运兵船中了鱼雷，其中一艘23000吨位的被击沉。接下来的出征击沉了7艘吨位为56000吨的轮船。护航舰队中有5艘轮船被我们歼灭。”[35]一位快艇舵手在亨特堡时仍沉浸在对其“伟大战绩”的回忆当中：“还没轮到潜艇部队出手，我们就已经完成了最伟大的英勇壮举。我一直说，只有勇敢的人才能取得胜利。”[36]海军士兵经常提到的数据是：他们的舰艇搞到了哪些级别的多少面“信号旗”[37]，“歼灭”了多少艘驱逐舰，“干掉”了多少吨位的船只[38]，全体船员完成了哪些“勇猛的战绩”[39]，内容大同小异，标准始终一致：最重要的是出征次数，击沉船只数量和吨位大小，获得勋章多少。

空军也有自己类似的标准。飞行员和部队通过他们的低空飞行次数、飞行时间、击中敌机数量和所获嘉奖来计算自己的战绩。飞行员之间的聊天往往就像士官沃纳·恩格尔哈特（Werner Engelhardt）与中士埃米尔·瓦格纳（Emil Wagner）之间的对话一样，二人都曾在战斗机联队服役：

瓦格纳：我有一位很棒的师傅，中尉克莱恩（Klein）。在我第一次击中敌机之前，我因为在非洲最后几天的低空袭击和成功袭击，获得过二级铁十字勋章（EK Ⅱ），最后我从非洲救出了109个人，那真是一场漂亮的阻击战！

恩格尔哈特：我们飞行队有一位行家，就是少尉莱因哈特（Reinhardt）。

瓦格纳：他现在在哪儿？

恩格尔哈特：（耳语）……在法国一队。

瓦格纳：他还活着？

恩格尔哈特：是的。

瓦格纳：他干掉了多少，75个？

恩格尔哈特：超过100个，有160个。

瓦格纳：真有这么多？

恩格尔哈特：真的。

瓦格纳：……非洲，他也有骑士十字勋章？

恩格尔哈特：银橡叶的，在苏联时获得的。

瓦格纳：没错。

恩格尔哈特：应该在一组，第一组，第一队，我们那队总共击落了超过600架，有很多苏联人。队里有俩能人，都是骑士十字勋章获得者。

瓦格纳：我们队也有两人获得了银橡叶骑士铁十字勋章。[40]

当一位飞行员向另一位飞行员问起第三个人时，往往会直截了当地问："他干掉了多少，75个？"无须解释，对方也会明白他讲的是什么。用数量来定义战绩是空军中通行的做法。如果一个人告诉别人他经历了"250次出征"[41]，"275次空战"[42]或者"2750个（飞行小时）"[43]，那么他无疑会得到战友们的钦佩。这些男人们不光吹嘘自己，他们也会对其他飞行员的战绩抱以敬意："那是条汉子！银橡叶骑士十字勋章获得者，歼灭敌机300架”，中士尤利奥·霍夫曼（Julio Hoffmann）兴奋地跟一个认识不久的少尉讲述着。[44]“真正的能人”[45]和“优秀飞行员”[46]是空军中最受尊敬的人。战绩赫赫的战斗机飞行员埃米尔·瓦格纳便是一例，他的经历格外清晰地反映出，一位青年是怎样从平民百姓变成鼓舞人心的战斗英雄的。瓦格纳1920年出生，是一名监狱看守之子，成长于黑森州兰（Lahn）河畔小城迭斯（Diez）。他很早就对飞行感兴趣，1933年加入希特勒青年团时，他便选择了希特勒青年团飞行员军团。[47]小学毕业之后，他成了一名木工学徒，但是早在1938年，他便加入了帝国劳动军团，之后入伍参加了国防军。1943年12月，当瓦格纳驾驶他的梅塞施米特（Messerschmitt）109战斗机在意大利上空被击落时，他才23岁，那时他已在空军服役逾五年，参加了几乎所有战场的战斗：波兰、法国、英国、苏联、意大利和非洲。他无条件地支持纳粹，在他看来，希特勒是历史上“最伟大的天才之一”。[48]

他在第53战斗机联队服役期间，经历了典型的军事社会化过程。瓦格纳是带着既有的知识、价值观和人生目标入伍的，这些是他在帝国劳动军团和纳粹飞行员军团受训时获得的。对成功、证明自我和获得认可的经验，让他全身心地投入到自己作为战斗机飞行员的角色上。以前他所渴求的那些东西，如今在他身上变成了自我的个性化标记。在他人生中具有决定性意义的社会化经历，是他第一次成功击落敌机的那一刻，这是他记忆中的一个“黄道吉日”——他清楚地记得，那是一个周五，是他开始飞行的第13天，他在他的飞机机身上画了一个迷信的胜利标志“13”。[49]这次经历之后，他渐渐感觉自己已进入“优秀者”之列。当上级指挥官任命他担任飞行大队副队长和编队小组长时，他感觉这是一种“特殊的荣誉和令人自豪的责任”。[50]他以专家的自豪语气，向队员们宣布作战命令、无线电指令以及与敌机交火时的战术原则。[51]每一次成功击落敌机后，指挥官都会亲自向他表示祝贺，在他的队伍里，他同样也很受大家欢迎，“他们所有人都只喊我的名字。很明显，因为你成功了，称得上是个军人了”。他将马耳他上空的危险空域称作他“最喜欢的区域”，他向指挥官提出申请，要求以“自由战斗机”的身份到这一区域进行侦察飞行——目标是把视野中的每一架敌机都一一歼灭。他为自己能够成为“指挥官的嫡系”感到自豪，因为这代表“他是最棒的”，“只有最棒的飞行员才能做到”。当然，他也不会忘记数一数，他和自己的“嫡系们”总共“干掉”了多少架敌机。

对地面作战的部队来说，战绩同样也重于其他任何东西。但是，很多步兵无法做到用他手中的国防军标准步枪精确地命中目标，而从他自身所处位置的有限视野来判断自己的火力效果，更是难上加难，“问一下那些上阵打仗的小伙子，有谁用过卡宾枪。很少能有人用得上卡宾枪。MPi突击步枪，MG机枪和迫击炮，这些都是大家急需的东西”。[52]只有用自动步枪、重机枪、步兵炮、反坦克导弹发射器，还有自己的坦克，才能取得有目共睹的战绩。20岁的二等兵约翰·德雷（Johann Dreher）被室友问及：他所在的第508重坦克营用他们的“虎式坦克”在意大利有没有“打过胜仗”？他开始炫耀起自己部队的战绩：“当然，在阿普里利亚（Aprilia），我们一辆坦克就歼灭了敌军11辆坦克，那次我们一天共摧毁了敌人40辆坦克。美国人根本就算不上军人。”[53]除了武器效力和命中目标的数量之外，还有其他一些可以考量战绩的标准。比如21岁的二等兵西吉斯蒙德·诺瓦克斯基（Siegismund Nowakowski）显然是在想尽办法，将他在1944年夏天诺曼底之战中的各种战果和前线经历用数字加以量化：

> 我4次进侦察队，那真是很棒的体验。6天的时间里我们只休息了6个小时。进攻开始的时候，我们接命令行军出发，那天我们就损失了5辆装甲运输车。那次我们打下了敌军5架飞机。我们在铁路路堤上趴了3天，每天实施五六次袭击。有一次，大约有10分钟的时间，我们被英国人控制了。整整3天，我们都被包围着。天哪，我们击中了！当我们从40米远之外摧毁对方两辆坦克之后，那些英国人，他们就撤了。[54]

据伞兵士官奥根·克劳斯（Eugen Krauss）自己描述，他不仅“歼灭了一辆坦克”，而且还参加了多次进攻敌人后方的“非常危险”的袭击：“我在荷兰和诺曼底做过4次独立侦察。”[55]另外，他“还领导过38次侦察，作为队员参加过24次侦察。只有侦察兵才能和敌人有直接接触。我总共参加过51次近距离作战，被提名金质近战勋章候选人”。士兵们偏爱用数字总结他们的前线经历，这反映出他们的需求：将战争的混乱按照自己想象中的秩序整理得井井有条。除此之外，这些总结还可以用来作为其军人品德的量化证据——同时也是为了和战友们一较高下，并以此为自己邀功。比如从部队指挥官的角度来看，在败局已定的形势下比相邻部队“多撑两天”，便足以在内心将失败转化为胜利。[56]

当然，对这些男人来说，最主要的还是要向人们证明他们作为军人的能力。对国防军士兵们而言，强调自己是其所在领域里的行家显然很重要。22岁的工兵埃德瓦尔德·博纳曼（Eduard Bornemann）在他室友的面前自信地说：“这些都是工兵的事，坦克近距离作战，我也参加了。坦克近战的事情我很在行，这一点你可以相信我。在这方面我们是行家。”[57]空军士官爱德华·博辛斯基（Edward Bochinski）夸耀自己在其所在部队里，是驾驶容克斯Ju-88飞机实施空中轰炸“技术最棒的”。[58]即使是那些以反纳粹自诩的人，也都希望自己能够成为人们眼中能干的军人。潜艇军官马克斯·克雷特在亨特堡为美国情报机构充当密探，但是他并没有因此而忽视自己作为一名称职指挥官的重要性：“我并不想自我炫耀，但那天夜里的事情如今我还历历在目，那时我是船上的指挥官。在指挥驱逐艇作战的事情上，谁也比不过我。那感觉真的很棒，就像狩猎一样。那时候我完全没有想过，这一切是为了什么，又是为了谁。”[59]这是一种颇有代表性的态度：对于国防军士兵的自我认知及其在所属部队中的社会地位来说，没有任何东西比高超的能力和尽职尽责更重要。而其行为背后的政治理由，则明显是次要的。

然而，让士兵们感到自豪的军事战绩并不仅仅限于自己。他们作为军人的自信同样也来自于其所在部队的声誉。一位潜艇驾驶员在听到他的室友批评某些军种只招那些自愿加入的新兵时，反驳说："但是有一点我们不能不承认，每个人都为自己能加入潜艇部队感到自豪。"[60]29岁的少尉奥古斯特·鲁道夫（August Rudolf）吹嘘他在东线作战时所在的步兵第35师是一支"出色的部队"，到处洋溢着"绝妙的合作精神"。[61]他的谈话伙伴、年龄与其相仿的少尉卡尔·拜尔（Karl Bayer）也不甘落后，强调自己所在的侦察部队也同样"声誉卓著"。普通士兵们会因为自己部队的荣誉而感觉身价倍增。32岁的步兵赫尔伯特·舒尔茨（Herbert Schulz）是一位来自柏林的工程师，他骄傲地说起自己服役的优秀特种兵部队："第44师，德国最高条顿骑士团，我就是其中一员。第44师打起仗来英勇无畏，为此获得了帝国掷弹兵师最高条顿骑士团的荣誉称号。"[62]部队指挥官则常常会因为他的战士们给自己队伍赢得的荣誉，而萌生出一种集体荣耀感。"天啊，当时我们那个师太牛了，"上校弗里德里希·弗勒斯（Friedrich Vüllers）骄傲地谈起第97猎兵师及其战绩，"我们在半年时间里获得了16枚骑士十字勋章。"[63]士兵们也总是反复强调，其所在部队"充满了斗志"，完成了很多"英雄壮举"，获得了部队高层领导的"褒奖"。[64]这些士兵不断强调自己部队的"表现无懈可击"[65]，"打起仗来英勇无敌"，"战斗到最后一个人"[66]，以此来证明成为人们心目中的军人楷模对他们而言是多么至关重要。

士兵们称赞自己的部队还有另外一个目的，这就是与其他部队相较量。不同部队、兵种和连队为最高"军事荣誉"展开的竞赛，是国防军军事文化的一部分。按照他们的价值观体系，那些取得赫赫战功的队伍，总是有着至高无上的地位。尽管他们也会对其他队伍表示敬意，比如说把它们称作"优秀兵团"[67]"精英部队"[68]或"最棒部队"[69]，但是这种崇敬之情并不会使竞争原则因此而消除，反而更进一步证明了，士兵们与其他部队进行比较的心理有多明显。对自己部队的自信，与实际情况当然并不总是相符。甚至在战争的最后阶段，虽然到处都是"一团糟"，各支部队都是人员锐减，其相互间的差异越来越模糊，但即使在这样的情况下，竞争也仍未停止，正如一名士兵以批评的口吻所说："看看，第

29兵团的那群混蛋们，他们把整个第44兵团都给害惨了，不过我得跟你说，第44兵团也像第29兵团一样糟透了，而且第90兵团也跟第44兵团一样糟。就是这么回事。”[70]有意识地将自身与其他部队划清界限本来就是保证部队内部团结的必要方面，它与始终不变的军人价值观也是相吻合的。在空军飞行大队中，“各分队之间总是在为争夺最优而展开竞赛”。[71]在海军内部，各支队伍同样也各不相让，每支队伍中的“名将”以及获得“骑士十字勋章和银橡叶骑士铁十字勋章”的数量，都是他们相互吹嘘的资本，因为这些荣誉可以给他们的船队增光添彩。[72]围绕军功和战绩的竞争一直延伸到军队的最基层：在师里，是团与团的竞争；在团里，是营与营的竞争；在营里，是连与连的竞争；在连里，是排与排的竞争。比如来自埃森市的26岁上士克雷门斯·斯蒂维（Clemens Stiewe）和他的战友们“一直很郁闷”，因为他们所在的轻型炮兵排的武器装备，与同一炮兵连里的其他重型炮兵排相比，在歼敌效果方面从一开始就不占优势，获胜无望。[73]虚荣心和攀比心理逐渐转为对自己部队的表现和战绩的神化。这种夸大其词的特点在一些老兵后来的战争回忆中有着明显表现：所讲述的经历往往是他们不可能经历的。比如，很多人自称通过潜望镜看到了列宁格勒的球形尖塔或者克里姆林宫的围墙，很多人都声称自己是从斯大林格勒起飞的最后一架飞机的飞行员，有太多的人声称自己驾驶的坦克是征战到最东、最北、最西或最南端的那一辆。在对即将到手的胜利的幻想下，失败似乎变得更容易忍受。与此同时，这些对个人战绩的夸大，还可以带给叙述者本人一种超越他人的优越感。在亨特堡战俘中，这种自我表现的倾向十分普遍。在陆军当中，士兵们都自称是冲在“最前沿的”[74]或是“最后从西西里岛撤退的”连队成员；[75]在潜艇部队，士兵们则声称自己的那艘潜艇是“地中海最老牌的潜艇”[76]，“深入最南端的潜艇”[77]或是“坚持战斗最久的一艘潜艇”[78]。士兵们总是倾向于将自己的前线经历描述成最特别的一种，其原因一方面是因为他们想让自己的战斗经历多一些独特和积极的内容；另一方面，对荣誉和杰出战绩的追求也属于军人天性的一部分。军人的竞争思想和团队精神不仅仅与那个年代国防军的理想有关，它同时也深深植根于人类的本性之中。它符合人的一种基本需求，即借助周围环境来肯定自我。在群体中生活，调整自我以适应群体，并与周围的人建立关系，这一切都是人类与生俱来的社会性的表现。这种机制在国防军当中自然也在发挥作用。正如不同部队之间的不断攀比一样，在一支队伍里，每个士兵也总是在把自己与战友进行对比。对比的标准是由其所在群体的规范决定的，而群体的规范则与整个国防军的军人价值体系一脉相承。相互之间比较的一个核心标准是人人向往的勋章和嘉奖。用这一标准来衡量，每位士兵之间的差异变得一目了然。

## 勋 章

如今，对“二战”时期各类勋章的兴趣，似乎更多集中于军事物品收藏者的小圈子。但是对于当年的国防军士兵而言，军功章更有着难得的意义。勋章是战功的象征，对“第三帝国”的士兵及其部队来说，勋章使他们享受到无上的社会荣誉：勋章总是令人肃然起敬，因为它让每一个人清楚地看到，勋章的佩戴者曾在战场上浴血奋战，是受人爱戴的国防军理想楷模。佩戴在胸前的勋章，能够强有力地证明佩戴者作为军人的男子汉气概。这种奖励反映了士兵们的基本需求，而获取勋章对大部分士兵而言无疑是一件令人向往的事情。对于军队这一机构来说，嘉奖是鼓励士兵获取战绩的不可或缺的一种手段。勋章的颁发，使得士兵们冒死而战的决心更加坚定，同时也进一步激发了他们英勇无畏、奋力搏杀、不惧牺牲的精神。

在国防军内部有着一整套细致严格的表彰和授勋体系。纳粹军队在传承以往德国军队传统的同时，大大增加了授勋嘉奖的名目和种类。国防军勋章当中分量最重的当属铁十字勋章（das Eiserne Kreuz），它授予那些“在对敌交战”时取得英勇战绩以及“在统率部队方面获得突出功绩”的人。[79]除此之外，对“勇敢者”的“表彰”还有重伤徽章

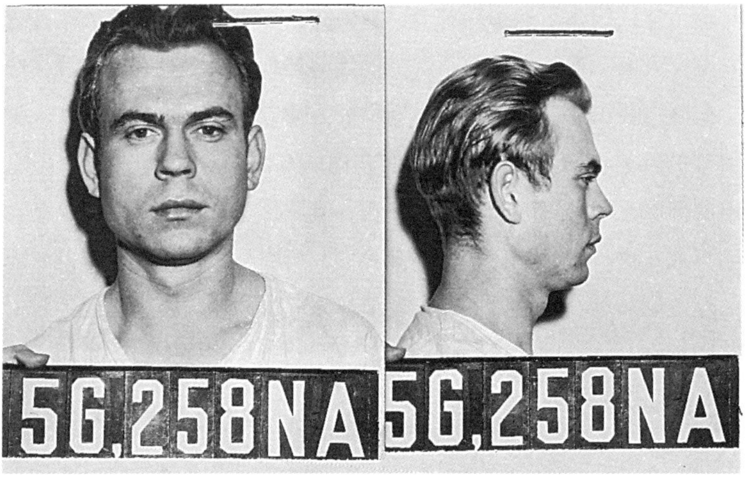

插图 10：海军二等兵威利·劳特纳，生于 1921 年

（Verwundetenabzeichen），根据“被敌军武器的火力”击中而受伤的次数来划分等级。而近战勋章或潜艇徽章等战争勋章，则是为了表彰一些取得特殊战绩或圆满完成某项军事任务的人。袖章和奖牌是对成功参与某次会战或战役的一种纪念。军队统率的表扬令，国防军报道中的提名或者各部队“荣誉报”上的点名，是对某支部队突出表现的一种表彰。所有上述表彰形式都有着不同的级别，每一枚勋章的授予同时也是对争取更高一级勋章的激励。

通过亨特堡德国战俘之间的谈话可以看出，在德国士兵的思想中，勋章有着多么重要的意义。这些人自豪地细数他们立下的战功，比较其所在部队的勋章数量，讨论与立功授勋相关的种种问题。打仗、擢升、立功是军人生活的固定戏码，25 岁的工程兵少尉君特·德维特（Günter Dewit）的从军生涯同样也为之锁定。[80]他说他获得的第一枚勋章：“是带轮标的苏德台勋章（Sudetenmedaille）。攻打波兰那一仗我没参加，攻打法国时我去了，然后在 5 月 10 日就得到了二级铁十字勋章（EK Ⅱ）。

后来在攻打加来（Calais）要塞时又获得一级铁十字勋章（EK I）。我之前是二等兵，这之后就被提拔为下士。”反之，他对那些擦肩而过的勋章同样也记得清清楚楚：“在苏联，我什么都没得到，只拿到了东线纪念章（Ostmedaille）和近战纪念别针。那时我们那儿新来了一位军官，他总是把我们的功劳算到自己头上，他获得了一级铁十字勋章。”两手空空显然也让年轻的士官海因茨·阿诺·弗伯格（Heinz Arno Vorberger）耿耿于怀：“在步兵团，要想得到一个奖章非常难，真是该死！”[81]但是他至少获得了一枚银质重伤勋章，他的室友阿尔弗雷德·克莱默·冯·克劳斯布鲁赫（Alfred Cramer von Clausbruch）因此对他充满尊敬：“重伤勋章也很不错啦，戴在身上很有面子。”克劳斯布鲁赫在空军服役，是一名飞行员，他对立功授勋也一样很热衷：“如果击落24架敌机，就可以获得骑士十字勋章。我总共击落了18架，有12架被认可了，还有6架没有算。为此，我们大吵了一番。后来那6架也被认可了，这样一来，我一共击落了18架敌机，按这个数字算，我早就有资格获得十字勋章了。”

在海军士兵之间，立功和授勋条件同样也是谈话的一大主题。士兵们对这个话题有多么重视，从下面的海军二等兵威利·劳特纳（Willi Leuthner）与另外两位之前曾在战舰上服役的U-172潜艇兵之间的对话便可看出：

> 劳特纳：他从没获得过二级铁十字勋章，但是他完成过两次航行。
>
> H：一次。
>
> 劳特纳：或者一次。
>
> H：这个倒霉蛋。很有可能，等仗打完了，我们回去以后，我们当中很多人都能获得铁十字勋章。毕竟我们一直坚持到了最后一刻。
>
> B：我绝对认为，那老家伙应该把一级铁十字勋章授给我们；还有10天，我们就打了440多天了，绝对有资格得到它了，甚至都可以得到金质德意志十字勋章（Deutsche Kreuz）了。打仗超过450天的人，就有资格获得德意志十字勋章。

劳特纳：那位老狙击手已经到这个数了，他有480天呢。

H：470天。

劳特纳：我们的按照分数算。你得有12分才能获得公海舰队战章（Flotten-Kriegsabzeichen）。

H：我觉得，没有人能够具备获得公海舰队战章的条件。

劳特纳：或许提尔皮茨号战列舰上的人可以，他们应该行。

H：现在有这种可能。

劳特纳：12分，天哪。从汉堡到挪威，是1分。从汉堡到挪威，你得通过每一处地方都是潜艇的危险区域。想想看，这才是1分。有一仗，我们总共击沉了6艘敌舰，其中5艘驱逐舰，1艘巡洋舰，你知道我们得到多少分吗？8分。那是罕见的一场恶战。你想想看，我们那儿有的人得到了11分，再多就没了，就差1分。我够格了，我获得了18分。18加8是？

B：26。

劳特纳：我得了26分。

H：要是你有60分的话，就能获得一级铁十字勋章了。

劳特纳：我敢打包票，只要我还在船上，在战舰上，早晚有一天我能得到一枚二级铁十字勋章。[82]

虽然已经沦为战俘，可这些士兵们却仍然念念不忘地梦想着能够“得到一枚铁十字勋章”。对他们而言，重要的只有这些“天数”和“分数”。满足立功条件，不仅是他们为自身，同时也是为战友设定的衡量标准。那些取得赫赫战绩，立下重大战功的人，很快就会成为令人肃然起敬的谈话主题。勋章对士兵们的重要程度，通过他们对嘉奖程序的激烈批评也可略见一斑。在空军里，那些“一无所获”的飞行员非常恼火，尽管在他们看来，他们和战友早就该“获得银橡叶勋章”了。[83]在陆军部队，当听到有些士兵“从未上过前线，但却获得二级铁十字勋章”时，前线战士就会感到怒火中烧。[84]在海军部队，有些士兵尽管参与过危险重重的前线出征，却在颁发勋章时什么都没捞到，这时，他们就会认为当官的表现“太差劲”了。[85]比如海军下士奥斯卡·施雷希格（Oskar Schlesiger）就骂骂咧咧地说，他和他的战友“直到现在才刚刚得到二级铁十字勋章”，尽管他们“几乎每晚都出海”，而他们的上司却将功劳算到了自己头上，“我们英勇杀敌，出色地完成了任务，可获得德意志勋章或者骑士十字勋章的却是他，这个混蛋！”但是，并非每个人都赞同这样的批评。恰恰是那些曾被提名铁十字勋章的士兵，往往认为颁奖“很公平”，这一点或许并不是偶然。[86]

勋章决定了士兵看待他人的态度差异。佩戴在胸前的一枚枚勋章，总是令人过目难忘。那些胸前佩满了勋章的军人，更是让人满眼生辉。一位士官生在回忆自己与一群杰出军官相遇的情景时说道：“它们闪闪发光，有银橡叶、宝剑和钻石等（指勋章上的装饰——译者注）。”[87]对于上级军官来说，获得荣誉勋章具有特殊的意义，因为下级们对他们的认可度与他们所获勋章的种类息息相关。有时在部队最基层的士兵中，如果他们的上司没有满足授勋标准，就会有人对其嗤之以鼻。一位在东线打过仗的士兵透露，“当时在苏联，如果部队派来一位从来没立过功的军官，士兵们就会感到非常生气”。[88]这一切是因为士兵对军官是心怀期待的。亨特堡的被俘士兵们在谈到他们的将官时，询问其所立战功是谈话中的首要问题之一。对一位军官来说，其下属对他的评价，很大程度上取决于他所佩戴的勋章的级别。比如来自U-841潜艇的船副威利·特劳特斯（Willi Trautes）在评价另一艘潜艇艇长时是这样说的：“那位舰长一点都不差，他得过一级铁十字勋章呢。”[89]

当一个人所获得的嘉奖和勋章达到某种水平时，人们对他的认可就会转化为无条件的膜拜。潜艇部队士兵对像传奇人物奥托·克雷齐默尔（Otto Kretschmer，“二战”德国潜艇部队王牌艇长——译者注）这样的“著名将领”的崇拜，与现代人对歌星的追捧没有两样。[90]比如21岁的潜艇少尉约阿希姆·许纳菲尔德（Joachim Hünefeldt）满怀敬意地计算着一位其所在舰队舰长的战绩，他说，这位艇长完成了“18次航战”，

“击沉敌舰大约25万吨位”。[91]同时，这位年轻的潜艇军官还提到了勋章，他对勋章每一个细节都一清二楚：“银橡叶骑士铁十字勋章，上面有宝剑和橡叶徽。大概有15位艇长获得了银橡叶骑士铁十字勋章。”下属对上级军官所获勋章之所以感兴趣，或许也是因为他们自己对勋章同样充满了渴望。比如，来自U–172潜艇的20岁二等兵君特·梅斯纳（Günter Meißner）就一直将艇长所获勋章与所有船员联系在一起：在提到另一艘潜艇时，他说：“他们得的是银橡叶骑士铁十字勋章，我们也是。”[92]无论具体情况如何，其前提是一致的：在国防军里，勋章是衡量一切的标尺。勋章是军人价值体系的象征，它凌驾于一切之上，证明其佩戴者符合这些标准。每一位不甘落后的人，就必须竭尽所能，力争将勋章别到自己的军服上。对于其佩戴者而言，勋章永远都是显示其军人自信心的一目了然的证据。

## 恪尽职守与专业素质

战绩、实战能力和勋章构成了衡量国防军成员社会声誉的最高标准。然而，根据主流观点，人人仰慕的勋章只能凭借在前线英勇杀敌的无畏表现才有望得到。因此，对于国防军很多成员来说，获得铁十字勋章的希望从最初便几近于零。因为那些在辅助性部门或行政部门服役的众多士兵，是不具有获得这些勋章的资格的。但这绝不意味着，军人价值观体系对于在这些职能部门的士兵并不适用。一方面，从事这类工作的人同样也有受勋机会，尽管勋章的等级或许略低。关键在于，尽职尽责这种在国防军军人美德中的重要一项，并不会因士兵服役部门的不同而有所区别。不论身处任何岗位，都必须恪尽职责。因为有了这样的认识，所以每一种形式的职责都被赋予了军事上的意义。无论从事任何一项工作，都可以带给人相应的作为军人的自信心，尽管声誉的高低往往与靠近前线的距离有着密切的关系。尽职尽责地完成自己的工作，决定着每个人在其所在部队的群体生活中的社交地位。正是出于这样的原因，那些亨特堡的战俘无论来自于哪个部门，当他们与同伴谈话时，都在千方百计地向对方证明自己是一个有本事、有能力的合格军人。

无论是气象服务站的气象人员，还是宣传大队的战地记者，司令部的传令兵，或是空军基地的维修人员，他们每个人对自我的判定，都是按照相同的标准——恪守职责，专业技能高超。“无线电播报员”会强调，他完成了“最精彩的转播”。[93]口译人员会强调，他在前线审讯战俘时“总是能把对方问个底儿掉”。[94]飞机机械师则信誓旦旦地说，他能“完成一切修理工作”。[95]

在亨特堡，士兵对自身职责的认知，尤其体现在大家讨论武器、机器和技术的频繁和热衷。选择这一话题，一方面是基于这些人对以往工作的真实兴趣，另一方面是出于对技术的迷恋。在空军中，士兵们热衷于谈论飞机，“绝妙的机器”[96]和“最棒的系列”[97]。在海军中，人们喜欢讨论各种潜艇，比如“750型潜艇”，他们认为这是非常“神奇”[98]的一种潜艇。在陆军里面，士兵们的兴趣主要集中在现代坦克型号上，比如“虎式坦克”或者“豹式坦克”，“你要是看一眼我们的豹式坦克，那么任何美国坦克都无法再入眼了。我们这样的才叫坦克”。[99]甚至连相比之下不那么特别的技术装备，在很多士兵看来也“十分有趣”[100]；对他们而言，这是“神奇的设备”或者“漂亮的仪器”[101]。例如，一位无线设备操作员在谈起他的设备时骄傲地说：“没错，那是一个绝妙的物件。它让我体会到了很多的乐趣。没有噪音，一点儿都没有，用这种东西干活儿真的很过瘾。”[102]各种枪炮武器所散发的魅力，自然更不在话下。毫无疑问，很多男人都被这些“厉害的武器”[103]迷住了。一门火力威猛的大炮会被他们形容为“杀人狂大炮”，“是我们拥有的最棒武器之一”[104]；MG42机枪在他们看来绝对是“最好的机枪”[105]。地雷、雷管或者有着“精美结构”[106]的“特型手雷”会让一些男人兴奋不已，以至有时候一聊起来就是几个小时。[107]当士兵们为他们武器的“庞大威力”[108]而惊叹时，他们不仅仅痴迷于这些先进战争技术的美学效应，同时也为它带给自己的强大和无所不能的感觉而陶醉：“高射炮一开火，一切都统统化为乌有，没了，啥都没了。”[109]

男性对技术的热衷能力，为操作战争装备赋予了一层特别的意义，这对促进士兵们的服役热情颇有益处。除此之外，士兵们以行家口吻展开的有关专业技术的谈话，更多是反映出其希望证明自身能力的需求。来自勒沃库森（Leverkusen）的步兵部队老兵威利·沃尔夫（Willi Wolff）在初出茅庐的室友面前炫耀自己所掌握的武器技术知识时，骄傲地说：“你可以拿给我步兵用的任何武器，每一样我都会仔仔细细讲给你听，除了大炮，那个我没碰过，但是其他所有的，MG机枪，手枪，机械手枪，迫击炮，轻型、重型、超重机关炮，卡宾枪，90版的、老版的，还有地雷，手榴弹，炸药，都不是问题。”[110]对自身装备的熟练掌握，无疑是前线士兵必备的义务和美德，尤其是当这些装备与武器有关时。

即使是那些很少有机会上前线打仗的士兵也总是强调，他们是有才能有本事的人。“我样样精通”[111]——士兵们偶尔会直截了当地把这一信息传递给自己的同伴，但更多的时候，他们是通过对其所掌握的专业知识的炫耀来折服对方。有时候，对自身知识的炫耀难免会变成讲述者滔滔不绝的独白，每一个细枝末节都不肯漏掉。而谈话者的知识水平的不同，也有可能引发激烈的辩论，尤其是在一方想用自己的知识压过另一方的时候。“天，你还让我怎么跟你说啊”——“啊，哪里说的？”——“你搞糊涂了！”男人之间关于技术的谈话有时就这样变成了一场争吵，每个人都认为自己才是最懂行的那一个。[112]

士兵们带着他们的责任感和表现欲，在国防军内延续着他们在入伍之前便已习惯和熟悉的行为模式。士兵们常常将他们在国防军中的任务理解为“工作”，有些人甚至视之为“有趣的工作”。[113]同时，这些人在军队中也像自己在以往职业生涯中所习惯的那样，通过工作来确立对自我的认知。士兵们强调自己做了“很多工作”，并且“会做所有事情”，从这一点可以看出，他们是在竭尽全力来证明自己的所作所为是符合职业道德的。[114]一个人完成的工作越多，能力越强，就越有资格获得更多的威信——这是人们的普遍认识。谁“什么活儿都能干”[115]，“干得漂亮”[116]，谁就会获得尊重；谁要是跟不上趟或只会“添乱”[117]，谁就会遭到鄙视。所以，士兵们总喜欢讲他们“没日没夜地干活”，[118]搞定了“一大堆工作”[119]，因为这样可以让他们获得谈话对象的认可。对日常工作的描述，在亨特堡战俘的谈话记录中是一个并不少见的话题，因为从原则上讲，工作的含意本身是积极的。好好工作便是目的本身，就像来自慕尼黑的商人出身的格奥尔格·普茨（Georg Putz）这样，在部队认认真真地服役在他看来就是一件高兴事：“在高射炮部队的日子很美好。还有战报啊，等等。”[120]传统职业道德的转化，是军队作为一种机构从市民社会的日常机制中受益的重要方式。通常情况下，士兵们在从事国防军中的工作时，其自觉和投入与他们在身为平民时对待工作的态度并无两样。“这毕竟是我的工作”：作为一名士兵，理应履行自己的义务，这一点并不需要更多的理由。[121]

职业道德并不仅仅包括对自身职责的认知。在这一问题上，最根本的是国防军士兵们在长期的社会化过程中所学会的人类行为模式：在不同甚至矛盾的角色之间灵活转换的能力。因为每个人都有让别人感觉自己是个正派人的需求，因此，人们总是努力以积极的态度演绎好分配给自己的角色。在内心抱有疑虑的时候，他们往往会借助于自我暗示的方法，来消除介于其自我认知与角色要求之间的干扰性因素。但是，这样的角色融入很可能会出现矛盾，这一点从出生于比利时、为德国军队服役的特别指挥官保罗·德兰努伊特（Paul Delanuit）的例子即可看出。1940年，这位前律师以比利时士兵身份被德国军队俘虏。获释后，从1943年起，他开始以口译员身份为国防军服务。[122]他所从事的是一份敏感的工作：长期以来他为国防军情报部门和反间谍机构服务，甚至一度在某个盖世太保工作站工作。然而这并没有阻碍他积极投身于“反间谍工作”。[123]虽然他认为自己的工作“极其肮脏”，但首先却“非常有趣”。他在亨特堡用专家的口吻讲述着自己的“反间谍生涯”。他很专业地跟他的室友讲述自己所在的来自“三方地带”的部门的结构，他负责“3-F，任务是对敌军间谍进行反间谍”。他津津有味地讲述着自己在招募间谍时耍的花招，强调自己在处理档案方面所完成的“巨额工作”。[124]德国情报机构的规范和兴趣已经变成了他自身的一部分。在工作期间，他尽力避免一切让他在战友面前“看起来很愚蠢”的事情发生。[125]对他而言，对情报人员进行“数周培训”是“十分重要”的，因为“如果整天跟没有接受过培训的人打交道，实在是太糟糕了”。在工作中，他既练就了一副“间谍特有的敏锐眼神”，同时也对那些“勤奋的人”和“有本事的反间谍特工”充满了敬意。显而易见，德兰努伊特与他在国防军的职责已融为一体。职务本身与他自己的准则之间尚存在着突出矛盾，但是他都成功地将其一一化解。他自视为纳粹政权的反对者，但却为自己在反间谍机构的工作感到荣光，而这份工作的目标是帮助希特勒消灭他的敌人。他想象不出“还有比做间谍更肮脏的事情”，因为这是一份“既不认祖国，也不认人”的差事。[126]他自己“主要是法兰西血统”，却自愿“从比利时军队转而加入了德国军队”[127]，并长久以来一直将自己看作一位“德国反间谍人员”[128]。他先前曾在西门子布鲁塞尔分公司工作，与德国人朝夕相处，或许是这一点为他后来对间谍身份的适应提供了帮助。从一家企业的法务部门转到一个独裁政权的安全机构，这一转变却意味着一个质的飞跃。德兰努伊特的例子清楚地反映出，角色行为和职业道德是如何帮助他克服所有内心矛盾的：对叛国的厌恶情绪由此演变为一种职业上的挑战，并在应对挑战的过程中树立起自信。对其余绝大多数国防军士兵而言，接受自己的军人角色并不是一件难事。他们理所当然把从军打仗理解为自己的工作，并将他们在平民生活中所熟悉的职业道德，自然地附加于军人的职责之上。部队的生活与平民生活一样，每个人都应谋其职、尽其责，至少不能太出格。但是，正如在平民的职业环境中一样，在国防军里，每个士兵为完成职责所投入的热情也不尽相同。

## 等级划分

在前面章节中所提到的士兵，他们在谈话中总是不自觉地仿效那些他们当兵时所仰慕的榜样人物。军人价值观体系适用于所有人，但每个人对它的理解程度却不尽一致。尽管没有人能够逃避军规的制约：只要他们不想遭受社会甚或军法惩治，就必须服从军规。但是在既定的框架之内，士兵们的职业道德水准却各不相同。士兵们对军人价值观的理解程度，与他们的职位、年龄、经验背景和环境影响息息相关。最关键的差异取决于军队内的社会化程度：士兵们作为国防军的一分子，经历战争的时间越长，接触战争次数越多，战绩越卓越，其军人禀性就会越加明显。反之，那些很晚才应征入伍、成为国防军一员的时间很短、几乎没有打过仗的士兵们，则很难从他们身上感受到部队传递的精英气息，以及明显的团队精神。军队对士兵的影响程度，因其经历战争的方式和深度而有所不同。此外，每个人对军人品德的理解也不尽相同：通过对亨特堡战俘档案的分析可以发现，士兵们的行为动机有内因和外因之别。当军人价值观体系对一个士兵的影响已经深入骨髓时，他便会发自内心地去努力证明自己是一位称职的士兵。但另外一些人则有可能将遵守军规降到最低限度，以满足国防军对士兵的基本要求为限，让自己至少能在部队里站住脚。

在亨特堡战俘监听记录中，从士兵们对谈话内容的选择，就可以看出这样的差异。他们对自己的军人身份越看重，其话题中关于军队和战事的内容就越多。就像我们在前面章节中所看到的那样，很多士兵一谈到立功和受勋便滔滔不绝，而其他国防军成员却对这些话题兴趣索然。前面曾经提到过的伍长雅考布・博登便是一个例子：据他自己说，尽管他一直在“尽义务”，但却“从不认为自己是个兵”。亨特堡监听记录中的对话也印证了这一点：他在聊天时很少提到自己的服役经历，即使提到，也是十分负面的。[129]按照军人的规范标准来衡量，他讲述的内容基本都是在给自己抹黑。比如说，他曾提到自己因为一次交通事故而受到军法处置，同时他还承认自己“一直只是个司机”，对军事知识了解得很少。此外，相对于战争和军队，他更爱谈论的是黑市价格和食品问题。[130]像前面章节中提到的士兵们对战绩、勋章和战术的热情，在他这里几乎寻不见任何踪影。他在亨特堡的谈话内容，证明了他的自我描述：作为一名国防军成员，他“完成了自己的工作”，但却从来称不上是一个具有明显军人禀性的狂热战士。

像博登这样对尽军人之责的投入几乎从不会超过军队对士兵最低要求的人，在国防军中绝不是少数。在亨特堡，并非所有国防军成员以军人美德作为夸耀的资本，有些人甚至认为，他们“对一切和军队有关的东西都感到厌恶”。[131]也有不少人讲话时尽量避开自己的军人角色。比如两位年龄稍长一些的国防军成员赫尔伯特·弗略特（Herbert Fröndt）与约翰·柯纳波（Johann Knab）就一致认为，他们“对扮演军人毫无兴趣”。[132]从柯纳波的履历来看，在他的军人生涯中也的确找不到太多的亮点：这位35岁的邮局职员先是“在家待了三年半”，直到他所在邮局的“人事处”再也没办法“留住”他。他在“邮政保安部”（Postschutz）服役，这是一个武装战地军邮运输部队，他觉得在这儿比“在步兵团当兵要好得多”。他的战友们“都是一帮年龄在35岁至45岁或50岁之间的老油条”，他和他们当中很多人一样，“为能够去这样一个邮政单位而感到高兴”，这里的“危险”相对较小，在这里，没有人对打仗和冲锋陷阵的事情感到迷恋。武装党卫军接手邮政保安部之后，他和战友们都把穿上“党卫军的荣誉制服”看成是一件“无聊事”。这些人没有多少精英意识，在他们眼中，自己所在的部队“无外乎是一个邮政部门”，对他们来说，这样的想法并不会带来多大的妨碍。柯纳波同样坦白说，在整个战争期间，他在邮政保安部服役时，“根本没开过一枪”——对于前面几个章节中提到的那些整天把立功受勋挂在嘴边的士兵来说，这样的话是根本无法启齿的。柯纳波的室友，来自埃尔姆斯霍尔恩（Elmshorn）的39岁的弗略特，其从军经历也与柯纳波一样平淡无奇。弗略特也评价自己“在军事方面就是个大大的零”，“从来没有参与过一场战斗”。[133]作为一名法本公司［IG Farben，德国老牌化工企业，全称“染料工业利益集团（Interessen-Gemeinschaft Farbenindustrie AG）”——译者注］的老员工，弗略特在1943年春天才应征入伍，在国防军服役只有不到一年半的时间。[134]1944年9月被俘前，他一直在布列塔尼的一个行政岗位上工作，从未上过前线。

年龄超出平均水平，在后勤部门服役，没有经受过“战火洗礼”：在这些情况下，士兵们很难形成明显的军人自我意识。30岁的工程师汉斯·麦茨（Hans Mänz）亦是如此，他最后是在巴黎的一个指挥所担任文职军官，对“没完没了的愚蠢训练和问候”感到很恼火。[135]顶多在“涉及技术的那一刻”，他才能多少找到些乐趣：“但是在军事方面，我就是一个白痴。我无法理解我父亲为什么总是说，当兵那段时间是他一生中最美好的时光。”来自汉堡的35岁工程师柯纳琉斯·杜尔考普（Cornelius Dürkop）因此拒绝走军官道路：“后来他们提议我做排长，可我说，别扯了，我才不想当。哦，我也是正规兵，我只是一点军人传统作风都没有。”[136]来自维也纳的28岁少尉斐尔迪南德·鲁特卡（Ferdinand Lutka）也持有类似看法，他“从没想过要成为军官”，“我是被强拉硬拽来的”。[137]1906年出生的国防军文职军官弗里茨·海尔辛（Fritz Härchen）对服役经历同样没有任何积极看法，尤其是当他想到家人的时候：“我很想再见到孩子们。我一点儿都不在乎我生了俩姑娘。如果有一个是男孩，他也得入伍当兵，说不定也要和我们做一样的事。我才不希望这样。”[138]

值得一提的是，有些士兵在被俘并因此摆脱国防军的束缚后，便再也不愿提起自己与军队的关系。22岁的海军二等兵伊西多尔·屈恩是一位来自拉施塔特（Rastatt）的普通工人，便因此让被派到他身边的牢房密探大失所望，因为他对谈论自己在U-172潜艇上的工作表现得毫无兴趣：“我现在对这些东西真的没兴趣，我是战俘，为什么要思考这些事情呢，我再也不想驾驶潜艇了。”[139]这些士兵对当兵打仗“不感兴趣”，并不是在被俘之后才显现出来的。[140]在国防军士兵的日常生活中，士兵们对履行军人职责的投入度便已体现出了明显差异。23岁的海军机械师中士弗里德里希·瓦根福尔（Friedrich Wagenführ）认为，在他自己和U-185潜艇的战友们身上明显可以看出这一点。他在潜艇上工作的时候“总是兴致勃勃”，“出于个人兴趣”，他甚至还接下了维修机器之类的额外任务。[141]据他说，他的战友们和他相反，那些人“对上船和在船上干活显得丝毫没有兴趣”。瓦根福尔完全是出于自愿当兵的，“其他人只是摆摆样子，但实际上根本没有兴趣”。这位下士的看法或许带有主观色彩，但却反映了一个普遍存在的现象：在国防军的每一支部队里，“都有好的和坏的”士兵。[142]

当时的人们便已清楚地发现，士兵们在对国防军榜样的符合度上，往往存在明显差异。从国防军成员的日记和战地通信中可以得知，当时很流行将士兵们分为“天生的”军人和“后天的”军人。[143]人们分别根据自己眼中的战友究竟是代表了理想中的军人形象，还是只是随大溜，而将他们归为此类或者另类。士兵彼此之间的观察和品头论足，是国防军社交生活的组成部分。从亨特堡国防军战俘之间的对话可以看出，这些男人们总喜欢根据每个人的军人素质对其进行分类。一位在驱逐舰上服役的水兵称赞一部分船员是“棒小伙”，其他船员都是“垃圾”和“二等人”。[144]在很多上司眼里，同样也会有“好兵和坏兵”之分。少校雷奥哈尔德·迈耶（Leonhard Mayer）曾经指挥一个战斗团进行殊死抵抗，他一方面称赞，他的队伍中大部分士兵即使是在敌人的战火中“一片片倒下”的情况下，也“表现得无懈可击”。[145]但他同时也表示，在他的部队中“大约有20%的人是逃兵”。少校阿尔诺尔德·库勒（Arnold Kuhle）长期在东线作战，他道出了积极迎战与消极怠战的两类士兵之间更加不乐观的比例：“假如你有100名士兵，他们来自不同的阶层和年龄段，那么如果情况好的话，会有60%的人是真正的汉子，剩下的40%都是废物。”[146]党卫军突击队长维尔纳·马茨（Werner Matz）也认为，在“新老”混杂的后备力量不足的武装党卫军里，人员的素质是参差不一的。[147]特别是提起那些上了年纪的人，他无奈地摇头说：“这样的老家伙，根本就不是当兵的料。”根据人们的普遍看法，造成差异的不仅仅是他们的年龄超出平均水平，而且还有一个原因是，一些被招募进来的人身体状态欠佳。“一只眼，手指残缺，胃病，之前被确定为可以免服兵役的，战争神经官能症，扁平足，还有其他身体残疾。”正如步兵上尉约瑟夫·海恩德尔（Josef Heindl）在一个新组成的民兵师中所看到的那样，这些士兵们一眼看上去就是一些不可造之材。[148]

然而身体条件和年龄因素并非导致士兵素质落差的唯一原因。根据主流看法，军事教育、长期培训和战争经验的影响至少是同等重要的。仅凭年轻并不一定能成为理想中的士兵。在自己的队伍里有太多“18岁的淘气包”这点，会更多地被视为劣势而非优势。[149]尤其是在战争的最后一年，“这些到现在才被招进来的小年轻”[150]常常只“接受了短期培训”[151]，所以经验也相应较少。在成熟老练的士兵看来，这些由“清一色的十七八岁小伙子”组成的后备队，只是“一些第一次行军打仗还会哭鼻子的孩子”。[152]希特勒青年团出身的一代人虽然经过了身体上的训练、军事上的培训和思想上的洗脑，但只有经历国防军和战争的社会化之后，这些年轻人才能真正成为合格的士兵。这需要一个过程和一定的时间，潜艇士官阿尔弗雷德·舒伯特（Alfred Schubert）在他手下的士兵身上，也注意到了这一点：这些“新人”虽然“不错，但是他们的军事素质却比不上接受过长期训练的老兵，而且知识（也不够）”。[153]从普遍观点来看，一个人的“军事素养”如何，首先取决于其所受训练的强度。来自杜伊斯堡的少尉海因里希·席尔肯（Heinrich Schilken）认为，这一点正是造成他的坦克训练师步兵与武装党卫军士兵之间存在差异的原因所在：“党卫军都是骁勇善战的年轻人。我们师团要差很多。我们的兵不如党卫军士兵勇猛，原因很简单，他们没有受过军事教育，没有受到训练，勇猛善战的训练。所以他们要弱得多，这一点非常明显，很遗憾。”[154]

还有比训练不足更严重的缺陷，那就是“从未打过仗”[155]，“从未听到过刺耳的枪声”[156]。打仗经验是决定一名士兵是否合格的关键因素。初次上战场、接受“战火洗礼”的那一刻，是一种重要的成长经历。前线，就是证明自身军人美德的地方：当一个人经受了艰苦的磨砺和战火的考验，并且活了下来，其军人的自我认知便得到了验证——每经历一次交火，其内心中作为一名理想战士的自信便会更强烈。在这些成功的经历之后，其作为军人的自我意识也将通过周围环境的认可而得到加强。持续不断地战斗，甚至可以让一个年纪轻轻的士兵获得像“前线老兵”

一样受人尊敬的地位。[157]战争本身成为将一个人造就成“军人”的最重要的社会化机制。无论如何，很多国防军成员都是这样想的，比如少校汉斯–约阿希姆·斐思特（Hans-Joachim Förster），他是709步兵师指挥作战的首席参谋长。709师属下的工兵营以战绩显赫闻名，斐思特认为，这是因为战争让这支部队经受了格外艰苦的考验。在他看来，“一个接一个的艰难任务”和“惨重的人员伤亡”，使士兵们得到了锤炼：“这些工兵非常优秀，他们执行的是人们难以想象的最艰难的任务。”[158]

在同时代的人看来，没有经历过战争的考验，是导致所有军事素质缺陷的根本原因。少尉君特·德维特也持这一观点，他在说起自己工兵连的战士们时表现得痛心疾首。他说，当他提议让手下的中士们自荐出任排长时，竟然没有一个人举手，他一气之下把他们的“军衔”“统统都给免了”[159]在德维特看来，这种错误表现完全是因为缺乏前线作战经验。在他看来，谁要是没有打过仗，“就是什么都不会。他们还根本没见过战争到底是什么，可这些人还最爱说三道四”。适应战斗是一名士兵必须经历的例行程序。工程兵少尉鲁道夫·利珀尔德（Rudolf Lipold）便有这样的经验，他的部队曾在前线同一支由从海军和空军“抽调到步兵师”的士兵组成的部队共同作战。这些士兵虽然打过仗，但是他们对地面战争却不熟悉：“这些人都是训练有素的飞行员、船员，他们根本没有兴趣做一名步兵。所以他们最后丢盔卸甲，倒戈投降，也就不足为奇了。”[160]这些外部观察所得出的结论并非凭空编造，因为士兵们也从内部角度证实了这些观点，其结论与利珀尔德的看法是一致的。25岁的中士汉斯·科诺尔（Hans Knoll）就“没有兴趣当步兵”。这位来自波希米亚的一家之主，几乎在整个战争期间都在空军地勤部队服役，直到1944年11月才成为空降兵。[161]他在接受了短暂的步兵培训后，于1945年初来到艾费尔前线，大约只过了三周便被俘虏。他为自己早年在空军基地的工作感到很自豪，他强调说，他“受到了提拔”，并深受指挥官的赏识；作为一名“独立的飞行指挥”，他对“所有战斗机”“空军大本营和工作岗位”负责。[162]相反，对于自己短暂的前线作战经历，他却显得胸无大志：

他毫不隐瞒地承认，刚开始打仗时，他和战友们只要条件允许，总是想办法“躲起来”。他并没有神化每一次飞行，同样，在谈到第3伞兵师在前线遭遇的失败时，他更是直言不讳。对他而言，这是一种符合逻辑的结果，因为很多士兵和他一样“从未打过仗”。他说：“嗯，我们的进攻遭遇了惨败。虽然我们竭尽全力守住了原来的战线，可这并不是我们的功劳。”从自我认知来看，科诺尔和以前一样不认为自己是空降兵，而仍然是空军基地的负责人。人们之所以在他身上看不到任何想把自己装扮成更合格军人的迹象，或许也是因为从1939年至1944年，他一直处于远离战争的环境中，其受到的军事化影响微乎其微；直到战争结束前不久，他还在空军基地“过着一种和当兵打仗完全没有关联的生活”。

每位士兵身上反映出的社会化差异，是由其军事生涯的不同经历决定的。这一过程中的关键因素是获得认可。假如一个人没有主观上的成就感，那么他就无法完全进入角色。比如来自下萨克森州、在某精英部队服役的年轻步兵少尉约翰纳斯·泰森（Johannes Teyssen），他感觉自己作为一位非贵族出身的军官，在那里并未得到完全认可：“那里很少有平民出身的军官，个个都是职业军官，全都是。所有士兵都对军官唯命是从。但是作为一名军官，一名非职业特殊军官，适应起来真是不容易。”[163]随着时间的推移，他的安全感才渐渐增多；在新上任之初，他大概用了“4个月的时间来适应工作”。[164]后来，泰森是通过在两个不同战场上作为前线军官指挥作战的经历，才最终树立起其军人自信心。在来到亨特堡之后，他仍然处处流露出这样的自信。[165]他的自信主要来自于下级对他的认可。他强调：从来没有发生过“大家以粗鲁的方式对待我，或者合起伙来跟我对着干的事。那些在我当二等兵的时候还不认识我、后来到我队伍里来的人，直到今天还在跟我保持通信呢”。假如没有这些认可，那么军人理想就仍然只是一个愿望而已。29岁的步兵少尉奥古斯特·鲁道夫有着与泰森相似的职业道路，但是他的个人发展却并不那么幸运。鲁道夫与泰森一样，从“二战”一开始便加入了国防军，参加过与法国、苏联之战，并于1942年从下士晋升为少尉。[166]但是后来，鲁道夫却经历了职业上的挫折，在他被调派到另一个兵种后，他觉得自己无法再找到作为一名军人的充分自信："我觉得自己依然还属于炮兵团。自从到了步兵团以后，我觉得自己不再是军人了。而在此之前，我一直是一名军人。我是一名老兵，已经服役了5个年头，却被调到了步兵团，这件事我始终无法原谅。而且他们也没有让我到军官学校接受改换兵种的培训。这很不公平。在步兵团，我完全是个无用之人。"[167]鲁道夫之所以固执地认为自己"不再是军人"，绝不是因为他对军队产生了反感。恰恰相反：他的幻想破灭，更多的是因为个人发展愿望的落空，以及对军人身份的追求受阻，在新的岗位上，他没能真正找到属于自己的位置。他内心澎湃的愿望落了空，他原本希望自己能够像他在东线第35步兵团时所崇拜的榜样一样，成为和他们一样的人："那时候我身边有一些军官，我也想成为他们当中的一个。如果我能留在炮兵团，我一定可以做到。"

## 环境和社会化

对部分士兵而言，其军人理想的破灭，是角色与期待的不吻合而导致的失望所致。而另一些士兵，是在内心深处对军队抱有成见。有时，这些人对军队的反感，可追溯于其成长所处的社会环境对其造成的影响。一些士兵的家庭背景中，"没有任何军人传统"。[168]在某些圈子里，人们甚至对军队怀有深刻的厌恶感。早在帝国时期，特别是在工人阶层和信仰天主教的阶层，便已出现了反感国家政权的倾向，相对于其他社会群体，他们与当局始终保持着距离。对魏玛共和国末期的选举研究显示，这两种社会背景的人对纳粹主义的态度也比其他社会群体保守得多。从后来美国人对德国战俘的调查问卷中可以看出，这些差异在接下来的时间里在很大程度上被逐渐消除。[169]国防军中的天主教徒和工人出身的人，对希特勒和纳粹的反感，并不比拥有其他宗教信仰和社会背景的士兵更强烈。天主教信仰和工人出身本身，并不会成为反感在希特勒领导下的国防军中服役的原因。从原则上讲，天主教徒和工人也可以变成像新教徒或职员一样充满热情的军人。只有那些天主教徒和出身社会主义背景的顽固派，其内心深处仍然有着一种潜在的批评精神，这种精神在他们对军人伦理的认知上，有可能会造成阻碍。因此，那些对自身社会背景的归属有着强烈意识的人，曾在社会团体或党派中有过活跃表现、政治化程度较高的人，其对军人身份的反感表现得尤为明显，这一点并非是一种偶然现象。[170]通常情况下，拥有这种背景的国防军成员，他们既不竭力竞争当军人的楷模，也未必自认为是“优秀的德国人”：同其余大多数士兵不同的是，这些人在亨特堡的谈话中显示出他们对爱国主义和军国主义没有多少好感。比如来自汉堡的43岁港口工人马克斯·阿斯穆森（Max Asmussen），不论是在共产党内还是在工会，都曾是一名积极分子。他对1940年被征入伍始终耿耿于怀：“当我知道自己被征兵的时候，一想到要去打仗，我简直气炸了肺。我恨死了战争。”[171]32岁的二等兵约瑟夫·爱尔特尔（Josef Ertl）是一位来自慕尼黑的电工和坚定的共产主义者，他说，由于自身所处环境的培养，他“生来就是一名反纳粹分子”。[172]他在亨特堡骂骂咧咧地说，他不仅厌恶纳粹政权，而且厌恶一切与军事有关的事物，他甚至觉得，应该把进行曲这种音乐也取消才好。[173]对这样的士兵来说，军队中的社会化机制形同虚设，不会有任何作用。从这一点可以看出，国防军的融合能力是有限的：即使是在纳粹军队中多年服役的经历，也不能把这些思想上特立独行的人变成心甘情愿为军队效力的士兵。

但是，这种由社会背景所决定的对参军打仗从根本上持排斥态度的人，在国防军中仅属于特例。这种立场形成的前提一方面在于超过平均水平的政治化程度，另一方面在于强大的社会文化惯性力，而同时具备这两大前提的只是很少一部分人，其范围极为有限。大多数士兵在入伍时，对国防军并没有如此强烈的反感情绪。当然，面对将要上战场打仗的命运，也不是每个人都兴致勃勃、斗志昂扬。在新兵当中，大部分人对军队并没有成见，甚至态度坦然——毕竟在德国社会里，很久以来参军一直是一件受人尊重的事情。美国情报机构在亨特堡的调查问卷同样也显示出，在国防军中，由环境所决定的对军队持排斥态度的人几乎不存在。但是这并不意味着，社会出身背景对这些人如何看待其国防军士兵的角色毫无影响。假如一个人是在一个与军队关系较为密切的政治和文化环境中长大，那么在通常情况下，他在接受军人美德方面就会表现得较为容易。相反，那些在远离政治的环境中长大的人，则难免会将其对政治和权力的冷漠感转移到对军队的态度上。一个人自身成长的社会环境与其对军队的态度纵然有着密切的关联，然而在两者之间，并不存在一种必然的关系。即使在同一个家庭里，在特定的条件下，也有可能产生截然相反的两种结果。

一个著名的例子就是作家阿尔弗雷德·安德施的成长历程。[174]安德施父亲作为纳粹党的拥趸曾和希特勒和希姆勒打过交道，他的几个儿子对父亲这种意识形态上的狂热则反应不一。安德施的哥哥接受了父亲纳粹主义思想的熏陶，而安德施却对此十分反感，并在政治立场上走向了相反的方向：投身于共产党。[175]但是即使这样，安德施也并没有对军队采取彻底排斥的态度，这一点从他于战场寄回的家信即可得到证明。在信中他表达了要做“一名百分百军人”的“愿望”，其最初对部队“令人作呕的人浮于事气氛”的反感，以及自己要“成为后备军官申请人”的打算。[176]另外，从亨特堡窃听记录可以看出，有些士兵对军队的确很早就持保留态度，这与其他很多国防军成员的军人情怀是明显不同的。当然，我们不能将这种态度一律归结为一种出于机会主义考虑而做出的事后表态，其目的仅仅是与败局已定的国防军撇清干系。一个人的成长环境，对于其入伍后在多大程度上愿意被培养为一名真正的军人，毫无疑问是有影响的。士兵们对国防军态度的差异，很少会以彻底排斥或无条件献身的极端形式作为表现。大多数情况下，这些差异非常细微，每个人的态度更多是处于抵触与热爱之间的灰色地带。不论怎样，与军队对每个军人的要求相比，个人的好恶永远是次要的。但是，士兵的个性特征对其随大溜的程度无疑具有一定的影响，这决定了他们的态度究竟是敷衍，还是从内在动力出发，努力去完成军人的角色。但是，环境的力量往往更加至关重要。一个人受成长环境的影响越表面，他便越容易将以黩武精神为魂的市民社会的主流观点作为自己的参照。士兵们在入伍时越是没有偏见就越容易接受新事物，其所受军事机制的影响就越明显。即使在当时那个时代的人们眼中，“好的和坏的”士兵之间的质量差异也不仅仅是由青少年时期的经历和体格差异决定的。在他们看来，造成差异的主要因素是一个人的从军经历：即所属部队、训练以及战争经验的影响。

作为一位历史学家，假如他仅仅将当时人们的思想认识作为依据，那么他所得出的结论，难免只是对后者主观想法的一种简单复制。但是，来自亨特堡的原始资料也间接证明了军事社会化的重要性，因为这些士兵的个人经历从实证的角度论证了军人素质与军旅生涯之间的相互关联。无论是那些将“军人精神”[177]融入血液的士兵，还是那些与“军人角色”[178]保持距离的国防军成员，从他们身上，都反映出某些代表这两类人群的集体性特征。在本章开头几个小节中提到的对军人美德的恪守，通常都来自于那些对军队和战争有着长久和深刻体验的士兵：从年龄来看，他们大多二十来岁，有些人来自希特勒青年团，并且极易接受新鲜事物。风华正茂的年龄注定了他们必然是战场上的生力军。这些人往往有着较长的服役经历，他们大都来自于战斗最前沿的精英部队，拥有丰富的作战经验，屡立战功，并受到重用和提拔。他们当中不少人都是有军衔的军官，肩负着带兵的重任，身为作战指挥系统的一分子，他们融入国防军体制的程度往往更深。他们习惯于战争暴力，对其所作所为的价值意识更为依赖。相反，上述所有特征在那些与军人角色的距离较为疏远的士兵身上，则是罕见的：这些人大多属于中老年，通常在后勤部队服役，部分人从未上前线打过仗。另外，还有些年纪较小或曾免服兵役的人，因为很晚才被征兵，所以在国防军的服役时间相对较短。士兵们与战争和军队关系的密切度差异，在亨特堡窃听记录中的一个明显表现，是这些话题在其谈话中所占空间的大小。在这些记录中，我们可以看出同样的趋势：一个人作为年轻士兵在军队服役时间越长，打过的仗越多，在思想上便越拥护战争；反之，一个人对战争的参与越少，他与军人生活的关系就越淡薄。这一规律在那些有着多年作战经验的下级指挥员和前线军官的对话中体现得尤其明显，这一点绝非出于偶然。这些人与军事体制的密切关系，已远远超出其职责所需：他们当中很多人在亨特堡除了战争、打仗和军队之外，几乎没有别的话题。[179]这一原则，同样也适用于一些级别较低的士兵，22岁的伍长路德维希·菲尔德布什（Ludwig Feldbusch）便是一例。这位年轻的工匠在参军两年半之后，于1944年6月底在诺曼底的瑟堡之战中被美军俘虏。[180]他在亨特堡整天聊的几乎都是与军事有关的话题。在窃听记录中，他的谈话总共有35页——几乎每一页都提到了战争、武器、装备、值勤、上司、勋章以及类似的与战争经历相关的内容。比如说，从下面这段话，便可看出他身上所具有的典型军人气质："我没有想过要当多大的官，但是，如果我在瑟堡能说得上话的话，那么到现在，这场仗我们肯定还在打。"[181]32岁的士兵本哈尔德·尼茨克（Bernhard Nitzke）的情况恰恰相反。这位来自德绍的飞机机械师几乎在整个战争期间都免服兵役，直到1944年10月才收到征兵令。[182]在经过短暂的培训之后，他从1944年11月开始，只在艾费尔前线度过了几周的时间，于1945年1月底被俘。与菲尔德布什不同的是，尼茨克后来对自己在国防军服役的经历几乎避口不提：在亨特堡留下的记录他谈话的11份窃听记录中，与此相关的话题一次也没有出现。尼茨克的兴趣全部集中于和家乡有关的事情上：他的房子和四周围的环境，他的工厂，他的妻子，甚至他的狗。[183]他的意识明显还停留在入伍前的平民生活中。有谁能够知道，假如尼茨克提早5年被征召入伍、分享过国防军的赫赫战绩、获得铁十字勋章、被授予军衔和一定的指挥权的话，那么他在亨特堡是不是也会说出和菲尔德布什类似的话，而不是在战俘营里为自己长久以来终于又恢复平民之身而感到高兴。[184]战争经历有助于培养一个人的军人意识：这些档案中记录的士兵的升职经历与性格之间的关系，证明了军事组织和事件对参与者会产生多么深刻的影响。国防军和战争对每一位士兵的塑造，取决于其参与战争的时间和深度：士兵成为国防军一员的时间越短，服役岗位离主战场的距离越远，在他们身上，受环境影响而形成的军人特征就越少。是前线把士兵真正打造成为战士：士兵经历战争越久，他们对寻求战争意义的需求就越高，其作为合格军人的自信就越强。战争的社会化与个性特征共同决定了国防军成员对军人美德的认知程度。其影响之大，有可能使国防军的价值观成为某些士兵的自身诉求，并进一步对他们的行动造成差异：例如，如果没有来自内在的动力，我们便无法解释，为什么有些士兵在自己的部队被敌军攻陷后仍在一个人坚持战斗，而不肯像其他战友一样束手就擒。[185]而另外一些士兵，他们对军人职责的态度仅限于敷衍和应付，其目的只是为在自己部队的社交环境中站住脚。其内在动力主要来自于群体的压力，以及对因失败而产生的羞耻感的恐惧。在国防军中，社会制约迫使每个人不得不采取从众的态度，对这一点，当时的人们也似乎早有认识。奥斯卡・曼特尔，一位德国军官，曾在亨特堡讲述了一段发生在东线的插曲：一位年轻的士兵在接到撤退命令之后仍然坚守阵地：

> 最后那个小伙子爬了回来。他说，报告少尉，弹药打光了。这个家伙面色苍白，接着就昏厥过去。他身上有几处子弹擦伤，并不算严重，但是他失血太多了。后来少尉问他，为什么他当时不撤。他说，在他身后的洞穴里，有一个和他同村的小伙子，他不想撤退，因为他不想回到家乡后被人喊作懦夫。所以他就留了下来，虽然那个同伴很快就死掉了。从这件事你可以看到，什么是所谓勇敢？勇敢就是顽强。[186]

“勇敢”和“顽强”——在同时代人的表达方式中，这些词汇是用以形容一名军人从内在动力和社会动力出发，展现军人伦理的至高评价。为这些动力提供框架的，是每个小的军事单位里的群体生活。接下来的一章将为读者阐述，在国防军基层的日常相处中，是哪些因素占据着主导地位。

## 第五章

# 战友情谊

国防军士兵阿尔弗斯·斯库巴拉（Alfons Skuballa）看到人影越来越近。他屏息凝神，紧张观察着。突然他意识到，自己被发现了：美国兵和法国抵抗运动战士已经找到了他的藏身之处。虽然只有几分之一秒的时间，但是直觉告诉他，他现在必须有所行动。他举起枪，扣下扳机——枪声刺破芒特上空。这是1944年8月20日，发生在巴黎市郊塞纳河畔芒特的战斗已渐渐平息。但是当国防军守城部队的抵抗溃败之后，斯库巴拉并没有缴械投降，而是偷偷藏了起来。虽然城市已被敌军占领，但他却依然坚守在已经失利的地盘上，与盟军做着徒劳的最后一搏。正如他后来在亨特堡所说，他和一位战友一起计划突破敌军防线，到西班牙去——尽管希望渺茫，但缴械投降和束手就擒却从不在他的考虑范围之内。[1]这种冒险举动很符合这位41岁男人的坚毅性格，他是个恪守原则、从不轻易认输的人。无论是入伍前，还是在国防军里，他都以争强好胜出名：即使在来到亨特堡之后，打架斗殴对他来说也是家常便饭。[2]在动荡颠簸的生活中，无论走到哪儿，他都能如鱼得水；在上完学，结束学徒期之后，他离开自己在上西里西亚的家乡，经法国去了美国，在那里靠打零工度日。[3]1941年，他自愿回到了德国，不久便加入了国防军。

爱国主义和军人美德对斯库巴拉而言是理所当然的事情。正如他自己所说，尽管或恰恰是因为他在异国他乡待了很多年，“尽管经受了20年的反面宣传”，但他始终“是一个德国人”。[4]他自豪地将国防军看作“世界上最棒的军队”，他钦佩那些“优秀的统帅”和“一流的步兵”。[5]在他看来：一名优秀的军人不仅要能够做到“只要一声令下，不惜赴汤蹈火”；还要有真正的“战斗精神”，“一名士兵”打起仗来，不应时刻都“等待命令”，或唯“将官或士官”马首是瞻，而是要主动地“竭尽全力”去“冲锋陷阵”。1944年8月20日这一天，当斯库巴拉孤身一人向占绝对优势的敌军开火时，正是他实现自己心目中理想的一刻。然而对斯库巴拉而言，他与国防军之间的感情，并不仅仅是理想价值之寄托的关系。当他在芒特与敌军交火并最终落入敌手后，人们在他身上发现了一摞照片。从这些照片可以看出，对他而言，军队里的生活有着怎样的意义。人们在照片上看到的并不是他的家人或爱人，而是他所在部队的战友们。在其中一张照片上，斯库巴拉盯着镜头，表情坚毅，身旁是他的上司，四周围是他的战友，其中一位战友亲密地把手搭在了他的肩头（插图11）。

插图11：斯库巴拉（上排左一）和他所在部队的战友们在铁路运输车上，东德

在“二战”中成千上万德国士兵的私人相册里，像这样的照片俯拾皆是。从这些照片可以反映出，每一位国防军成员对其周围社会环境的依赖性有多大——人们从来都不是一个人在经历战争，而一直是以团队的形式。这正是国防军赖以维系的基础：对于绝大多数成员而言，军队的含义首先是其身边的个人环境，他们的班、他们的连、他们的团。士兵们相互拍照留念，然后把照片放在钱包里，带上战场，就像斯库巴拉所做的那样。对大多数老兵来说，这些合影象征的是，在国防军服役的这些年留给他们的最有价值的东西，那就是战友情谊。对很多人而言，这甚至是战争中“最美好的东西”。

从官方角度来看，维系战友情谊是军人的义务，很多时候，它更像是一个神话而非现实。[6]但与此同时，这种情谊与士兵们的基本情感需求是吻合的。事实上，你在亨特堡的国防军士兵中找不到任何对维系战友情谊的义务提出质疑的人。而更多情况下，这种情谊是士兵们切身体验过的现实。这一点在亨特堡监听记录上也有所反映：在这里，以往素不相识的士兵们往往很快就建立起信任，这种相互信任的态度无疑是他们在国防军中早已习惯的相处方式。

战友情谊可以给人提供安全感、归属感和内心的平衡，但必须是在遵守规则的前提下。这正是“约束性共同体”（Zwangsgemeinschaft）的另一面：与军队的群体文化紧密相连的是巨大的社会同一性压力。所有人都以群体为坐标——在其框架内，不说任何不合规范的话，不做任何不合规范的事。社会制约在国防军中的强大作用，在亨特堡德国战俘谈论他人的无数对话中也有所体现。由此可见，这些士兵每时每刻都是处于他人的目光注视之下。从士兵们提及他们战友时的表述可以看出，在国防军里，什么才是最重要的：他们总是根据好感、专业能力和军人价值观来判断彼此，只有在极个别的情况下，才会根据政治立场来进行评判。日常相处常常会引发相互间的“口角”“矛盾”和“争执”，从这一点可以看出，在有些时候，战友情深的理想难免只是一种幻想。士兵之间关系的发展并不是无从选择的，而冲突则始终存在。就像任何群体一样，在国防军的各个军事单位里，同样存在着以亚群体为形式的内部分化。根据通行的看法，这些内部结构如果无法达成和谐，很可能会对整个部队的作战能力造成不利影响。在这些亚群体结构中尤为突出的，是那些在特定社会背景基础上形成的帮派。由此可以看出，尽管社会性的力量是强大的，但是国防军部队也像所有群体一样，归根结底是由一个个独特的个体组成的。

## 团结一致

战友情谊赋予了战争一种特殊的意义。[7]早在第一次世界大战之后，这种信念便曾帮助那些退伍老兵以积极的心态来面对过去噩梦般的经历，以便摆脱回忆的纠缠。1918年之后，战争在德国人的集体记忆中被日益美化，不仅仅是通过“背后一刀说”（Dolchstoß-Legende）——按照这种说法，德国军队在战场上是战无不胜的，只是由于后方背叛才与胜利失之交臂。在两次世界大战之间的间歇期，“前线战友情谊”的神话衍生出一个浪漫化的概念——“20世纪源灾难”（Urkatastrophe des 20. Jahrhunderts）。就连一些反战小说，例如曾改编成电影的小说《西线无战事》（*Im Westen nichts Neues*）也对此起到了推波助澜的作用。因为它们传递给观众的印象是，在前线大规模死亡和杀戮中，战友情谊为人们提供了一个人性的避难所。在“第三帝国”时期，战友情谊更加被绝对化，并通过各个生活领域的军事化而得到传播。它是纳粹思想不可或缺的一部分：所有“民族同志”同时都是战友，而国防军自然更不例外。更何况在德国军队中，战友情谊早就属于军人必须恪守的义务之一。战友情谊作为一种积极的价值观深深植根于德国文化之中，在“第三帝国”时期更是如此。“二战”之后，它在老兵们的记忆中又一次留下了不可泯灭的印记。对国防军的批评越多，人们越是把战友情谊视为心灵的庇护所。对“战争罪恶本性”的认识深深困扰着这些老兵，并使他们人生中这段刻骨铭心经历的意义大打折扣。唯有士兵之间患难与共的情谊是令人不失尊严的，相反，它还能带给人如释重负的轻松感：当一个人通过战友情谊证明了人性，他就可以逃避在希特勒灭绝人性的战争中助纣为虐的嫌疑。谁要是好同志，谁就不可能是罪犯，大家是这么认为的。

在亨特堡关押的国防军成员之间的谈话中，对战友情谊的重视亦有所反映。尽管有些士兵抱怨说，在他们的部队中总是有各种矛盾与不和，但是这些表述更多体现出士兵们对未能实现的和睦战友关系的渴望，而非对这一原则的否定。在人们监听到的亨特堡战俘对话中，这种战友情谊的理想几乎从未受到过质疑。比如对来自雷根斯堡的29岁步兵上尉西格弗里德·凯斯（Siegfried Käss）来说，当他对自己作为一名军官投身战争的意义产生怀疑之后，能够给他留下积极印象的只剩下战友情谊："这让我感到很开心，先是带一个连，然后是一个营——能看到的所有美好东西，都是这些不畏牺牲的士兵们唤起的。一切都那么美好，但是——说到底——这一切是为了什么？战友情谊其实就是一种理想，积极的理想。我后来带的很多兵都是18岁甚至才17岁的小伙子，都是很棒的家伙，看到他们一个接一个地倒下，是一件很痛心的事情。"[8]来自亨特堡的监听记录一再证实，战友情谊早已作为一件具有积极价值的事物深植于大多数国防军士兵的思想意识里。作为一条被广泛接受的原则，人们已无须再对此进行讨论。当某位士兵无意间提到，在他所在的部队里，"战友间关系非常亲密"[9]，到处笼罩着"一种非常美好的战友氛围"[10]，或上司称赞他是"一位好同志"[11]时，无须多解释，每位听者便已心领神会。

在国防军里，每个人都对与战友和谐相处十分重视。在来自多特蒙德、曾在U-203潜艇服役的21岁水手特奥多尔·格恩哈德（Theodor Gernhardt）看来，"在大家一起出航时，相互之间的和睦相处自然是首要条件"。[12]在U-203潜艇上，人们做到了这一点，这显然不是假话。因为恰恰在同一天，当格恩哈德在亨特堡的审讯室里向美国审讯官柯勒茨曼（Kretzman）上尉说起他和战友们"愉快相处"的经历时，另外四位同样来自U-203潜艇的船员在22号牢房也正巧聊到了同样的话题。海军下士威廉·布洛克曼（Wilhelm Brockmann）和他的室友们一致认为，在他们的队伍里，大家彼此间相处得非常和谐："在这样一艘船上，一切运转得非常顺畅，大家朝夕相处，耳鬓厮磨，相互依靠，每个人都要支持和帮助他人。就是这样，对不对？"[13]称赞自己的潜艇团队是"一支好队伍"[14]，认为自己的战友"全都是棒小伙儿"[15]的，并不仅仅是这支潜艇的船员们。同样来自U–203潜艇的20岁的机械师下士埃里希·纳霍恩（Erich Nahorn）在被亨特堡审讯官问起他在这个兵种服役是否"如其所愿"时，也将战友情深称作在潜艇部队服役的最大优点："哦！老天，从某种意义上讲是的。在这样一艘潜艇上服役的确很不错。您知道，这里战友之间的感情会比较好。"[16]

在一支部队里，士兵之间的关系如何，在很大程度上取决于他们有多少机会，通过朝夕相处、共同集训、出征打仗和赢得胜利的经历共同成长。U–203潜艇就是这样一例：船员们在亨特堡无一例外都对船上的氛围做出了积极评价，并不是没有道理的。因为船员们在战争中相处的时间非常长，打胜仗的比例也超过了平均水平。U–203潜艇的船员从1941年初便开始集结训练。1941年夏天，U–203潜艇第一次出征便首战告捷，击沉敌舰。接下来的10次出征，共击沉敌舰吨位累计多达数万。U–203潜艇的船员一起征战近两年，潜艇指挥官为此被授予铁十字勋章，后来甚至还获得了银橡叶铁十字勋章，这些崇高荣誉令每一位船员为之骄傲。所有这些都为船员们强大的凝聚力奠定了基础——他们在方方面面一起合作，和谐相处。在这艘潜艇于1943年4月25日在北大西洋被击沉后，负责审讯U–203潜艇幸存者的美国审讯官也得出了同样的印象。美国海军库恩（Kuhn）中尉在报告中称："由于潜艇战斗时间长，胜仗多，船员们的士气非常高。"[17]而其他潜艇上的情况，则是另一番景象，在后面的章节我们将会看到这一点。特别是在那些参战时间短并且很少打胜仗的潜艇上，船员们的凝聚力相对较弱。但是有一点无论在任何地方都是一致的：所有人都对和谐融洽的战友情谊心向往之。在那些实际状况符合人们期待的地方，士兵们对所在部队以及自身责任和军人角色的认同就会变得相对容易。

## 群体压力

要实现融洽的战友关系，必须严格遵守群体的规则。在平民社会里，但尤其是在军队的群体关系中，社会制约和榜样的树立都对个体的行为发挥着决定性影响。无论从任何角度看，个体都永远从属于群体。群体规范决定了哪些行为是受欢迎的，哪些是不受欢迎的。同时，这些规范也导致了等级制度的形成：每一个个体受欢迎的程度，决定了他在群体中地位的高低。当某一个体违反或不服从规范时，就会面临着社会的制裁、歧视和辱骂。避免这些事情的发生，同时也符合人的内在需要，因为社会性是人的天性之一。人类如何努力与周围环境保持一致的情形，早已得到科学界的验证。社会心理学研究，例如斯坦利·米尔格兰姆（Stanley Milgram）和所罗门·阿希（Solomon Asch）等人的著名“从众实验”显示，尤其是在有压力的情况下，人的行为会不由自主地向周围人靠拢——不论这种行为与其内心信念是否相符。[18]在通常情况下，恰恰是因为自身的不安全感，一个人才会努力模仿他人的行为，即使是在他已经认识到这种行为是明显错误的情况下。打破这些束缚，对大多数人来说几乎是不可想象的。要超越自我，必须做到逆潮流而动，然而在大多数情况下，只有极少数人才能够做到。即使一个人有这样的能力，他也总是在为自己个性化的行为方式寻找缓冲的空间，并对其加以利用，而非公然与群体对抗。社会心理学的相关实验也证明了这一点：一旦施令者和其他在场者的控制减弱，人们往往就会立刻伺机利用这些自由空间，做出与众不同的举动。

这种人类行为原则在高度集权的“第三帝国”军队中更加适用。与神化战友情谊理想密不可分的是集体的绝对化。只有符合部队利益的，才是重要的。正如亨特堡一位德国军官所说，国防军的士兵们对这一铁打的原则一清二楚：“形式归根结底是由集体决定的，一个人如果无法融入集体，就无法在集体中生活，那么他就是一个局外人。”[19]如何避免成为“局外人”，“在群体中”需要注意哪些原则，大部分士兵在直觉上都有清楚的认识。很多人早在像希特勒青年团或者帝国劳动军团这样的组织中便已对军队的群体文化有所了解，并且知道自己在其中该如何表现。最高准则就是融入集体，正如亨特堡的一位德国兵所说：“在那里，你既然走进了这个集体的圈子，就不能让自己被排除在外。如果你是一个成熟的人，当你来到这样一个团队，你就应该知道什么是该做的，什么是不该做的。”[20]对于大多数国防军成员来说，他们在军队社交行为中最重要的座右铭就是：不要让自己“变成外人”和“独来独往的人”。[21]“局外人”“异类”“整天琢磨自己事的人”[22]，这些个人主义者在国防军里理所当然地是不受欢迎的，因为他们有不愿融入集体的嫌疑。因此，军队里的社交孤立，尤其是在战争中，对大多数国防军士兵而言是一件恐怖的事情，每个人都会竭尽全力避免这种情况的发生。

集体不仅决定着国防军中的行为举止，同时也决定着士兵的言谈话语。为了不失去战友们的尊重，士兵们不仅需要注意什么是“该做的和不该做的”，而且还要时刻警惕，在集体范围内什么是可以说的，什么是不可以说的。在国防军中，表达观点的可能性因此受到局限。所以，有些士兵直到被俘后才感觉能够自由呼吸，因为他们觉得“在这里，终于可以畅所欲言了”。[23]只有离开国防军之后，士兵们才重新获得了“可以自由交谈”的机会。[24]在纳粹军队里，人们只能讲合乎体制的话，特别是在所有涉及政治的话题上。下士伊尔姆弗里德·威利姆茨格（Irmfried Wilimzig）就有这样的体会：“大家都不谈这些事，每一句可能与政治有关的话几乎都是符合纳粹思想的，我从来没有听到过一句反纳粹的话。”[25]在前线部队里，人们当然也会有很多怨言——发泄不满毕竟是人的权利，这一点对军人也是一样。但重要的是，这些怨言必须停留于一定限度之内，并且从不涉及原则性问题。

中士埃里希·普莱斯（Erich Preiß）也这样看，尽管他在东线战场为此吃了不少苦：“我只能跟你说，我真是受够了。但是我却从来没有骂过部队领导，从来没有。哪怕心里很生气，尤其是没有东西吃的时候。”[26] 而辱骂比“部队领导”更高级别的领导，对这位中士而言显然更是不敢想象的。允许批评的界限，是以不触及主流体制为基准。就连上校康斯坦丁·迈耶尔（Constantin Meyer）这样的高级军官，也对在国防军里找不到人诉苦而感到不满：“没有地方说说战友之间的私密话，没地方可以发泄怨气或了解其他人的看法，这真是件可怕的事情。人总是愿意被劝导的，但是在国防军的军官团里，人们相互之间却不能充满信任地讲话，这实在是太可怕了。”[27]后面我们还将提到，推心置腹的思想交流充其量只有在很小的私人圈子里才有可能实现，这些圈子是在超越战友关系、以相互信任和自然萌生的友谊基础上形成的。一个人只要是在部队的群体框架里活动，就必须服从无法打破的从众性束缚。

## 社会制约

军队——对士兵们来说首先是其置身其中的个人环境。这些男人在国防军中受社交环境束缚的程度之深，从他们在亨特堡聊天中谈及战友和部队的频繁度便可得到反映。谈论战友，是亨特堡的一个永恒话题：交流对其他士兵的看法，是被俘国防军成员之间最常出现和最受欢迎的谈资。对士兵们而言，能在同一基础上谈论某一个人，对这位第三者说三道四，是一件最有意思的事。所以，士兵们聊天时往往会以某个共同认识的人作为开端，对谈话来说，这样的开头再好不过：“你认识船副基瑟维特（Kiesewetter）吗？”[28]，“汉森（Hansen），你大概认识？”[29]，“你有没有听说过一个叫略莫尔（Römer）的，你认不认识他？”[30]，这样的说长道短，并不仅仅是为了打发时间。对国防军成员而言，谈论过去的战友更多是一种需求。这些趣闻轶事反映了士兵们之间错综复杂的关系，在他们谈论的战友中，既有他们欣赏的人，也有令他们鄙视的人。他们称前者为“棒小伙”[31]“行家”[32]和“老伙伴”[33]，而把后者贬为“坏家伙”[34]“怪人”[35]或者“混蛋”[36]。所以，当年轻的潜艇少尉汉斯－奥托·布罗特（Hans-Otto Brodt）听到他的同屋提到一位船员名字时，立刻脱口而出："本什（Bensch）这个混蛋，我很讨厌他。"[37]布罗特对另外一位下属同样颇有微词："那个凡里希（Fähnrich），什么活都不会干，整天游手好闲，无所事事。"相反，布罗特对另外一位士官却称赞有加：他夸奖海军中士扎普（Zapf）是一个"棒小伙"，因为他"把船上所有和通信有关的事情都弄得井井有条"，他获得了"辅助巡洋舰战章"（Hilfskreuzerabzeichen），并且还"办起了海军学校"。就像这些例子一样，战友之间的评价主要取决于——绝不仅是从上级的视角——他们在为集体服务时所表现出的能力和勤奋程度。在军衔较低的士兵当中，同样也是这一标准在决定着每个人对战友的看法：那些被视为"胆小鬼和不像军人的人"，没有哪个人能够获得人们的尊重。[38]

士兵们对军人价值体系越是深信不疑，他们便越是倾向于用军人伦理作为标准，来衡量自己的战友。这种思维方式甚至决定了他们对士兵外貌的感受。如果一个人讲话是"娃娃腔"或长着一张"娃娃脸"，并且根本就"没有一副军人的样子"，那么他很难被看作一位完美的军人。[39]另外，国防军成员尤其看重战友有没有人情味，脾气秉性如何，是否容易相处。从这一角度看，一个人是否是个"友善的人"[40]或者"可爱的家伙"[41]，往往是最重要的。反之，另外一些人给同伴的第一印象则是"举止古怪"[42]或者是一位"怪脾气的人"[43]。如果这些怪人同时拥有足够称职的军事技术能力，那么人们对他们的负面印象自然就会减弱。在很多士兵看来，军事能力可以在很大程度上弥补性格的缺陷，并因此赢得周围人的尊敬。一位海军军官便曾这样评价自己的一位同僚：他"性格上确实有些不完美，但是他很勤奋"。[44]无独有偶，在亨特堡，两位空军上将在说起第三者时也是这样，他们认为那个人"就是一个混蛋"，对上司"溜须拍马，不光拍马屁，而且还转过头来，替那个混蛋说话"。[45]但是，同时他们又认为这个被骂的人也并非一无是处，因为他在总参谋部重要位置上的表现可以用"出色"来形容。相反，如果哪个人不能称职地完成自己的工作，他的战友们对他的好感也会相应减少。在军官圈子里也是一样，即使某个人在大家眼里是个“脾气又好，做事又果断的人”，但是，如果他在专业领域的表现是个“二把刀”，且只会“夸夸其谈”的话，他在人们心目中的形象就会大打折扣。[46]归根结底，决定一个人在国防军中社交形象的关键标准，最终取决于这个人在其所在职位上体现出来的军人素质。

相反，意识形态上的立场对国防军成员之间的相处则影响甚少。战友们之间几乎从不会因政治态度的问题而产生冲突，只有在极个别情况下，政治才有可能对人和人之间的交往和相互之间的印象产生影响。通过这一点也可以看出，在纳粹军队的战争生活中，人们通常是远离政治的。国防军成员们在亨特堡相互交谈时，几乎从不会提到各自的政治立场。大家在谈论自己和他人时，也往往与政治无关，而更多是一个人的脾气秉性、才能和军事能力，就像我们在前面看到的那样。士兵们描述彼此时，常用的形容词是“友好”“正派”“有毅力”，或者“脾气古怪”“无能”“缺少经验”。[47]与此相反，他们很少用“纳粹”和“反纳粹”来进行区分。值得一提的是，对大多数士兵而言，“纳粹”和“反纳粹”的概念是他们被俘后，从审讯官的口中听到的新词汇。[48]政治对士兵之间的相处所产生的影响甚微：一方面是因为意识形态问题很少会成为大家讨论的话题，对大多数士兵而言，在其为国防军服役期间，服从于国家指挥是不言而喻，不可动摇的，根本不值得讨论；另一方面的原因，是很多士兵对政治漠不关心，这种态度在其与战友的交往中同样也得到反映。一个典型的例子是，当一位年轻少尉听到自己的同伴——一名牢房密探——把他们共同认识的一位熟人称作“高级告密纳粹猪”时，他的反应是：“什么？我不知道这事。不过他的确不是个友善的人。他的政治态度我不了解，因为我从不跟我的战友聊政治。”[49]这种对政治漠不关心的态度颇有代表性：在许多国防军部队里，士兵们在战争日常生活中很少谈到世界观问题，因此他们对自己战友的政治观点，或者说对政治是否有看法往往一无所知。

只有在个别时候，士兵们才会根据政治观点来评价彼此。例如39岁的国防军官员瓦尔特·安内特（Walter Ahnelt），一位前职业律师，就认为某位军官是“百分百的纳粹”。[50]但是，这样的观点仅属于特例。这样的话从一位出身市民阶层、政治意识浓厚、年纪较长的军人口中说出，或许并非偶然。另外，我们在后面还会看到，对政治立场的敏感态度在某些特殊兵种的部队更常见。在这些部队里，受过高等教育的人员比例超出其他部队。一旦士兵们意识到彼此在世界观方面存在分歧，人们通常会有意识地回避这些问题，尤其是在大家需要合作时。例如，一位士兵在谈到自己在丹麦驻地遇到的两位与自己观点相左的同伴时说道：“当时我们仨面对面站着，艾斯（Eiss），坚定的纳粹分子；普拉特（Plaat），对纳粹态度摇摆不定；我自己，则是坚决的反纳粹分子。不过，我们在一起相处得非常融洽。”[51]士兵们通常小心地避开冲突。在他们眼中，人际关系的和谐远重于政治观点上的差异。对于人与人的相处而言，一个人“是百分之一百五的纳粹”并不重要，重要的是，他这个人的为人是否“正派”。[52]一位上级虽然“很可能是纳粹，但是，他对每个人的态度都很友好”，所以仍会被视为一名“出色的领导”。[53]一位行政官员在谈到其所在部门的一位党卫军成员时，就是这样说的。他说，这位党卫军成员“整天穿着制服”，“做事风格十分张扬”——但重要的是，他“为人很好”，和他相处很容易。[54]

那些在日常生活中通行的准则，在部队生活中也一样通行，其程度甚至有过之而无不及。比讨论抽象的信仰更重要的，是尽可能顺利地克服现实生活中的具体问题——在战友之间的朝夕相处中，冲突的潜在危险随处都在。一个人在日常生活中的表现，远重于其他一切。在国防军中，衡量一个人的标准是他为团队效力的态度、与战友之间的关系，以及他所拥有的能力、勇气和军人素质。每个人行为举止的一点一滴，都逃不过其他人的眼睛。这一点，在亨特堡的监听记录中以前所未有的方式得到了反映：士兵们每时每刻都处在战友们的目光注视之下。大家不断地互相观察，谈论彼此，并为彼此的生活提供见证；士兵们之间的说三道四尤其明显地反映出国防军中的社会化控制有多强。每一位国防军成员个体，每天都在不断培养自己对此的适应力。正如人们总在谈论他人一样，每个人都清楚地知道，自己同样也会成为他人议论和观察的对象。战友们的目光，无疑已成为士兵们努力满足国防军中的社会期待的绝对动机。没有人会允许自己在纳粹军队中成为弱者，否则就会面临被排斥、被孤立的危险。战友关系因此而成为一种矛盾的聚合体：它既是军队生活对人的约束的一种平衡，同时也是约束的一部分，甚至是最主要的一部分。在沉重的压力之下，有些士兵甚至希望自己“没有降生到这个世界”，“我当兵的那段时间简直不堪回首，那是非常糟糕的一段记忆。即使是笑，也不见得是真的开心。每时每刻，都有某种压力在，就是一种随时有可能发生什么的感觉，一种很难解释清楚的东西，但让人很压抑、很痛苦”。[55]

## 帮派团体

军队的群体文化在国防军生活中占据着主导地位。社会约束对德国士兵言行举止的制约，胜于其他一切。“二战”结束后不久，美国军事社会学家在一份迄今颇具影响力的研究报告中，便曾提出这一观点。[56]作为论据，他们采用了社会学中的“初级群体”（Primärgruppe）概念，用以描述德国国防军中的关系。根据这一分析，维系纳粹军队团结的决定性因素就是部队里士兵之间的情感联系，各连、排和小的作战班组就是所谓的“初级群体”。然而，这种组织并非像美国军事社会学家认为的那样，总是步调一致。亨特堡的监听记录显示，这些小型作战单位内部还存在着更深一层的结构，以至于我们有必要对目前通行的概念作出进一步细化。

从总体上讲，连、排和班组的性质更符合那些其成员主要以职能和角色作为类别归属的“次级群体”（Sekundäre Gruppen）。[57]而在真正意义上的初级群体中，成员们却更多地是作为个体存在：他们之间有较强的情感联系，更亲密的关系以及有限的用以防范次生环境的社会保护空间。

在连、排和班组中，这种关系是以建立在相互间的好感、信任，以及或真实或想象的共同性基础上的非正式亚群体作为形式。这些群体形成的出发点，往往是在服役期间密切合作的战友之间的相互交往。但是，士兵们并没有与每一个与其合作的战友都能成为朋友，而是恰恰相反。由密切交往而导致的摩擦、口角和争执的现象也是常事。正如前文提到的那样，士兵彼此之间的好恶与所有社会关系一样，是具有选择性的——士兵们往往会用“好人”和“混蛋”的说法对自己身边的人加以区分。这样的划分以及情感上的好恶便导致了部队中帮派团体的形成。在由此形成的帮派中，维系战友关系的义务转化为友情的情况并不罕见。这些小的帮派团体给士兵们提供一个相互袒露心声的机会，这在整个部队的大框架里是不可能实现的。非正式初级群体给士兵们提供了释放情感和获得心理支撑的可能性，并以此满足了一项重要职能：帮助这些男人们克服军队群体文化带来的负担，从而更好地履行在国防军中的日常职责。由于人员调遣、受伤和阵亡等原因，这些小团体的分分合合已是常态。但是，新的帮派团体又继而形成，其动力不仅来自于军事教育中战友关系的绝对化，同时也是出于每个个体的自身需求。

当退伍老兵们满怀神往地回忆起当年部队里的战友情谊时，他们心中所想的往往是与某些特定的战友之间的友谊，而非在大的群体框架中被强加于身的战友关系。在战争中的日常生活里，国防军中的初级群体与次级群体之间的界限是流动的，具体情况视形势而定。然而无论如何，这种内部结构都是军队社交文化中不可或缺的一部分。前面提到的国防军士兵斯库巴拉的例子便是一个写照。1944年8月20日，斯库巴拉在芒特被俘时随身携带的合影就反映出士兵之间的这种复杂关系。我们在前面的照片（插图11）上看到的，从某种意义上讲可以说是一个次级群体，一个包括上司在内的部队集体，斯库巴拉作为国防军士兵而成为其中一员。就像身处行驶在轨道上的列车一样，这种社会环境对士兵们而言往往是无法逃避的——他们必然要依附于它。然而从斯库巴拉相册中的其他照片可以看出，一旦形势允许，这些人就会根据自己的好恶重新组合。

在另一张照片上，我们便可以看到这样的情况，它是同一支部队在列车运输间隙拍摄的：整个队伍分成了几拨，士兵们与他们喜欢的战友站在一起。

还有很多照片也同样反映出，士兵们在拍摄合影时所选择的人员组合并不是偶然的。在斯库巴拉的很多照片中，人们也可以发现，他的身边总是站着同样的人。尤其值得注意的是，在至少四张不同的照片中，两个固定的战友始终或站或坐在斯库巴拉（插图12和插图13）的左右。这些彼此愿意亲近、其相处比在大的群体范围里让人感觉更舒适的战友，便形成了一个初级群体。在其他许多参战德国士兵的私人相簿中，一定也会找到类似的人员组合的留影。

现代社会学将这些非正式次级群体称为“网络”或“派系”。[58]为了进一步研究国防军中的社交实践，我们或许可以采用类似实证社会研究中的所谓“社会计量法”（Soziometrie），对一些具有示范性的部队加以考察：制作一份反映某个群体内部关系的图表，在上面注明哪些成员之间的关系最亲近，彼此交往最多。[59]如果能够找到这类分析所需的针对某个示范性连队的足够多的数据，我们就会从中看出，一支国防军部队的内部群体划分是如何形成的。在这些非正式亚群体中，士兵们之间的亲近是由共同的社会特征，例如相似的年龄、社会出身、家乡或者教育水平决定的吗？还是说一个群体的内部结构更多是由现实生活、共同工作和日常交往所导致的偶然，而与任何前提条件都无关？换句话说，社会划分标准在军队里真的是完全无效的，或至少是以非正式亚群体的形式继续存在？哪些人是领导者，哪些人成了局外人？

我们或许只有在史料搜集方面有极佳的运气，才能找到足够多的资料，为解答上述所有问题找到确凿的答案。或许，制作这样一份有据可查的国防军部队的社会计量图表，原本就是一个幻想。但是，仅仅是从制作社会计量学图表的这一设想便已反映出，各部队的内部结构划分有着多大的差异。这种社会计量图将会告诉我们，除了正式的连、排、班组这种正式的组织结构之外，还存在着由个人关系形成的非正式“帮

插图 12：铁路运输的间隙，斯库巴拉（左三）所在部队，东德

插图 13：斯库巴拉（左二）和亲密的战友们（左三者、左四者对应着插图 12 中的左一者、左四者），东德

派”，这些派系完全建立在个人喜好、社会认同以及真实或想象中的共性基础之上。除此之外，我们很可能还会从中看出，那些扮演非正式领导角色的人，是人们眼中经验丰富、格外勤奋的士兵——通过这份图表我们很可能还会看到，军队的群体规范同样也对部队内部社交结构的形成发挥着作用。

亨特堡的德国战俘们在聊天时也常常会提到这些内部帮派。在士兵们的言谈中，他们往往称之为“帮派”[60]或“圈子”[61]，或者干脆叫“战友群”[62]。士兵们从孩童和学生时代开始，对拉帮结派的事情便已不陌生。作为一种社会日常现象，人们对它早就习已为常，因此在亨特堡战俘之间的谈话中，这种事并不会成为大家严肃讨论的话题。人际关系的差异更多是间接被提到，特别是当士兵们谈到某个具体的人，把他称为好人或坏人的时候。当然，人们有时候也会发现，士兵们对部队的内部结构是心知肚明的。比如伞兵约瑟夫·穆勒（Josef Müller）在说起自己所在的前线部队时就表示“在部队里有不合和分派的现象”——他所说的这支部队，恰恰是以社会构成单一而著称的第5伞兵师，这或许并非出于偶然。[63]而下士罗尔夫·迪特里希（Rolf Dietrich）所说的情况则是例外，他认为其所属部队的内部氛围很不寻常：那是一支“人数很少的部队，小到连其他地方常见的矛盾纠纷都很少发生”。[64]在这种情况下，部队给29岁的约瑟夫·施德特维勒（Josef Scheidtweiler）留下的印象导致这位坦克兵中尉一心希望能够换岗，这种现象在这个部队中并不鲜见：“那儿根本就待不了，冲突矛盾一个接一个。”[65]27岁的中士格奥尔格·温科（Georg Wenke）在东线空军参谋部工作，在他看来，他身边的环境就像“一个巨大的摊子”，拉帮结派的现象十分普遍：“一堆人凑在一起结成帮，过不久又各奔东西。”[66]另外一位国防军职员以类似的口气谈到自己的遗憾，当时他所在的巴黎参谋部“走了一些人”，他周围的小圈子因此而散了伙：“是啊，过去的圈子基本都散了，想想还挺令人怀念的。”[67]在威斯巴登大本营的一支部队里（后面我们还会提到它），各个阵营之间的矛盾可谓剑拔弩张：在这里，“志同道合的朋友”组成“一个帮”，有意识地与连队内的“极端纳粹分子”划清界限。[68]这些帮派组织的形成，几乎是必然的。因为如果哪个士兵没能加入某个小团体，他就有可能陷入孤立之境。潜艇机械师弗里德里希·瓦根福尔（Friedrich Wagenführ）用U–185潜艇上一位中士的反面例子，说明了站队的重要性。因为一个人只有有目标地分配自己的情感，才不会成为没人搭理的孤家寡人：“拉帮结派的事情让他很苦恼。他很能干，也很懂行。只是因为他人太好了，和每个人都套近乎，所以大家总是拿他开涮。他和每个人都说过这件事。”[69]

加入帮派有助于士兵维系情感上的平衡。最理想的情况是，士兵们能够通过这种方式交到朋友，得到朋友的支持，并有足够的信任向其敞开心扉，交流彼此的想法。士兵内心对此的需求通过下面这段对话便可得到反映。对话是在亨特堡国防军战俘斯库巴拉和党卫军小队长格奥尔格·布伦德（Georg Blunder）之间展开的：

斯：米卡施（Mikasch），你认识米卡施吗？

布：不认识。

斯：那格奥尔格呢？总是和古斯塔夫在一起的那个。

布：这人我认识，没错。他现在在哪儿？他回来了吗？

斯：不，他还在那里。

布：他可是个法学家。

斯：那古斯塔夫到底是干什么的？

布：古斯塔夫是商人。他是个有趣的家伙，和他在一起总有得聊。[70]

这两个人是在战俘营中认识的。在被带到亨特堡之前，他们一直被关押在一起。在这里，人与人之间的交往与在国防军服役时并没有两样。找到一个“有趣的家伙”并和他成为彼此信赖的人，两人“朝夕相处”，“总有聊不完的话”，这对每个人来说都是一种莫大的支持。在关系亲密的战友圈子里，人们可以彼此敞开心扉，畅所欲言。这一点可以帮助人们更好地面对部队环境里常见的压抑和紧张气氛，获得心理上的解脱，从而达到某种平衡。正是出于这一原因，24岁的下士霍斯特·里希特（Horst Richter）在国防军部队中讲话时，首先是细心地观察自己是处在什么样的环境之下。[71]如果整个部队都在场，那么恪守“谨言慎行”的基本原则绝对没错。如果是和自己人在一起，那么就算说些牢骚话也没关系。这一现象体现了国防军中非正式初级群体的特点：初级群体为人们提供了一个发泄不满和沮丧的阀门，同时也满足了士兵们对亲密和依靠的需求。它并不会使人因此而无视其身处的次级群体对每个个体提出的要求，但却可以通过稳定士兵的心理状态，更新情感资源，来帮助他们更好地履行自己所肩负的义务。拉帮结派是人类的社会行为之一，在国防军中也不例外。但是，这些帮派并没有使国防军中的人际关系结构受到破坏，而是为其提供了一种自下而上的支撑。对于很多士兵而言，打仗首先意味着与自己最亲密的战友共赴生死。由此也可以看出，初级群体的存在为军队的运转提供了后盾。

## 作战能力

对于国防军这样的机构来说，战友关系的维系有其功能上的必要性。士兵彼此间的合作越和谐，他们就越能更好地完成自己的任务：这不仅是领导者所提倡的准则，同时也是很多国防军成员的切身经验。U-521潜艇被击沉后的唯一幸存者，31岁的海军少尉克劳斯·巴格斯滕（Klaus Bargsten）就有这样的体会。在亨特堡，这名潜艇指挥官在回顾自身作战经历时说道：“我一直相信，如果一艘舰艇上的成员相处和谐，彼此间有一定的战友情分，那么这支队伍一定能够打胜仗。如果一艘船上气氛一团糟，每个人都是自顾自，那么……”[72]另一位著名的潜艇指挥官，海军少尉弗里茨·古根伯格（Fritz Guggenberger）也有类似的看法。他后来成为联邦海军的一位上将，继续着自己的军人生涯。在接手U-513潜艇指挥官工作时，他沿用了前任最重要的人事策略——在船员的配备上，务必要选择那些在以往行动中表现既能干又擅于合作的人。就像他在亨特堡所说，因为选择了正确的人，所以在他的舰艇上，士兵们彼此合作“十分顺利”：“你根本不用发脾气，因为没有这样做的必要。你只要走到他们面前，告诉他们该做什么，过后再问一问，就完事了。那真是一支很棒的队伍。后来，老船长挑了几个人，带走了。两个月之后，我又挑了些人，跟我走了。可以说，从一开始，船上所有的人都一条心！你可以完完全全信任他们。”[73]

“所有人一条心”，是决定整个队伍行动力的关键——得出这一结论的不只是上级军官。团结一致可以提高部队的战斗力，这是很多部队的经验法宝。来自汉堡的28岁潜艇中士恩斯特·弗洛蒂希（Ernst Freudig）在他的军人生涯中曾经接触过不同的潜艇和船员，他也得出了同样的结论。被俘前，他是U-801潜艇的高级通信技师。在他看来，这艘潜艇上的人员与他之前曾经待过的U-331潜艇完全无法相提并论：

弗：在蒂森豪森（U-331潜艇），最重要的事情就是，每位船员都要努力学会与周围人友好相处。这是基本原则。我们的船可以说战无不胜，坚不可摧。可后来这条船呢？船员们彼此间几乎互不往来。我们当时的军官也比较年长。轮机官（LI）是老施特劳贝尔（Streubel），年纪大约34岁。第一轮机长是威廉·弗兰克（Wilhelm Frank），第二轮机长是科赫（Koch），二十六七岁的样子。

S：科赫也是指挥员？

弗：对。来到现在这艘艇以后，我一看，心里立刻就明白了，为什么所有事都会是一团糟，如今就更清楚了。

S：是啊，人员不同了。

弗：没错，就是这个原因。[74]

在这位中士看来，德国潜艇部队自1943年之后所遭遇的屡屡败仗——当时人们口中的“潜艇部队的光荣之死”[75]——并非源于盟军的强大优势。他认为，“败仗连连”的更重要原因是部队中战友情谊的缺失——从这句话可以看出，他对士兵们之间的融洽关系是多么重视。

很多士兵认为，一支队伍要形成强大的凝聚力，需要人与人之间长时间的密切相处，共同经受考验，以及人员的稳定性。由此来看，U-841潜艇上的人员并没有机会建立这样的融洽关系。因为大家虽然共同接受了为期一个月的培训，但却仅经历了一次海战，这次行动只持续了不到14天，于1943年10月17日以沉没结束。[76]在如此短的时间里，显然无法形成真正的凝聚力。而前面提到的U-203潜艇则与此不同，那条船上的士兵曾经并肩作战长达两年的时间。年轻的海军下士海因茨·陶伯特（Heinz Taubert）早在船队刚刚组建时，便已发现了这个团队内部的摩擦与不和："后来船上来了新人，第一轮机长和他的一伙人，然后士兵和军官之间就发生了冲突。你要知道，大家都很害怕，然后又来了新兵，这些人从来没有打过仗。所以，简直是一团糟。"[77]但是在这支队伍里，少数曾经一起共过事的人，大家彼此间却不乏依赖："队伍里倒是还有几个老人，我们之间都很熟悉，彼此也很团结。比如说轮机官施图伯（Stüber），他是所有人当中航行时间最长的，他经历过12次航行，是个很不错的家伙。"在U-841潜艇上那些显然不属于"老人"的年轻水手眼中，这支队伍也同样"没有形成真正的战友情谊"。[78]一支部队要形成融洽的关系，这个过程是需要时间的。在U-487潜艇上有过失望经历的水手汉斯·华尔斯（Hans Wahls），就看到了这一点："……但是让潜艇的所有人在这么短的时间里都能彼此相熟，是根本不可能的。每个人都是在为自己做事。"[79]对于指挥官而言，要让自己的队伍形成凝聚力，需要更加倍的努力，来尽可能保证人员的稳定性。士兵们往往也会察觉到，很多上司都在千方百计"避免人员的频繁更换"。[80]这同样也符合大家对上级军官的期待。如果出现了某些原本可以避免的人员调动，很多士兵"对指挥官往往很难原谅"，因为他们觉得"把一支彼此熟悉的队伍拆散，是很可怕的一件事"。[81]

比潜艇部队的人员流动更严重的，是那些在前线作战的部队，这是由后者的性质所决定的。在前线战斗中，每天都会有人因为被俘或伤亡而离开队伍。只要兵力补给还能到位，就会不断有新人从后方调来，加入原来的队伍。在“老人”们看来，这些新人除了经验不足之外，更大的问题是，他们与这支队伍的过去几乎没有任何关联。[82]来自汉堡的年轻下士君特·普里欧（Günter Prion）说，在攻打诺曼底之前，他的队伍因为人员损失严重而来了一群新人：“这些新来的都是入伍不到6周的新兵，他们甚至没有接受过射击训练。而且这些人我们一个也不认识，他们也不知道那些被他们接替的受伤或阵亡的人都姓甚名谁。”[83]国防军面临的军事形势越危急，队伍的人员更换、临时调配和重组便越加频繁。在敌军的炮火之外，人员之间的隔阂同样也会损害队伍的结构。特别是那些有经验的老兵，在与原有秩序相比较之下，更能够深刻感受到，熟悉环境的改变意味着什么。来自林茨的年轻上尉约瑟夫·海恩德尔是第二装甲师的一员。1944年9月，当他结束军官培训，想回到前线自己的队伍时发现，负责后方人员调配的“前线指挥所”已经“乱成了一锅粥”。[84]这种情况下，让他最苦恼的事情，是他再也不能回到“原来的师”了：“我可不想就这样被扔到萨尔布吕肯，到一个东拼西凑的杂牌军里，这种事简直就是背叛和出卖。”在国防军里，士兵们对这种“把一群素不相识的人凑在一起，拼成一支队伍”的做法无不怨声载道。[85]

如果士兵们彼此不熟悉，队伍就很难团结；而队伍的凝聚力越差，战斗力就越弱——至少士兵们是这样看的。34岁的步兵保罗·绍尔曼（Paul Sauermann）1944年夏天在法国作战时就体会到，内部的不和会使整个队伍的行动受到严重影响：“好端端的队伍被拆得四分五裂，然后再东一拨西一拨地凑在一起。队伍里的人相互都不认识，有的做过这个，有的干过那个。有些人根本就没开过枪，而且这一点也根本不能指望。除了几个彼此相熟的老人之外，什么都没有。在法国那次，整个队伍根本就是一盘散沙。”[86]31岁的伞兵中士埃里希·沃伊克特（Erich Voigt）也同样抱怨他的队伍不够团结。他根本不相信手下的士兵，从这些人身上，他也感受不到任何的尊敬：“我的天哪，根本就没有团结这一说。我当时跟自己说，我必须离开这支队伍，这里的人就是一群恶棍，谁都瞧不上谁。一会儿摔碎啤酒杯，一会儿打架斗殴，其他什么都不会。”[87]就像他所描述的一样，在一支队伍里，士兵们彼此相处的机会越少，发生冲突的可能性就越大。

当然，我们单纯凭借亨特堡的档案很难确定，军队的内部和谐与军事作战能力之间是否的确如士兵们所说，存在着如此密切的关联。但是，在第二次世界大战的战斗史中有无数例子显示，这种推测是不无根据的。一支队伍的内部关系越和谐，士兵们一起准备作战的时间越长，这支队伍在前线作战时的战斗力通常就越强。[88]部队的社交结构必然会影响到士兵们在战场上的表现。对于士兵来说，其理想状态就是和“一群彼此相熟的老人”在一起：如果士兵们彼此认识，可以感受到一定的“团结”和共同的“精神”，那么士兵们为国防军献身就会更容易。没有充分的战友情谊，合作的基础就不会牢固。这一点从国防军日常生活中难以避免的摩擦和冲突也可得到反映。

## 摩擦与冲突

在国防军中，美好持久的战友关系是可遇而不可求的，几乎每一位国防军成员都有这样的体会。从德国士兵写下的日记和书信中，就可以看出这一点。在很多时候，他们在日常生活中所遇到的并非是预想中的和谐，而更多是“诡计、寻衅和口角……”。[89]导致这种紧张关系的原因之一通常是：队伍在一起的时间不长，士兵们之间还没有形成能够避免冲突的常规机制。就像在上一节中提到的，要想在士兵之间培养起一种亲密的、彼此包容的融洽关系，一定时间的相处和磨合是必不可少的。但无论如何，争吵总是不能避免的。冲突是伴随人类社交行为出现的伴生现象，只要有人与人之间的互动，就一定会有冲突，在军队的特殊环境下，冲突发生的概率会更高，尤其是在战争中。在这里，每个人每天都在承受着精神和肉体的重负，人与人之间的共处与合作尤为紧密。因此，这里可能出现摩擦的地方更多，产生冲突的可能性也更大，远远超过了日常工作环境下人与人之间的正常关系。也正因为如此，军队才将维系战友关系确定为每一位士兵的义务和责任，以此来化解人们彼此之间的矛盾。因为内部的不和谐对部队的正常运转只能起反作用。通过国防军士兵在亨特堡的对话可以看出，维系和睦的努力并非总能如人所愿。

在军队这个男人的世界里，大家说起话来往往都是粗声粗气的，一不留意就有可能转化为冲突。特别是对那些干起活来笨手笨脚的士兵，人们讲话时尤其不客气。U–185潜艇机械师中士弗里德里希·瓦根福尔说，他的一位队友就曾有过这样的遭遇：机械师下士考帕茨（Kopatz）虽然“人还不错”，但是在工作上却“毫无经验”，所以他在潜艇上“总是挨骂”。[90]在东部前线打过仗的伞兵瓦尔特·杜达（Walter Duda）讲述了一段小插曲，从中也可以看出国防军中人与人之间的关系有时是多么冷漠。有一次，杜达在靠近德军阵地的一个弹坑里，意外发现了一名被炮弹炸伤的苏联红军。第一眼看到这个人时，杜达把他错当成自己队伍里一个贪生怕死的士兵。这个突发事件是这样结束的：杜达不假思索地举起枪，把这个手无寸铁的俘虏一枪干掉。这起意外事件同时也反映出一名下士会用怎样的方式对待他的下属：“我往弹坑里一看，看到一个人正悄悄往德军营房的后面溜。两天前，刚刚从德国后方来了一批援兵。我心想，这小子，是不是打仗打累了，想偷偷溜号儿啊，我可得好好教训教训他。我冲过去，手里没拿枪，什么都没有，我往他屁股上踹了一脚，大吼一声：‘你这混蛋，你当你自己是谁啊，你知不知道你是哪支军队的兵？’”[91]士兵们早在新兵训练的时候便已熟悉了这种对待方式。对于很多人来说，新兵训练是整个“服役”期间最令人痛苦的回忆。奥地利中士海因里希·鲁夫腾施泰纳（Heinrich Luftensteiner）在回忆这段在国防军中的不堪经历时说：“对我人生影响最大的，就是这段普鲁士式的训练，吼叫和谩骂，还有那些当官的，他们总是把我们说成是低贱的民族。”[92]

这类事情发生在新兵连中，或许可以被视为一种“磨炼”；而在前线部队里，则有可能导致整个气氛的败坏。在U-841潜艇上，很多人都感觉艇上的空气已被毒化——在亨特堡，来自这条潜艇的船员在聊天时，几乎都不约而同地谈到了这一点。海军下士海因茨·陶伯特就说过，在U-841潜艇上，“士兵与军官的关系十分紧张”，仅仅在少数士兵当中，还有一种“正常的默契关系”。[93]这一印象通过另外三名来自U-841潜艇的年轻士兵的对话得到了证实：三周之前在亨特堡，下士鲁道夫·布伦德尔（Rudolf Brendel）和霍尔斯特·维特（Horst Witt）以及中士鲁道夫·陶罗什（Rudolf Thorausch）就曾对潜艇上的紧张关系纷纷发泄自己的不满。[94]当其中一个人说这艘潜艇“从开始就一文不名”，顶多是“一支东拼西凑的杂牌军”时，他的战友立刻反驳说：“你说的不对，我告诉你，就是因为那些军官，我们才没有办法建立真正的战友关系。大家彼此之间总是骂骂咧咧的，这是因为军官们总是用这种方式对待我们。如果你天天挨骂，你肯定也会这样对待别人。”另外一名船员威利·特劳特斯对U-841潜艇上的人员关系也有类似的批评。特劳特斯以前曾在另一艘潜艇上服役，那里的氛围很融洽：“在那艘潜艇上，军官和士兵的关系要好很多，虽然那里的军纪更严格。”[95]

人与人交往越多，摩擦面越大，冲突发生的概率就越大。比如说，在处理日常事务的现实合作中。这同样也是U-841潜艇上产生冲突的一个源头。船员特劳特斯在亨特堡说起了一次他和上司发生冲突的经历。从这段轶事可以看出，如果在专业问题上出现了不同意见，那么人际交往中的不快很可能就会演变为持久的怨恨：

> 那是轮机长唯一一次支持我。有一回，我把他给搞定了。当时我们在发射鱼雷，是射击练习。那时，我每天早上都要到他那里汇报。这是指挥官的命令。后来我越想越生气，如果他们这么不信任我，干吗还把我留在船上？当时，是由他来操作发射。我注意着他，因为我想我也会表现给他看看。他开始发射，一次四发齐射，接着一次两发齐射。四发齐射命中了，砰的一声，转换到尾鱼雷

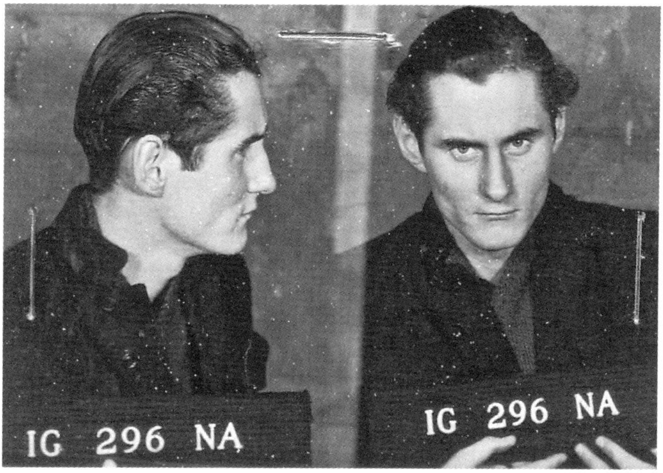

插图 14：潜艇中士威利·特劳特斯，生于 1921 年

管，调整视差，都是对的。这时他对我说：“你怎么搞得，怎么让船首突然往左偏了？”按说那艘蒸汽轮船航向应该往右。我说：“少尉，对，本该是这么回事，但是按您的开法，航向肯定往左。”他怒了：“谁说的？怎么会？”我说：“您得注意点，您下的命令是向右，航向70。您射击的时候航向都80了。”他不相信。不过我说，我能证明给他看。我说：“您潜望镜看错了，您注意看着，少尉，您再绕一圈，四发齐射时用同样的数据。差个五六度也没关系。重新启动，您再转一圈。现在是船头偏右，航向65。对，一点不差。”他再也没说什么。[96]

上面这场冲突发生的原因，是因为这位经验丰富的中士认为自己的军人自尊心受到了损害。触动他的是，他的上司对他“毫无信任”，而作为潜艇驾驶员，专业能力恰恰是自信心赖以支撑的基础。这名22岁的中士出身于奥伯豪森（Oberhausen）的一个工人家庭，从1941年春天开始，他就在不同的潜艇上服役，完成了无数次与敌舰作战的任务。[97]他骄傲地强调，他是“U-841潜艇上资历最老的兵，出航次数也是最多的”，其他人掌握的潜艇技术绝对赶不上他：“潜艇这种东西对我来说就是小菜一碟。在训练营的时候我可是成绩排名第二的。”[98]基于自己的能力，他觉得自己理应在日常训练中得到人们的尊敬。一旦结果事与愿违，他就会感觉自尊心备受伤害。他对这类令他气愤的事情始终耿耿于怀，甚至在来到亨特堡以后仍然不断提起：“突然有个人走过来跟我说：‘特劳特斯中士，请往中间站。’我站到中间，然后那个人又说：‘请站到施纳勒（Schnare）中士身后，观摩如何操作深水舵。’我说：‘为什么？我会操作深水舵啊。’那个人说：‘不管怎么样，现在请您观摩。’我当时真想说：早在护航队的时候，我就在波涛汹涌的大海上进行过深潜操作，你究竟还想让我学什么。但是我一个字都没说。”在和上级军官一起执行任务时，特劳特斯也经常陷入这种纠结之中。每当出现复杂的技术问题时，他的上司总是对他“劈头盖脸，一顿臭骂”。每当他在专业知识上胜过自己的上司时，他总是感觉很得意：“‘那好吧’，我一边说，一边给他在纸上画，他则尴尬地把目光转向一旁。就在刚才，他还想对我指指点点，就好像我对这些机器一无所知似的。哼哼，现在我让他领教到，他不过就是只井底之蛙。”但是在其他时候，与上司的冲突只会让特劳特斯感到失望和沮丧：“经历了上次出航的事之后，我想，现在这些人该对我服气了吧，我毕竟是把轮机长给搞定了。后来又有一次，他向我发出了错误的命令，我没有执行。”这种不和谐事件当然不仅仅只有这一起，它对当事者的心理和状态必然会造成不利影响。在U-841潜艇的士兵中，与上司不和的也不只是特劳特斯一个人。21岁的下士海因茨·施纳勒（Heinz Schnare）也有类似的经历：“我们和轮机长永远吵个不停，和导航员也一样。”[99]

因军事技术问题而引发的人际关系冲突让我们清楚地看到，国防军的社交生活与其军人价值观体系之间的关系是多么紧密。战争生活的日常实践，同时也是考验人的才能以及与他人和谐相处能力的地方。因为它不仅关乎国防军成员的个人自信心，同时也关乎他们每个人在其所在部队中的社交威信。在共同执行任务时，他们每个人都会处处留意，避免犯错，竭尽所能为自己树立一副良好的个人形象，不让自己在他人面前丢脸。因此，在U-185潜艇上矛盾最深的往往是那些在平日里合作最密切的人，这并非是一种偶然。23岁的机械师中士弗里德里希·瓦根福尔在维护或修理潜艇发动机时，总是不断与他身边的同事发生争吵，因为这两位机械师都认为自己是正确的一方：

> 作为中士，我的想法是，要从积极的意义上去引导整个队伍，因为我们在打仗，每个人都离不开其他人，而不能总是想，我们所做的一切事情都没有意义。所有冲突的发生，都是因为相互间的挑衅。唉，我一直和他合不来。每次他一讲话，或者想要表达什么，语气总是这样："哎，好啦，就这么着"，或者"我是第一机械师。我说什么就是什么。""我是第二机械师，我说什么就是什么。""我是资历最老的，我说什么就是什么。先是我，然后才轮得上第一机械师。"我说那好吧，然后去报告机械长，告诉他这事或那事没有干。可这家伙太固执了，跟他说什么都没用，他就是不干。然后接下来，肯定就会发生一番争吵。[100]

每次和战友发生争执，瓦根福尔都会向他的顶头上司寻求援助。因为他和上司的个人关系非常好，所以总能让他的对手陷入不利境地："在一次打击敌舰的行动中，我和上司配合得十分默契。雅考布察觉到了这一点，然后就开始向我发出挑衅，但是这样一来，机械长对我的印象就更好了，因为他最讨厌挑衅的人。"这类发生在同一岗位上密切合作的士兵之间的冲突，同样有可能在高一级的领导层重演，这是很常见的一种现象，就像瓦根福尔所说："不，两位机械长也相互看不顺眼。他们之间的关系就跟我和雅考布这种第一和第二发动机机械师的关系差不多，像我们一样口角不断。"当然，军队中人与人的关系也有可能是另一种样子，瓦根福尔在过去的岗位上就曾有过这样的经历。他的谈话伙伴，同样来自U-185潜艇的机械师康拉德·施米加（Konrad Schmiga）也深有同感：

瓦：哎，想想我们当年……那时候艇上有50多人，大家关系多好啊。当时根本没想到，人们之间会发生这样的争吵。简直是太糟糕了。

施：当时在尼曼河上游，在咱们船上，军官和烧火工都能坐在一起喝酒。那是军官和普通士兵之间的情谊。当然，在船上，士官是上司，但是大家的关系真的很团结。

瓦：我还有两个队友，和我一样是负责柴油发动机的海军下士，一个叫沃尔纳，一个叫鲁道夫。我们靠岸之后，其中一个对我说：我们现在靠岸了，我叫沃尔纳，咱们现在彼此不用再称呼“您”了。但是作为士官我们知道，下次执行任务的时候，还会是老样子。假如你对另一个人说“你”，情况就会变得很严重。

这两名来自U-185潜艇的士官彼此不睦的原因是显而易见的：那就是军人的好胜心。这种心理导致许多士兵产生不良的竞争思想，阻碍了战友情谊的形成。机械师下士施米加认为，与他认识的那些“老伙伴”有所不同的是，在那些刚入伍的“新兵蛋子”身上，这种现象更为常见：“现如今你可以发现，大家彼此总是瞧不上眼，动不动就火冒三丈，要么是为了突出自己，要么是为了更快得到提拔。在海军军校这种新兵云集的地方，这种事最常见。你简直难以相信，竟然会有这样一些人，他们整天坐在那儿，拼命地学，一直到天亮。”但是，这种为掌握更高的军事才能而展开的竞赛，并不仅仅局限于那些初出茅庐的新兵。在日常合作中，下述原则对所有人都同样适用：在履行职责时，每个人都会被其战友以知识、能力和成绩作为标准来加以审视。

U-371潜艇上的情况也是一样。执行日常任务过程中产生的摩擦，使得战友间的不睦与争吵成为常态。来自汉堡的24岁机械师下士埃尔文·摩茨（Erwin Moths）就烦透了他的一个战友："他什么都不懂，简直就是个蠢货。他甚至连启动柴油发动机都不会。当我们一队人一起执行任务的时候，这个家伙根本不知道自己应该干什么。在第二次出航行动中，这个家伙开始找事。他跟我说，他必须一个人完成全部工作。然后他含沙射影地说，有些机械师对任何事都一窍不通。"[101] 与U-185潜艇一样，两位在一起工作的机械师也总是彼此争吵不休。就像瓦根福尔和战友雅考布一样，这两个人争论的焦点也是谁"懂得"更多。与摩茨同龄，并且也在U-371潜艇上服役的海军下士海因里希·维纳克特（Heinrich Vennekötter）对此也有同样的看法。维纳克特对战友的好恶，也主要取决于谁在工作中表现得"很懂行"，谁则相反：

> 那个家伙，他屁都不懂。不管干什么活儿，他都是站在一旁，然后问：这是怎么回事？这种事简直是闻所未闻。特劳伯（Trauber）也是一样。有一次，需要把压力阀和螺杆拧紧，因为螺扣松了。这时，特劳伯走了进去，站在旁边问：这是什么啊。天，像这样的人我真想好好教训他一顿。我恨不得把特劳伯赶下船，而且，他还总是不断地向老兵们挑衅。

在士兵们的日常相处中，军事才能是备受关注的一个问题。此外，它也是所有级别的士兵对其上级所抱有的最大期待。一旦期望落空，便有可能酝酿成冲突。在U-185和U-841潜艇的例子中，我们已经观察到下级军官与上司因专业问题而产生的纠纷。在U-231潜艇服役的24岁海军下士奥托·桑德（Otto Sander）看来，这类冲突的典型情况是缺乏经验的年轻军官与经验丰富的老兵之间的矛盾。[102] 在他所在的船上，由此导致的麻烦和"摩擦"每日不断。不仅是不同级别的军官之间存在矛盾，即使在人数极少的领导层里，情况也不例外。年轻的水兵赫尔穆特·格拉姆罗（Helmut Gramlow）便曾亲眼看到，U-575潜艇的第一轮机长如何与指挥官、少尉艇长海德曼（Heydemann）吵得"不可开交"。在格拉姆罗眼里，那简直就是一场“悲剧”。[103]

U–761潜艇的指挥官、中尉霍斯特·盖德在亨特堡曾经讲过，在他所在潜艇的军官之间，存在着严峻的矛盾。当时，盖德和他的首席工程师翻了脸，他本想设计制服对方，却因第一轮机长从中作梗而没能得逞。

盖：舵手有一次跟我说，当我不在的时候，首席工程师说过我好多坏话，比如：“我就等着能当上中尉的那一天，到那时候我就天不怕地不怕了。”这腔调，简直就是个流氓无产者。有一天，本茨诺（Benzino）（第一轮机长）问了我一个问题，之前我一直在回避提到这个问题。在布雷斯特（Brest）的时候，我曾经问过他，有没有听到过什么关于首席工程师的事。他说没有。这回，轮到本茨诺问我：“您是不是打算把这个人灭掉啊？”我说：“灭掉这个词不准确。”他说：“您说得对，可如果您打算把他降级，那就相当于灭掉了这个人。”于是我发现，和本茨诺商量这件事是没有意义的。不过我很惊讶，因为拿军衔做文章一向是本茨诺的本色。

C：说不定是首席工程师私下给了本茨诺什么好处。不过，这个人向来是不收好处的。或许是出于同情吧。

盖：对，有可能。虽然本茨诺一直很聪明，但是他还太年轻。另外，当时他和首席工程师关系还不错。他对整个潜艇上的形势缺乏正确的判断。[104]

从这个例子也可以看出，个人之间的怨恨、矛盾和争斗是国防军日常生活的一部分。但是值得注意的是，在战争结束后，这些内容在老兵的回忆中却往往消失得无影无踪。就像很多潜艇兵的经历一样，当他们被调到另一艘潜艇，进入新的环境时，他之前服役的那艘艇就俨然变成了和谐的代名词。在对“二战”的集体记忆中，良好的战友关系占据着主流。这种关系虽然并非虚构，但它所呈现的却仅仅是真相的一面。[105]对矛盾的现实进行压缩，只留下国防军人际关系中和谐的一面，这是人类对美好回忆以及寻找人生价值之需求的体现。但是，国防军中的人际冲突，同时也反映了这些士兵当时的心理状态。在本章中，我们主要是从潜艇兵的视角出发，去观察这一问题。当然，在国防军其他兵种中也会出现这类摩擦，但是，这类故事在亨特堡潜艇兵的叙述中并非偶然出现而是频繁出现。因为在其他任何兵种中，人与人之间的依赖都无法与潜艇兵相比。这些人朝夕相处，有时长达几个月，甚至要和他人同睡一个床铺。潜艇上没有私人空间，士兵们还要一刻不停地在狭窄的空间里完成自己的职责。没有哪一个兵种，需要人与人之间如此紧密地合作和相处。其结果就是，在共同完成每天的任务时，有可能导致摩擦的危险无处不在。潜艇兵之间的交往越多，引发冲突的导火索也就越多——在那些磨合时间不长的队伍中，这种情况尤其严重。在各种矛盾纠纷中，抽象的信仰或是政治上的异见几乎从来都不重要。这一点再次反映出，国防军士兵最重视的，是那些对其现实处境有着具体意义的东西。

国防军的社交文化是十分务实的。每时每刻，人们都在用相同的标准衡量着彼此，这就是能否在工作中证明自己很“懂行”，并且能干出点儿“成绩”。[106]如果一个人给他人留下的印象是负面的，那么他就要面临着被战友“耻笑”或被上司“辱骂”的危险。为避免这样的冲突，每个人都必须严格遵守部队对军人的规范要求。

## 部队文化

在国防军日常生活中，履行职责是士兵的第一要务，而意识形态和政治充其量仅扮演次要角色。很多普通士兵虽然对希特勒领导下的民族和经济繁荣表示认可，但是除此之外，他们对抽象的政治话题很少有兴趣。在他们当中的大多数人看来，现行的国家制度是一种理所当然的常态。在服役期间，他们很少聊政治话题，彼此间的认识也往往与政治无关。即使是冲突与口角，也很少是由世界观的差异所引起。

然而这并不排除国防军中有一部分人拥有较高的政治觉悟，特别是那些年纪较长、受过高等教育的人。他们在德意志帝国时期和魏玛共和国时期长大，在希特勒上台前已然完成了大学学业。[107]由于年龄、受教育程度及其专业知识的原因，他们当中大部分人被分配在参谋部、军需后勤部或其他后方部门任职。在前线部队中，这些人是被孤立的少数派。在有一种类型的部队里，聚集了大量的高学历者，而在以往的研究中，这类部队几乎被人们所忽略，这就是翻译连。在这支知识分子云集的队伍中，很多地方是与众不同的。与大多数前线部队不同的是，在翻译连里，政见不一是十分常见的现象。导致这一现象的原因首先是其成员的政治敏感性，在这些人身上，市民阶层的世界观两极分化状况再次得到暴露；另一方面的原因在于这些人的实际互动度较低，这为他们谈论这些抽象的问题留下了精力和空间。翻译部队在国防军中无疑是一个罕见的例外，但是通过与前线部队的对比，我们可以清楚地看出，除了行为特征之外，一支部队的社会背景构成，同样有可能对其成员的相互关系造成差异。

在国内各大防卫区，国防军都成立了这样的翻译连队，以满足对称职的“语言转换者”的需求。[108]翻译部队的功能不仅仅是作为军队的后备，它同时也是培养新的翻译人才的培训机构。在培训结束之后，翻译人员通常会得到特别指导员的头衔，然后被派到各参谋部，也有不少人被派到司令部情报局，负责“反间谍”和“谍报”工作。[109]在这里，他们为需要外语的事务往来提供帮助，完成情报翻译任务，审问战俘或者在战俘营中担任助手。还有的人是在欧洲被占国担任行政官员，或在反间谍机构工作。这些人员的挑选，是以其入伍前的职业资历作为标准。由于外语能力是其中的核心要素，因此翻译连队中的大多数人都是受过大学教育的语言学家，未来的教授、教师、商人，以及了解国外情况、甚至曾在国外生活过的人。由于年轻一代士兵中很少有人能够满足这些条件，因此翻译部队的平均年龄往往高于其他部队，其中大多数人的年龄介于30岁和40岁之间。

由于翻译人员与情报工作的接触较多，因此当这些人来到美国战俘营后，立刻唤起了美国情报服务机构的浓厚兴趣。于是，他们当中的30人被送到亨特堡并在这里接受审讯。通过相关的审讯报告和监听记录可以看出，从翻译部队的特殊社会背景，衍生出一种特殊的部队文化。所有前翻译连成员在亨特堡的各种形式谈话，无一不反映出这一特点。在翻译部队成员中，反政府倾向较一般明显。这同时也意味着，与效忠于政权的连队成员之间发生冲突的可能性也更大。因为在翻译连队里，民族保守主义者、极右主义者和自由派势均力敌。从总体而言，这支部队的许多士兵明显表现出超出平均水平的政治意识。与前线部队的大多数士兵不同的是，政治因素对这些人如何认识其周围的社交环境具有一定影响。正如他们在亨特堡的谈话所反映的，他们往往会根据对希特勒政权的态度是支持还是反对来对其身边的战友进行归类。这些人员在回忆自己以往在翻译连队的经历时，其方式偶尔会显得有些夸张。但是，恰恰是他们对政治的过度强调，无可辩驳地证明了翻译连队与其他国防军部队的差异：无论是步兵部队、潜艇部队还是空军，没有任何一支部队的成员曾在亨特堡用与其类似的标准或概念来描述自己的部队。

根据不少当事人的叙述，在威斯巴登（Wiesbaden）第十二防卫区翻译连队的成员中，拥有反纳粹思想的人数比例较高。42岁的中士瓦尔特·施穆凌（Walter Schmülling）就是其中之一。他大学毕业后，曾在科隆经营一家旅行社。在亨特堡写下的一份报告中，他不无夸张地把翻译连队描述为一个反对派群体，“其成员的团结、统一与素质，在整个德国是独一份”。“这支连队是由一群世界观高度统一、步调极其一致的人士组成的。他们是优秀的德意志人，来自各个州，在这里聚在一起，组成一支优秀的团队。一旦有人经不住考验，就会立刻被赶出队伍。”[110]另外一位翻译连队成员是43岁的沃纳·施兰克（Werner Schrank），他来自威斯巴登，是一位拥有博士学位的高级公职教师。他在亨特堡的叙述中同样也强调，翻译部队中有很多战友对纳粹政权持批判态度。[111]他说，“民族主义政治课”的洗脑式教育，在翻译连队往往被人们当成笑话。防卫区司令部对翻译连队很恼火，认为他们是一群“凑在一起的臭知识分子”，并且缺乏军人意识，对战争也热情不足。[112]另外一名前威斯巴登翻译连成员称，翻译部队是他“见过的”“最具革命意识的群体”。[113]接下来我们将会看到，这些描述所反映的仅仅是真相的一部分。因为在威斯巴登翻译连中，同样也有效忠于纳粹政权的士兵和军官，冲突的发生因此而不可避免。但是，对于这支部队中反纳粹人数比例高的特点，在所有报告中都一致得到了确认。

对于这些来自1945年6月的陈述，人们有可能会说，这些人是为了事后保全自己，才做出了这样的表态。在回忆中把自己塑造成“反纳粹”的形象，在德国士兵中的确已成为一种潮流。[114]但是很多证据表明，这些报告的主体是真实的，因为人们对其他翻译连队也有类似的评价。比如说32岁的大学毕业生瓦尔德马·雷哈格（Waldemar Rehage），就曾有过这样的表示。雷哈格的服役地点，是驻扎在捷克奥尔米茨（Olmütz）的一所空军翻译学校。1944年秋天，学校作为“空军第20要塞营”被派往西线战场，并参与了许特根森林（Hürtgenwald）战役。学校的解散显然与当时国防军后备部队的全面调动有关，但是雷哈格却认为，这一决定是对学校中反纳粹倾向的一种惩罚。因为根据他的观察，在“7·20事件”之后，超过90%的翻译连队成员都盼望能够成功刺杀希特勒：“学校肯定完蛋了，指挥官被撤了职。步兵上尉沃纳带来了希姆莱的特别命令：把这部分人员编入前线作战队伍，好让他们一个不剩全部被消灭。”[115]另一位来自奥尔米茨翻译学校的化学系大学生，24岁的格尔哈德·黑瑟（Gerhard Hesse），在亨特堡也表达了对学校的同样看法。他在审讯中说：“从纳粹的视角看，这所学校确实名声不佳。大部分教官和学员受教育程度都比一般士兵高，并且在国外生活过，这些人都是反纳粹分子。[116]

在其他翻译连队，显然也有类似的趋向。来自德累斯顿的大学生霍尔斯特·里希特（Horst Richter）曾经是迈森第四防卫区翻译连的成员。他承认，在翻译连队中的确存在反政权的潮流，他认为其主要原因在于许多翻译连成员的世界大同的思想观。1944年10月，他在亨特堡牢房中

对同伴说道：[117]

> 我们所在的培训部翻译连是一个很棒的团队，都是些曾经在国外生活的人，大商人、船员、工程师，还有环球旅行家。告诉你，关于希特勒，在这里你最好一个字都别提。这里的人全都是革命者。后来他们在这儿安插了一群间谍，大家说话必须得留神了。不过与自己人在一起的时候，那可真是个名副其实的团队。可以说，所有人都在盼望着英国人能够赢得战争。[117]

甚至在第三帝国最高专业机构——柏林培训部，同样存在类似的情况。该机构的职员、高中毕业的32岁下士海因茨·韦伯（Heinz Weber）说过：

> 我跟你说，在我们柏林翻译培训部那里，气氛总是和其他地方有点儿不一样。简直可以说，那就是一小伙叛军。很奇特的一帮人。里面有不少说俄语的，还有说东欧和巴尔干语言的。其他都是讲西方语言的，大多数是教师和商人。还有几个不出名的东方学学者、哲学家。真是一群有趣的家伙。[118]

韦伯这番话的语气与其他人几无二致，这种情况绝非偶然。在亨特堡，大家对翻译部队的看法如此相似、如此普遍，这在各兵种的部队中是绝无仅有的。战俘们的陈述可以彼此佐证：在翻译连队中，对政权持批判态度的比例明显要高于普通的国防军部队。另外，亨特堡的战俘档案也为这一结论提供了间接证据：在这里关押的大约30名国防军翻译人员当中，大部分人在牢房的对话中明确表示反对希特勒和纳粹主义。[119]但是，高学历和年龄上的成熟却并没有将这些人变成真正的“反纳粹分子”。

就像战争年代的平民社会一样，在受过教育的国防军翻译人员中，同样不乏纳粹政权的忠实追随者。40岁的印度语学家汉斯·罗什

（Hans Losch）就是其中一个。他曾作为翻译在非洲战场服役，战争结束后，他又以波恩大学教授的身份，继续着自己的职业生涯。在亨特堡，汉斯·罗什主动地讲起自己的经历，他说，他纯粹是出于理想才成为纳粹分子的，并且坚信只有国家社会主义才是唯一正确的体制。[120]38岁的特别指导员海因里希·格雷伯（Heinrich Grebe），一位来自卡塞尔（Kassel）的高级公职教师，也有类似的想法。1944年8月，他在牢房里对同屋说："国家社会主义带来了世界繁荣所需要的一切。"[121]国防军翻译海因里希·齐默曼（Heinrich Zimmermann）曾是德国国家人民党（DNVP）党员，按照他自己的说法，在成为战俘并与纳粹政权彻底划清界限之前，他一直是一名忠诚的"纳粹"。[122]

这些效忠纳粹政权的士兵同样也是翻译连的成员。在这里，他们与反纳粹的一派不期而遇。两派人对双方在世界观上的差异都心照不宣，由此导致翻译连中不同政治阵营的形成。对于国防军部队中非正式亚群体的形成问题，我们在前文中已做过详细分析。但是在翻译连的例子里，内部社交结构形成所遵循的却是另一套准则。在前线部队中，帮派组成的标准主要是好感和才能；在翻译连里，则是好感与世界观。这一点通过两名同在威斯巴登翻译连服役的国防军译员保罗·德兰努伊特和瓦尔特·施穆凌的长篇对话即可得到证实：

施：瓦曼（Wamann）（？）可真是变得让人认不出来了。据说他之前可是个不折不扣的纳粹。因为这个原因，所以我一直不认识他。这件事是那个牧师告诉我的，就是那个教意大利语的瑞士人。你认识他，保罗。

德：哈弗斯（Havers）？

施：对。他和瓦曼早就认识。他跟我说，人们在瓦曼面前都不敢讲话，或者说，假如你想说什么，必须事先想到，这些话很快就会被传出去。连队的思想转折是在我到了那里以后才开始发生的。1944年夏天我刚到连队的时候，不光是整个连队，连上尉本人都是小心翼翼，不敢乱说一句。上尉甚至跟我说，这个连队容不下我，我必须离开。后来，连队里慢慢形成了一个明确的反对派阵营。那群说东欧语言的人在连队里说了算，他们是一帮彻头彻尾的纳粹。

德：这些人一直到最后都是这样，我是说吕克尔（Rücker），还有外语组组长欧提斯（Otis）。他是个头脑精明的人，可也是个很极端的纳粹。

施：我是在联欢的时候才了解到连队中的思想状况的。我当时坐在钢琴师边，另一边挨着珠宝商恩斯特（Ernst）。我和恩斯特是很要好的朋友，那时候他已经加入抵抗组织了。我们聊得很投机，他也了解我的想法。在意大利语课上，我被布鲁克（Bruck）博士训斥了一番。这个人你可能不认识，他是来自维也纳的高级公职教师。

德：不认识。

施：他训过我好几次，那个钢琴师也是。钢琴师的弟弟是盖世太保的人。除了巴尔多夫（Baldorf），后来死掉的那个，没有人知道我到底属于哪一派。

德：我和他合作过，在林堡（Limburg），做审讯官的时候。

施：那时候还有一个人，施拓本（Stoeben），从科布伦茨（Koblenz）来的，是个工程师，他后来转到英语班去了。

德：哦，就是那个行政专员，举止怪异的圣徒？

施：对，他可是个好人，诚实又值得信赖。

德：还有施兰克，也是个怪家伙。

施：和他还是有得聊的。但是真正带头的，其实是我们小组——你、维茨图（Witztu）、德特曼-霍尔威格（Dethmann-Hollweg）和我。其他人都是随大溜。当时劝沃纳·施兰克的时候，我简直磨破了嘴皮，他老是躲着我们……

德：克鲁茨巴赫（Kluerzbach）、内德斯（Nenders）、克鲁斯特拉特（Kluesterrath）。

施：还有霍尔茨曼（Holzmann）。

德：还有沙尔夫（Scharf）、霍特曼（Holtmann）。

施：他们后来去哪里了？

德：回家了。我真想揍克鲁斯特拉特一顿。就是那个长着一张红脸的人，一个讨厌的家伙。但是在我们英语班有个不错的家伙，就是贝德纳雷克（Bednarek）。他是国民经济学家，也是一名记者。克鲁斯特拉特那时候老是跟他过不去。[123]

这番对话又一次让我们清楚地看到，社交环境对国防军士兵的影响是多么重要。在老兵们回忆自己的部队时，关于战友的话题总是占据了最大的空间。在亨特堡也一样，国防军士兵最常谈论的就是他们的战友。对周围环境做出明确的判断，确定哪些人是“好人”，哪些人是“怪人”，哪些人是“混蛋”，哪些人是想“狠揍一顿”的，这些都是人之常情。而翻译连队和普通国防军部队的一大区别，就在于政治视角。翻译连成员对战友的看法，是以世界观作为标准，这是与大多数前线部队不同的。比如说，人们把一个人定性为“彻头彻尾的纳粹”，并以“观点”的一致来确定自己的同类。因此，政治观点的差异对部队内部的帮派形成自然也会产生影响。那些不愿与“纳粹分子”为伍的志同道合者走到一起，组成一个小的“团组”。因此，两派势力的不和总是不断引发矛盾，当一派中的某个人被另一派“教训”后，双方就会“恶语相向”，甚至“大打出手”。在人际关系的层面，这种矛盾的存在当然也不例外：在国防军中，人们并没有公开讨论政治的空间。在这里，效忠纳粹的士兵也是“在连队里说了算”——其原因之一是，那些路线坚定的上级军官总是在监视着士兵的一举一动。世界观的差异更多是表现为彼此之间的心照不宣：每个人都能意识到，另一个人对政治是什么态度。这种意识同时也是造成人际关系紧张的原因之一。相反，在前线部队的社交实践中，政治观点的作用则是微不足道的。

翻译连队社交文化的特点，一方面是由其人员结构决定的，由此也再次反映出国防军中的代际差异。年纪较长的士兵与年轻的士兵相比，对政权持批评立场的可能性更大。假如翻译学校的人员是由年轻的新兵组成，那么其社交文化大概会与潜艇部队的情况相差无几。但是在翻译部队里，年龄较大、受教育程度较高的士兵却在人际交往中创造出一种完全独有的氛围。从这个例子也可以看出，不仅仅是军队在塑造军人，反过来，当事者本身也在对机制产生影响。尽管在军队中，群体构成了主导一切的框架，但是构成群体的，毕竟是一个个与众不同的个体。

除此之外，翻译部队的特点也是由翻译部队日常工作压力较小导致的。例如，在威斯巴登－比布里希（Biebrich）驻地，翻译连队日常所做的不过是安静悠闲的后勤守备工作。这种节奏与前线部队的日常生活是大相径庭的。在这远离主战场的地方，大家的主要任务是学习理论课程，工作带来的压力可谓微乎其微。[124]在威斯巴登翻译连队每天的日程表上，从早上7点15分到中午12点都是语言课，中午休息两小时。下午2点到4点是步兵训练，但是训练量很小。下午4点之后是学员的自习时间，但是很多翻译连队的成员通常把下午的剩余时间用于自由活动。其他地方的翻译学校对于在校学习的“语言转换者”而言，就像是“一家旅店”，很多人甚至感觉自己“一点儿不像个军人”。[125]在一些机构中，有些人活得就像个“贵族”，正如梅西纳（Messina）的特别指导员汉斯·罗什所说：“那是一所全新的翻译学校，那里的日子可真不错。我们下午去散步，然后随便找什么地方坐一坐。哎呀，真是太美妙了。”[126]

这正是差异之所在：与前线士兵不同的是，这些在校学习的译员们有着无处消耗的巨大精力，有更多的时间和闲暇去思考政治问题。其他部队每天都在执行紧迫的现实任务，而翻译部队的时间并没有被这些任务所占据，因此世界观的差异在这里就会变得格外突出。

尤其值得注意的是，很多对政权持批评意见的译员在从学校调到部队服役，并由此从理论转入实践后，其态度立刻会发生变化。特别指导员保罗·德兰努伊特就是一个例子。他在威斯巴登—比布里希驻地，一直把自己看作是反纳粹一派的成员。但是当他被派到反间谍机关任职并逐渐融入环境后，其原有的反政府情绪从此消失得无影无踪。相反，他以极大的热情投身于工作。[127]翻译学校的这种现象同时也为大多数前线部队的日常生活之所以远离政治提供了间接的解释：对行动的需求越大，现实的交往与合作越密切，所有抽象事物就越多地退居次要的位置。这就是当下的力量：只要现实需要，那么士兵们就会把所有生理、认知和情感精力全部集中于应对每一项具体的挑战。正是出于这一原因，士兵们对战略形势的关注，往往是在其经历战争的较低层面受到形势波及之后。他们将由此得出哪些结论，这些结论对其在战斗中的表现有哪些影响，这是我们在下一章将要讨论的话题。

第六章

# 军心斗志

1944年12月初，萨尔河中游地区某德军阵地。夜里2点。工兵上尉沃纳·奥托（Werner Otto）与他的战友正准备借夜幕的掩护，炸毁一座桥梁。[1]很多天以来，萨尔路易（Saarlautern）[2]战场上炮火不断，因为美军计划在这里搭建一座横跨萨尔河的桥头堡。如果他们能够借此成功突破西墙防线，那么进入德意志帝国的路便畅通无阻了。[3]这一天，突然传来命令：奥托必须立刻带上他的第220工程兵装甲师，去拿下最前沿的一块阵地。他此时并没有料到，这一次出击是没有退路的。在这炮火纷飞的西墙防御地带，他将经历此生最后一次战役。五年多的时间里，国防军就是他的家，战争就是他的整个世界。1939年应征入伍，1940年出征法国，1941年6月"巴巴罗萨行动"（Unternehmens Barbarossa）开始后，他在东线战场打了一年多仗，之后又参与了抵抗盟军诺曼底登陆的战斗。[4]这些年里，他踏着父亲的足迹，从普通士兵一步步晋升，直到被提拔为师长：这是他入伍时曾经的梦想。

在萨尔河畔的这个12月的深夜，他指挥自己的属下登上装甲车，开赴主战场。[5]他的任务是：以突袭的方式占领三处无人驻守的工事，顶住步步逼近的敌人。刚刚接近工事，奥托和他的战友便和美军部队展开了交火，子弹呼啸，炮声隆隆。敌人已经突破了德方的防御体系，没过多久，奥托和战友们的后路就被切断了。

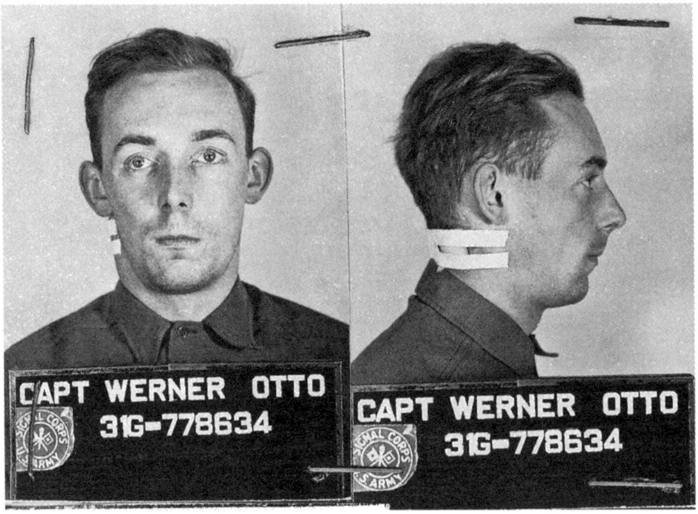


插图 15：上尉沃纳·奥托，生于 1919 年

他们蜷缩在暗堡里，形势不容乐观。奥托的整个部队目前一共只有三挺机关枪和零星的弹药，并且腹背受敌，孤立无援。奥托仍然在坚持，他尝试了所有的办法，但是要想突破包围，带大伙儿冲出去，已是万万不可能了。1944年12月7日，奥托在萨尔河畔的迪林根（Dillingen）最终缴械投降。之后不到三个星期，他就被送到了亨特堡。

战争对奥托来说早已是家常便饭，以至于没了仗打，让他感觉很郁闷。就在其他国防军成员都在为逃脱战争而感到庆幸时，奥托却在为成为俘虏抱怨不已。他把失败的主要责任归咎于对其下达命令的指挥机构对形势的错判，用他的话来说就是：他们的判断没有一丝一毫是正确的！[6]他打起仗来总是乐此不疲，甚至甘愿搭上自己的性命。他充满陶醉地回忆起诺曼底战役中“炸毁卡昂（Caen）所有桥梁”的辉煌战绩：那一次他不仅炸得漂亮，而且他还在一些被炸桥梁的桥墩底下埋上了定时炸弹，给德军撤离后到来的敌军造成了进一步损失。[7]他为自己一手设计的“漂亮”“精妙”的引爆装置颇感得意，他的出色爆破本领也为他赢得了上司的认可。有一次，他用爆破手段将一支敌军侦察队全数歼灭：“轰”的一声，全都报销了，8个人一个不剩，连尸体都没留下来。[8]对奥托来说，杀戮是家常便饭。他曾率领一支行刑小分队执行枪决任务，这种事对他也完全不在话下。[9]在亨特堡，他毫不讳言地说起自己在德军撤出法国时参与镇压平民和抵抗运动嫌犯一事，在他看来，这种事是顺理成章的：“我们把摩泽尔（Mosel）河边的一座法国小城变成了火海，因为城里埋伏着游击队，有几名游击队员被我们当场绞死。”[10]

在这位年轻的前线军官身上，向来都不缺乏决心和斗志。他始终坚信德国必胜，不久前发动的阿登攻势（Ardennen-Offensive）使他对德军拥有新型武器和雄厚储备一说更加深信不疑。[11]他对纳粹政权的忠心也是不可动摇的。他和同牢房的战友，45岁的上尉弗兰茨–约瑟夫·弗莱莫（Franz-Josef Friemel），一位纳粹党的“老战士”，不无自嘲地把自己称作“顽固不化的纳粹分子”。[12]令他们恼火的是，国防军里并不是所有人都像他们一样充满了乐观的斗志。在弗莱莫看来，这种“无能”主要是由意志力贫乏造成的：“只要大家还有一点点愿望，对自己的责任多一点点投入，而不是把心思花在度假、购物以及诸如此类的琐事上……如今很多事都一团糟，这都是因为缺乏一种精神！不是因为没有头脑，而是因为那种冷漠、无动于衷的态度！”[13]说到这里，弗莱莫立刻又想到了暴力：“解决这问题只有一个办法，就是把所有对此有责任的人统统枪毙！”

奥托也曾亲眼目睹过这类“腐败现象”，比如说在萨尔河畔他所参与的最后一次战斗中。[14]他对部队里一些“混账家伙”很是看不惯，在他看来这些人根本就“不想打仗”。[15]

尤其让他大为光火的是，有些防守工事的士兵“一弹未发，便缴械投降了”。在他的印象中，这种“疲惫厌战的现象”是“直到去年1944年才出现”的：“以前我们这儿从来没有过这种事，在苏联打仗时没有，1914年的时候也没有，这就是所谓的厌战现象。”[16]奥托根据其亲身参与的无数次战役中的观察发现，战争形势的恶化反过来也对军队的士气造成了影响。正如他在西墙战役中经历的那样，很多士兵已经有意识地放弃了战斗：

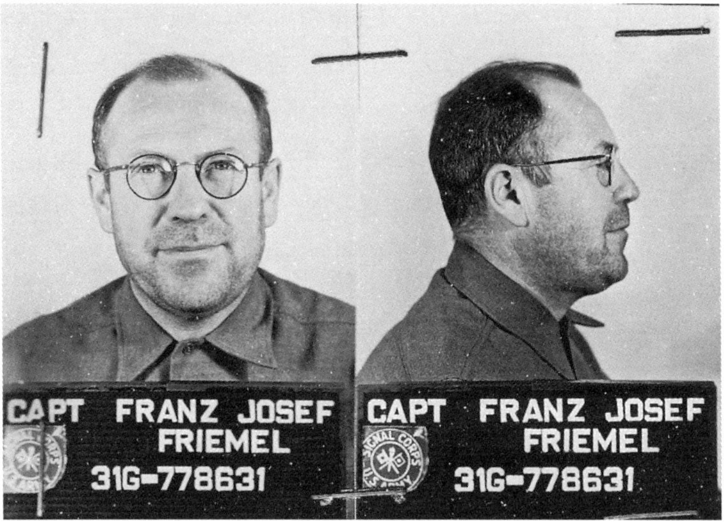


插图 16：弗兰茨 – 约瑟夫·弗莱莫上尉，生于 1899 年

> 德国兵不像以前那么棒了。他们不再主动进攻，根本没有人愿意进攻，大家都躲在洞里不出来。大家都是站起来，开几枪，然后再趴下。我手下的人还不错，所以很多人都冲了上去。可是步兵们不愿配合，他们一直猫着不动。不信你问问施托塞（Stössel）上校，或者随便问问什么人，真的是这样，步兵不愿意再打了，他们觉得受够了。他们只肯防守，不愿进攻。这并不是说他们违抗军令，可是他们上去了，却趴在那儿不动。他们就是不想打了。[17]

就在两位军官于1944年和1945年之交在亨特堡讨论德军斗志问题的时候，纳粹军队已经陷入了绝境。在西线战场，盟军于1944年6月6日在诺曼底成功登陆后，一步步逼近德国边境，有的部队甚至已攻入德国境内。在东线战场上，1944年6月22日，苏联红军发动强大的夏季攻势，成功突破了东线德军的防线。自1941年12月莫斯科战役失败后，德军的闪电战和屡战屡胜的年代便已成为遥远的历史。对许多士兵来说，1943

年2月初斯大林格勒战役的惨败，以及不久后1943年5月中旬非洲军团的投降，是他们对战争的心理转折点。随着1943年7月盟军在西西里登陆，一条新的战线被开辟出来。随后盟军又在其他地方陆续登陆，同年9月，同盟国意大利陷落。但是，德军顽强守住了这条战线。国防军经历的最严重失败，是在1944年6月之后。在敌军强大的攻势下，西线和东线战场全面溃败。盟军在兵力、武器和物资方面的优势是压倒一切的。敌方的制空权使德国战争指挥系统陷入瘫痪，并使德军1944年12月借阿登攻势展开最后一搏的企图化为泡影。

对士兵们而言，国防军军事上的溃败已不再是秘密。亨特堡的审讯报告和监听记录证实了这一点：很多士兵早在1944年初夏之前，对德军“必胜”的神话便已不再相信。盟军诺曼底登陆后，持怀疑态度的人不断增多。特别是很多士兵在回乡度假时亲眼看到自己的家园被炮火化为瓦砾后，这种悲观的负面情绪变得更加严重。空袭战无疑是导致德军士气一落千丈的重要原因之一。只有少数士兵直到被俘后，才对真实的局势有所认识。还有一些对纳粹政权和军队有很深情结的人仍不死心，尤其是那些军衔级别较高的军官和被洗脑较为严重的年轻士兵。很多人常常问，为什么国防军在明明知道胜利无望的情况下仍然要把仗打下去？提出这样的问题，是没有考虑到士兵们所面临的现实处境。对于大多数国防军成员来说，拒绝作战是不可想象的，特别是纳粹政权在战争的最后一年加强了对国内的恐怖镇压之后。但是这并不意味着，士兵们对战争形势的判断对其行为没有产生丝毫的影响。只不过这种“厌战情绪”很少是通过直接的抵抗来表现，部队里也没有出现大量的逃兵。对战争的反感更多的是隐藏在人们的潜意识里。正如上尉奥托所述：一个人要是觉得“受够了”，他就会尽可能把投入降到最低，并偷偷利用个人所能掌控的行动空间，逃避上阵打仗，同时还要避免让自己的行为显得过于暴露。

另一方面，在国防军的各色人群中，当然也有像奥托这样誓死战斗到最后一刻的斗士。一个人在作战时的表现，并不仅仅是由事态本身所决定，同样也取决于个人的态度和意愿。士兵们的士气和斗志之所以存在差异，一方面跟战争的大环境有关，另一方面与当事人的意志以及个人认知也有关联。这一点从国防军在东线和西线战场面对不同敌人所表现出的不同作战风格亦可得到反映。

## 问卷调查

国防军成员们始终在密切关注着战争形势的变化。作为独裁体制下的军人，他们很难掌握客观的信息，但是类似莫斯科、斯大林格勒及突尼斯战役失利这样的大事件，无论纳粹宣传机构如何美化，也是掩盖不了事实真相的。此外，在国防军中，人们也不可能做到让每个人都不闻不问。士兵们总是千方百计利用一切机会打探消息，并针对其听到的各种传言交流彼此的看法，在行军途中，在战地通信中，或是在回乡休假时。他们对局势的判断同时也来源于个人的经验，毕竟他们每个人或早或迟都会经历失利、撤退、伤亡，并切身体会到己方所处的劣势。士兵们将根据种种经验最终得出自己的结论，尽管这些结论有可能各不相同。这一点同样也反映出人们对实际战况的感受，在很大程度上是由观察者的立场决定的。

美国情报局在亨特堡对德国战俘所做的一项问卷调查中，清楚地记录了这些士兵对战争形势的个人判断。审讯官以标准格式的“品行问卷”为基础，要求受审的国防军士兵就战争未来结局说出自己的预测。大约有660名德国士兵参与了这项调查，从统计学角度来看，这份抽样或许并不具有充分的代表性，但是它毕竟是迄今保留下来的以国防军成员为对象的规模最大的一份调查问卷。这些调查大部分是在1944年前三个季度进行的，因此，这份“品行问卷”堪称是战争最后阶段国防军士兵思想状况的真实写照。从士兵们的回答可以看出，他们对现实形势并非一无所知，因为日益频繁的失利必然会对国防军中的气氛产生影响。

同时也不难看出，士兵们对局势的判断与其个性特征也有着密切的关联。每个人的素质和经历决定了他们的态度是悲观还是乐观，以及程度的差异。从总体来看，“品行问卷”呈现出两极化的特点：在战争的最后一年，这些国防军成员中多达59%的人认为，战争失败是有可能的，甚至是不可避免的。[18]与此同时，仍然有41%的人相信德国必将赢得战争的胜利，或者说至少可以通过和谈的方式来结束战争。

这些不愿对胜利放弃信心的人，要么是经历丰富的老兵，要么是一些年轻气盛的新兵。这或许并非是一种偶然现象。如果从受访者的军衔级别对这份“品行问卷”加以分析，可以清楚地看到一种趋势：在普通士兵中，对战争局势持乐观态度的只占39%，而在上士和中士中却多达51%。后一部分人作为德国军队的中坚力量，有多一半的人仍然保持着乐观，面对着盟军的节节胜利，却依然坚信纳粹必胜。大多数情况下，军衔标志着较长的军龄以及持久的磨炼。这些人通常是那些服役时间长、久经战火考验的士兵，有些人甚至曾在不同战场的最前沿打过多年仗。他们对胜利的渴望，往往与其对纳粹政权始终不渝的忠心有着密切关系。来自不来梅的24岁陆军中士赫尔曼·哈特曼（Herrmann Hartmann）就是一个典型的例子。他于1939年加入国防军，曾在法国、苏联、非洲及西西里战场上打过仗，负过两次伤，获得过铁十字勋章。[19]他的最后一次作战经历是在意大利前线担任阵地指挥官，直到在卡西诺（Cassino）战役中被俘。

据哈特曼在亨特堡所述，他自始至终相信德国将赢得胜利。[20]当被问及原因时，他将理由归结于德国士兵的强大“精神”，在他看来，这种“精神”是比技术和武器更为首要的因素。尽管他对盟军的压倒性优势有所意识，但越是这样，他便越加需要通过自我暗示的办法，让自己摆脱坚持下去是没有意义的想法。在他看来，不允许发生的事情是不可能出现的，而近在眼前的失败对他来说无疑就是噩梦：“每个德国人都很清楚，如果输掉战争，我们就会沦为被奴役的民族。”[21]他对自己为之战斗的纳粹体制有着深厚的感情。在他看来，希特勒和纳粹为德国做了很多事，解决了失业问题，使普通工人家庭过上了富裕的生活，并且有了出人头地的机会。[22]此外，他之所以排斥投降的念头，也是因为一旦投降，他多年来吃的所有苦就全都白费了："是啊，我为什么要打仗？而且一打就是四年？假如失败的话，所有这一切都将变得没有意义。"[23]这种想法的背后隐藏着一种逻辑，在社会心理学范畴里，人们称之为"感情投资理论"：一个人在精神和肉体上对某件事投入的精力越多，他就越倾向于相信他为之努力的事情是正确的，同时也更加希望这些投入不要因事态变化而变得没有意义。[24]像哈特曼这样的人，他们之所以不愿承认失败，还有另一个原因，这就是军队的社会化使他们对国防军所产生的强烈依赖感。像他这样经历过战火考验的前线老兵在国防军中享有很高的威望，中士头衔赋予了他领导的责任，使他成为部队指挥体系的一员。一个在军队中生活了很多年、一步步融入军队体制、其军人身份不断得到外界肯定的人，他在思维上就愈加依赖于这个环境。[25]

社会化经历显然也有可能导致士兵对战争形势判断的差异。这一点从士兵年龄对其看法的影响也可得到反映。如果按受访者的年龄来分析美方的调查问卷，可以看出一种明显的趋势：1918年前出生的士兵中仅有36%的人相信德国必胜，而64%的人则认为德国败局已定；在1918年后出生的年纪较轻的士兵中，情况则截然不同：有46%的人希望战争会以胜利告终，只有54%的人对此已不抱希望。在1922年后出生的更年轻一代士兵中，情况又略有变化：这些人在1944年的夏天时，年龄大多在17岁到22岁之间，他们当中的乐观派和悲观派的比例大致持平。[26]趋势是显而易见的：士兵年龄越小，就越倾向于相信政府的口号，要把战斗坚持到底。

来自伍珀塔尔（Wuppertal）的18岁伞兵卡尔·施密茨（Karl Schmitz）便是这些人当中的一个。从施密茨在亨特堡的表现来看，他完全符合美国审讯官对"年轻狂热的纳粹分子"的定性，即"完全被纳粹洗了脑""只会说纳粹好话"。[27]这位前希特勒青年团成员不仅对"元首"和纳粹主义深信不疑，同时也对德国的胜利充满了信心。即使我们假设，他是为了在敌人面前摆出硬汉模样而刻意做出这样的表态，他和那些年纪较长的士兵之间的差别仍然是一目了然的。在来自希特勒青年团一代的士兵身上，有很多特征显然是由年龄决定的：他们在第三帝国长大并经历了社会化的过程。从学校、希特勒青年团、帝国劳动军团到国防军，他们接受了完整的纳粹主义教育，并由此迈向成年。对这些经历所遗留的影响，我们在前面分析国防军意识形态化问题时已经确认：他们对希特勒和纳粹政权的忠诚度明显高于平均水平。[28]就连一些同时代的人，例如32岁的特别指导员弗兰茨·莱姆博尔德也认为，希特勒青年团一代是非常“称职的军人”，“我们所有人都是被训练出来的，让我们往右看，我们自然要把目光转向右边。可这些孩子完全没有自己的想法，他们所想的一切，都是符合上层路线的”。[29]

军事社会化和代际特征可以生成趋势，但并不能导致必然性。对战争形势的感受理所当然也是由战争本身决定的。人们在前线战斗中通过亲眼观察所获得的直接的往往令人沮丧的经验，是尤其难以辩驳的。而对手的频频胜绩，更进一步加深了这样的印象。因此，国防军的失败在亨特堡问卷调查中的另一个反映是，士兵们的情绪随着战争的发展越来越趋向低迷。一个明显的转折点是1944年6月6日盟军诺曼底登陆，其战略意义对大多数士兵来说都是心下了然的。在“霸王行动”（Operation Overlord）前亨特堡对战俘的调查中，士兵们的态度明显比“霸王行动”之后乐观得多。在1944年头两个季度的“品行问卷”中，仍有49%的士兵相信德国必胜。盟军成功登陆诺曼底后，士兵们的信心明显下降。在1944年的第三和第四季度，只有不到34%的士兵还相信德国将赢得战争的胜利。战争持续越久，国防军在盟军的进攻下退得越远，士兵们对胜利的希望就变得越渺茫。最迟在1944年与1945年之交过后，当德军在阿登战役中失守，盟军一举攻入德国境内后，士兵们对胜利的希望彻底破灭了。1945年第一季度的“品行问卷”调查虽然只保留下来42份，但它仍不乏说服力——在受访的国防军士兵中，再没有一个人还相信德国必胜。

可以肯定的是，导致士兵们对现实认识不清的因素有很多：对国防军和纳粹政权的感情，意识形态教育和宣传，思想和行为上的惯性，战争生活带来的压力，等等。面对1944年战争局势的转折，的确有一些士兵表现出明辨是非的能力，他们根据自己的经验，得出了与实际相符的结论。但是，这种情况并不适用于所有人：尽管1944年下半年战况发生了戏剧性逆转，但是在对德国战争前景的预测上，问卷所显示的数据并没有出现大的变化。其主要原因在于国防军骨干的态度，这些人对形势的判断与现实有着极大的反差。就像上尉沃纳·奥托这种深受纳粹思想影响的军人，他们对战局始终固守着自己的看法。

## 战争形势

美国问卷调查的结论在监听记录的德国战俘牢房对话中大多得到了证实。从士兵们的私下对话中可以看出，他们在“品行问卷”中的表态大部分不是伪装的：对德国失败的预测并不是为了讨好对方，而坚信德国必胜也并不单纯是出于挑衅。尽管监听记录无法像标准化问卷一样，把所有结论都落实于数据，但是它所反映的结果却与面对面的问询相差无几。战争持续的时间越长，“牢房谈话”中的悲观气氛就越明显。当然无论在什么时候，总有一些不灰心的人，他们始终不肯放弃德国必胜的希望。与调查问卷一样，这些人往往是那些在情感和经历上对战争投入较多的人。

很多士兵并不是在来到美国战俘营之后，才看出德国失败的迹象。在31岁的中士克劳斯–海因里希·冯·温多夫（Klaus-Heinrich von Wendorff）看来，早在1943年10月，在德军屡遭重创之际，“把仗继续打下去，已经是人们所能想象的最残忍的事”。[30]对来自科隆32岁的中尉汉斯·多尔夫而言，当他在西线看到德国部队已经“丧失了士气”，“一个又一个民族”与德意志帝国为敌时，便已认识到这一点：

> 现在能做的只有一件事，就是赶快结束这一切。但是德国领导层却不肯这样做。当一个人满脑子都是宏图大志的时候，的确很难看清这一点。如果一件事明摆着行不通，就应当想办法结束它。这

时候，勇敢、顽强之类的行为统统都没有用。除非是瞎子，才会看不到这些。现在连人民冲锋队（Volkssturm，纳粹德国在“二战”最后阶段成立的国家民兵部队，其成员为16岁到60岁尚未被征召服役的健全男性公民——译者注）这样的组织都成立了，这明摆着就是说，我们已经山穷水尽了。[31]

1944年8月，20岁的代理下士理查德·希尔（Richard Hill）也表达了同样的看法：“连瞎子都看得出来，我们国防军在前线已经打不赢仗了。”[32]1944年8月初，来自海德堡的年轻炮兵少尉约翰·格罗特（Johann Grote）在提到他的战友们时说，他们大多数人也是这么想的：“我相信每个人内心深处都很清楚，这场战争我们输定了。他们只是不想听别人这么说，自己也不愿对外人承认而已。这或许是因为他们是坚定的纳粹分子，又或许是——特别是那些军官——像他们说的：‘如果承认德国输掉了战争，那我们就成了叛徒了。’”[33]格罗特在接受美国审讯官审问时，也曾表达了同样的观点。[34]由此可见，监听和审讯记录的内容在大多数情况下是相互吻合的。具有代表性的是一位美国情报局官员在监听记录中记下的某德国空军飞行员的一句话，当时这位飞行员沮丧地说：“时间将做出判决——我们必输无疑。”[35]这位美国官员在旁边写下的备注是：“与品行问卷内容一致。”

当1944年12月德国发动阿登攻势，再次唤起一些德国人对战争胜利的幻想，到1945年初，大多数士兵已经看到，国防军获胜的可能性“十分渺茫”。[36]认清这一点的原因，一方面是来自于他们在前线与盟军交火的惨痛经验，在双方交战中，他们充分地感受到了对手的压倒性优势。特别是盟军的空中优势，是其无法漠视的。士兵们不停地抱怨本国空军不为自己提供掩护，使得他们在盟军飞机的炮火下无处藏身。来自柏林的27岁的陆军下士赫尔伯特·舒尔茨（Herbert Schulz）在亨特堡抱怨道，1944年底瑟堡战役中，没有空军战斗机来协助他们：“那时候大家议论德国空军时总是说，他妈的，我已经很久没见过空军的影子了。那帮空军只会瞎得瑟，开着他们的HE-111轰炸机在苏联村庄上空盘旋，朝着女人和奶牛们乱开炮。”[37]年轻的高射炮兵库尔特·托恩（Kurt Thon）也是在诺曼底战役中被俘，他对盟军的强大优势同样感受至深：“当坦克轰隆隆朝你开过来的时候，你拿着机关枪又能做什么？那势头你是根本抵抗不了的。而且，头顶上还有盟军的空军在伺候你，他们的炸弹威力也比你强百倍。可我们这边儿，却是要哪样没哪样。”[38]参加过瑟堡战役的代理下士路德维希·菲尔德布什清楚地记得，盟军的空中优势是如何使德军的攻势陷入瘫痪的：“即使在大白天，我们的车子开在路上也不敢闪灯。”[39]像少将奥托·里希特（Otto Richter）这样的部队指挥官也在前线感受到这种来自空中的无处不在的危险——他手下的人“开车还没跑出一公里，就像苍蝇一样被打死了”。[40]

对盟军的强大空中优势深有体会的，不仅仅是地面上的德国兵，就连空军飞行员同样也不例外。年轻的空军少尉迪特·辛克（Dieter Zink）曾在诺曼底率领第3战斗机联队抗击盟军进攻，直至1944年7月初在卡昂被击落。他的联队在空战中遭受重创，这在他的印象中留下了惨痛的记忆：“我们连起飞都很困难，刚一起飞就立刻开战……我们根本到不了前线，都是在降落时被击落或在起飞时被击落。”[41]就连身经百战的22岁中士理查德·绍雷尔（Richard Scheurer）也不得不承认盟军空军太过强大，想打败他们简直就是奢望：“是啊，他们显然在数量上就占据了优势。如果两方实力是1比2的话，还可以勉强抗衡一下，问题是现在双方实力是1比3、1比4，甚至1比5，或者更甚。”[42]在第26空军战队担任无线电报务员的21岁代理下士海因茨·容克（Heinz Junker）也有过类似的沉重经历。1944年3月，当他驾驶的Ju-88轰炸机在地中海上空被击落时，他是所有机上人员中唯一的幸存者。[43]他很早就预料到，自己迟早有一天会有去无回。在过去几个月里，他所在中队的人员一个接一个阵亡了：“从10月份到次年的2月份，我们整个队伍只剩下了一个机组。这中间，上面派来过两批人作为候补，可这些人也都送了命。如今活着的这些人，都是2月份之后才来的。”[44]惨重的损失在幸存者心里留下了深刻的阴影，特别是在意大利中部进攻盟军着陆点这类关键性战役中，大家表现得一点斗志都没有："亲爱的先生，您能想象我们当时是怎样一种情况吗？在内图诺（Nettuno）行动中，很多人丧了命。现在，大家再也没有勇气和斗志，没有人再愿意飞了。不像是以前，那时候，每次行动都像过节一样。在地中海或非洲海岸，大家往往还没出发，就开始庆祝胜利了。但是在聂图诺战役后就没人愿意再飞了，就连最有胆量的那些人也是一样。"当胜利的希望破灭后，以往令很多飞行员为之陶醉的击落敌机或命中轰炸目标的"乐趣"也随之烟消云散。

实力的悬殊同样反映在地面战场上：在这里，盟军在兵力、武器和火力方面的优势也是压倒性的。1944年中，在意大利前线经历过战斗的伞兵中士埃里希·沃伊克特已经"根本不敢想象，我们如何还能抵抗下去"。[45]沃伊特在战场上亲眼见识过盟军的厉害。在盟军猛烈的炮火下，他和战友们只能一直躲在工事里，连开枪回击的机会都没有："我们从头到尾没敢露过头。手榴弹、炮弹一个接一个地投向我们，你只要一抬头，就能听到子弹从你耳朵两侧嗖嗖地飞过。如果每个战场都是这样的话，依我看，我们只能坐以待毙了。"21岁的伞军下士沃尔特·波那特（Walter Pohnert）便在其他战场上领教过在盟军战火下那种无可奈何的感觉："在非洲，情况真是糟透了，你根本就没办法露头。"[46]与他同在一间牢房的室友，也曾作为步兵在前线打过多年仗的代理下士埃里希·卢弗（Erich Ruffer）对此深有同感："你根本出不去，整天只能躲在战壕里，连拉屎都不敢出去。"

这种形势一边倒的状况是在1945年初，当战争打到德国之后才出现的。在1945年3月科隆战役中，36岁的中士海因里希·柯尼帕（Heinrich Knieper）和他已受重创的步兵部队接受重任，把守克尔彭（Kerpen）附近一道近500米宽的防线。当盟军展开攻势，从各个方向向他们发动炮火攻击时，柯尼帕和他的战友们只能躲在掩体里，连头都不敢露："我们当中有一个人刚开了一枪，立刻就有几颗炮弹朝我们的洞口飞过来。当你看到如此情形，你就知道把仗打下去是件多么疯狂的事。"[47]在严峻的战争形势面前，士兵们大多都会得出现实的结论。这些刻骨铭心的战争经历让身经百战的33岁军士长戈特利布·格恩巴赫（Gottlieb Gengenbach）陷入了思考。格恩巴赫1929年成为职业军人，1943年11月在南意大利前线被俘前，他曾在三个不同的战场作战。最迟在这时候，他已经明白，即使他所在的第16装甲师这样装备精良的部队，在盟军的强大优势面前也无招架之力："我们的装备很棒，这是实话。我们真的什么都不缺。可是在每栋房子和每个草堆后面，都有英国人的坦克守着。我当时就想，敌军兵力这么强，他们（德军）肯定打不赢。这真是件令人悲伤的事情。第65师也早就被干掉了。"[48]这些经历让国防军士气大伤，据格恩巴赫观察，自从大家知道获胜无望之后，军队的士气便一再下滑："从目前情况来看，德国兵的表现还算好的。可在意大利就不一样了，在那边，人们早就开始为自己寻找退路了。"

但凡对战争形势有所思考的士兵，都会得出大致相似的结论。前线战局的变化不可能逃过任何人的眼睛，他们当中大部分人至少明白，像盟军诺曼底登陆这样的重大事件意味着什么。早在诺曼底登陆前，亨特堡的战俘们便开始猜测盟军的下一步攻势。1944年5月初，24岁的伞兵彼得·林斯特（Peter Linster）断言，接下来只是时间问题，很快人们就会看到"最后的结局"。[49]尽管他提到了盟军1943年7月大规模登陆西西里并借势拿下意大利的例子，但是他并不认为如今胜负已分："美国人很害怕，他们担心自己会完蛋。当然，完蛋的也有可能是我们，如果我们不拿出点真本事的话。"相反，同样也是用盟军西西里登陆作为例子，空军飞行员马克斯·耐尔茨（Max Nairz）却于1944年3月得出了更加悲观的结论，并以此惹怒了他的牢房同伴，曾与耐尔茨同在第53飞行大队作战的少尉弗利茨·拉曼（Fritz Lahmann）。1944年2月，他们各自驾驶的梅塞施米特战斗机在意大利中部内图诺盟军登陆地上空被击落，两人先后仅有几天之隔。拉曼预料到，在西欧也将有一场类似于意大利中部的登陆行动："再过几天，进攻就要开始了。"[50]他的战友耐尔茨对此反应很悲观。据他分析，盟军将在"5月份""从西部"发动"主攻"。他本人对结果的预测令他感觉很“痛心”：“面对如此强大的空中攻势，我们真的毫无办法。在西西里就是这样，不是吗？只能是坐以待毙。”就像这两人一样，士兵们对战争形势虽然抱以同样的关注，但是他们每个人对此的诠释却不尽相同。1944年10月，中尉汉斯·多尔夫和少尉莱恩霍德·德尔布吕克在亨特堡聊天时就发现，他们是在不同时间点失去对胜利的信心的。[51]德尔布吕克直到盟军抵达德国边境的时候，还不肯放弃希望：“一直到桥头堡战役前，我还指望会出现转机。但西墙防线的挫败却让我大失所望，那一刻我的心一下就凉了。”对多尔夫来说，早在1944年8月初盟军从诺曼底桥头堡一路攻入欧洲内陆时，他的希望就已经破灭了：“布雷斯特要塞被攻破后，我就意识到完了。”

但凡涉及人类对现实的感知时，情况总是如此：同样的经历总是因当事者主观视角的差异，而被加以不同的诠释。特别是那些经历再多失败仍不肯放弃德国必胜信念的士兵身上，这一点表现得尤为明显。1945年1月，19岁的伞兵埃里希·帕德伯格（Erich Padberg）就曾在亨特堡表示：“很多跟我说过话的美国人都相信德国会赢，他们知道，这场仗美国打输了。”[52]在国防军中，到这么晚还仍然执迷不悟的人毕竟是少数，但帕德伯格绝不是唯一一个。和他抱有类似想法的还有海军军事法官凯·尼施令，一个顽固不化的纳粹分子。1944年“7·20事件”后，他曾以极大的热情参与了搜捕和迫害反叛者的行动。在亨特堡，他在回顾过去时说起使得他直到1945年3月仍然能保持乐观的原因：“猎人计划已经完成了”“燃料问题彻底解决了”“V3超级火炮的研发也成功了”，在地面战方面也掌握了有“大规模杀伤力”的新“手段”，“而且我们相信，如今在东线战场，我们又可以称霸了”。[53]所有这些没有哪一条是有根据的。直到战争结束后，尼施令才承认，他对德国胜利的信心不过只是幻想：“我们已经走出了低谷，又开始往上走了。如果我们能够抵抗住这最后一击，我们有可能，说不定就赢了。但是现在看来，我们没有做到。我们是被敌人的大规模兵力压垮的。”在当时的情况下，尼施令对失败的意识比大多数国防军成员要迟得多：“1945年二三月份的时候，一切都结束了。”曾在东线、南线和西线战场打过仗的33岁伞兵下士奥托·沃尔夫（Otto Wolf）也是到1945年3月的时候还仍然相信，如果再来一次类似阿登攻势这样的行动，有可能给战局带来转机：“我们需要正经八百地打上一仗，就像当年伦德施泰特（Rundstedt，纳粹德国元帅，曾率领德军入侵捷克和波兰——译者注）那样。我们一路长驱直入，一直打到了巴黎，在西线我们也占据了主动。只是该死的苏联人，不过，我们迟早也可以把他们干掉。依我看，就是因为我们让苏联人一路打到了柏林，或者说不得不让他们进来，然后才……”[54]

像沃尔夫这种亲眼目睹过无数战争场面的前线老兵，他们顽固不化的态度清楚地说明，士兵对战争形势的认知未必总是清醒的。他们对自身经历的诠释，在很大程度上取决于其个人所受教育。沃尔夫等人不仅仅是希特勒的追随者，同时也是服役多年的士官。沃尔夫早在“二战”爆发前便已加入国防军，1938年参加了占领苏德台地区以及入侵捷克斯洛伐克的战斗。[55]1939年后，他曾经在法国、苏联、希腊、意大利等地作战，最后是在诺曼底前线。在这些战场上，他经历了毁灭性的失败：他和其所在的第三伞兵师的剩余兵力，侥幸逃过了诺曼底法莱斯（Falaise）包围战。1944年8月，盟军在这里使德军遭受重创，并使国防军在法国的主力严重受损。在突破法莱斯重围后，沃尔夫又在比利时蒙斯（Mons）陷入下一个包围战，直到1944年9月被俘。沃尔夫同时也见证了盟军是如何在最短的时间内把德军打得一败涂地的。尽管经历了这些戏剧化的波折，沃尔夫的信念却依然未变：“美国人无论如何都输不起。因为他们打仗的动机不一样，而且他们没有毅力。美国人总是一遇到困难，就会一肚子怨气。振作点儿，他们毕竟还没赢呢。”[56]

28岁的高射炮部队下士威廉·凯弗（Wilhelm Keffel）也经历了诺曼底的惨败，但是他也没有或不愿把这次失败与大的战局联系到一起。凯弗曾经参加过攻打港口城市瑟堡的战役：在这里，被包围的德国守军在坚持抵抗数日后，于1944年6月26日投降。即使回过头来看，凯弗仍然不愿承认“瑟堡的败局”——这场失败在他看来是“不必要的”，“不光彩的”。[57]他把失利归咎于军队中的“胆小鬼”：“这事压根儿不该发生。枪声一响，很多人就逃走了。虽然没有重型武器和空军的支持，但这场仗打得实在太糟了。这全他妈是因为一个原因，就是那些人太惜命了。”依照凯弗的标准来衡量，就连和他在前线交战的盟军也达不到：“美国是个胆小的民族。你一开枪——呼！他掉头就跑。”[58]凯弗并不是在瑟堡才真正见识到盟军的优势的，而是在去瑟堡的路上。在法国行军途中，盟军的空中优势无处不在：“那时候真是糟糕透了，每列火车都受到了攻击，几乎没有一列能够幸免。”[59]凯弗一路上看到大量被炸毁的战争物资，但他仅仅把这些看作盟军的区域性“胜利”：“真是太可怕了。后来到了火车东站，我走进去一看，到处一片狼藉。看来在法国北边，他们还是有收获的。我是说这场空中轰炸。这场仗应该说是他们赢了吧。”[60]凯弗出身于一个民族保守派家庭，1936年加入国防军。如今，他的世界即将陷落，这一点对他来说是难以想象的。

逃避现实对于那些不愿直面失败真实原因的国防军成员而言，是一种典型的做法。如果一个人拒绝承认对手的压倒性优势，那么他唯一所能做的事，就是将失利的原因归咎于失误或者是身边的“懦夫”。经历过战争考验的步兵中士卡尔·瓦姆泽（Karl Wamser）把盟军在意大利的成功登陆视为“我军指挥部门的严重无能”。[61]其他士兵面对失败时往往会联想到“背叛”，这些叛变者要么是自己军队中的士兵，[62]要么就是盟友，比如说那些令人厌恶的“意大利佬”。[63]瓦尔特·弗里斯（Walter Friese）认为，只能用“阴谋”来解释北非的“溃败”：“不然我们早就打败英国兵了。”[64]当一个人把责任推给他人时，失败就会变得容易接受。另外，在他人身上寻找失败的原因，还可以让人产生一种幻觉，认为本国的军队仍然是坚不可摧的。因为人们可以借此摆脱困扰，不再去思考控制权是否早已被对手所掌握。

有这种想法的人，往往是像凯弗、瓦姆泽和弗里斯这样的服役时间较长的士兵，或许这并不是一种偶然现象。在亨特堡的卷宗中，还有大量类似的例子可以证明这一点：那些多年来与军队和战争相依相伴，对

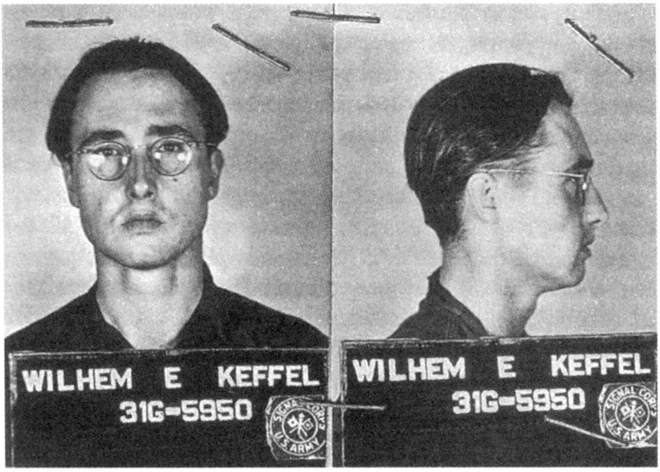


插图 17：上士威廉·凯弗，生于 1915 年

纳粹政权有深厚感情的人，要摆脱习惯的思维方式是尤为困难的。这些人要么回避现实，要么陷于“深深的痛苦”之中，就像空军飞行员马克斯·耐尔茨一样。相反，那些受军事社会化影响较浅的士兵，接受战争失败的现实则较为容易。正如我们在对待军人伦理态度问题上所看到的，士兵对战争形势的认识在很大程度上同样也取决于其融入国防军的程度，以及个人在经历、感情和心理上对战争的感受。[65]

## 奇迹武器

那些不愿放弃胜利希望的士兵总是想方设法，去捕捉着一切能够为自己的信念提供养分的讯息，特别是与所谓“报复性武器”（vergeltungswaffen）有关的消息。在国防军中，它已成为胜利希望的象征。一直到最后，希特勒和纳粹宣传机构还预言，他们能够凭借这种奇迹武器赢得战争。当权者正是利用这样的承诺来激励自己的部队，拼尽全力去赢得“最后的胜利”。实际上，V1 和 V2 导弹的杀伤力并没有那么大，尽管在传说中，它的威力可以夺去数万人的性命。这些新型导弹武器已经无法左右战争的进程，然而对于国防军的斗志而言，却有着不可小觑的作用。美军情报局1944年到1945年对德国战俘的问卷调查便反映出这一点：从人数比例来看，相信纳粹拥有制胜秘密武器的人与相信德国将赢得战争胜利的人，可谓旗鼓相当。[66]国防军成员们对这两个问题的看法是千差万别的，更何况实时的战况无时无刻不在驳斥着纳粹夸大其词的宣传。国防军士兵在亨特堡的谈话证明了，对奇迹武器的幻想的确唤起了他们当中很多人对胜利的希望。这些令人惊讶的交谈同时也反映出，这些男人对于那些神奇美妙的幻想是多么愿意相信。

无论每个人对战略潜力的判断如何，从一个角度看，其作用对任何人都是显而易见的：新武器是个迷人的东西。凡是在试验场或是在前线见识过它的人，都无法抗拒这种现代导弹散发出的魅力。与所有神奇的战争工具一样，每个士兵都对它趋之若鹜。[67]其“超凡的速度”、射程和上升能力使士兵们对技术的热情得到了满足。[68]士兵们称赞V1和V2导弹是“非常厉害”的武器，并兴致勃勃地打探有关“V3”的最新传言。[69]一位空军中士对它充满神往：“V3应该飞得更高，还没有哪种飞弹可以飞这么高，有八九十公里。你很吃惊，是吧？你想想看，16米长的弹头……好几吨重啊。”[70]士兵们对V2导弹的所谓“命中精确度”也赞叹不已。有些人甚至认为“有了这种报复性武器，空军就可以卷铺盖回家了”。[71]而其他了解情况较多的士兵则听说“这东西没那么准，而且很难瞄准目标”。[72]当士兵们在前线看到V型导弹在空中“呼啸而过”时，都会被它的“浩大”气势所震撼：“它就像火箭一样，像一团黄色的火焰，亮极了，在天上呼啸而过。”[73]每次当它在前线附近出现时，就像在上演一场精彩的表演，“一个燃烧着的东西，像照明弹一样”射向天空，“有个人喊，瞧啊，那是V2！那玩意儿很快就飞得老高。当亮点在远处消失后，过一会儿，你才会听到从远处传来的爆炸声。”[74]那些没有机会亲身体验这种场面的人，可以在纳粹媒体的宣传中领略到这种奇迹武器的魅力。29岁的中士罗伯特·布劳赫曾在“一本画报里见到过”一张V型武器的图片，并被它的气势所震撼："你见过两个人站在它里面的那张图片吗？两个男人站在那儿，跟那家伙的大小相比，就像两个图钉。"[75]他的战友、来自科隆的20岁下士安东·埃勒斯（Anton Eilers）也被这种武器所折服，并开始在脑子里幻想它的威力："这玩意儿一扔过去，你想想看，不用一兵一卒就把英国炸平了。"布劳赫也附和说："你想想看，这东西一炸开，周围5公里开外都寸草不生了。"

但是这种报复性武器是否足以起到扭转战局的作用，在国防军中，大家对此众说纷纭。美军情报局在亨特堡收集的上万页用打字机誊清的监听记录中，记录了120多段有关这一话题的对话：据美国在德国战俘中所做的问卷调查，对奇迹武器持相信和怀疑的人大约各占一半。[76]对V型武器的希望满足了人们的普遍需求，但是同时，人们对它的可信性也抱有深深的疑虑。从两位国防军军官卡尔·布尔迈斯特（Karl Burmeister）和汉斯·施密特（Hans Schmidt）的谈话中，可以看出士兵们在期望与现实之间摇摆的态度：

施：我只是听说过，我也搞不清它到底是人的愿望，还是事实。据说为了这种所谓的V2武器，还要对飞机进行改造。这到底是怎么回事，我不清楚，也不知道是不是真的。

布：也有人这么跟我说过。

施：有可能是真的，但也有可能只是人们的愿望而已，也有可能是人们为了掩饰空军的无能而编造的谣言，或者鬼才知道。反正我不知道。我只知道，这种所谓的飞弹让英国人很害怕。

布：是啊，从那些城市疏散人员不就看出来了么……

施：嗯，说明它的杀伤力不错。

布：最好给美国佬头顶也扔上一颗。[77]

希望找到有效对付盟军办法的愿望是如此强烈，以至于不少士兵宁愿毫无条件地相信一切与V型武器有关的传言。纳粹政权的宣传在很大程度上所依靠的，是士兵们对希特勒仍然抱有信任。“元首”说的话不可能是假的——人们常常会引用希特勒的话，仿佛这些是千真万确的真理，不需要任何解释。18岁空军士兵维利·图尔瑙（Willi Turnau）的说法就是一个典型的例子：“元首不是说了嘛，我们还有能让全世界为之颤栗的武器。这些飞弹可以从几百公里之外遥控，准确地落到它该落的地方，里面不用坐一个人。”[78]对相信它的人来说，V型武器增强了他们的自信心。中士阿洛伊斯·哈克尔特（Alois Hackert）就炫耀说：“这东西能粉碎一切，它里面装了整整一吨的炸药。”[79]他的谈话伙伴，伞兵中士里欧·提布施（Leo Tiebusch）开心地说，飞弹“最多半小时就能飞到伦敦”：“这玩意儿一到，他们就只有傻眼的份儿了。”1944年6月，23岁的中士理查德·梅塞（Richard Meese）和18岁的伞兵卡尔·施密茨仍然对此抱有很大的期望。他们两人都是在意大利作战时被俘，如今他们一心希望能够用这种飞弹来对付盟军的进攻：

梅：哎，我说，我们肯定能打败他们的。

施：他们到时候肯定一个人都撤不出去。你想啊，到时肯定什么都剩不下。

梅：等到只剩下一片废墟的时候，他们估计还摸不着头脑呢。咱们就等着瞧吧，所有前线的补给，那些大公园、大兵营，那不勒斯街上的大军火库，所有一切统统都得完蛋。

施：剩下的人肯定是惊慌失措。

梅：唉，剩下的人都不用提啦，那场面就像一脚踩烂蚂蚁窝一样。现在我们只需要再发明一个能（让它）飞越大西洋的装置。

施：对，也好好收拾下美国人。

梅：没错，大概11点的时候把它扔到纽约，在他们跳舞、喝香槟的时候捣捣乱。

施：我想最好往纽约扔它20颗。

梅：对，肯定够啦。如果他们不马上撤军，我们就把他们的国家给炸平了，再看他们还有什么好说的。我估计到时候连罗斯福都得打包亲自上阵啦。[80]

对V型武器的希望是一个关乎信念而非知识的问题。即使受过高等教育的人，也无法保证对此不抱有幻想。就连大学教授沃纳·毛勒尔（Werner Maurer）这样的核物理学家也对V型武器抱以极大的科学热忱，而非应有的学术上的怀疑。1945年1月，毛勒尔在亨特堡对室友们说，他想提些“更精妙的”建议：通过潜水艇来发射V型武器。他设想的是在基尔港用一只潜水艇拖着另外一只潜水艇，后者同时也是一枚V2导弹。[81]然后利用这种设计，“往纽约扔上5颗或10颗”。他的谈话伙伴弗里德里希·维甘德（Friedrich Weygand），一位生物化学教授，笑着回应他说：“哈哈，这个就叫毛勒尔发明，是吧？”他思索了片刻后又赞同地说：“嗯，这是可行的，当然可以。况且我们还有现成的潜水艇。”1945年初，当很多普通国防军士兵早已认定胜利无望时，这两位大学教授却依旧不肯放弃希望。就连25岁空军飞行员格奥尔格·梅塞施密特（Georg Messerschmidt）这样一位忠实的纳粹信徒，也在很早便开始产生了怀疑。1944年3月，迈瑟施密特对室友透露说，他相信德国“能够和美国达成妥协，然后让英国人和苏联人埋单。”[82]但是对于V型武器，他的信心却没有这么确定：“在德国，人人都相信V型武器的存在。但是如果这些武器只是虚张声势的话，那么整个战争无异于一场冒险。”

随着战局的发展，其他士兵或早或晚都会意识到V型武器的真相：“一切都是谣言”[83]，“一场虚张声势的把戏”，[84]它只能“延续战争”，“却改变不了根本的命运”。[85]例如35岁的司机约翰·克纳伯（Johann Knab），他在1944年11月已经清楚地看到“这种东西无法对战争起到决定性作用。我们可以用它重伤敌军，却无法打败他们”。同伴附和道：“是的，这是绝对不可能的。我早就说过，我们不可能依靠它打赢战争。”[86] 1944年11月，年轻的步兵海因茨·恩格勒（Heinz Engler）在想到纳粹宣传部门的所有承诺都被证明是子虚乌有的时候，不禁怒火中烧："V2什么的，统统都是扯淡，不过是口号而已。如果真的有的话，他们早就在西线或东线战场派上用场了。一切都是胡扯，哪有什么V2啊？ V2根本就不存在。全他妈是胡说！一派谎言，没一样是真的。当初他们也曾信誓旦旦地跟我们说，在东线战场上，不会让敌人再向前半步。"[87]

由此我们看到，这些人虽然只是普通士兵，但却有着认清现实的能力。这与很多国防军成员的执迷不悟形成了鲜明的对照。至少对用飞弹轰炸伦敦和安特卫普，以及V型武器杀伤力比一般武器高出一千倍的说法，后者是深信不疑的。但是，一些士兵对新的武器技术的幻想是如此荒诞，以至于他们的战友听后都不禁摇头。在这些男人眼里，就连不可能的事情也是可能的，比如说一种运输工具"既是飞机，同时又能潜水"；[88]"一种利用紫外线，也就是所谓死亡射线来杀人的方法"，人一旦被射中就会"变成灰烬"；[89]"可以从远处遥控关闭发动机的"磁力射线"；[90]爆炸时可以把四周50米之内所有物体冻住的"冷炸弹"。[91]用"压缩空气"发射的F. B. G.——"元首之令榴弹"（Führer-Befehls-Granate），能把最重的坦克炸上天；[92]"装有104吨汽油"的火焰喷射器，可以喷出2千米长的火焰；或是蒙着保护网的改装Ju–88轰炸机，可以"利用保护网"躲过盟军炮兵部队的探照灯追踪，从而安全撤离其轰炸的城市。[93]所有上述武器没有一样存在于国防军的军火库，其技术方面的可行性更是无从提起。

但是对于这些士兵而言，他们相信这是真实的，而与事实无关。本章开头提到的工兵上尉奥托就是个例子。奥托到1945年1月还相信有一种秘密榴弹，一旦"元首"下令，就可以用"压缩空气"发射出去。据他所知，这是"有史以来最厉害的炸药"。[94]他在亨特堡的牢房同伴，陆军上尉弗兰茨—约瑟夫·弗莱莫用一个再简单不过的问题对此提出质疑："那他们干吗不用呢？"但是，即使像这样合理的异议也无法动摇奥托对"压缩空气"的信心："我不知道，他们也许在想，反正我们已经大大超越他们了。我们的V2肯定没有用压缩空气。不然的话，敌军宣传机构肯定马上会拿它大做文章。但是如果到了事关生死的地步，我相信我们一定会用的。到时候，我们会不假思索地把它们灌上压缩空气，发射过去，然后整个市区都会被夷为平地。”这些士兵从他们的主观角度出发，为这件事赋予了符合其逻辑的合理性，尽管这种逻辑与客观现实完全是背道而驰的。从两位士兵1944年8月的一次谈话可以看出，这些人是多么顽固地相信自己的幻想是正确的。这两个人都相信“压缩空气武器”和神秘的“X射线”的存在，同时还嘲笑老百姓不懂技术：

> S：对，就是那种神秘的X射线。
>
> R：它是用来保卫国家的，当战线推进到帝国国土的时候，这种射线就可以派上用场了。到时候，一切就都结束了。这是等敌军打到边境的时候，唯一能够对付他们的东西，把他们彻底歼灭，它兴许能让所有发动机都熄火，人一旦靠近，也会立马完蛋。
>
> R：他们大概像上次在波兰那样制订出一个计划，让很多人都刮目相看。那一次枪声一响，人们都没醒过来，还睡着觉呢，就报销了。
>
> S：嗯，这就是这种“压缩空气”。
>
> R：对。
>
> S：表面什么都看不到，只是肺泡都破了。
>
> R：他们当时也有这种压缩空气，流动的空气。
>
> S：它可不是流动的空气。这又是老百姓说的外行话，硬是要把它跟流动的空气扯在一起的。流动空气本身是无法制造的，以这样的形式。[95]

这些话又一次清楚地证明了，士兵们对技术的想象大多已沦为幻想。大家议论的另一件事，是关于空军将8.8厘米高射炮成功安装到战斗机上的谣言。从技术角度看，这是个荒诞不经的想法。但19岁的无线通信员埃贝哈德·克尔勒（Eberhard Kerle）却觉得这是有可能的，他认为，配备了这种重型武器的飞机在向地面开火的时候，会因为反冲力的作用而短暂地停在空中，无法继续飞行：

> 克尔勒：对了，他们还有高射炮——居然还是8.8厘米的，一炮打出去，另一架飞机……
>
> 克纳伯：飞机里面装8.8厘米高射炮？
>
> 克尔勒：是啊，8.8厘米的。在我们这儿，他们把8.8厘米高射炮装到了Ju-87轰炸机上。当它开炮的时候，它几乎原地不动，过一会儿才能继续飞。[96]

这些本应对技术有一定常识的空军飞行员，居然也相信了这种无稽之谈。曾经加入过301夜间飞行联队的下士曼弗雷德·格罗莫尔也对空军的这种新式“涡轮战斗机”充满向往——他对梅塞施米特喷气式飞机Me-163和Me-262如此倾心，以至于除了相信它们的强大歼敌能力外，他还相信“它里面装着很重的家伙，是8.8厘米的高射炮”。[97]在听到室友说起Ju-88轰炸机装配8.8厘米高射炮的事情时，空军飞行员马克斯·耐尔茨也表示相信。因为耐尔茨知道，空军正在试验将一种口径略小的防空武器安装到飞机上：“是呀，在苏联他们已经用7.5厘米的做过试验了。”[98]这种说法至少是符合事实的。他们的确曾在Ju-88轰炸机上做过试验，但因为大炮的重量而失败了。这是一个典型的例子：就像这件事一样，有关奇迹武器的谣言有些是由一个真实的故事核衍生出来的，而另外一些谣言，例如“死亡射线”“冷炸弹”之类，则完全是空穴来风。两者之间有一个共同点：从这些不可思议的故事可以明显感觉到，士兵们总是千方百计想用自己掌握的“独家信息”，给战友留下深刻印象。这一点再次反映出社会化在国防军中所具有的重要意义：在人与人之间的交流中，个人的形象往往比内容更重要。与此同时，有关奇迹武器的谈话也表现出人们对自身强大的需求，对复仇的期待，以及对赢得战争胜利的渴望。当然，有些人已经认识到，所有这一切都不过只是“幻想”。[99]但是，对于另外一些国防军成员来说，奇迹武器却始终是一种重要的具有象征性的希望寄托，正是因为它的存在，这些人在前线的出生入死才有了意义。

## 空袭战

国防军士兵的斗志不仅受到其前线作战经验的影响，而且也与其家乡遭受的轰炸有着密切的关系。前线和家乡是两处相距遥远、彼此陌生的所在，但两者却是无法脱钩的。主战线是远离平民社会的：无论是空间、生活环境，还是精神意义上。前线的生存条件、人的心理状态以及种种规则都与家乡截然不同，但两处空间的交流却从未间断：前线与家乡之间总是通过宣传、战地通信以及回乡度假的士兵，彼此传递着信息。在短暂的假期里，士兵们向家乡的亲戚和朋友讲述自己在战场上的经历；反过来，当他们回到部队后，又成为了家乡新闻的传播者。最迟从1942年开始，家乡遭遇的轰炸也成为他们所经历的一部分。因为自1942年春天起，特别是在1943年之后，盟军对德国的空袭日益加剧。自那以后，战争便将猛烈的轰炸、成千上万的死伤带到了“家门口”。这些返乡度假的前线士兵在自己的城市看到的常常是满目疮痍，这样的景象对他们来说是陌生的。在历史学研究中，有关盟军空袭战对国防军的影响，迄今仍然是一个边缘话题。[100]如今，这份来自亨特堡的档案让我们清楚地看到了空袭行动给许多国防军士兵留下的深刻印象。面对家乡的残垣断壁，许多士兵准确地理解了盟军轰炸的真实用意：用强大的军事优势向对手示威。这样的认识唤起了他们对战争前景的疑虑，一些人甚至就此失去了对希特勒和纳粹政权的信任。还有一些士兵面对这一切仍然坚守着自己的立场，努力回避去思考空袭战背后的含义。

但是对许多国防军士兵而言，空袭战的影响是不可避免的。亨特堡的监听记录显示，士兵们总是频繁地谈起盟军的空袭及其对家乡的破坏，仅这一点便足以说明问题。虽然盟军的轰炸并不总是德军战俘们聊天的焦点，然而大多数士兵或早或晚都会说起这一话题。为了证明这一点，研究随机抽取了40名战俘的监听档案，这些军人有不同的军衔、兵种和年龄，其中有关盟军空袭的话题在长达1100页的谈话记录中，出现的频率高达50次，[101]也就是说，5%的谈话涉及空袭问题。作为比较，有关迫害和屠杀犹太人的内容在所有对话中仅占1%。[102]可以说，国防军士兵谈论盟军轰炸的频率远高于其他很多话题，甚至超过了V型武器：这种现象不仅出现在亨特堡，英国伦敦审讯营里的情况也同样如此。[103]国防军士兵之所以如此热衷于讨论这一话题，并不只是因为美国审讯官常常在审讯中提出相关问题，从而给他们提供了私下讨论的由头。因为在审讯中问及的话题还有很多，但是都没有如此频繁地出现在国防军士兵的谈话中。监听记录清楚地说明了，国防军成员对这一问题的高度敏感，是因为这件事深深触动了他们。他们在描述家乡遭受轰炸后的惨状时往往情绪激动，空袭使他们的心理深受打击，其程度远远超过了我们以往的想象。

对那些在休假时亲眼见识过空袭战后果的士兵来说，那遍地瓦砾、满目废墟的画面是终生难忘的。37岁的上级列兵恩斯特·内尔斯（Ernst Neels）在法兰克福和汉堡都亲眼目睹了盟军轰炸后的惨烈景象：

> 我根本无法用语言来描绘法兰克福当时的景象，实在是太可怕了。在旧的废墟上又添上了新的废墟。我是在凌晨4点经过法兰克福的，中央火车站已经完全消失了，只有南站还在。我们的车就这样一路开过去。我先是闻到了尸臭，一种微甜的气味，然后是扑鼻的焦味。城里的景象真是惨不忍睹。我最担心的是，成堆的尸体有可能会导致瘟疫的蔓延，在汉堡就是这样。还有就是泛滥成灾的老鼠，这些老鼠原来都躲在地窖里，轰炸过后全都跑了出来。它们繁殖很快，成了危险的疾病传播源。我是去年9月26日到28日回汉堡度假，我事先根本没想到那里会被炸得面目全非，没有一个村庄、一个县城能够幸免于难。[104]

18岁的空军士兵于尔根·施万特（Jürgen Schwandt）是汉堡人，1944年下半年他从前线最后一次回乡度假。在那里，他亲眼目睹了死亡和毁灭："死了500多人，人们在进地窖前，先得打开门，把管子拖进去，喷上药水，在消过毒之后，人才能进去。整个城市臭气熏天，如果你坐车穿过城市，说不定什么时候就会轧到尸体，尸体实在太多了，绕也绕不开。它们就这样四处横在街上，然后盖世太保的人会用单子把它盖上，再拖到路边。我在家的时候，还看到了几次遭受空袭的死者家属在报纸上刊登的讣告，7月24日到25日、27日到28日、29日至30日，还有8月1日至2日，一共4次大规模空袭。"[105]这座汉萨名城遭受轰炸后的惨状同样也令潜艇驾驶员奥托·桑德（Otto Sander）大为震惊。1943年夏天的大轰炸过后，他在坐火车经过汉堡时，眼前见到的是一片废墟：

> 整个阿尔托纳区（Altona）都被炸平了，火车站是临时建的。阿尔斯特区（Alsterviertel）也被炸平了。中央火车站四周，也都炸没了。我们只能待在车站里，不许出去。车站顶上有一座桥，可以走上去。当时我心想，房子都还在嘛，但仔细一看，不过只是些残垣断壁。圣米歇尔教堂也被炸毁了。中央火车站旁边的百货商场，只剩下烧焦的墙壁。那些完全被炸平的地方，都变成了一片连一片的空地。街道上，到处都是瓦砾。有轨电车早就停驶了，只有公共汽车和高架铁路还在运行。易北河上的一座大桥被炸飞了，从卢内堡（Lüneburg）方向通往火车站的一座桥倒还完整。这座桥被炸过一次，后来铁道兵把它修好了。如果你是从南面上桥，比如说从汉诺威过来，从卢内堡一边上桥，就会看到桥的那一侧全被炸烂了。居民区的房子早就不见了踪影，北边好多的仓库也都没了。那时候，什么都是一塌糊涂，没有自来水，没有暖气，没有电，重点轰炸的那几个城区，就剩下了一片焦土。市中心倒是有不少房子逃过了一劫，可圣米歇尔教堂却被炸了个正着。如果他们用的不是白磷炸弹的话，也许不会死这么多人。[106]

20岁的潜艇船副卡尔·施耐克（Karl Schneck）在汉堡亲身经历了敌军的空袭。他对德军的无能体会最深的是，德国防空部队的火力根本阻挡不了盟军飞机的致命轰炸："那些飞机丝毫未受干扰，就在大约2500米的高度飞，一架跟着一架。机枪不停地扫射，哪怕让一架飞机拐个弯儿也行啊。那可真是气势汹汹，德军的飞机呢，也就有5架，敌人的飞机有二三百架，飞过来，扔下炸弹，飞回去，第二次飞过来，再回去，第三次你猜怎么样，这拨儿还没回去，后面的200架飞机就来了。你知道他们是怎么轰炸的吗？他们先是丢一轮燃烧弹，第二轮扔磷弹，第三轮才是爆破弹。"[107]德军士兵并不是在战俘营才开始谈起这些经历的，早在部队服役时，盟军的空袭便是他们热衷的话题。35岁的下士库尔特·格林斯曼（Kurt Glinsmann）在亨特堡说起，他以前遇到的一位战友曾对他讲述过在汉堡目睹的空袭场面："有一次在汉堡火车站，我遇到了一位在法国作战时的战友。那是汉堡遭受轰炸之后的事。他们当时很走运。他们躲在一个坚固的防空洞里，憋得都快喘不过气了。四周所有的房子都在燃烧，氧气都被消耗没了，他们吸进去的都是灼热的空气，后来实在受不了，就跑了出来。他们想穿过一条街，到运河那边去，那里相对安全一些。他们是第一拨跑出来的，到了运河的时候，只剩下7个人。他们还没有穿过马路，两边的房子就倒了，几百个人都被埋在了下面。类似的事情还有好多好多。"[108]

德军士兵对汉堡空袭战惨烈程度的印象，同样也表现在他们对死亡人数的高估上。出生于汉堡的格林斯曼深受家乡被毁的打击，以至于将死亡人数高估了好几倍："汉堡死了三十四五万。200万人的城市，他们不费吹灰之力就把它炸平了。屋顶上的高射炮都被消灭了，城里的水也没了。据活下来的人说，当时就像是下了一场火焰雨。所有的街道都变成了火海。白磷燃烧起来速度太快了。没有人敢穿过街道，不然就会被烧死。你能想象吗，工人住宅区的所有房子都被夷为了平地，没有一个人能跑出来。还有很多人躲在防空洞里，活活窒息而死。"[109]汉堡士兵布鲁诺·里克特（Bruno Richter）也同样夸大了其家乡的受害者人数："汉堡死了足有20万人，有些街区全部都烧毁了，没有一个人能逃出来。直到现在，还有死尸没有被清走呢。”[110]事实上，在受到盟军轰炸的所有德国城市中，的确没有哪一座城市的死亡人数能与这座易北河畔的大都市相比。在整个“二战”期间，汉堡共经历了213次空袭，根据最新分析，共有5万人死于非命。[111]其中仅1943年6月的“蛾摩拉行动”（Operation Gomorrha）就造成了4万人的死亡。当时盟军空军对汉堡实施了史无前例的毁灭性轰炸，这次空袭也因此而成为“二战”中死伤人数最多的空袭之一。

当然，德国还有许多城市也同样遭受了巨大的伤亡和破坏，在国防军士兵中同样也留下了惨痛的记忆。来自柏林的年轻空军士兵威利·施密特（Willi Schmidt）1944年秋天就说过，盟军“系统性地摧毁了柏林一个又一个街区”，最后“只剩下废墟和灰烬”。[112]中士爱德华·维德曼（Eduard Widmann）在斯图加特亲眼看到轰炸过后，“所有的房屋真的是一座都不剩”：“那些废墟底下得埋着多少人啊！实在太可怕了，而且情况一天比一天更糟。”[113]科隆的“毁坏”是如此的严重，海因里希·里斯（Heinrich Ries）中士“简直不敢相信自己的眼睛”。[114]弗里茨·克兰（Fritz Klan）中士目睹了莱茵河和鲁尔地区的惨象，他在亨特堡感叹道：“整个德国西部都完蛋了。”[115]代理中士阿尔冯斯·克劳斯特（Alfons Chraust）在“去了鲁尔区”之后，证实了克兰的说法：“我实在想不通，他们为什么要轰炸多特蒙德这样的地方。1943年初我去了多特蒙德，那里被炸得只剩下了郊区的几栋房子。”[116]来自埃森的步兵埃里希·鲁法尔（Erich Ruffer）也不得不眼睁睁地看着盟军接二连三的空袭如何把城市“变成了一片火海”。[117]

潜艇船副格奥尔格·霍雷德（Georg Holleder）面对鲁尔区的惨象，几乎不忍直视：“整个鲁尔区都被毁了，在我去过的几座城市里，那种景象实在太触目惊心了。”[118]1944年夏天，来自法兰克福的上尉卡尔·波珀鲍姆（Karl Poppelbaum）说，整个法兰克福的市中心“都被炸毁了”。[119]与汉堡一样，黑森州的另一座城市卡塞尔也在盟军的轰炸中变成了废墟，死于空袭的人数超过了5位数——这幅景象给代理中士海因茨·哈特曼（Heinz Hartmann）这样的士兵造成了强烈的心理冲击，以致在他看来，城市的毁坏度已达到了登峰造极的水平："卡塞尔98%的地方都被炸毁了。"[120]德国军港和海军基地基尔的被毁程度更是格外惨重。罗伯特·舒曼（Robert Schumann）中尉亲眼看到整个内城"变成了瓦砾"，港口就像是"埋葬船舶的墓地"一般，"那景象简直令人作呕"。[121]他认为基尔"肯定是被毁程度最严重的城市之一"，这种猜测无疑是正确的。盟军的毁灭性炮火覆盖了整个德意志帝国，国防军士兵们对此都了然于胸。1945年1月，两名德国步兵在亨特堡聊起基尔、吕贝克、德累斯顿、法兰克福、汉诺威等城市受到的空袭，其中一人感叹道："如果仗再打下去的话，就没有一座完整的城市了。"[122]他的同伴立刻反驳说："现在已经没有哪座城市是完整的了，如果有的话我倒想见识一下。"

对亲历空袭的人来说，这段记忆是终生难忘的。士兵们在说起空袭战中那满目废墟、大火肆虐、尸横遍野的场面时，往往会用"毛骨悚然"[123]和"可怖之极"[124]来形容。许多士兵本人也成为空袭的受害者[125]，有的人甚至失去了亲人。每一条来自家乡的消息，都会唤起士兵们对家人的担忧。特别是那些来自受威胁最严重的大城市的人，眼看着盟军的炮火一天比一天猛烈，都不禁会提出同一个问题，就像家住盖尔森基兴（Gelsenkirchen）的年轻海军士兵库尔特·利波尔德（Kurt Lippold）1944年夏天所说的那样："我就想知道家人是否还都健在，我家就住在工业区。"[126]如果哪一位士兵利用宝贵的假期回家探亲，就会更加身临其境地体会到恐惧的滋味。来自柏林的步兵赫尔伯特·舒尔茨在家休假的时候整天守在收音机旁，以便随时了解空袭的动向。他甚至注意到，如果收音机里只是警告说："注意，注意，敌机正在飞往德国中部方向"，这时候还不用慌张。"如果德国电台信号被切断了"，这才意味着危险已经逼近。[127]一旦遇到这种情况，连"莱比锡的电台信号都收不到了"，"那么轰炸机不出一小时就会飞抵城市上空"。舒尔茨"在家"的时候，只要出现空袭的征兆，他就会"每隔半小时"打开收音机听听消息。这一点清楚地反映出，即使在返乡度假这样的私属空间里，士兵的生活节奏同样也无时无刻不受到战争的影响。

猛烈的空袭是德国战败的预兆——这一事实是不可回避的，然而不少德国兵却对此拒绝接受，尤其是那些服役时间较长的士兵，他们为战争已经付出了太多，陷得太深，因而无法轻易地面对它的失败。格奥尔格·贝塞尔（Georg Besser）中校就是典型的例子，他在1945年1月仍然支持"继续打下去"："现在反正一切都毁了，我们已经走了这么远，现在只有接着走下去，没有什么好怕的。汉堡完了，不来梅完了，汉诺威完了，柏林也只剩下一堆残砖碎瓦。埃森，还有纽伦堡，都完了。德累斯顿大概还算好……现在什么都无所谓了，只有坚持。"[128]久经沙场的二级下士海因茨·阿诺·弗伯格和他的牢房室友、战斗机飞行员阿尔弗雷德·克莱默·冯·克劳斯布鲁赫在1943年8月也发表过类似的观点。他们两人曾经历过无数次血腥的战斗，面对盟军轰炸造成的破坏，他们仍在一味地寻找理由，对其加以弱化。弗贝格称他在克雷菲尔德和科隆所见景象"根本没那么糟糕"。[129]克莱默·冯·克劳斯布鲁赫随即附和道："至少还有70%没有受损，你知道，情况只是听上去很糟罢了。"之所以有这种错误的判断，并非是由于这些人不愿面对现实，而更多是取决于他们对其所见所闻的态度。例如，年轻的U-841潜艇驾驶员海因茨·陶伯特尽管目睹了汉堡整座城市"化为废墟"，只余"灰烬和焦土"，[130]然而他对赢得战争的信心，却并没有因此而动摇："这场仗我们绝对不会输。你看，这些潜艇依然完好如初，发动机还能正常工作，只需要一些新的技术创新，它们便能再展神威。"

这种不愿放弃希望的态度并非是完全脱离现实的。党卫军一级突击队中队长弗里德里希·施赖纳（Friedrich Schreiner）一方面对国内战场的形势了如指掌，就像他所说："我们可怜的德国人民，他们在家乡承受着多么巨大的苦难，想想真是令人痛心。战争本来应该是男人的事情，不能去伤害留在家里的女人和孩子们。轰炸应当局限于军事设施、火车站和交通枢纽，或许还有工厂，但是不能因为一个城市里有一个小小的兵工厂，就把整个城市炸平。"[131]他的牢房同伴，一名同样来自武装党卫军的军官，对此深有同感："这些家伙，他们现如今几乎把一切都毁掉了。"然而另一方面，这两位党卫军军官却又互相安慰道，所有炸毁的设施都可以"重建"，兵工厂也可以"分散"，或者"建在地下"。关于保护平民的问题，他们则将希望寄托于防空措施："可以在城市里，特别是大城市，修建防空洞，然后把整个柏林的所有人口都转移到防空洞里。"尽管这种想法难免有高估防御措施功效之嫌，但却并非毫无根据。当基尔遭遇空袭时，正因为一半的人口躲进了防空洞，因此作为轰炸的重点目标，基尔的伤亡人数相对较低。[132]

和他们一样寄希望于防空设施的人还有很多，代理中士汉斯·克莱斯特（Hans Kleist）便是其中之一。他对自己在汉堡所见到的防空伪装设施赞叹不已：除了内阿尔斯特湖的工事和外阿尔斯特湖上的假桥之外，达姆托尔火车站在他看来也"伪装得很巧妙"。[133]还有一些士兵则将信心寄望于高射炮部队和空军，尽管屡战屡败，但是他们毕竟是空袭战中一支不可小觑的重要防御力量。德国高射炮部队在局部地区"取得了可观的战果"，[134]给盟军空军造成了严重的损失。[135]还有像步兵威利·里特克（Willi Litteck）这样的人，仍然固执地相信德意志帝国拥有一道"坚不可摧的高射炮防线"，以致盟军轰炸机"根本不敢起飞"，这种想法完全是一种脱离现实的幻想。另外还有一些士兵则过度低估了德国民众的低落情绪。一名士兵在1944年5月最后一次回到家乡时，尽管对压抑的气氛有所察觉，但却仍然辩解说："这种情绪是受形势的影响，这是不言而喻的。如果一座城市遭到轰炸，成为受攻击的目标，谁能笑得出来——但是每个人都会履行自己的义务，就像我们一样，每一位正派的德国人都会这样做。"[136]1943年5月，另一名国防军士兵的判断则更加离谱："这些失去了所有的财产和家园的人的确不容易，但是他们的情绪绝不会因此受到影响。"[137]但是事实上，在空袭之下，"第三帝国"民众"情绪"所受到的影响，是任何人都无法辩驳的。[138]

也有不少国防军士兵从空袭战中得出了较为现实的结论，并意识到了其背后所隐含的战略意义。他们当中很多人对纳粹政权的仇恨，更在对盟军空袭部队的仇恨之上——亨特堡的监听档案便证实了这一点。一些细心人已经注意到，英军改变了以往的进攻策略，从1942年年初开始在德国本土展开了大规模的轰炸。当鲁尔区城市丁斯拉肯（Dinslaken）于1942年3月被“炸平”之后，中士海因里希·里斯根据观察做出判断：“老百姓和高射炮部队都已经意识到，敌军的空袭不仅在数量上，而且在质量上也发生了很大变化，其形式与以往完全不同。1942年初是示威性轰炸的开始。紧接着科隆便遭殃了，整个城市变成了一片废墟，那场面简直不可想象。这一切都是我亲眼所见。”[139]这番话可谓一语中的：自英国领导层1942年2月做出转向“区域轰炸”的决策后，大面积轰炸很快便开始了。1942年5月，上千架轰炸机对科隆展开进攻，成为空袭战升级的标志。[140]国防军及其空军部队在盟军日益猛烈的空中攻势面前，越来越难有招架之力。德军士兵们也意识到了这一点。1944年初，眼看着“数千架轰炸机”几乎整日在德国上空盘旋，来自埃森的潜艇船副海因茨·法兰克（Heinz Frank）不禁对纳粹政权坚持到底的口号提出了质疑：“戈林曾经说过，我们绝不会在柏林上空见到一架敌机。现在看看他们都飞到哪里了，整个德国啊！接下来，还会发生什么呢？”[141]来自卡塞尔的年轻士兵海因茨·恩格勒也因此不再相信纳粹所吹嘘的奇迹武器：“不管怎么说，眼前我们看到的是，敌人每日每夜都在轰炸我们德国的城市。如果奇迹武器当真那么有用，那么他们根本就飞不进来。现在既然他们都飞到柏林了，那所谓的奇迹武器就是一堆狗屎。”[142]弗里茨·希姆斯（Fritz Siems）上尉和罗尔夫·普方库赫（Rolf Pfannkuche）少尉在1944年10月也表达了类似的质疑：

希：要是我们还有最起码的能力，能拿出点儿本事来，抵挡住这一次次可怕的空袭，那该多好。真该给敌人的空军一点儿颜色瞧瞧了，可是靠什么呢？这真是比登天还难啊，要想做到这一点，我们至少得有保证运输的道路，还有快速行动的能力，但是这些我们都做不到。

普：可以说，现在路上的每一辆车都受到了控制。过不久，德国大概一辆车都会见不到了。那些还没完全瘫痪的电厂很快就会被他们摧毁。

希：这些事越思考、越琢磨，就越让人心灰意冷。真的是这样。过不久人们就会说，这一切都不可挽救了，没有任何希望了……

普：还有现在的宣传，你仔细想想看，他们一边在声讨敌军的空袭，一边又振振有词地说，我们的武器装备还有很大的潜力。这简直是一派胡言。但凡是亲眼看见过轰炸后惨象的人，都知道这是胡说八道。我自己的工厂就遭到了轰炸，足足3个月没办法开工，一样东西都造不出来。[143]

在盟军大规模轰炸面前的束手无策，无论对平民还是军人而言，都会导致情绪的低落。1943年6月，频繁的空袭让潜艇驾驶员盖尔哈德·瑞德兹（Gerhard Rydzy）备感绝望："但是对我们来说，最可怕的是针对平民百姓的进攻，这是顶顶恶毒的事情。面对接二连三的轰炸，我没办法去责怪那些意志崩溃的人们。"[144]二级下士亚瑟·培科夫斯基（Arthur Pekewski）1943年夏天在回乡路上，从"人们在火车上的对话"中听出来，"敌军的轰炸使人们对政权的信赖度产生了飞跃式变化"。[145]一名海军士兵则在1944年初注意到："让人们开心的事情越来越少了，回想当初，每个人都是那么斗志昂扬。"[146]他的牢房室友也有类似的感受："现在大家都不想再见到一个兵了。"那些回乡度假的前线士兵感觉到，德国老百姓有一部分人情绪"非常紧张"，[147]在他们看来，家乡的气氛只能用"一塌糊涂"[148]来形容。在亨特堡的监听记录中，几乎没有一位士兵能够对这种印象提出反驳。

空袭战夺去了很多士兵对胜利的最后一线希望。1943年7月，3名德军士兵在亨特堡里抱怨盟军"三年来夜复一夜"地往德国投掷炸弹，接着他们又讨论到战后德意志帝国被瓜分的可能性：巴伐利亚大约会被划给奥地利，莱茵地区划给法国，苏台德地区归捷克人，剩下的德国领土都划给苏联。[149]国防军士兵在亨特堡谈起盟军空袭时，常常会接着聊起整个战争的走势——从这样的联想可以看出，他们对空袭战的战略意义是十分清楚的。可以想象的是，在经过一番讨论之后，他们所得出的结论往往是悲观的。1944年12月，当室友说起德国西部被轰炸的情况时，弗里茨·克兰中士的反应便是这样："唉，柏林，还有汉堡，他们都会重建的。这场战争我们打输了。他们肯定要收拾我们了。"[150]当1943年10月9日汉诺威遭遇"二战"中最猛烈的一场空袭后，潜艇驾驶员海因里希·沃纳（Heinrich Werner）面对眼前的废墟，不禁陷入了绝望："整座城市变成了火海，这是去年10月发生的事情。没有电，没有水，没有煤气，什么都没有，简直没法再糟了。唉，这场该死的战争。生活原本是多么美好啊。现在我们该怎么办？"[151]1944年4月，他的牢房室友在听到他的这番话之后说："我早就不再怀疑这场战争的输赢了，我只是绝望而已。"

在意识到胜利无望之后，人们开始盼望战争尽早结束，呼吁德国投降的声音也变得越来越强烈。有人早在1943年底就提出，"在德国有没有一位有责任感的将军，能够像巴多格里奥（Badoglio，意大利著名将领，1943年接替墨索里尼担任首相后，代表意大利与盟军签署停战协议——译者注）一样挺身而出，说一句：如今已山穷水尽，是该结束的时候了。"[152]士兵阿道夫·伊德（Adolf Ide）早在1944年7月便认定："现在我们必须尽快结束这场战争，自从汉堡被轰炸以后，我们面对的已不再是一场战争，而是纯粹的屠杀。"[153]在伊德看来，"眼下已经没有人能为德国发生的事情负责。只要你亲眼见过被轰炸的城市，自然就会明白战争已经无法再继续下去了"。那些抱有同样想法的士兵逐渐将怒火转向纳粹政权，因为后者明知胜利无望，却依然要求军队把仗打下去。来自遭受轰炸的城市埃森的炮兵军士海因茨·帕斯曼（Heinz Passmann）1944年秋天愤怒地说道："事到如今，再把仗打下去，不过是苟延残喘罢了，对领导层来说，这简直就是犯罪。"[154]1945年2月，中士恩格尔贝特·布兰科（Engelbert Blenk）与牢房室友说起纳粹首脑“在每天遭到7000吨炸药轰炸的情况下”也不肯放弃，而宁愿“让整个德国变成人间地狱”时，气愤地说：“这些人猪狗不如，简直就是禽兽。”[155]人们对纳粹政权的指责也不再止步于“元首”。面对家乡遭受的严重破坏，步兵保尔·拉布德（Paul Labude）1945年3月直接将矛头对准了希特勒：“是的，这个蠢货不把德国每一座城市都变成废墟，是不会罢手的。”[156]战争持续得越久，轰炸和破坏在人们看来越没有意义，盟军空袭在促使德国士兵在精神上与希特勒及其纳粹政权决裂方面的作用便越强大。

值得注意的是，很多国防军士兵将家乡被毁的原因更多归咎于纳粹政权，而非每天将死亡和毁灭带给德国的盟军轰炸机。在亨特堡，士兵们在其为数众多的有关空袭的对话中，虽然经常会提到轰炸造成的巨大破坏以及平民伤亡的问题，然而令人诧异的是，他们很少会对盟军空袭战本身的合法性提出质疑。很显然，攻击非军事目标以及由此造成的平民伤亡，都是涉及合法性的问题。但是在亨特堡的国防军战俘中，几乎没有人想到过，要从道德伦理或国际法原则出发，对这样的作战方式提出批驳。或许他们更多人想到的是报复。面对家乡蒙受的灾难，有的人则对纳粹政权大肆吹嘘的报复性武器更加翘首以待，每当听到一些往往被夸大的有关德军反攻的消息时，更是表现得欣喜若狂。[157]甚至在听到少数被击落的盟军轰炸机飞行员惨遭杀害的事情后，一部分人的反应是幸灾乐祸。二级伞兵下士阿道夫·罗斯（Adolf Ross）1944年6月便曾说过：“我完全能够想象，老百姓会把那些飞行员像疯狗一样活活打死。”[158]潜艇驾驶员威利·特劳特斯对此也抱有同样看法：“就像日本人收拾那些美国恶魔飞行员一样，我们也会用同样的办法收拾他们。那些人炸毁了我们的城市，杀死了无数妇女和儿童，他们活该被枪毙，我认为这是无可厚非的。”[159]

但是，很少会有人把这些空中袭击视为犯罪，或用纳粹宣传中用以质疑盟军空袭合法性的“恐怖袭击”一词来形容它们。[160]很多国防军成员都清楚地知道，德方的所作所为从原则上讲，与此并无两样。[161]在步兵格奥尔格·怀瑟（Georg Weiser）和沃尔特·帕尔（Walter Pahl）看来，盟军在德国城市所造成的严重破坏尽管令人惋惜，但并不违法，尤其是考虑到国防军在市区布署了大量军事设施的因素。因此，他们对纳粹宣传机构的指责并不认同：

> 帕尔：他们说，盟军摧毁了幼儿园，轰炸了养老院——是的，但是你看看那周围都是什么？我们的大发电厂就在那儿，紧挨着威廉广场。还有旁边的劳工局，简直就像个军营。它的对面是市立医院——他们轰炸这块地方有什么奇怪的吗？左边是学校，里面全都是兵。再往前走几步，是巨大的霍亨索伦公园，他们把高射炮架在了那里，就在市中心。所以说，他们往那儿扔炸弹是理所当然的。我们的轰炸机扔炸弹的时候也没法精确到厘米。
>
> 怀瑟：是啊，没有谁能做得到。基尔的情况也是一样。船厂后面是新居民区，埃勒贝克（Ellerbek）住宅区等等。他们从西边飞过来，有些炸弹丢得太近，就把大学和医院炸掉了。船厂当然也被打了个正着，你可以看见被炸烂的起重机悬在半空中。
>
> 帕尔：他们的地毯式轰炸算是够精确的了。我在雷赫林（Rechlin）就看到，他们投下的炸弹没有一颗落在围墙外面。[162]

这两名国防军士兵没有想到的是，盟军针对埃勒贝克等工人住宅区的轰炸绝非失误，而是其空袭策略的核心组成部分。这番对话同时也反映出国防军士兵思维方式中的一个普遍倾向：在他们眼里，轰炸机和炸弹作为武器，是战争的必需品。对于士兵们来说，空中袭击是技术活，而并不牵涉犯罪。与德军士兵相比，英国公众对大规模轰炸的道德批判反在其之上。在英国，人们曾就有关“区域轰炸”之道德合理性的问题展开了激烈的争论。[163]从这一点可以看出，国防军士兵对战争暴力的宽容度远远高于常人。他们将空袭视为军事手段的一种，将采用这一手段视为强者的权力。也正因为如此，他们才能够清楚地认识到那些被炸毁的城市对整个战局意味着什么。从这一点来看，盟军的“士气轰炸”是成功的，因为它不仅动摇了许多国防军士兵对胜利的信念，同时也动摇了他们对纳粹政权的信任。至于说它对士兵们具体行为的影响，则是由其行动自由度而非信心所决定的问题。

## 潜艇战

潜艇部队是“第三帝国”的精锐之师，他们的胜利往往为纳粹宣传机构大肆颂扬。同时，它也是德国海军的全部骄傲所在，因为德国水面部队与盟军是难以匹敌的。[164]潜艇兵不仅要有高素质，而且还需要承担巨大的风险，因此在人们心目中也备受尊崇。最初，潜艇部队的人员是采用自愿报名的办法，但不久后便改为有目标的筛选，因为只有这样，才能保证人员素质的整齐和统一性。[165]许多潜艇驾驶员是产业工人出身，熟悉机械的操作。他们的年龄普遍低于平均值，其中很大一部分人曾是效忠纳粹的希特勒青年团成员。此外，海军方面还通过丰厚的军饷、良好的膳食、更多的探亲假、提拔和嘉奖等优越待遇，来激励潜艇部队的成员。在“二战”的头三年，德国潜艇部队击沉敌舰无数，取得了显赫的战绩，潜艇兵们也因此备感荣光。然而到1943年，潜艇战的局势发生了转变。当时，盟军破译了德军的无线电密码，夺取了海上制空权，其人员数量原本便占有压倒性优势，此外在定位技术方面，盟军也取得了质的飞跃。自此之后，德国潜艇渐渐从猎手变成了猎物，越来越多的潜艇不知去向，击沉敌舰的数量也大幅度减少。虽然从1944年年初开始，德国海军在技术上也取得了明显的进步，然而“通气管”之类的新发明也仅仅是缩小了与盟军的差距，而远未达到赶超的地步。

潜艇战局势的逆转是潜艇兵心知肚明的事实。然而，这一认知对其作战时的表现则影响寥寥。因为潜艇部队是一个命运共同体，没有人能够脱离它而独立生存。在国防军中，没有哪一个兵种的士兵像潜艇兵一样，如此休戚与共、命运相连。他们一起生活，并肩作战，共赴生死。

在步兵部队中，士兵的死亡、负伤或被俘大都发生在不同的时间。然而对潜艇兵来说，命运的转折往往都是同一个瞬间并以集体的形式发生的，虽然在潜艇被击沉时，偶尔也有人能够侥幸逃生。在大西洋或地中海巡航的潜艇兵，没有一个人能够像本章开头的工兵上尉奥托所提到的那位厌战的步兵一样，去做一名逃兵。在潜艇狭小闷热的空间里，人与人之间的依赖性比任何其他部队都要高，其生存环境也比其他任何地方都更受到局限：只有指挥官和士官才能透过潜望镜观察潜艇外的情况，其他士兵的水下生活只能与海战时嘈杂的机器声和上级的口令为伴。在潜艇上，个体的认知和行为空间都严重受限。因此，这些士兵在登上潜艇，进入船舱之后，往往都会自觉地克制个人的感受，将胜败与生死一并抛在脑后。

随着被德军鱼雷击沉的英美船舰数量的不断增加，盟军越来越多地将注意力转向潜艇战。为了在军事技术上超越德军，盟军的军事情报机构开始利用新建的审讯营来获取德军潜艇的秘密。在整个“二战”期间，仅亨特堡一处便关押、审讯并秘密监听了约500名德国潜艇兵。牢房谈话的窃听记录显示，这些潜艇兵对战局的变化了如指掌。他们在基地注意到，作战后平安返航的潜艇数量日趋减少，其自身的经验也告诉他们，在盟军飞机和驱逐舰的围追堵截下，潜艇要全身而退简直难比登天。U–234艇的海军少尉卡尔–恩斯特·帕弗（Karl-Ernst Pfaff）在说起“潜艇大规模‘阵亡’开始的1943年”时仍然心有余悸。[166]对于经历了潜艇战的士兵们来说，战局的转折是发生在眼前的事情。23岁的潜艇船副奥托·桑德是来自汉诺威的一名建筑工人，他在1944年年初遗憾地意识到，德国潜艇部队大势已去：“我估计去年被敌机击沉的潜艇有150艘，今年到目前为止已经有20艘了。早在1942年人们就认识到，仅仅依靠潜艇就可以打赢战争，因为那时候，德国潜艇部队可以说所向披靡。所以元首本人也下令，停止建造其他船只，而只生产潜艇。到1943年年初，我们的潜艇几乎已遍布所有海域。后来就来了那些带着破机器的猪，把我们全都毁了。”[167]U–1059艇船副格奥尔格·霍雷德也在1944年年初注意到了局势的变化："1942年的时候，情况还可以，那时候出航就像是散步一样。可后来，每派出20艘潜艇，回来的只有不到5艘，我想不通为什么到这时候，他们还要把潜艇派出去。你问这些船都去哪儿了？都是被飞机击沉了，当时潜艇根本不能开到水面上，我们的定位设备也没法指望，所以只能在夜里偶尔露个头——每个人都只能听天由命。"[168]他的牢房室友也同样清楚地知道："我们的潜艇已经不能再驶入大西洋了。"

在潜艇基地，部队的惨重损失对士兵们来说是触手可及的事实。22岁来自考夫博伊伦（Kaufbeuren）的机械师狄奥尼斯·萨兹格（Dionys Satzger）在见到"空空如也的法国基地"时意识到："这里一艘旧船也没有了，所有船最多只出航过两三次，就算不错了。地中海那边也是，我们的艇已经是最老的了。其他潜艇进了大西洋后，最多只能返航一两次，然后就不见了。"[169] U-371艇的代理中士阿尔伯特·兰兹（Albert Lenz）在土伦（Toulon）基地也有同样的感受："就算你和那些出航的人说'再见'，他们多半也是回不来的。"[170]正是由于这些经历，海军中的一些人开始对政权产生质疑。快艇驾驶员奥斯卡·施雷希格便对此有所耳闻："他们一开始是很支持邓尼茨的。但是他后来把那么多潜艇派出去，明知他们回不来，还让他们去送死。"[171]这些人都清楚地知道，随着潜艇的沉没，船上的每一条宝贵生命也都无法逃出生天。1943年9月，U-185艇的机械师康拉德·施米加便曾感叹道："你想象一下，90艘潜艇被击沉了，一切都付之东流了，该死的，足足4500号人，5000号人，他们都是训练有素的专业人员，一群有血有肉的人啊。"[172]说起潜艇部队的惨重损失，潜艇兵们往往都像施米加一样情绪激动。1944年4月，一名潜艇兵因为心理上所受到的打击，几乎失去了胜利的信心："天哪，这个月又有30艘潜艇沉没了，我们该怎么办啊。"[173]他的室友代他做出了回答："还能有什么办法，一切都完了。"

这些亲身经历了这段历史的人们对现实并不是陌生的，相反，他们当中一些人对兵力损失的规模有着惊人的判断力。文官格尔哈德·豪斯曼曾在某潜艇基地负责管理工作，他在1944年11月对海军的整体损失作出了相当精准的推测，虽然在当时人们不可能找到任何官方统计的数据："我们的潜艇舰队曾经很强大，5年前我们至少有1000艘潜艇。如果按照5年来计算，每年被击沉的大概有180到200艘，也就是说每个月10到15艘，12乘以15是180，差不多就是这样。我只按4年来计算，因为在战争初期和后期，损失都没有那么惨重，4乘以180是720，唉，大概差不多。剩下的只有250到300艘。而且你要知道，在有些糟糕的月份，我们一个月就会损失30艘潜艇。"[174]事实的确如此，在1939年9月至1945年5月期间，德国共出动了1114艘U型潜艇，到战争结束时，共有821艘沉没，只剩下293艘。[175]

除了不断攀升的潜艇损失数字之外，潜艇战局势的逆转从击沉敌舰数目的下降，同样也得到了反映。报告中击沉敌舰吨位的减少，对士兵们来说是无法隐瞒的事实。正如基地管理员格尔哈德·豪斯曼1944年11月所说："上一次大规模击沉敌舰，已是去年5月的事了，当时大概是37万吨，到了8月，一度达到了50万吨，之后就完了，一直都是在10万吨以下，到后来，官方干脆连数据也不公布了。"[176]豪斯曼的推测与实际情况相去不远：德国潜艇部队在1943年3月仍然击沉了60万吨敌舰，然而从1943年夏末以后，除极个别情况外，这一数字再也没有超过10万吨。[177]潜艇兵们对局势的负面变化大都了然于心。1944年5月，一名潜艇驾驶员曾在亨特堡向战友转述一份国防军报告的内容，该报告称"共击沉敌舰3万吨"，对方耸了耸肩道："我也读过这份报告，3万吨，这算得上什么啊。"[178]另一名潜艇兵，船副奥托·桑德1944年初在听到一名指挥官说"干掉10万吨"时，惊讶地说："这家伙够幸运的，这年头儿太不容易了。"[179]

在潜艇部队，人们都很清楚导致战局逆转的原因是什么。1944年12月，被关押在亨特堡的海军工程师霍斯特·君特（Horst Günter）根据自己的亲身经验向他的室友解释说，德国潜艇设计师是如何在争夺潜艇战技术优势的竞赛中，最终输给对手的：

每两个月都会推出新的仪器或试验设备，无论只是一点小小的改进，还是别的什么，反正新的发明总是层出不穷。然后我们就兴致勃勃地按照这些设计，对舰艇进行改装。比如说加固潜艇，有一段时间大家热衷于高射炮的装甲化、炮塔改造以及相应的加固措施，那时候我们干得真是很辛苦。可是要谈到功效问题，我只能说，这些东西的实际功效几乎是零。这段时间，盟军的反潜力量越来越强大，到今年年初的时候，大部分潜艇都是有去无回。无论如何，损失都是难以承受的，超过了50%。我只能说，虽然我们抱着最大的希望和期待，但是我们安装的所有新设备都毫无用处。因此，如果现在有人说，我们还有制胜法宝，我也只能深表怀疑。因为类似这样的话，我们已经说了两年了。[180]

事实上，德国海军在1944年年初的确研发出了新的技术，使潜艇能够在一定范围内避开盟军的定位搜索。[181]在接下来的一段时间里，似乎又有了“一些新的飞跃式进展”，这让许多海军士兵重新燃起了胜利的希望。[182]尤其是所谓的通气管技术，为德军潜艇躲避敌军雷达系统提供了有效的帮助。但是，与盟军强大的技术优势相比，这些都是难以与之抗衡的。潜艇兵对此也心知肚明：“我们的通气管技术还停留在幼儿园水平。”[183]潜艇战局势的逆转不仅表现在潜艇损失率、击沉敌舰数量以及技术参数上——对于潜艇驾驶员来说，敌军的优势在双方交战时是一目了然的。曾经跟随U–453艇参加过地中海行动的机械师狄奥尼斯·萨兹格便亲身体会到盟军对战局的控制权：“在地中海，我们只能一直在水里潜行，顶多可以在水面待两个小时。”[184]在这些潜艇兵眼中，“白天在水下发动攻击”无异于“自杀”。当U–453艇最终在1944年5月21日被击沉时，萨兹格和他的战友们深感绝望：“他们把我们打得落花流水，那些探测器，天啊，实在是太厉害了。有4艘驱逐舰围着我们穷追猛打。”德国海军在“二战”中所使用的大多数U型潜艇都需要定时浮出水面，以便充气和蓄能，但是盟军却死死地把他们压制在水下。国防军军官格尔哈德·豪斯曼在基地经常会遇到“整整八周不见天日”的潜艇驾驶员，因为他们只能在夜间浮出水面。[185]来自空中的威胁几乎无时不在。另一名潜艇兵所在的潜艇“一直从水下开到赤道也没敢露头”：“在大西洋上，你在任何地方都有可能遇到敌机，任何地方。”[186]

给士兵留下了最深刻的印象还是战斗本身，与盟军的激烈交战往往令他们身心俱疲。盟军定位仪在捕捉到潜艇位置时发出的警报声，就足以引起士兵们的强烈恐慌，由于海水的声导性能，警报声可以一直传入德军潜艇的船舱。当盟军定位仪的噪声追着潜艇紧咬不放时，整个船舱都会被莫大的恐惧所笼罩。在狭小闷热的空间里，士兵们耳听着这催命的声音，精神高度紧张，因为接踵而来的往往是一波又一波的深水炸弹。每一位潜艇兵对盟军定位仪的声音都了如指掌：大部分是“嘟——嘟——”[187]的声音，有个别的是“嘶嘶”声，[188]还有一些则是“嘀嗒，嘀嗒”，[189]“就像砂粒或鹅卵石击打在潜艇外壳上一般”。尤其令德国潜艇兵胆战心惊的是，盟军驱逐舰的追击有时会持续数小时乃至数天的时间。船副赫尔伯特·卡尔施（Herbert Karsch）曾在U–203艇上经历了一次“水下逃亡”，当时潜艇在盟军驱逐舰的追逐下，“在水下整整待了72个小时”。不仅他自己“后怕”极了，就连他的室友也觉得这种场景让人想起来就会“不寒而栗”。[190]同在U–203艇上服役的候补士官乌维·赫尔曼·布兰特（Uwe Hermann Brandt）也对此记忆犹新，盟军不间断的攻击持续了“四五个小时之久”：“我跟你说，他们一直在不停地发射深水炸弹。”[191]

下士卡尔·邦德（Karl Bunde）在U–172艇上有过更漫长的遭遇，当他们的潜艇被盟军驱逐舰发现后，“没过一小时，他们便开始了攻击，轰隆隆的爆炸声持续了整个晚上，一波接着一波。你想象一下，我们所有人整整40个小时没合眼，一直端坐在作战位置上，然后又出现了一艘驱逐舰，轰炸又从头来过。我们的潜艇后部被击中，船舱破裂了，水呼地涌了进来。我的天啊，加热器那儿的水位有这么高。”[192]在1943年之后，被强大的盟军牢牢钳制的经历，使越来越多的潜艇兵对赢得战争胜利的可能性产生了怀疑。到1944年1月的时候，U–172艇的通信兵上士汉斯–阿道夫·海斯勒（Hans-Adolf Hässler）已彻底失去了信心："潜艇部队完蛋了，我们撑不了多久了。"[193]在这一时期，有同样想法的人远不止海斯勒一个。其他潜艇兵或早或晚也都意识到，潜艇部队的坚持是"毫无意义"的，[194]德意志帝国"不久就会覆灭"。[195]对他们当中的许多人来说，这样的认识是痛苦的，U–1229艇的机械师赫尔曼·克劳克（Hermann Klauke）便是如此。1944年9月，他叹着气说道："唉，战争恐怕快到头了。"[196]

但是尽管如此，直到战争最后阶段，潜艇部队的局部胜利和技术上的进步仍然在不少人心中点燃了希望的火花。对于那些不愿放弃胜利憧憬的士兵来说，每一条有关击沉敌舰或者类似"通气管"等新技术研发成功的消息，都会使他们的信心变得更加坚定。对一些士兵来说，只要看到停泊在港口中的潜水艇，便足以让他们感觉胜利依然在望。[197]还有一些人则相信，技术的进步最终将会引导德军潜艇走出眼前的困境。船副奥托·桑德便是其中之一，他在1944年2月曾说道："哎，后方正在一刻不停地研制新的潜艇，用橡胶，还有天知道什么新材料。你看看我们的防御设备，还有新出水的潜艇，跟以前已经大不一样了。他们现在还在研究新的设备，据说正在研究用油做燃料的潜艇，我也不知道是不是真的。"[198]另一名潜艇兵则寄希望于有效的反追踪技术，在1943年11月潜艇战的局势发生逆转后，他仍然认为这只是"短暂的危机"："我们的U艇现在是挺差的，但以后肯定能后来居上。现在不过是短暂的危机。希望到秋天，情况能发生好的变化。关键是要想办法防御敌机，只要在这方面有了新的手段，一切便会恢复老样子。"[199]当潜艇上的士兵看到新的技术设备，例如"通气管"或"霍恩特维尔"（Hohentwiel）防水面搜索雷达时，都会对领导层化解危机的能力重新萌生信心。[200]这些有目共睹的成绩，为一些士兵对胜利的幻想提供了支撑。一名士兵用潜艇部队司令的讲话来解释自己的想法："邓尼茨元帅在一次讲话中早就说过，敌军通过定位系统所取得的'优势'已不复存在，我们在技术上早就超过了他们，我们只是不能把这些技术一样接一样地拿出来使用，以免他们有充裕的时间找到相应的对策。”[201]技术的革新延缓了“潜艇部队的溃灭”，[202]从1942年秋初现败象到1943年年初的全线溃败，直到1944年春，德军潜艇部队才真正迎来了它的末日。但是无论如何，失利是无法阻挡的，它只是迟来了一步而已。[203]

出海作战等同于“自杀式行动”——这是很多潜艇兵不言自明的残酷事实。[204]国防军军官格尔哈德·豪斯曼在基地注意到，许多潜艇驾驶员面对死亡迫近，精神几欲崩溃：“在过去一段时间，我们的潜艇兵精神全垮了，他们已经打了3年仗，再也打不动了，后来派来的后补兵也都情绪不振，因为他们知道出航就意味着自杀。”[205]再也没有人热衷于在潜艇上效力。只有在港口城市的潜艇基地短暂停泊时，这些人才能享受须臾的“潇洒生活”。[206]有些人甚至暗地里希望有意外发生，好让自己能够避开下一次任务。U–172艇机械师卡尔·施耐克和他的战友在汉堡靠岸时，甚至盼着自己的潜艇被炸弹击中：“当我们回到德国靠岸检修时，比如在汉堡港，大家都暗暗地想，要是能遇上空袭就好了，‘轰’的一声，潜艇报销了，我们就能在汉堡多待一阵子了。”[207]每当在港口的整休期临近尾声时，面对即将到来的下一次出航，船上的气氛变得凝重而压抑。有些士兵甚至陷入了绝望，只能借酒消愁。U–856艇船副格尔哈德·考斯曼（Gerhard Kaussmann）对此就有过切身的体会：“最糟糕的便是出发前的一周。每个人都郁郁寡欢，闷头不语，只是不停地喝酒，反正酒有的是。那次在汉堡，我们喝醉了，发了一通酒疯。”[208]在一些地方，因为酗酒严重，指挥官不得不颁布禁酒令。据机械师下士艾尔文·怀德纳（Erwin Weidner）称，正因如此，他所在的U–453艇在“起航前”，不许任何人“喝一滴酒”。[209]

潜艇兵也只有在陆地上，才能逃避出海作战。一些人干脆装病，但是据U–128艇的上尉艇长齐格弗里德·施泰辛（Siegfried Sterzing）的判断，这种做法直到1943年春仍属个别现象。施泰辛在亨特堡接受审讯时说：

> 当然，潜艇上总有些丧失斗志的人，不愿再随船出征。但是在

任何国家的海军里，都会发生这种事，不是吗？但是这种情况是极个别的，我只听说过一次。有个人不想干了，所以活儿也自然干不好，后来那船沉了，带这样的人出航肯定就是拖后腿。这样的人肯定不会自己跑去跟上司说："我不想再出航了，要不然船也许会沉。"德国人绝不会说这种话，我相信美国人也不会。他也许会说自己病了，干不了，然后就会被送去做检查。如果查出来他真的生了病，那就没事；如果发现是装病，就要受到处罚。[210]

事实上，在1943年战局逆转后，的确有些潜艇兵想方设法试图逃身。一名后来在亨特堡充当密探的潜艇兵清楚地知道，一些在1943年潜艇战溃败后幸存的战友面对绝望采取了什么样的花招："我不想再看到潜艇，看到船，看到海，更不想再出海。你经历过1943年的战斗吗？1943年夏天，亲爱的，我们经历了太多，在南大西洋，还有加勒比海。如果你经历过这些，你一定不想再出海了。大部分人都是这么干的，他们去逛窑子，或者专门去找那些有淋病或有性病的女人睡觉，让自己染上病，这样就可以不出海了。当时在巴西一共有8艘潜艇，最后回来的只有2艘。"[211]

然而在现实中，这些观点并没有太大的用处。只要士兵们一登上潜艇，出发去海上征战，他们立刻就会抛开这些念头，把精力集中于自己所做的事情。因为在海上，这些人别无选择，只能完成自己的职责，力争和大家一道活下来。过多地思考自己所面临的危险，只会起到干扰的作用。U–118艇的通信兵中士约瑟夫·霍勒对此深有体会。他在随潜艇出航时，一直都在努力摒弃所有令人不安的念头，不让自己去思考潜艇战的现实局势。当亨特堡的美国审讯官向他问起"潜艇上的气氛"时，他的回答是：

这件事很难说，上尉先生，您要知道，潜艇上的士兵，包括我们这样的下级军官，基本上什么都不想。反正我自己是这样。当然，如果船能在港口停上几天，不用出海，我肯定也很高兴。但是总的来说，我们不会去想这些。所以在我看来，潜艇上的气氛没有什么特别的，否则我们就没法出航了。[212]

霍勒认为这样的情况在其他潜艇上也很普遍："大家都没有太多的想法，尤其是那些年轻人，现在部队里大多是年轻的士兵，他们根本不会去想这些事。我们海军也是一样。我从来没听他们谈论过自己的感受。就算偶尔谈到类似的话题，也是一带而过。"在"自杀式行动"[213]中，选择对死亡视而不见，对士兵可以起到自我保护的作用。让自己忘掉濒临死亡的危险，可以帮助他们更好地忍受潜艇上的不堪生活，集中精力做好手头的事情。在潜艇部队的日常生活中，原本就没有讨论任何抽象话题的空间。正如U-128艇机械师弗里德里希·马斯特在回忆时所说，潜艇兵们"几乎从不讨论政治"，[214]就像他们对战争局势甚少关心一样。就连屠杀犹太人的传闻，也很少有人说起。1943年6月，3名被关押在亨特堡同一间牢房里的潜艇兵第一次谈起反犹大屠杀，虽然他们以前曾一起在海上待过几个月，而且他们当中，至少有一人对此早有耳闻。[215]在潜艇上，这类话题是没有任何空间的。

对于潜艇兵而言，首要任务是完成自己所承担的技术职责。潜艇上的日常工作已让他们"疲惫不堪"，[216]以致根本无暇去思考其他不相关的事情。特别是在作战状态下，他们必须将注意力全部集中在自己操控的机器上，这项工作的挑战性以及所耗费的精力，是常人难以想象的。船副奥托·桑德曾在亨特堡给他的室友举了一个形象的例子："你知道，在紧急下潜的时候，需要扳动多少个手柄吗？这艘船还算少的，我以前服役的那条船，一共要扳动260个手柄，所有这些都必须在28秒内完成，其中控制柴油发动机的就有100个手柄。这样一条大船在紧急下潜的时候，从水面潜到水下20米只需要28秒。你想想看，就是一眨眼的工夫。一旦警报响起，每个人都得快速做出反应，这是生死攸关的事情。"[217]在这样的情况下，士兵当然不会去考虑战局或与纳粹政权有关的政治问题。

在海上航行时，他们首先要解决的问题是如何保全性命。潜艇兵除了执行命令之外，几乎别无选择。与其他兵种的部队相比，这些潜在水下的士兵与战争现实形势之间的距离要远得多。如果他们也像本章开头所提及的工兵上尉沃纳·奥托见到的那个步兵一样，一心只惦记着自己逃命，那么后果将是不堪设想的。在敌人的炮火下，所有船员只能共赴生死，没有任何人能够例外。也正是出于这个原因，潜艇兵只能努力让自己忘记眼前的处境：因为命运对其而言是无法改变的。这些人的表现也间接说明了，只有在现实条件允许的前提下，士兵对战争局势的看法才会对其行为产生作用；只有当他们在行动上有选择余地时，士气才会成为影响其行为的重要因素。

## 反作用

与水下战争不同的是，在陆地战争中，一支军队的士气如何往往更容易判断。与潜艇兵相比，地面部队的士兵在把握自身行为方面有更大的自由度。最极端、最危险的方式是当逃兵，但只有极少数人会这样做。在整个“二战”中，数千名德国士兵做出了这样的决定，并为此付出了生命的代价。除此以外，在炮火纷飞的战场上，士兵们还可以通过一些微妙的选择，来决定自身的命运，例如在适当的时刻缴械投降，提前结束战斗。主动的投降往往是集体决定，以战友间达成共识作为前提。但是对个体来说，放弃战斗也是有可能的，他可以佯装抵抗，然后躲在掩体里等待被敌人活捉，成为俘虏。在战斗的压力、艰苦的作战条件以及敌军的巨大优势面前，士兵的决定往往是随机的。但是在很多时候，面对惨淡无望的战局，士兵们对这些可能性大多有过预先的考虑。

战争的局势影响着军队的士气，而士气又反过来影响着士兵在战斗中的表现——在步兵部队中，这一点是确凿无疑的。士兵们往往会把它作为理由，来解释自己以往的战斗经历。他们常常把失利的原因归咎于某些部队“魄力”不足，[218]有些士兵缺乏“献身精神”，[219]“一打起仗来就缩手缩脚”。[220]士兵们心里都十分清楚，在战场上，在特定的形势和一定的限度内，他们完全可以做到在不公然违抗军令的情况下逃避战斗。来自埃森的24岁代理中士海因里希·卡尔平斯基（Heinich Karpinski）便是这样认为的。1944年9月初，在比利时的蒙斯，卡尔平斯基与第三伞兵师余众在敌军包围下缴械投降。在亨特堡期间，他曾对自己的室友海军士兵马丁·克兰（Martin Klahn）发表预言：假如一支军队对胜利不再抱有希望，必然会导致严重的后果：

卡：作为一名士兵，他是看不到任何希望的，他眼里看到的只有撤退和败仗，然后他自然而然就会想到，美国人很快就会长驱直入，一路打到德国。他看到的只有这一点。他看不到的是，如果所有部队都众志成城，我们完全可以取得胜利。但是，这些他都看不到，虽然他既不瞎，又不聋——

克：那他可以选择叛变投敌。

卡：不，现在他还不会这样做。但是在特定的时刻，他可以洗手不干。因为再坚持下去也没有用——

克：那他们干吗不洗手不干呢？

卡：如果可能的话，他们早就不干了，但是——

克：哈哈。

卡：当时他还不可能这样做。因为上面的人一直在说，我们是主动退守，如此等等。我只是不信，现在这些士兵仍然还会相信我们是主动撤离了莱茵河战场。

克：啊哈，这话说到点子上了。

卡：过去士兵还相信那一套。以往人们告诉他，我们必须要赢得时间，才能造出新武器，因为武器还没造完，所以我们不妨先放他们过来，然后在西墙防线拦住他们。这是当时的口号。现在，已经没必要再赢得时间了。我们早就赢得了足够的时间，可是直到现在，仍然没有任何进展。士兵们肯定都会这样想。

克：现在他们终于认识到，自己从一开始就是被纳粹给骗了。

卡：士兵们现在只想了解事实，在此之前，他们一直是轻信的。

克：上面总是在跟我们宣传什么V1武器，什么报复性武器，还有天晓得什么玩意儿。然后他们发射了几颗所谓的导弹，就没下文了——对于赢得战争胜利来说，这些不过是杯水车薪。[221]

在这两人看来，国防军士兵并不是简单地被战争任意摆布的对象，而是有思想、有行动并且有能力根据自身经验得出结论的个体。或许这样的印象，不过是许多像卡尔平斯基一样的士兵对其行为自由度的一种想象而已。另外还有一些参战者则根据自己的经历做出判断：在不同环境下，士兵的作战意志、冒险精神以及毅力和韧性有着很大的不同。来自卡尔斯鲁厄的25岁一等兵奥托·施维尔（Otto Schweier）便注意到了东线和西线战场在这方面所表现出的差异。1945年7月初，他在亨特堡回首过往经历时说道：

施：如果在西线的士兵打起仗来能够像东线的士兵，或者（第一次）世界大战中我们的父辈一样的话，那美国佬到今天肯定还不会从法国打过来。因为在（第一次）世界大战中，根本没有逃兵。我们也打过败仗，但是从没有像现在这样。

舒：是的，但是当时的情况和现在不一样，如今的军事化程度和当年根本没法比。

施：但是对双方来说都一样啊。力量悬殊的程度也没有区别，真的。但是在当年，10到15个人把守一片阵地——这种情况我们在苏联的时候也曾遇到过——架上三四挺机枪，面对四五百号苏联人的进攻，仍然守得死死的。士气实在是太重要了。士兵们都是这么说的。

舒：是啊，大家都说，在战争中军队的士气是至关重要的。

施：现在的士气太低迷了。

舒：如果我们部队的士气能够高涨些，那至少他们（敌军）不会取得像现在这样大的胜利。

施：如果他们在一年前打过来，我们肯定会让他们吃足苦头。虽然结局有可能会和现在一样，但是在那个时候，大家的战斗力至少比现在强得多。如果换成两年前，我们肯定会打得他们落荒而逃。

舒：你想，有几个人愿意用自己的肉身去阻挡坦克？如今这些人肯定会把坦克放过去，让后面的兵去送死。站在坦克前面一两百米的地方去堵截敌人，明摆着就是以卵击石。所以说，一切的核心就是人的意志力。[222]

施维尔在东线和西线都打过仗，对两个战场的情况都了如指掌。1941年6月以后，他作为步兵在东线待了近三年，并多次负伤。1944年夏季，他又被派到了西部前线。当1944年秋天盟军攻入法国南部后，施维尔对与西方军队作战的经验也有了切身的体会。他的牢房室友，来自奥芬巴赫的赫尔曼·舒里希（Hermann Scheurich）中尉，对东线战场的情况也很熟悉：从1941年6月22日至1942年年初，他亲身参与了“巴巴罗萨行动”。这两人都不是对现实一无所知、只会“待在家里”“打嘴仗”的“气筒子或胆小鬼”[223]——他们所说的话都是来自于真实的经验。施维尔和舒里希在亨特堡抱怨自己的军队士气低落时，战争已然结束。但是，即使在战争持续期间，战局和士气在国防军部队中同样也是士兵经常议论的话题。曾作为指挥官参与了诺曼底战役的雷奥哈尔德·迈耶少校便有这样的体会。他和手下的士兵在盟军的猛烈炮火下“苦苦坚持了”三个多星期，在这段时间里，队伍里人心惶惶，乱成了一锅粥。[224]这时迈耶意识到，他的士兵不再“像以前一样听凭指挥”，而总是随着形势的变化不断提出疑问：

迈：那些兵整天把脑袋凑在一起，嘀嘀咕咕。一天，一名士官找到我，对我说：少校先生，您总得向我们报告一下战况吧。于是我把几个人叫过来，讲了一通形势，但是我其实根本没什么可说的。那时候我很矛盾，因为一方面我有义务要稳定军心，让大家振作起来，团结作战；但是另一方面这又很难做到，因为我根本没有任何好消息向大家报告。

阿：这些士兵比人们想象的要聪明得多。老百姓都是响应号召自愿参军的，但是这只是在形势一片大好的时候。只要政府不断拿出成绩，政治宣传就会有效果，虽然说这些宣传都是按照蠢人的精神需要设计的。可那些聪明人，他们心里想，这些宣传是给一般老百姓听的，我才不会信，但是他在通过党的内部途径了解到更多的信息后，最终也会相信这些宣传。所以说，当形势大好的时候，人们都会心甘情愿听从指挥。但是，自从打了败仗之后，就没有人愿意听了。我不知道您是不是也有同样的感觉，反正我的感觉是这样，无论是士兵——虽然参谋部里的兵并不多，但总会有司机或书记员之类——还是我回家探亲时遇到的老百姓，都给我这样一种印象。

当国防军还在不断打胜仗的时候，胜利的喜悦是鼓舞士气的重要因素；而当败仗连连时，人们对战争的兴趣也随即消失不再。年轻的高射炮手路德维希·菲尔德布什便是这样。在整个空军部队通力协作，战果累累的时候，他觉得战争是“一件妙不可言的事情”：“那个时候还是很有意思的。”[225]在那段时间里，每当有敌机进入火力范围内，都会给他带来“莫大的喜悦”，接下来的战斗在他眼里几乎是一种消遣：“以前有敌机飞来时，我们都乐坏了，因为至少有事情可做。我们经常一连几个星期都看不到一架敌机，一架都没有。”到诺曼底战役时，当一眼望不到尽头的敌机一架架飞入德国上空时，他再也不觉得有趣了。此后，战争对于他来说是“一种灾难，很快就会让人丧失理智”。影响士气的另一因素是食品、物资、弹药和武器的供应。如果供应短缺，那么士兵在肉体和精神上承受艰难的战争生活会变得更加困难。如果士兵“在逼仄的战壕里，踩着没脚踝的污泥，吃着冰冷的食物，连续待上两三天时间”，那么就连武装党卫队突击队大队长沃纳·马茨多夫（Werner Matzdorff）所在的精英部队也会做出过激的反应。[226]当战役打响后，生活的艰苦也会更加变本加厉。他们顶着巨大的风险，肾上腺素因恐惧而飙升。在震耳欲聋的枪炮声和刺鼻的硝烟下，他们目睹一次次的爆炸、遍地的鲜血和残缺的尸体，以及受伤和死亡。来自纽伦堡的27岁二级下士恩斯特·卡尔（Ernst Carl）曾在东线和西线的步兵部队参与过战斗，他深深地了解这样的场面对士兵的精神压力有多大："你根本无处躲，那感觉就像站在演讲台上一样。你也不可能躲在掩体里不出来。另外再加上噪音、汽油味，还有种种的不堪。每个人的神经都处于高度紧张状态。这种事可不是像常人想象的那样平常。你要是连续打上两个礼拜的仗，肯定会精神崩溃。不仅如此，你还得眼睁睁地看着自己的部队被打得七零八落。一会儿枪卡壳了，一会儿子弹又卡壳了。你真该亲眼见识一下。"[227]

前线的恶劣环境，往往是导致士兵"精神崩溃"的核心因素。失败、挨打、轰炸、伤亡、寒冷、饥饿、疲劳、污秽等带给人的心理压力，便足以拖垮士气，无论这些士兵对战局走向是否有过思考。许多士兵在亨特堡解释自己为什么决定投降时说，他们之所以做出这样的选择，是因为他们早就认识到战争是没有出路的。尽管这种说法并非全是编造，但是在更多时候，它体现的是人性，是一个人在回首过去时，为其自身行为寻求合理解释而做出的辩解。事实上，投降通常是人在战争压力之下做出的临时性决定。从迈尔少校的部队我们可以看到，这些人"苦苦鏖战"了3周之久，在"没有空中支援"的情况下承受着盟军的炮火，以致最后军心涣散。[228]连迈尔自己也无法忘记，在盟军炮火的攻击下，士兵们的处境是多么"悲惨"："我们都被炸蒙了。"通常来说，只有当士兵在其所在的战术层面对战略局势有所感触的一刻，才会真正认识到它的严峻性。在亨特堡接受审讯时，一些士兵也开诚布公地承认了这一点。他们以前根本没有考虑过德国战败的可能性，直到后来，当他们亲身感受到盟军的压倒性优势，在前线或被俘后在后方亲眼见识到盟军丰厚优越的战争物资供给后，其认识才彻底发生了转变。在此之前，他们很多人几乎从未思考过战略局势的走向，即使在很小的战友圈子里，大家也很少会公开说起这类话题。更何况在地面部队里，士兵每天都要面对战争的种种现实考验，根本没有时间去讨论任何抽象的问题。

对于士兵来说，应对战争的日常考验是第一位的事情。即使一个人的“内心充满矛盾”，“履行军人义务，奋勇杀敌”仍旧是天经地义的。[229]尤其是在东线战场上，士兵们除此以外更是别无选择。因为与西线战场面对西方盟军所不同的是，东线士兵不无道理地确信，一旦被苏联军队活捉，是断然没有生还希望的。曾指挥某步兵军团与红军作战的康斯坦丁·迈耶尔上校对此便深有体会：

> 这支步兵团最后也无心恋战了，但是士兵们只要还信赖他们的指挥官，就会照常履行自己的职责。因为他们告诉自己，除此之外没有别的出路。但是，他们在内心里当然希望战争能在当年冬天结束，而不要拖到第二年冬天。大家早就受够了，每个人都是一样。这些从非洲战场下来的兵，他们大多数人习惯的是完全不同的作战环境。当时，东线的形势变得越来越糟。这种肉体和精神的双重折磨真是太可怕了。去年整整一年我们都在不停地撤退，这种情况是从1943年圣诞节开始的。在我离开的时候，我们的部队还在那里，在严峻的天气和复杂的地形条件下艰苦地鏖战。我的天，伤亡真是太惨重了。那时候，军团里没有哪个人或哪个疯子说过一句：一定要把仗打到底。[230]

作为军人，必须要履行自己的职责，而不去深究其背后的军事意义，这是很多国防军士兵的职业习惯。1944年8月，上士赫尔曼·施特曼（Hermann Stemann）在听到其他轴心国成员战败的消息时，他的反应是：“可政治跟我们有什么关系呢？我们还是相信德国会取得胜利，并要为之奋战。”[231]

然而从某种意义上讲，国防军士兵对现实的态度并不总是盲目的。

这一点从许多士兵对战局的反思便可略见一斑。那些面对军队的一次又一次失利和撤退、逐渐对胜利失去信心的人，开始想方设法把个人风险降到最低，同时还要努力避免被军事法庭发现，而为此受到制裁。1944年夏天，高射炮部队下士威廉·凯弗在法国就注意到，许多士兵利用铁路运输的混乱局面，悄悄地拖延自己的行程："如果谁在这段时间去法国出差的话，他肯定不想尽快完成任务、早去早回。他们可以拖上8天，也不会被人发现。开证明、盖章之类的事情，那时候早就没有了。"[232]为了拖延时间，避免去前线送死，士兵们想出了各种各样的花招。例如，来自维也纳的麦克斯·施马尔福斯（Max Schamlfuß）中士在收到被派往前线的调令时，就选择了装病："1942年，他们想派我到苏联去，但是我比他们更聪明，我把自己摔伤了，于是他们只好放过了我，还把我送到了军医院。"[233]那些有关系和门路的人，往往可以获得远离前线的"美差"，[234]或者在上级的特殊"关照"[235]下，避开有性命之虞的任务。一些有远见的人及时选择了"自愿加入预备役"，主动申请去情报部队或参谋部等后勤部门任职，以此来逃避上前线打仗的危险。[236]来自科隆的32岁"专业指挥员"（Sonderführer，擅长外语、音乐或宣传等工作的士官——译者注）赫尔伯特·穆勒-耶纳在应征国防军译员的申请被批准后心花怒放："我当时对自己说，这下子你躲过了一劫啊，这可是战争中最大的幸运。"[237]正如他所盼望的一样，在后来的日子里，他"从来没有上阵打过仗"。

即使在炮火纷飞的前线，士兵同样也有决定其个人行为方式的灵活度。因为他们在战场上如何表现，并不仅仅是由现实处境和部队的集体作风决定的。每一名士兵与其身边战友的作战方式均不尽相同——在战斗中最重要的，归根结底还是"个人的战斗表现"。[238]在每一场战役中，个人的斗志总是起着至关重要的作用，对此，每一位有过前线参战经历的人都深有体会：打仗是"一件纯粹的考验人神经的事情"，[239]因为一个人只有抛开生死，才敢冲出战壕向敌人开火。[240]尤其是在遇到"格外棘手的事情"时，例如在抵御敌军坦克进攻时，并非每个人都能"绷紧神经”，在敌人的庞然大物面前，精确地将炮口瞄准“坦克的要害部位”。[241]下士恩斯特·卡尔就注意到，只有为数不多的士兵有足够强大的意志和勇气，在千钧一发的时刻透过瞄准器“将炮火射向坦克要害，而不是朝着目标的方向乱射一通”。他承认“的确有这样的人，但只是极少数”。正是这些细微的差别，决定了每位士兵个体对战局的贡献。

在两军交战时，士兵需要有瞬间做出决定和快速反应的能力，但是对其而言，在一定限度内对自身行为加以调整的可能性仍然是存在的。一名士兵是全力以赴，还是有保留地投入战斗，与其个人的斗志有关。在本章开头工兵上尉沃纳·奥托的讲述中，这一点已经得到了证实。奥托注意到许多士兵“表现出明显的厌战情绪”，他们虽不公开违抗命令，但也不竭尽全力积极战斗，而只是装装样子：他们尽可能地缩短离开掩体的时间，然后象征性地开上几枪，随后立刻又躲进下一个掩体。[242]奥托后来在亨特堡的另一次谈话中又补充道，士气低落的另一个表现是，每当盟军发动进攻，士兵们很快就会投降，其速度要比以往快得多。[243]军事法庭或指挥部从未对此进行过统计，因为这种行为还没有达到违抗军令的程度。他们对此感到很恼火，因为这些士兵明显是在趁乱钻空子，其目的就是为了保命。在后面关于前线战斗与杀戮的章节中，我们将更加清楚地观察到这种行为：在极端暴力的环境下，很多人固然会受到群情激昂的气氛的感染，但每一名士兵的选择仍然是有差异的。[244]这些决定虽然是在战斗白热化的瞬间做出的，然而左右其决定的重要因素之一，是他们为了判断自身的求生机会，通过对战局走向的观察所得出的结论。除此以外，这些士兵的决定还取决于他们每一个人受军事社会化影响有多深，以及在多大程度上将当兵打仗视为实现自我的一种追求。

## 战场

“战争终归是战争”[245]，“战争总是残酷的”[246]：从这些人人皆知的说法可以看出，战争暴力是战争无法改变的一种本性。不可否认的是，人类的本性的确有可能对其在面对极端暴力时的行为产生影响，然而这一作用绝非是决定性的。战争并没有统一的模式，并非所有的战争都是千篇一律。即使在同一场冲突的框架内，战争的形式也有可能存在差异。在第二次世界大战中，东线战场就是一个典型的例子：德国国防军与苏联红军之间的战争，与其在其他战场上的作战形式有着本质的不同。德国与苏联之间的战争是一场没有底线的灭绝战，所有国际法准则在这里都失去了效力。相比之下，国防军在西线、非洲以及意大利战场所展开的则是一种较为常规的战争，违反国际法的行为并不普遍，而只是个别现象。

在东线战场上，德国侵略者从一开始采取的便是不计后果的作战方式，其针对的目标不仅仅是苏联军队，还包括苏联平民。截至1942年初，党卫军特别行动队在国防军的帮助下，在战场之外屠杀了近50万苏联犹太人。德国东线部队在未经审判的情况下杀死了数十万平民、游击队员以及有游击队员嫌疑的苏联人。更有几百万人或被德军强迫做苦力，或因德军在占领区的扫荡掠夺及其焦土政策，而失去了生存之本。在国防军的战俘营中，大约有300万名苏联战俘被虐待致死。在前线，无底线战争的表现形式是大规模枪杀手无寸铁的俘虏，在这一点上，苏联红军的表现比德军更有过之而无不及。正是由于双方军队在交战时的无所顾忌，在这一战场上发生的战役格外血腥残酷，伤亡比例也超乎寻常。苏德战争也因此而成为人类历史上最残酷的战争之一。

1941年夏天在“巴巴罗萨行动”第一阶段结束后，苏德战争的残酷性有了一定的缓和，但是与德军和西方盟军之间的作战方式相比，其距离战争的正常化依然很遥远。在不同战场上所反映出的不同战争风格，并非仅仅是由其时其地的客观环境所决定。只有通过军队作战时的不同精神状态，才能使其合理性得到解释。因为国防军与红军间的暴力泛滥，并不仅仅是两支隶属于专制政权的军队之间的对抗被动升级所导致的结果。对德方而言，无底线使用暴力更多是其作战纲领的一部分，早在攻打苏联前，纳粹政权便有计划地为此做好了准备：通过颁布《政治委员令》以及《战时审判权公告》等违反国际法的命令，打造了完全不同的战争框架，使大规模系统性暴力的实施成为德军部队的义务。除此以外，希特勒及其纳粹将领还通过各种指令、呼吁书和须知号召士兵，在"讨伐布尔什维克主义的战斗中"不惜一切代价打击所谓东方劣等民族的敌人，因为这场战争关乎德意志民族的生存。这些指令取得了显著效果。有证据显示，几乎每一支德军部队都是严格按照这些"罪恶指令"行事的。[247]

在德国东线部队中时有发生的大规模枪杀战俘的事件，往往是在感情冲动下进行的。因为的确有一些苏联士兵会采用装死等违背当时战争习惯的伎俩，给德军造成意外的伤亡。而德国兵则往往倾向于从偏见出发，把苏联士兵正常的战斗策略也当成是"耍花招"，并为此做出极端反应。甚至有一些国防军士兵只是为了少走几步路，不愿把被俘的红军战士再带回战俘营，所以才把他们草草地枪毙了事。假如没有种族主义思想在其脑中作祟，这样的行为是根本无法解释的。东线战争的历史清楚地证明了，战争冲突的形式并非仅仅是由暴力自身性质所决定，当事者的思维和认知同样也有可能对此产生影响。

经历这段历史的人们大都清楚地知道，在不同的战线上，作战的形式也各不相同。尤其是那些既曾与红军交锋，又曾在西线参与过战斗的士兵，对此更是了如指掌。只要把两种经验相比较，他们几乎都会得出相同的结论。1941年8月，一名曾在东线部队服役的步兵在日记中写道："与东线战斗相比，其他战场上的战斗简直与'力量来自欢乐组织的郊游'一般无异。"[248]经常和士兵们聊天的东线随军牧师也有同样的印象。1941年10月初，第113步兵师的新教牧师在档案中留下了这样的记录："然而，对苏战争对士兵内心世界的影响比西线战场深刻得多。这是因为这场战争耗时漫长，对士兵意志力的考验更大，伤亡比例也高得多。士兵们经常挂在嘴边的一句话便是：'我们现在终于明白了什么是战争。'"[249]第96步兵师的牧师也表达过类似的观点，士兵们在和他聊天时常常强调说"直到今天才见识了战争的真面目"，并无一例外地"用恐怖来形容自己在苏联的经历"。[250]

士兵们的这些反应是对战争残酷现实的一种折射。但是，每一位士兵的感受同时也会受到其自身认知的影响，而决定这些认知的是其个人的文化积淀。1941年10月，第16军首席牧师在报告中提到了许多士兵在苏联所体会到的隔阂感：

> 无论是肉体还是精神上，对苏战争对士兵的考验都是巨大的。在每个人的印象里，在苏联的经历从任何角度看都是负面的。这个国家和人民、布尔什维主义体系以及作战环境——所有的一切从某种意义上讲都是陌生的，令人难以接受的。笼罩着整个国家的“恐怖气息”给每个人都带来了巨大的压力。人们熟悉和习惯的标准、秩序以及军队和战争规则，在这里都无处可寻。来自四面八方的威胁、旷日持久的不安全感、荒凉的土地、险恶的自然环境和敌人的战斗，所有这些都迫使人们必须时刻绷紧每一根神经，这是他们以往不曾体会也无须克服的恶劣的境遇。（一群受伤的伞兵众口一词地说道：“宁可在克里特打十场仗，也不要在苏联打一场！”）[251]

在当事者的意识里，即使是视觉上的印象也很少是未经过滤的——所有感官印象只有在经过富有时代色彩的诠释之后，才会变成确定的记忆被保留下来。许多士兵将苏联“土地的荒芜和百姓的贫困”归结为“其思维和感情的原始性”所致。[252]人们甚至对战场的地理环境都不无偏见。据一位战地牧师的观察，一部分士兵认为“广阔无垠的苏联疆土会导致人精神抑郁”。[253]依此逻辑，突尼斯和利比亚战场的沙漠环境理应对士兵心理造成同样影响，但迄今为止，人们并未发现非洲军团的士兵存在类似的心理焦虑问题。德军士兵对非洲战场的负面印象，远远无法与危险重重的东线战场相提并论。

在不同的战线上，士兵对战争的经验和认知往往存在着巨大的差异。无论是德国军事档案，还是许多国防军成员的亲口讲述，都证明了这一点。[254]如今，亨特堡战俘档案的曝光更进一步为这一观点提供了有力的佐证，因为这些来自美国情报机关的文件以前所未有的直观的方式，将“二战”后期德国国防军士兵对战争的观点和看法清晰地呈现了出来。从美国军事情报局对德军战俘所做的问卷调查可以看出，西线战争在人们眼中是相对合乎规矩的。这份来自1944年的士气问卷显示出，在大多数情况下，对方的负面形象并不会因为人们对战争的真实经验而有所改变，反而会被进一步强化。与西线战场的对手所不同的是，东线的对手在与其交手的国防军士兵眼中始终是恶名昭著。在被问及对苏联的看法时，大约90%受访者的回答是完全负面的。[255]这一具有高度一致性的问卷调查结果既掺杂了德国军队长久以来一贯的反布尔什维主义情绪以及对德国侵略罪行受到报复的恐惧，同时也包含着当事人在残酷的战争环境下所滋生的仇恨心理。作为参照：只有不到1/4的国防军士兵在问卷中表达了对英军的反感。

在1941年夏天苏德战争打响后，红军在德军士兵眼中的负面形象也没有发生本质上的变化。尽管士兵们在评价苏联红军时，很少会使用带有意识形态色彩的脏话，例如“劣等民族”“布尔什维分子”或“禽兽”等纳粹用语，但这并不能说明任何问题。在回顾东线作战经验时，德军士兵的态度表现得非常现实，他们承认自己在最初低估了红军及其士兵的战术水平。亨特堡的德国战俘在被问及苏联军队战斗力时的回答，便充分说明了这一点：在大约400名受访的国防军成员中，超过2/3的人认为红军拥有高超的军事素养，这一比例甚至高于他们对美军的评价，因为后者在他们看来不仅缺乏经验，而且“经不起战火”。[256]但另一方面，士兵们对英军的评价却在红军之上，大约3/4的德国兵对英军的战斗力给予了肯定。虽然大多数国防军士兵承认红军勇敢和不怕死的战斗精神，但出于自身的优越感他们却坚持认为，苏联军队只胜在人多，在一对一的情况下，是无法与德军相匹敌的。

在许多国防军士兵眼里，红军是一支被奴役的军队，他们在政治委员的枪口下，被逼无奈才表现得如此顽强——即使在与红军血战多年后，这种模式化思维在东线士兵中仍然很常见，即使在1944年到了亨特堡之后也没有改变。但是，对于红军的作战风格，国防军士兵们大多很看不惯。35岁的代理上士奥托·尼兹（Otto Nitz）就是这样认为的。1941年，他作为第31步兵师士兵参与了“巴巴罗萨行动”，并在冬天的一场战役中负伤；1942年，他又一次被派往东线战场，直到第二次被敌军炮火击中。1944年夏天，他在亨特堡对红军做出了堪称具有代表性的评价：“苏联人作为士兵并不算差，但却十分残暴，他们只有在集体作战时才能发挥威力。”[257]在他看来，苏联人整体上是一个“野蛮民族”。用尼兹的话说，他和他的战友们“在苏联目睹了太多的野蛮行为”。[258]从作战风格来看，对苏作战与对西方盟军作战有着很大的反差，24岁的士兵海因茨·巴尔策凯维奇对此深有体会。他在1943年5月受伤前，随同第94步兵师在东线战场上打了一年半的仗，直到后来被调遣到意大利战场。美军中尉蒂森（Tyson）在亨特堡根据其陈述做出了如下记录：“苏联军队人多势众，打起仗来就像是机器一样，因为这些人都是被逼的。另外，苏联人还擅长肉搏战，而且非常狡猾。对苏联派女兵上阵打仗的现象，该战俘表现得很气愤。他认为，美国人和英国人在打仗时比较讲究公平。德国兵是最棒的，其次是英国人和美国人，最后才是苏联人。”[259]在东线国防军与红军对峙的状态下，各方充其量是对对方的强大军威感到敬畏，而其相互间的敌意则并未因双方的密切接触而趋向正常。

直到“二战”最后几年，东线战争仍然表现出其独有的特点，而正是这种独特的战争现实在很大程度上决定了士兵的态度。在东线战场，士兵遵循的是不同的战争规则和不同的敌我认知。当美军中尉沃尔夫（Wulff）在亨特堡询问两名国防军士兵威廉·施莱希特（Wilhelm Schlecht）和格奥尔格·阿尔布莱希特（Georg Albrecht）是否“注意到在国防军中存在某种对苏联的仇恨情绪”时，阿尔布莱希特的回答很简短：“向来如此。”[260]施莱希特则补充道：“我的兄弟们就在东线打仗，他们绝对不愿意被活捉、关进苏联战俘营，每一位东线士兵都是这么说的。”当国防军士兵在亨特堡私下里聊到东线战场时，也是同样的口气。例如，士兵阿尔方斯·罗美尔（Alfons Römer）就说过，他不理解为什么有些士兵害怕意大利战场会超过苏联战场。他在亨特堡和室友谈起这一问题：

> 我跟你说，我对苏联前线真他妈是受够了。虽然很多在意大利前线打过仗的人以为，苏联的情况还不如这里糟，不过对我来说，被关在这里而不是留在苏联，我觉得很满足。唉，你真该亲眼看一看，在部队撤军的时候，那景象有多惨。好些士兵就站在路边，在我们开着卡车经过时，他们总是合起手掌恳求道：求求你带我们一程吧。但我们不能停，否则我们自己也会陷在雪地里出不来。有的人走啊走啊，走得头晕眼花，直到一半身子都被雪埋住，再也走不动。许多人就这样被活活冻死，尸体还半跪在雪地里，身体向前倾斜着。[261]

这幅来自东线的残酷画面绝非臆想，而是发生在这片战场上的赤裸裸的现实。在东线，无论是在德军还是苏军战俘营中，俘虏的死亡率都居高不下，比其他战场高出几倍。[262]尤其是在苏德战争的第一年里，根据目前的估计，国防军士兵在苏军战俘营活下来的概率只有不到1/10。虽然在后来的几年中，苏军将德军战俘的死亡率降低到了33%，但却无法改变其在人们心目中业已形成的恐怖印象。少校卡尔·皮什尔（Karl Pietscher）在亨特堡回忆说，在1941年或1942年之后的战役中，双方经常都抓不到俘虏，“因为所有人都害怕被关进战俘营”。[263]高射炮部队上校弗里茨·桑德特也清楚地知道，事态是如何发展到这种地步的。他在回忆“巴巴罗萨行动”初期的情形时说：“一开始我们就没有活捉一个苏联俘虏。元首自己也说了，这些人不是人，而是禽兽。所以他们每抓到一个被认为是红军政治委员的俘虏，便立马枪毙，大家都相信没有人会为此去向上级报告。后来苏联人也说了，他们也是这么干的，把抓到的所有德军军官都统统毙掉。唉，当时被干掉的人可真不少。”[264]1941—1943年在东线战场参加过无数战役的少校阿尔诺尔德·库勒目睹了两军枪毙战俘的场景。在亨特堡受审时，他也毫不掩饰地承认他和战友们常常“不活捉俘虏”：

库：受了重伤倒在战场上的士兵往往被他们活活打死，有一段时间，苏联人只要发现德国兵就当场打死。双方都不再留下活口，所有的俘虏都会被处死。

审讯官：后来情况有好转吗？

库：当然，后来又来了新的部队，他们的做法和以前不一样。可是有时候，那些苏联猪攻上来的时候喝得烂醉，一边冲，一边喊着“乌拉，乌拉”，就像一群嗜血的野兽一般。面对这样一群疯狂的家伙，除了杀死他们以外别无他法。很多时候，我们本来是可以活捉俘虏的，但是如果这样一个禽兽就站在离我10米的地方，我肯定不会这么干。我宁愿在10米外把他一枪干掉，这样才能确保他没法伤害到我，否则如果让这头猪再靠近的话，就会有危险。这已不再是战争了，虽然我内心一直是反对这种行为的，但是我别无选择。[265]

随着暴力的轮番升级，在德国部队里，每个人都害怕自己被抓到苏联人的战俘营，在那里受到虐待甚至被处死。来自多特蒙德的35岁宣传队士兵保罗·林德曼也不例外。因此他和其他许多国防军士兵一样暗下决心，要不惜一切代价避免在东线战场成为苏军的俘虏：

向美军投降的人要么是懦夫，要么只是想尽一切办法逃离战争。但如果向苏联人投降，那必然是有政治目的。这是显而易见的，你只要四下打听一下，每个人都说，千万不要进苏联的战俘营啊。所有人都是这么想的。我自己也早就打定主意，在被苏联人活捉之前，我一定要给自己留一发子弹。情况确确实实就是这样的。[266]

这样的想法必然会对士兵在战争中的行为产生影响。与西线不同的是，在东线战场上，士兵们不战斗到最后一刻是绝不会考虑投降的。因此，他们在战斗中表现出的意志更坚定，承担风险的勇气也更大，东线的战役也因此而更艰苦，所消耗的时间和伤亡比例也更大。24岁的一等兵约瑟夫·赛德曼（Joseph Seidemann）入伍前是瓦滕沙伊德（Wattenscheid）的一名工人，作为第44步兵师的士兵，他亲身体会到东西两条战线之间的差异。据赛德曼回忆，在意大利战场或者与英军交锋时，部队一般只是战斗到“无路可退了，便缴械投降，不像在苏联打仗的部队，人们总是不惜牺牲，一定坚持到最后一刻。因为大家都清楚地知道，在这边，自己会被关进战俘营，受到好吃好喝的招待，就像我们对待英国战俘一样”。[267]一级军士长古斯塔夫·基什内尔注意到苏联红军也和东线上的德军一样顽强：“我从没见到过一个胆小的苏联人，那里是容不下懦夫的。所以，在苏联的这场战争才会如此残酷和野蛮，它和跟美国人、英国人和法国人打仗，完全不可同日而语。这完全是一场毁灭战。士兵们坚守在自己的阵地上，直到身负重伤，哪怕丢掉性命也不会退缩。”[268]库勒少校在东线也有同样的体会：“我们的士兵已经习惯了艰苦作战，在苏联，人们别无选择，即使在毫无希望的情况下，也会战斗到最后。”[269]对于所有参与东线战争的人来说，战斗是唯一的选择。于是，在这里形成了一种特殊的战斗作风，它与其他战场上所有人共进退的作风是有显著区别的。

这种独特的作战风格形成的一个重要原因在于，每一个士兵都清楚地知道，在东线战场上，所有国际法准则都失去了约束力。在后面关于战争罪行的一章中我们还会看到，士兵们对于国防军和武装党卫军在东线战场上的种种暴力行为，并非每一样都表示认同。[270]但是假如这种不计一切后果的行为能够带来军事上的优势，或对改善自身处境有所帮助，士兵都会欣然采纳。来自埃姆登（Emden）的22岁少尉约翰纳斯·泰森在几乎所有战场上都打过仗，因此，他对不同战场上行为空间的差异深有体会。1944年1月，当意大利向盟军投降后，泰森却认为这对于德国在意大利战场作战来说是一件好事：“因为现在我们不必再有任何的顾虑了。过去，我们是在盟国的领土上战斗，而现在我们是在敌人的地盘上作战，这样我们就可以把在苏联打仗的那套做法用在这里。比如说，我们可以把主战场方圆100公里的土地全部炸平，清理得干干净净，一切都由我们征用和调遣。每一个居民区都可以当作营地，就像在苏联一样。食品补给也可以随意取用。现在，我们可以打一场真正的战争，按照战争本来的样子，这样一来，我们的局势必然会有所改观。”[271]对经历过这些的人而言，“苏联模式”[272]的存在是毋庸置疑的，这种模式只有在东线才会被采用。在极个别的情况下，如果西线士兵接到某个“异常残忍的命令”，例如在主战线后方开辟一片“死亡区”，他们会感觉很意外。因为在人们看来，这种暴力措施纯粹是“苏联式”的，“如果被用在西线战场上，那么就连武装党卫军的指挥官也无法理解。”[273]

在亨特堡，从不会有人用谈论东线战争的严肃口气谈论西线的战斗。恰恰相反：与对苏战争相比，人们在说起其他战场上的战斗时，常常会把它当作笑料。炮兵上校西奥多·沃纳（Theodor Werner）更是夸张地把西线称为“娱乐战线”：“哎，我老实说，其他人可能不承认，在法国没有一个人是在真正打仗，每个人都活得舒舒服服的，就像驯鹿一样。所以说，把它叫作‘娱乐战线’是有根据的。在那儿，没有一名军士长不用躺椅和软椅。”[274]在西线战场上，两军交锋并没有给双方造成强烈的敌对情绪。德国兵在说起与其交战的西方盟军时，可以明显发现，他们很少会用谈论苏联红军的口吻说起英国、美国和法国的军队。像代理下士海因茨·阿诺·弗伯格一样对北非战场的敌军赞不绝口的人也并非少数：“哎没错，英国人，他们总是很守规矩！”[275]在亨特堡，从来没有哪个德国兵会用类似的语气赞美苏联红军。

从德国兵之间的谈话可以看出，他们对不同战场上的战术风格差异心知肚明。虽然他们在谈论东线时，很少会使用“毁灭战”或“意识形态战争”等希特勒式用语，但这一点并不说明任何问题。他们可以用自己熟悉的词汇，清晰地表达其对东线战争特殊性的认识。尽管他们对这场战争史无前例的规模和种种细节或许并不了解，但是他们清楚地知道，东线战争并非寻常的战争，而红军也不是寻常的敌军。他们同时也懂得，东线战场的规则是有别于其他战场的。所有这些认识最终都会对他们在战斗中的表现产生影响，并由此反映出战争状态下士兵的行为是如何形成的：士兵采用什么样的方式进行战斗，并不仅仅是由人类固有本性决定的，而是在同时也受到时代特征的左右。在战斗中，士兵的一举一动并不单纯是心理社会学因素所导致的下意识动作，而同样也是其自身认知、观念和思想驱动下的行为反应。

这一点在前面的小节中已经得到了论证：无论是对于奇迹武器、轰炸战、潜艇战还是对整个战局，士兵看待问题的方式很大程度上是受其个体意识制约的。无论客观世界看似多么确定，但每一位士兵眼中的现实却不尽相同。如果哪一位士兵像前面提到的工兵上尉奥托或伞兵下士沃尔夫一样忠诚而勇猛，那么即使是面对屡屡的败仗，他的意志也不会有丝毫的动摇。士兵看到的是相同的事实，但从中得出的却是不同的结论。并非每一个人都同样执着于自己的信仰——其信念越淡薄，就越容易捕捉到现实的踪迹。立场决定认知，立场越坚定，其影响力越大。国防军士兵的个人立场决定了他们看待事物的方式，而这些人的个人素养同样也在左右着他们的行为。在战场上，个人意图很可能会起到至关重要的作用，这一点在国防军中下级军官身上表现得尤为明显，而这正是我们下一章将要论述的问题。

第七章

# 部队长官

1944年11月19日，位于法国梅斯的国防军司令部正遭到攻击。康斯坦丁·迈耶尔上校率部驻守的司令部大楼在反坦克炮的轰击下摇摇欲坠。攻入梅斯城区的盟军正像暴风雨般扑向这座堡垒，危险迫在眉睫。其实，梅斯的德军守备部队的失败早在1944年11月16日夜就已注定：按照G集团军群命令，第一集团军趁着夜色弃守位于这座洛林地区古老都市外围的主战线，撤退至帝国边境修筑新的防线[1]。封锁线被放弃后，希特勒命令死守梅斯，要求留在城内的部队“战至最后一枪一弹”。随着第一集团军这支战斗力尚存的部队撤离，留下的守备部队在盟军攻势面前已弱不禁风。

1944年11月19日，美军第5和第95步兵师从多个方向突入梅斯城内，坦克履带轧在雨水浸泡的街道上发出“咯吱咯吱”的响声。市中心摩泽尔河中的小岛上，激烈的巷战在要塞司令部周围展开，中将海因里希·基特尔（Heinrich Kittel）也拿起武器亲自加入战斗，最后负伤。21日，美军在一个地下战地医院俘虏了他。第二天，德军在市中心的抵抗逐渐平息，梅斯战役胜负已分。尽管如此，驻守梅斯要塞外围区域的一些指挥官仍然坚持抵抗，又战斗了几个星期。梅斯一役，充分显示了指挥官在战斗中的决定性作用，弄清梅斯战役中三个主要人物的表现，会对战争有更充分的理解。

插图 18：康斯坦丁·迈耶尔上校，生于 1890 年

## 梅斯的陷落

1944年11月19日，当梅斯市中心小岛上的战斗正激烈进行时，迈耶尔上校也正在河对岸的司令部中耐心等待着命令。20点时电话铃响了，迈耶尔上校拿起电话，那头的基特尔中将下达了部队突围的命令。"你那边的人可以分成小股越过防线突围出去。"[2]挂上电话，迈耶尔震惊不已："我们已经做好一切战斗准备，而（基特尔）现在却竟然要放弃。"迈耶尔当即决定违抗基特尔的命令，让他的士兵们继续战斗，但属下们说服他改变了主意：

> 我的副官毛尔是个正派小伙子，我对他说："毛尔，现在突围也无济于事。"我让所有的士兵都出去，就留下哈根上尉和毛尔少校。但是他们说："不行！上校，不能这么干。现在是突围的唯一机会，虽然大家都很绝望，但我们还得把握机会。"于是我听从了他们的建

议，从战术角度讲这也是正确的。

20点30分，迈耶尔派了一个名叫居佩尔的年轻党卫队少尉，去探查河对岸往东撤退的路线。凌晨1点左右这名年轻军官回到了指挥中心，称自己“已经找遍了整个城市”都没有一座完好的桥梁。[3]于是，迈耶尔将他的手下每20人分成一个小队。凌晨1点30分开始，他每半小时派一支小队离开。当他自己来到摩泽尔河岸边时，却发现已经不能再前进了，“桥已经被炸断了”。不管是马上搭建一座浮桥，还是尽快找到其他的桥梁，各种尝试都失败了。天空渐渐露出鱼肚白，晨光让士兵们失去了掩护。迈耶尔只能召集所有能够作战的男性，在铁路路堤下就地防御，他们中间有零散的逃兵，还有畏战的警察。“我这辈子都没见过他们这样的乌合之众。”战斗打响，迈耶尔的预感不幸成了现实：“美军向我们发起猛烈进攻，这些德国兵却几乎一枪未发就朝美国人那边跑去……他们根本不想再战斗，宁愿当俘虏。这样的部队根本打不了胜仗。”唯一值得欣慰的是，迈耶尔自己手下那些来自“司令部的士兵仍然顽强抵抗”。最终，迈耶尔本人在试图渡河逃跑时被美军俘获。[4]

梅斯战役成了康斯坦丁·迈耶尔的噩梦。作为一名优秀的指挥官，他无法按照自己的战斗习惯去应对战况。在梅斯，他只是名义上的指挥官，手下的部队并不属于他。完成对城市的封锁后，他虽然领命指挥一支由“两个连的纳粹冲锋队”组成的警察部队，却极为鄙视这些“蠢货和谋杀犯，没有一个愿意打仗”，以至于他有时在晚上“会忍不住流泪”。在梅斯，迈耶尔对他的上司也“大为光火”，不光是由于在指挥方面“谁该负责什么”[5]的问题，更主要的是“守军总指挥基特尔刚来时，我就与他常常争吵，他总想见人就杀。我也算是个血气方刚的人，但是他的行为也太放肆了。他平时总夸夸其谈，仿佛胸有成竹，最后却这么胆小、多疑，我还没见过谁怯懦成那样”。[6]迈耶尔对党卫队旅长兼梅斯警察局长安东·邓克恩（Anton Dunckern）也非常厌恶。过往经历使他对党卫队十分鄙夷：“党卫队保安部这群懦夫，只会杀那些手无寸铁的人，别的什么也干不了，这就是我们在梅斯的亲眼所见。”[7]在迈耶尔眼里，邓克恩“根本算不上军人，每天10点起床就开始酗酒，整天拿香槟酒兑着红酒喝。没有一点军人的样子。警察也都没受过军人那样的正统训练”。[8]迈耶尔轻蔑地将梅斯的氛围描述为：“除了像过节一样庆祝什么都不做，早晨9点装着烧酒的酒瓶就上了桌，吕博将军、邓克恩及梅斯市长只知道开派对狂欢。”[9]看着这些景况，迈耶尔越发怀念东线战场，1944年6月红军迅猛的夏季攻势开始前，他已被调到了梅斯：“我每天无数次为自己被调离东线战场感到后悔，不该来到这该死的梅斯，这罪犯的乐园。”

在东线战场上，迈耶尔曾充分施展了自己的指挥才能。作为指挥官，他在东线战斗过两年半：开始先担任营长，1942年4月升任第257步兵团团长。作为第83步兵师一部，迈耶尔曾率领该团与红军浴血奋战，特别是在东线中段保卫威立什（Welish）的那场艰苦防御战。迈耶尔与他的手下在“极端恶劣的气候条件下战斗不止”，并忍受着“肉体和精神上的痛苦”，他们从1943年开始就“不断后撤”，伤亡惨重。[10]迈耶尔这样的指挥官宁愿在如此环境中受苦受难，也不想经历在梅斯的境遇。迈耶尔之前有一次差点被调回后方，当最终确定仍留任前线指挥时，他如释重负：“能留在东线我当时太高兴了，257团棒极了。我想说这个团是最好的，只可惜后来失去了指挥它的机会。”[11]守在前线当然也意味着日复一日地率部同敌人殊死搏斗，仗常常一打就是一整天，伤亡惨重。但这就是属于迈耶尔的世界。在东线战场上的领导能力一直让他十分骄傲：

> 虽然十分艰难，最后几乎打到全军覆没，但我觉得自己指挥和用兵还是成功的。战斗有时一打就是三四个星期，但因为有老兵在，士兵们都能在战斗中保持冷静和服从。士兵们战斗不止，行使着作为军人的义务，不仅是因为他们能服从我迈耶尔上校的命令，还因为他们对我有相当程度的信任，大家都是相互信赖的。不过，最后剩下的人，包括我这个指挥官在内，都知道这场战争必须结束了。[12]

质疑继续这场战争的意义却仍为之战斗，便是像康斯坦丁·迈耶尔这样的指挥官心态的真实写照。迈耶尔早年曾是希特勒的追随者，并声称自己信仰纳粹主义，直到后来的经历让他背离了这个信仰。他认为，“元首”故意“将战争穷兵黩武地延续下去”，“直至让最后一个德国人丢掉生命”，目的不过是为了“保住他个人和他同僚们的面子”。[13]迈耶尔早就认为进攻苏联是一个“疯狂的念头”，他近乎疯狂地怀念德国因此丧失的超级大国地位：“如果我们能保持适度的和平，那我们就会有一支陆军、一支海军，可能还会有殖民地。我们显然不可能拥有一切，这只是希特勒狂妄的幻想罢了。”[14]这样的失望情绪使他不再认同纳粹主义，转而投向民族主义：“我们是百分之百的德国人，这比去当一个百分之一百五的纳粹要重要一百倍。”迈耶尔对纳粹主义，也随着对纳粹政权的大量罪行的了解而逐渐疏远。即使他认为自己也是个反犹主义者，“我也是个纳粹党员，可纳粹的所作所为真把我气疯了，尤其是对犹太人的大屠杀。虽然我也厌恶犹太人，老实说我非常不喜欢他们，但是聪明的政治家不会干像纳粹大规模屠杀犹太人这种傻事儿……”[15]迈耶尔对纳粹的大规模屠杀有一种相当务实的解读角度，他认为盟军因此已不可能再与德国缔结“君子协定”[16]：“头几年纳粹对苏联战俘所犯罪行是现在阻碍盟军与我们谈判的原因。如果没有犹太人和苏联战俘问题，盟军有可能与希特勒达成妥协。纳粹处置犹太人和苏联战俘的方法简直惨无人道，要么放任他们饿死，要么将他们成百上千地大规模枪杀。”[17]另一方面，虽然迈耶尔为反犹主义摇旗呐喊，但从他的批评和反思中仍能感到出于道德的愤慨：

> 所发生的一切都让我震惊不已。我加入了纳粹党，也为其尽了自己的力量。但是我永远无法理解，为什么要这样折磨犹太人，很多美国人也这么说。这不是人干的事儿。我们本可以拿从犹太人那卷来的钱去打仗，我们也可以制定法律，比如我们不许他们爬树，只能在地上待着。然而，做了这一切之后还是成千上万地把他们杀

掉。还有那些苏联战俘——您要知道，对于这样一个历史文化底蕴深厚的国家，不需要采取这样极端的手段。我们欠他们的血债，总有一天需要我们以血来偿还。[18]

当然，迈耶尔这些想法和他在战争中的作为一概无关，他“光荣地率团作战三年”——归根结底他还是最看重这个。[19]被关押在亨特堡的迈耶尔心情十分沮丧，如果不是在梅斯被俘，他肯定会一如往常率部继续作战：“现在我的军事生涯到头了，像条狗一样被困死在梅斯。我本可以在别处再干点什么的。”[20]

当迈耶尔上校在梅斯市中心被俘，要塞总指挥基特尔在战斗中受伤时，上校阿诺·冯·施特塞尔（Arno von Stössel）还在梅斯以西率部抵抗。这位出身东普鲁士的指挥官时年52岁，曾获颁骑士铁十字勋章，1941年至1943年在东线战场担任步兵团长时受伤，在战地医院休养了一段时间后，又回到前线领兵打仗。梅斯战役时，他正在当地指挥第1215掷弹兵团，施特塞尔后来在亨特堡抱怨说，这支东拼西凑的队伍，除了“不少辎重部队”外还混着一个“当地的民兵营”。[21]

1944年11月19日，当美国军队攻入梅斯城时，施特塞尔和他的部队正在一个历史遗留的防御设施驻守，它是保卫梅斯的第二道防线。最后，施特塞尔于11月17日15时下令，将自己阵地附近的所有桥梁炸断。战斗打响后，他也咒骂那些消极怠战的警察，和迈耶尔上校一样：“我手下的30名警察个个大腹便便，挨着个儿往河边一坐。敌军还没开火他们就已经逃回家了。如果我靠这些连开枪都不会的胖警察、人民冲锋队、辎重部队甚至花甲老人去战斗，人再多也不管用。”尽管如此不堪，施特塞尔仍然率部在梅斯城西几公里的圣昆廷山堡垒坚守了两周之久。梅斯城内的巷战11月22日就已平息，而施特塞尔12月6日才投降。在他看来，坚持这场毫无胜算的战役意义在于：“梅斯当时被第5和第95两个美军步兵师围攻。让梅斯城里那群乌合之众面对两个满编的摩托化步兵师的攻击，失守显然是早晚的事。尽管如此，我方还是坚守了相当长时间。因

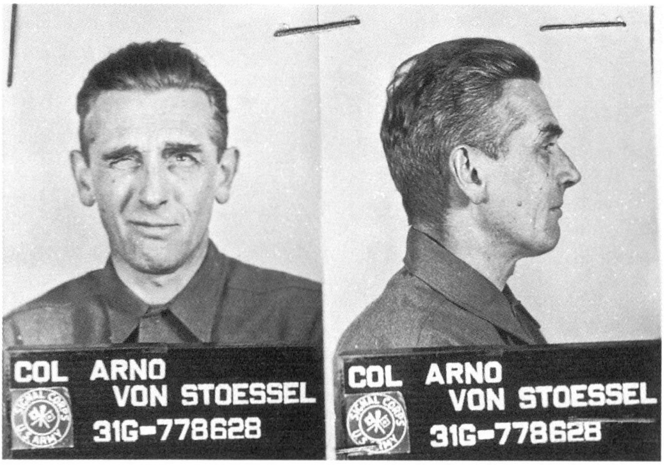


插图 19：阿诺·冯·施特塞尔上校，生于 1892 年

此我可以说，以梅斯当时的情况看，这场战役已经是个了不起的成功。假使我们的实力同敌军相若，所取得的成功当不止于此。”[22]施特塞尔的观点不无道理：梅斯战役一直拖着美国第3军的冲锋步伐，为德国第1军沿萨尔河建立新防线争取了时间。[23]但从实际操作角度来看，梅斯战役的意义并非如施特塞尔所想的那么重要：因为在梅斯的防线被攻破后，包围各个堡垒的强大的美军战力并未折损。[24]当然不管怎样，把什么看作是自己行动的意义才是此处最重要的。

对施特塞尔这样的指挥官来说，把这场战争当作个人意志的胜利已经足够了。梅斯要塞“既没有国民掷弹兵师团，没有突击炮，也没有坦克”，除了“4000号人，其他的全是破铜烂铁”——用这样的残兵余部抵抗如此之久，在施特塞尔看来“已是一种成就”。[25]他也确实将其视为个人的极高成功。当迈耶尔上校在亨特堡朝他大声呵斥，说“德国的败类都被派到了梅斯”时，施特塞尔还颇有自信地说：“我确实曾和这帮败类一起战斗过，尽管如此我们也确实跟这帮败类在梅斯守了挺长时间。”[26]迈耶尔对他的抵抗行为表示了“祝贺”，不过施特塞尔的部队为守住圣昆廷山上的阵地确实付出了惨痛代价。要塞受到美军炮火不间断攻击，美军“不断用大炮、机枪向我们扫射”[27]。“美军狂轰滥炸”当然让施特塞尔的部队“死伤惨重”，就在他投降当天还有三名士兵被炮火“直接命中”而一命呜呼。施特塞尔对死伤早已习以为常，后来他甚至还后悔没有坚持更久些：“我们应该再坚持一阵的，我们还能够防守，我当时根本不想投降。”在他和迈耶尔上校聊天时他再次说道：“是的，我们应该再坚持得久些。”[28]正如纳粹主义教导的那样，施特塞尔坚信战争中要有自我牺牲的精神。后来他也承认自己没法面对投降带来的后果：“元首的命令不是白下的，作为军官可以牺牲，但不能投降。他认为，一个军人面对敌人走投无路时就应当自杀。这样的说法虽有道理，真的做起来却很难。”[29]

在梅斯战斗的军令是“元首”下的，不执行命令对施特塞尔这样的指挥官来说不可想象。只要情况允许便执行命令，这是他对纳粹政权的忠诚。他认为，一般说来“军官是不可能不支持政府的，这样的人应当被监禁起来。我像忠诚于国王一样支持我的元首，元首是纳粹党人，我也就是纳粹，我自己愿意盲目地追随他”。[30]无论是面对审讯人员还是战俘营舍友，他都表示将坚定不移地支持纳粹政权：“即使身在狱中，我们也要为纳粹主义继续战斗。”[31]阿登战役的消息传来，施特塞尔和很多人一样感到兴奋不已，因为他们从中再次看到了胜利的希望。他说：“是的，我们不能输掉这场战争。”[32]无论是否有胜利的希望，战斗是施特塞尔本性中的一部分，正如他自己在亨特堡所言：“我是一个战士，我会一直战斗，我从来不喜欢玩战争游戏，也不喜欢那身制服，第一次世界大战结束后，我不想再和当时的帝国国防军有任何瓜葛，那时的我率领一群民兵，对抗的敌军像群斯巴达人一样；然后纳粹上台，新军队在我看来强大多了，不管是加入自由兵团还是以别的什么形式，我都会继续战斗，这是我的天性使然。”[33]

在梅斯战役中，积极战斗的德军军官们展现出超常的强大意志力。“如果每个人都像我一样战斗，那结果可能就不一样了。”[34]赫尔穆特·里希特中校在战争中对自己要求极高，冯·施特塞尔上校投降那天，他仍率领第1217掷弹兵团在梅斯西南方坚守着克隆普林兹（Kronprinz）要塞。

当里希特率部在克隆普林兹要塞打退盟军第一波进攻时，他的部队就蒙受了“可怕的损失”。[35]然而直到1944年12月8日——施特塞尔投降后两天，里希特才放弃抵抗。当时他的部队早就“没有任何食物补给了”[36]，“面包吃完了，只有那种难喝到令人无法下咽的‘部队汤’，连土豆供应也断了八天了”。[37]不止一次有人“劝他投降”，但他每次都“拒绝”了。[38]直到美军将重型火炮投入战斗，堡垒瞬间就“将变成废墟”时，里希特意识到他再也“无力回天”了。[39]他“本想再挨两天饿”，但此刻敌军的狂轰滥炸迫使他不得不投降：“240毫米口径榴弹炮的威力太大，以致连炮台都被轰得粉碎。仅仅一个早晨，6座军营中就有3座被炮弹夷平，连防护掩体都没能幸免。加上士兵伤亡惨重，我痛苦地意识到再也没别的出路时，才不得不投降。突围也根本不可能，因为要塞地势较高，美军近在眼前。即便冲下山去，驻守要塞的士兵还是难以幸免。”[40]里希特认为，自己并未违背希特勒“战斗到最后一枪一弹”的命令，而且还“履行了自己的义务和本分”，这一点对他至关重要：

> 我认为自己已经充分履行了义务，大家也都看得出。我们弹尽粮绝，最后活活饿死显然不值得。我相信元首也会认可这一点。我是最后一个投降的。我部署在凯瑟琳（Kaiserin）要塞的一个营在我投降后还坚持了几天。我知道，作为士兵我们必须战斗到最后一枪一弹，即便没有元首的命令我也会这样做。我们虽然在离前线100千米的后方被敌军围困，但是我们成功完成了任务，拖住了敌人的步伐。

对这样一位指挥官来说，最重要的是“率部坚持到底，即使投降，仍然能得到德军内部新闻的表彰”。然而不同于纳粹教条，里希特拒绝无谓的牺牲：如果我们下坡正面“突围”，肯定“没人”能幸存下来，也

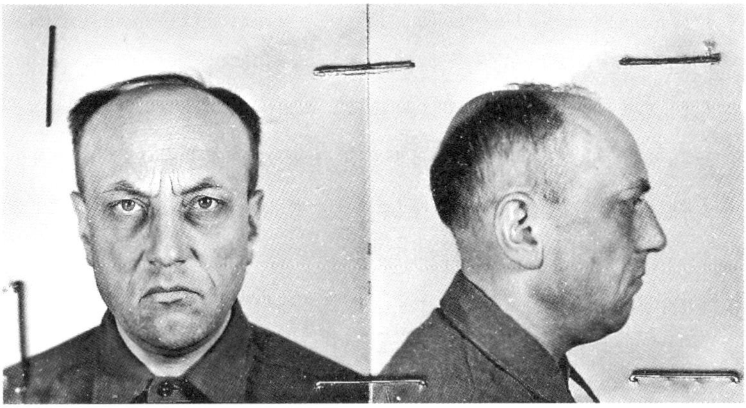

插图 20：中校赫尔穆特·里希特，生于 1898 年

达不到任何目的，这对里希特这样的人来说毫无意义。他坚信“元首”会认可他的决定，虽然梅斯陷落，希特勒确实也仍然为守军授予袖章以示表彰。对里希特来说，他坚韧不拔的抵抗无疑是有意义的。与施特塞尔类似，他战斗的信念同样是利用自己的一个团“拖住敌人强大的一个师”。只要从战争角度尚能起到一点作用，里希特也会在危急关头驱使部队投入战斗。在从法国撤退的战役中，他有时不得不用开了栓的手枪强迫士兵战斗。[41]为了维持军纪，他采取极端严厉的手段。有一次他甚至下令处决10名下属：“他们在5步开外被5名士兵一次枪毙，这是军纪。”[42]作为一名指挥官，里希特英勇作战，鄙视胆怯。在他看来，德国的青少年有时英雄气概还不够：“现如今不参军上前线的全是窝囊废。德国的姑娘们现在应该只爱英雄，否则我还真是无法理解。”[43]里希特认为梅斯战役中的一名同僚可作为他的榜样：沃纳上尉带领屈指可数的几个人坚守阵地，和几倍于他们的盟军奋勇作战，坚持了数小时直至阵亡——里希特将此视为“壮烈牺牲”。[44]他之所以对战斗的意义给予高度评价，也是因为他还没失去信心，幻想着德军还能扭转败局：“哎，我们现在的情况肯定比1941年的苏联好，也比7年战争中的普鲁士要好。当然，美军现

在有优势，但是我们也得考虑其他因素。”[45]里希特所指的其他因素是德军仍然“不可战胜”的士气，以及美军所谓的“厌战”情绪，在他看来，美军最终会意识到他们还得依赖德国：“如果德国输掉了这场战争，那么欧洲和整个世界也就输了，因为布尔什维克浪潮不可能在席卷欧洲后就停下脚步。”因此里希特仍然坚信，会有相互妥协的和平方案。

赫尔穆特·里希特这样的指挥官非常清楚自己战斗的意义。对他来说，“作为一个德国人，毫无保留地为政府出力是理所当然的，作为一名德国军官则更应如此”。[46]他同时认为“参与‘7·20事件’的将军是有史以来最大的白痴和罪人”。[47]作为军官，他“自己的态度无关紧要”，然而从个人角度来看，他也无条件支持希特勒和纳粹主义，这与被他所妖魔化的布尔什维克主义恰恰相反：“一个势必引发混乱，另一个则在领导建设。”对于希特勒的世界观和政策，里希特也是只见其优不见其劣：纳粹主义的“德国理念”、来自“人民”的“崇高想法”、希特勒青年团的“青少年教育”“夺取生存空间”政策以及《凡尔赛条约》签订后使“德国变成了低等民族”，必须重建德国的大国地位。[48]与迈耶尔上校不同，里希特完全赞同对犹太人的迫害与屠杀：

> 犹太民族消失，有百利而无一害。我认识很多党卫队士兵，我也了解他们的手段。但是，我完全不反对他们在波兰的行为。犹太人逐渐消亡对我们是有好处的，因此必须这样做。如果我们及时清洗华沙的犹太人，也就不会有持续4周的犹太区起义，更不会有我们德国士兵的流血牺牲。这也说明对犹太人的宽大处理是错误的。现在他们觉悟了，开始屠杀犹太人。如果他们早4年这么做，其间丧命的5000多人就可能活下来，所以说，温和处置的想法绝对是错误的。希姆莱（Himmler）要是早些时候抓住并杀掉这些人，人们肯定会认为他是谋杀犯。结果现在，我们德国人却因此牺牲了。[49]

在梅斯战役中，只有凯瑟琳要塞的驻军比赫尔穆特·里希特中校在克隆普林兹要塞的驻军坚持得更久，那里的第462国民掷弹兵团一直困守到1944年12月13日。虽然早在3周前梅斯市中心被攻占，附近的要塞被美军包围时胜败已分，但直至此，梅斯战役才彻底结束。

以这场战役为缩影，指挥官在战斗中的决定性作用得到了戏剧化的体现。他们决定如何战斗，又决定应在何时投降。正如康斯坦丁·迈耶尔和他的副官们那样，有时军官之间的只言片语就决定了部队是撤退还是继续战斗。而赫尔穆特·里希特这类指挥官则做好一切准备去实现个人意志，甚至不惜用暴力强迫手下的士兵。武断决绝的里希特偏偏抵抗得最久，直到最后才做出投降的理智决定，这可能并非巧合。诚然如此，战场的实际条件仍然限制了指挥官们能力的发挥：不难想象，如果迈耶尔上校的手下不是那群消极怠战的警察而是久经沙场的第257步兵团，梅斯市中心防线可能不会那么快就被攻破。当然，部队指挥官的行为也与他们所指挥的部队相关，但不同的是士兵要更多地去适应部队的行为作风，而指挥官则个性更为分明、更加独树一帜。同时，来自社会的期待也给他们带来一定压力：必须向“第三帝国”的所谓榜样军官靠拢，并时刻受到上下级的监督，平级军官之间也时常互相睥睨。不仅如此，他们还要审时度势，根据敌人的动向以及上级的命令伺机行动。不过从纯战术层面讲，在前线战场上没有人的影响力能大过德军团长、营长甚至连长这些中下级军官。他们的决定往往事关士兵、俘虏以及平民百姓的生死。因为他们在战场上有较大的行为空间，个人态度就占据了其中的主要作用。在白热化的战斗中，普通士兵对战争、对希特勒及纳粹世界观的看法往往无关紧要。对于指挥官来说则不同，因为军官往往为了意识形态而战斗，他们个人的观点常常体现在对战斗的决定中。赫尔穆特·里希特、阿诺·冯·施特塞尔，连康斯坦丁·迈耶尔相当长一段时间内都是坚定的纳粹分子，但并非所有的指挥官都和他们一样被洗脑：英国特伦特公园审讯营对德军指挥官的监听记录充分证实了这一点。[50]即便如此，大多数指挥官还是出于对纳粹政权的忠诚，和上述几位一样具有基本的信念，包括与反布尔什维克、种族歧视及反犹主义紧密相连的绝对民族主义。他们之间更显著的共同点在于拥有军人的美德。在他们看来，军人的思维、履行义务以及战斗精神是最重要的。在纳粹的万字旗下宣誓效忠对于他们来说是一种发自内心的承诺。

虽然德军指挥官对战争也有自己的思考，但他们认为执行命令天经地义。个人想法不应影响他们完成作战任务，这是军人理应做到的。因此，即使像康斯坦丁·迈耶尔那样对纳粹政权有所质疑，他们也不会在作战时有丝毫的动摇。至于如何正确地执行命令，则有各自不同的选择。由于战区辽阔，德军的以任务为导向指挥系统要求军官具有较强的独立思考能力。对于普通士兵来说，战争只是应对不同情况，满足上级及同僚的要求。部队指挥官则不同，他们不能只是被动地根据客观情形做出反应，指挥官自始至终都在主动地塑造着现实，是战况发展过程的一部分。亨特堡里的谈话记录显示出，他们在这场战争中是多么投入：像迈耶尔、施特塞尔和里希特这样参加了两次世界大战，多年在前线征战并受到表彰的指挥官们互相聊起来，除了战争以外鲜有别的话题。

## 战场幽灵

军队指挥官都像是战场上的幽灵。迈耶尔、施特塞尔以及里希特等指挥官在亨特堡的谈话记录表明，他们的思想意识中充斥着战争和军事。在被关押期间，盟军对他们的监听记录中仅有少数几次谈话和战争无关。他们从战略角度讨论战斗、战役、前线以及战争，罗列他们的战绩和勋章，为被俘囚禁自我辩护，探讨武器、互相学习调兵遣将和军队部署的方法，聊起其他军官的能力时还会发脾气。从这些对话可以看出，战争在他们的精神世界中占据着多么重要的位置，这是毋庸置疑的。战争在迈耶尔、施特塞尔以及里希特这些人身上打下的烙印是终生不会泯灭的。他们生于19世纪末，在市民社会中成长，进入学校读书，然后便成为年轻军官投身于第一次世界大战。[51]其后战争也从未离开他们。“一战”结束后，迈耶尔成为职业军官，施特塞尔加入了自由民兵团并和里希特一样在20世纪30年代德军扩张时期重新回归军队。第二次世界大战打响后，他们长年率部在东线奋战。施特塞尔和迈耶尔甚至获颁骑士铁十字勋章。在德军中，他们是曾参加过“一战”老兵的代表。[52]他们这代人的经历使他们很早就对暴力习以为常，同时还饱含着对德国1918年至1919年在“一战”中失利的羞耻感。这种经历促使他们形成了激进的政治思想，也导致其极端的反共产主义和反犹情绪。[53]因而他们格外赞同纳粹主义。当希特勒誓要一雪前耻，重建强大的纳粹德国时，他们内心深处的感激之情便进一步被激发出来了。当然，军旅生涯为他们一生中留下印记也并非这一代人的独有特质。

这一影响也同样体现在年轻一代指挥官身上，他们在“二战”中才走上战场。他们对部队的认同感源于德国社会业已形成的尚武价值体系，士兵和军官普遍受到尊敬。然而直到他们亲自加入战争，并成为了指挥官后，他们才与战争愈加紧密地结合起来。有关战争暴力造成的社会化影响在“军人伦理”一章中已经提及：士兵们和军队以及战争之间的关系越紧密，他们精神被束缚的程度就越深。[54]这一点对军官们尤其适用，因为有指挥军队的责任，他们背负着更重的榜样义务。当然，作为军官他们也有更多额外奖励，“战斗果敢”的前线指挥官和他们的部队在“第三帝国”享有极高的声望。因此，那些久经沙场的前线指挥官履行作战义务，不仅是出于他人的期望，也由于军官们将建设部队风气作为对自己的要求的一部分。这些经验丰富的指挥官非常执着于军事与战争：对亨特堡档案的分析也有力地证实了这一点。该研究机构随机抽取了30位中下层军官，除了几名“一战”老将，其余都是年轻一代军官。他们在亨特堡被关押期间的档案中，光监听记录就有1500余页，通过对这些资料的分析，结论显而易见：在这些团长、营长的对话中经常出现军事话题，这和前述中几位梅斯战役的军官以及我们在“军人伦理”一章中初步阐述的情况是相同的。与对普通士兵的监听记录样本相比，这一特征更为显著：军官们不仅比普通士兵更加频繁、深入地探讨战争及军事话题，而且他们对此的认同感也更强烈。有的军官在亨特堡被关押期间，几乎不谈论任何其他话题。例如45岁的约翰内斯·贝尔格（Johannes Berge）上尉与24岁的库尔特·麦恩克（Kurt Meincke）上尉两人是亨特堡的舍友。在贝尔格的战俘档案中有56页的监听记录，其中仅有10页内容与战争或军事无关，而且这些谈话都很简短。例如1945年1月2日，贝尔格表达了他对“7·20事件”反叛者及维茨雷本（Witzleben）集团的看法，1945年1月10日下午他们的对话则围绕亨特堡的关押状况及审讯活动展开。[55]但是对话很快又回到了战争、前线生活、武器、部队、军官和类似话题上。

要不是因为身陷囹圄，加上亨特堡常规的审讯已让德国军官有很多机会谈论战争，他们关于战争与军事的讨论还会更多。即便如此，只要在战俘营中没有亟待讨论的事件，军官们可以自由选择话题时，谈话中心早晚会回到他们最热衷的战争与军事上来。32岁的中尉弗里茨·科珀曼（Fritz Koppermann）便是如此，他曾与冯·施特塞尔一道指挥第1215掷弹兵团在梅斯抵挡盟军的攻击，直至1944年12月6日投降为止。

亨特堡的监听记录可以充分反映德军军官、士兵们相互交谈的内容。与英国审讯处的档案不同，这些监听档案不仅把军官们的谈话记得一字不差，还罗列了他们一天中的各种活动。就算对话内容再普通，也至少按时间顺序留下了关键词。从对弗里茨·科珀曼的监听记录看，他很少与同龄舍友，步兵队长约阿希姆·冯·卢修斯（Joachim von Lucius）讨论一些深入的话题。但如果讨论是由被俘期间的现实问题引发，他们聊天最后不可避免地会转移到战争上去，可参见1944年12月28日下午的监听记录（插图22）。[56]

这份记录形象地展示了B院9号囚室里的一个普通下午，卢修斯与科珀曼坐在一起，谈论着当下的处境、审讯的进行、审讯人员提出的问题、警卫对待他们的方式。然而，一旦他们开始回忆并让思维集中于过去，科珀曼就又开始追忆起东线战场的前线经历、当时的战役场景和士兵负伤情况。第二天早晨也差不多，两名军官聊着战俘营中的日常生活，

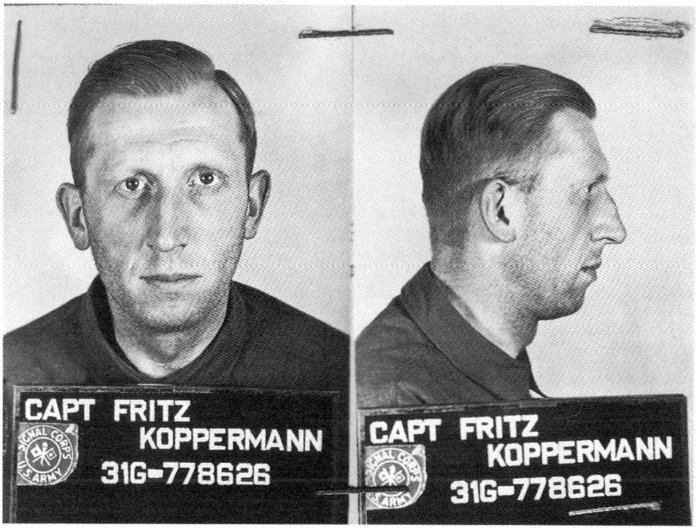


插图 21：中尉弗里茨·科珀曼，生于 1912 年

直到9点出头，科珀曼突然直抒胸臆，说起了自己的某次战斗："我当时在部队的左翼，带领四个连冲入了敌军的桥头堡。"[57]1944年大年夜，他们一开始也只是聊些鸡毛蒜皮的小事，然后聊起了女人，后来科珀曼开始说起他一位上级和他犯过的错误、讲了当时前线排兵布阵以及战斗负伤情况。[58]科珀曼在战争初期就参了军，在东线和西线都战斗过。[59]战争早就作为一种思想境界融入了他的潜意识，甚至在睡梦中也会浮现。1944年12月31日，午睡醒来的科珀曼便向他的舍友描述了他梦见的一场战斗。[60]他如此地沉湎于战争，以致不停地叙述战争经历已成为他的一种需要。[61]5年的军旅生涯使他无论在肉体还是在精神上都成了一名真正的战士。但是并非任何人穿上制服、配上军衔就能成为一名指挥官。来自奥斯纳布吕克的41岁艾尔文·福斯（Erwin Voss）少尉就根本不愿意带兵打仗。他对战争和军事没有丝毫认同，并且坦然地承认这一点。在亨特堡被关押期间他曾说："如果说有谁憎恶军队，肯定得算我一个。"[62]据他所言，他之所以成为一名军官，只是因为他要逃避难以忍受的新兵

训练："上级选拔情报军官时我参军才几周，惨无人道的训练方式让我十分痛苦。于是我决心成为一名情报军官，不达目的誓不罢休，结果在15个月后我就如愿以偿了。"福斯原本是一家工厂的工长，1943年3月才应征入伍，情报部队的职位最终使他免受前线征战之苦。[63]他唯一一次上前线作战是在1944年9月初，率部奉调前往梅斯参与守备，几天后他就被俘了。福斯这种心态及人生经历，让他永远成不了弗里茨·科珀曼或库尔特·麦恩克那样的指挥官。从他在亨特堡与其他军官的对话中也能看出，战争基本没对他产生什么影响。和那些好战的斗士不同，战争和军事事后在他眼里无关紧要：在有关福斯少尉长达38页的监听记录里，涉及战争军事话题的不过8页。即使福斯说起军队和战争，他的语气和那些久经沙场的军官也不一样。他有时会以玩笑的口吻说起初入伍时的奇闻轶事，有时则咒骂训练之苦，但从未谈及战场上的壮烈事迹。[64]他更热衷的话题是1944年发生的"7·20事件"、思考德国的未来、回忆家庭旅行，以及不厌其烦地讲述他入伍前的职业，他的工厂和生意。[65]福斯的精神世界还更多地留在他的故土，而不是战场。因此，并非参了军或上了战场，战争思想就会内化成军人精神世界的一部分。军人当然都得遵守战争规则，不过将之融入自我价值标准的程度就因人而异了，有两个主要原因：一方面军官对部队风气的接纳程度与他们早期个人生活经历相关，艾尔文·福斯的精神生活一直和军事无缘，而弗里茨·科珀曼则对军事早就耳濡目染，20世纪30年代中期他就志愿参加了军队预备役训练；另一方面也有来自家庭传统的影响：舟桥营长沃纳·奥托上尉便称自己一直在努力效仿同为军官的父亲。毫无疑问，由于德国当时深入社会的军事主义思想，德军价值体系在平民中的接纳程度毋庸置疑。至于贝尔格及里希特等人这样的个性，则只有战争本身才能塑造。他们在前线杀敌，证明自己，获得同袍的认可，甚至被授予勋章：这些精神奖赏进一步强化了他们作为战士的一面。

在战场上杀敌的人，都要为自己的所作所为找个合理的理由——先前的研究表明此举是人性的基本需求。[66]为了能在精神上承受战争的冲

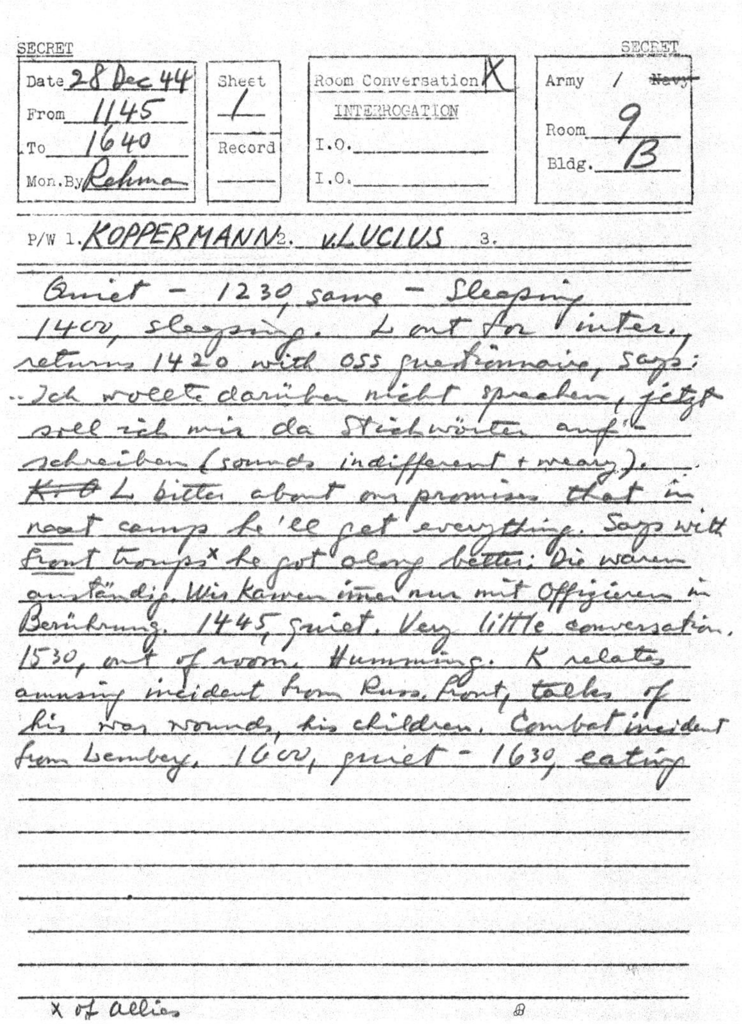

SECRET SECRET

Date 28 Dec 44 | Sheet 1 | Room Conversation X | Army / ~~Navy~~

From 1145 | Record | INTERROGATION | Room 9

To 1640 | | I.O. | Bldg. B

Mon.By Rehm | | I.O. |

P/W 1. KOPPERMANN 2. v. LUCIUS 3.

Quiet - 1230, same - Sleeping 1400, sleeping. L out for inter., returns 1420 with OSS questionnaire, says: "Ich wollte darüber nicht sprechen, jetzt soll ich mir da Stichwörter auf-schreiben (sounds indifferent + weary). ~~K + L~~ L bitter about our promises that in next camp he'll get everything. Says with front troops* he got along better: Die waren anständig. Wir kamen immer nur mit Offizieren in Berührung. 1445, quiet. Very little conversation. 1530, out of room. Humming. K relates amusing incident from Russ. front, talks of his war wounds, his children. Combat incident from Lemberg. 1600, quiet - 1630, eating

* of Allies

插图 22：1944 年 12 月 28 日亨特堡监听记录（手稿）

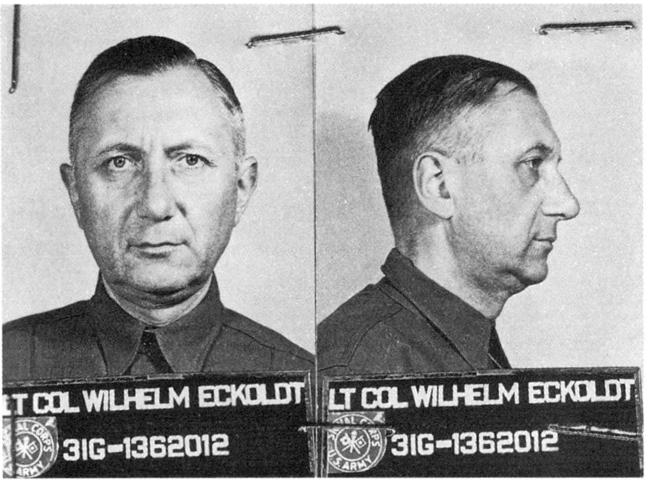


插图 23：中校威廉・埃克霍特，生于 1892 年

击，前线士兵往往依赖于“军人要准备好去习惯杀戮和死亡”这样的积极解释。在多年征战中习惯暴力之后，士兵对自己的认识也进一步增强。亨特堡30个军官样本也证实，前线指挥官尤其如此。对忠诚的高度重视是驱使军队指挥官的核心内在动机，大多数指挥官坚信有义务履行自己的誓言——因此即使他们中很多人对希特勒时有疑虑，也仍会拒绝参与“7・20”暗杀行动，忠诚在这里绝不仅仅是一个托词。入伍宣誓的意义很难充分地从与之相关的社会期望角度解释清楚，如果不对这个要素进行分析理解，宣誓与期望间的关联就会中断。对于军官来说，不能背弃誓言更是个良心问题。例如从头到尾参加过两次世界大战的中校威廉・埃克霍特（Wilhelm Eckoldt）就随着时间的推移，对纳粹政权的质疑越来越多，导致他内心深刻的“矛盾”，即使后来进了战俘营还纠结不已：

> 埃克霍特：这也是我从3月9日（1945年，当天埃克霍特在艾费尔地区被捕）以来，一直在思考的事情。我们入伍时都曾宣誓效忠，虽然如今被敌国俘虏，当时的宣誓还是有效的。那我们现在到

底应该怎么做？平心而论，再支持纳粹政权是不可能了。但如果现在向敌国说什么不利于元首的话，我们又多少成了叛国者。我内心矛盾极了，我也把这个想法告诉了一位审讯人员。我对他说，您现在不可能让我按照你们的要求大声说“元首是无赖、是混蛋”。因为我是一名现役军官，受入伍效忠宣誓的约束，这我必须遵守。但另一方面，我经过这么多年之后是否对元首还赞同，那是另一回事。

冯·普莱滕贝格：的确是这样，但是这样想又有什么用呢？不过是我们尽了自己作为士兵的义务去战斗，问心无愧罢了。

埃克霍特：没错，无论如何，这场战争胜负已分。不，我的意思是这也是个给军人带来巨大精神负担的问题。我还对那个人（审讯官）说过，不能全盘否认元首的领导能力。他其实给德国人民做了许多好事，像修筑高速公路、维持货币的稳定、解决失业问题，等等。但是从另一个角度讲，我和我的家人都不认同纳粹屠杀犹太人和党卫队的违法行为。尽管如此，由于我已宣誓效忠，便仍然是元首的部下。作为军官，常会遇到这样的棘手情况。[67]

甚至在纳粹政权合法性不断削弱，整个德意志民族的生存都在腥风血雨中飘摇时，埃克霍特这样的军官还能对希特勒效忠，表明了他们对他的赞赏和钦佩仍在延续。

与迈耶尔上校一样，埃克霍特虽然自己也憎恶犹太人，却反对迫害他们。然而，所有这些反思都没有动摇他履行军官义务时的执着——对他来说誓言重于一切。他的战俘营中的室友、23岁的沃尔夫冈·格拉夫·冯·普莱滕贝格少尉也有过类似的心路历程，不过他在被关押期间逐渐意识到，一旦“一个君主或元首成为罪人”，军人也就无须再恪守誓言了。他认为：“在一个人违背上帝的意愿和人类秩序的那一刻，他的誓言也失去了效力。”不过他也强调自己作为德军军官，直到被俘前最后一刻仍在战斗，坚守了作为士兵的原则。

军官们在战场上战斗，绝大多数时候都认为恪守誓言是理所当然的。

直至他们远离战争，待在盟军的战俘营里，不少像冯·普莱滕贝格少尉这样的军官才意识到，他们宣过的誓早就没用了。很多军官在服役期间意识不到这一点，这对于34岁的步兵少尉赫尔穆特·施沃策来说也不例外。施沃策曾是萨克森的一名牧师。与埃克霍特中校聊天之后，过了几天，冯·普莱滕贝格又与赫尔穆特·施沃策探讨了这个话题。他们的结论是当“效忠宣誓被用于邪恶的目的”时，它也就失效了。

> 施沃策：因为这场宣誓，我们被强迫带进了一个连自己都摸不着边的处境。如果今天，还是希特勒这样用宣誓将我们和他绑在一起，就算他让我们终于相信不会有失败，不会有整个民族可能灭亡的危险发生，我也要问问这么做从道德角度是不是站得住脚。
>
> 冯·普莱滕贝格：是啊。
>
> 施沃策：誓言是否站得住脚，从道德角度出发是否必须坚守，这些都是问题。我非常清楚自己违背了誓言，犯了罪。但我相信，犯这个小罪比犯更大的罪要强。
>
> 冯·普莱滕贝格：我也想过，自己在上帝面前进行了神圣的宣誓，但照现在情况发展下去的话，我认为这个誓言本身已经不神圣了。
>
> 施沃策：是的，当它被用于邪恶目的时，这样想是对的，一定是对的。正是这点才令我欣慰。我不再受这誓言的约束，只有对人民和祖国负责。
>
> 冯·普莱滕贝格：是这样。
>
> 施沃策：但是不是对纳粹（政府）负责。[68]

为了宽慰自己，施沃策在讨论中多次向冯·普莱滕贝格求证自己“不必再效忠于”纳粹政权的想法是否“正确”，甚至还尝试用神学为自己辩护。然而就连这些军官也无法下决心完全摒弃当初效忠的誓言：他们仍然深感对“人民和祖国”负有不可推卸的责任。上述痛苦的对话表明，这些持批判态度的军官将入伍宣誓与自身强烈责任感剥离开来是多么艰难。不过大多数指挥官至此仍认为他们的誓言是“神圣”的：誓言早已植根于他们的“内心和灵魂”，以致一切力量都在阻止他们背弃誓言。

## 形 象

指挥官都有自己行动的权利，却不是不受限制的。每位军官都有自己的上级，所有军官都是令行禁止的军队阶级中的一分子。然而，他们不仅要遵守来自上级的有形指示，其行为还要符合德国社会对军官群体的无形期望。作为军官，他们按传统享受德国社会给予的特殊照顾，也就必须履行相应的义务。为了维护作为“军官的荣耀”，他们必须努力达到榜样的标准来证明自己。无论在平民社会还是军队，对军官形象都有明确标准。纳粹政权及军队希望自己的军官像“一战”中如神一般大胆勇猛的突击队指挥官那样：具备“真正的斗士天性”，并且是意志坚定的“领袖人物”，“任何情况下都不会绝望”，还要在关键时刻“坚定不移”地指挥部队奋战。[69]纳粹要求自己的军官除了具有军事能力、勇气、牺牲精神以及对下属的关心，还必须在思想上可靠，换句话说，得是狂热的纳粹分子。天生的指挥官集上面这些德行于一身，使得下属拥戴并愿意自发地跟随他们。这样理想的军官形象也经常出现在纳粹的宣传中，宣传队十分乐于展现那些体格健壮、目光坚毅的战地指挥官形象。艾尔文·隆美尔（Erwin Rommel）等受大众欢迎的军官在每周新闻和战地报纸中被塑造成了偶像，所有新生代军官都必须向他看齐。因此，雄心勃勃的军官们不仅要对自己严格要求，还要经受来自上级、下属以及同袍的检验。官兵之间不断地相互监督，正是这种德军内部控制手段使指挥官们受到制约。在亨特堡对德军的监听记录也进一步证明了军官形象在德军内部文化层面的重要地位。一名军官是否合乎标准，在很大程度上取决于他的外在面貌。他们的所有行为都必须符合“与军官相符的”惯例：合乎体面的外表、体态、手势、步态、行动以及讲话方式。

有样板专门用来评价军官们的面貌：在纳粹步兵军官西奥多·哈比希特（Theodor Habicht）看来，他的团部战友、具有德意志民族典型长相加上一头金发的雷姆（Lemm）中校正是该样板的完美阐释者——当时，哈比希特还不曾想到，到“二战”结束为止，海因兹–格奥尔格·雷姆（Heinz-Georg Lemm）是被授予最多勋章的德军指挥官之一。[70]类似例子证明，“第三帝国”的军官选拔不仅要考虑纳粹政权所推崇的军人形象，同时也受到了当时种族主义的影响。当时法律规定，只有“雅利安人”才有资格担任国防军军官。就连普通士兵也关注军官们的面貌。海因兹·弗兰克军士曾在亨特堡回忆道，他在一个潜艇基地见过U艇指挥官埃里希·托普（Erich Topp），给他留下了深刻印象。“托普可真是个帅小伙，我还没见过比他更帅的军官。当时我们在戈腾哈芬（Gotenhafen），他身材高大匀称、戴着肩章。”[71]除了身材之外，制服也令人印象深刻。U艇艇长克劳斯·巴格斯滕早在某海军基地受训期间就曾许愿，今后也要穿上这身制服：“日落之后，那些U艇艇长们来到基地，他们穿着皮衣、系着厚围巾，形象让我记忆犹新。”[72]为此，巴格斯滕随即报名加入了潜艇舰队。而反坦克兵卡尔·海因兹·福斯中士把自己部队的副官当作了军官的榜样：“超级帅小伙，黑头发，很棒的人，是个名副其实的军官。”[73]反过来，如果一名军官的长相不符标准，就几乎没人把他当作称职的军官去尊敬。[74]这些形象较差的军官常常引人注目，有时反而更令人过目难忘。1945年，党卫队军官泽普·萨尔穆特（Sepp Salmutter）以及艾尔文·托马斯（Erwin Thomas）在亨特堡聊天，即使他们说自己的“记性跟筛子似的”，也仍然清楚地记得一名军事学院里的教官，他“五短身材大红脸，眼镜像瓶底儿那么厚”。[75]

除形象端正外，军官还必须遵守自己的行为准则，在他们看来这和荣誉一样重要。在亨特堡被关押期间，许多军官都有个显著特点，那就是在被俘期间仍然坚持使用“您”的敬称，而多数士兵和士官则用“你”称呼。指挥官们思想传统，注重形式。在亨特堡，空军上将乌尔里希·冯·凯斯勒（Ulrich von Kessler）多次以嘲讽的口吻指责海因里希·阿申布雷纳（Heinrich Aschenbrenner）中将，因为后者没有按军衔称呼他："您为什么总叫我凯斯勒先生呢？"[76]即使在最极端的战况下，也要维护"军人的体面"。格奥格·菲佛（Georg Pfeiffer）上尉记得，一位高级军官因此在诺曼底的空袭中丧命："唉，他们没有逃跑，还保持齐步前进。因为逃命不是一名上将应该做的事儿，看着不好。马克斯（Marcks）干脆停下脚步，他说不能给士兵树立一个坏榜样。"[77]当然，这种担忧并非毫无根据，因为一旦破了规矩，在场的军人都会记着。罗伯特·舒曼中尉曾在基尔经历过一场空袭，其中印象最深的并不是轰炸有多么猛烈，而是对指挥官惊慌失措、完全不顾周围抱头鼠窜的样子久久难忘："那太可怕，太有失体面了。我一辈子都忘不了。"[78]按当时普遍的想法，军官们应当为了保住荣誉而不惜付出生命。

不过在部队中，最重要的还是军官们的作战才能。士兵们仔细观察指挥官的行动，因为自己的命运就掌握在他们手中。军官在士兵眼中能力高低，取决于他是否值得信赖和尊敬。精力旺盛的外表、在战斗中英勇表现、突出的才能和坚强意志尤其令士兵信服。年轻的伞兵斯特凡·卡吕塔（Stefan Kalytta）在回忆过去的指挥官时说："他有点能耐。"[79]这在卡吕塔看来是最要紧的。除了军事才能外，士兵也看重军官是否关心下属、平易近人。库尔特·舍恩菲尔德（Kurt Schönfeld）以及约翰尼斯·舒施塔切克（Johannes Schustaczek）两名士兵评价他们过去的长官时就把这两点看作标准：

> 舍恩菲尔德：你们以前的长官好吗？
>
> 舒施塔切克：并不差，但他老不让我们吃饭这点糟透了。他跟条狗似的只对打仗感兴趣，别的都无关紧要，吃饭就更别提了。我们老得提醒他我们饿着呢。
>
> 舍恩菲尔德：不至于吧，如果厨师饭做得不好，我们头儿还会臭骂他们一顿呢。
>
> 舒施塔切克：我们的指挥官只知道埋头苦干，手下人吃没吃饭

他才不关心。

舍恩菲尔德：我们头儿特好，还是个可靠的战友，毫不畏惧（战争）。

舒施塔切克：不怕事儿这点倒是与我们的长官差不多。[80]

潜艇兵对指挥官的依赖程度特别高，因此他们更迫切地想了解自己的长官。许多潜艇兵都对自己的长官表示满意，认为他们“航海水平很高”。[81]来自汉堡的U–515艇水手长海因里希·兰普雷希特（Heinrich Lamprecht）更是对长官赞不绝口：“你不知道，我们肯定是遇到好领导了。”[82]如果指挥官们平日驾船技艺高超，士兵们当然心服口服。U–128艇通信官赫尔穆特·施多姆（Helmut Sturm）上士发现艇长短短“5分钟”就“在脑子里”算出“大副花了半个小时才能”算清的航路时，钦佩之情不由更为强烈。[83]当然，若是能在海战中证明自己的实力，指挥官们则能赢得更多的认可。潜艇兵阿尔伯特·伦兹（Albert Lenz）就非常佩服U–371艇的艇长、海军中尉霍斯特–阿诺·芬斯基（Horst-Arno Fenski）：“那位艇长冷静得像冰山一般，从不慌张。无论何种情况下都不会激动，尤其是他射击的时候。我们去年在一个夏夜对一支护航舰队发动攻击，击沉了5艘蒸汽轮船。”[84]

被关押在亨特堡的德军士兵们总说起他们指挥官的高度“冷静”——这是一个极高的评价。因为德军认为临危不乱与权威、坚韧以及男子汉气概一样是军官德行的重要部分。“本世纪最冷静的U艇舵手”这一称号只有英勇战绩才能超越。[85]要是到了要用甲板炮对射的白刃战时，一些指挥官甚至会拿起武器亲自加入战斗，这无疑更能为他们赢得士兵的认可。U–841潜艇海军二等兵海因茨·陶伯特目睹了潜艇受空袭时，艇长握起机枪向敌机扫射：“他扛着一架MG15高射机枪，就是打飞机用的那种，他在围壳后部机枪台上，握着机枪射击，换弹夹、再射击。机枪没有固定，枪口由于后坐力狂跳，他就用皮大衣握着枪管，一层皮顿时脱落了，他整只手都黢黑了，但他还是没有放手，紧握着机枪向敌军射击，真是壮烈的景象。”[86]

只要军官为部下留下积极正面的形象，士兵们就信赖他，并在战场上跟随他。亨特堡的监听记录显示了许多士兵与指挥官之间密切的关系：士兵们经常不无骄傲地说起他们过去的指挥官。尤其是一些年轻士兵对长官非常依赖。来自萨尔布吕肯（Saarbrücken）的23岁步兵二等兵米歇尔·舒（Michael Schu）在亨特堡被关押期间曾花了整整一个上午回忆自己的指挥官。“少尉在战场上总是身先士卒”“有一次少尉不行了”“少尉总是到我们中间”“少尉派了一名士官”，“他（少尉）拍了拍我的肩”“少尉对我们说”“我们少尉的腿负了伤”“少尉是个很好的人”。[87]从他的话中可见对其长官感情之深厚。在经验丰富的东线指挥官康斯坦丁·迈耶尔看来，士兵对军官的信赖也是构成德军战斗力的重要元素之一：就算有些士兵“最后产生了厌战情绪”，“只要他们信赖自己的长官，仍然会履行自己的职责”。[88]

从士兵的角度来看，山地步兵米歇尔·伯姆（Michael Böhm）在亨特堡的一次审讯中也确认了类似的看法，按照他的经历，士兵们认为指挥官经验丰富、能力出众，指挥官和副官们则享受着部下对他们的一贯信任。[89]即使在1944—1945年，大多数德国士兵仍然信赖他们的指挥官。美国军情部门在亨特堡对德军进行的一次隔离审查证实了这一点。在这些颇具说服力的面谈中，仍有2/3的受审者认为德军军官的素质是过硬的。[90]这一数字之所以没有更高，主要是因为最年轻的那批军官因为缺乏经验频繁受到批评：这些受训不足的年轻少尉们作战时不管不顾且阵亡者众，他们在军中的数量却相当可观。由于战争中德军军官不断阵亡，国防军早就找不到从能力上能完全替代他们的人了，断档在所难免。[91]新生代年轻军官不仅数量不够，素质也从1942年开始就持续下降。这是因为军官的受训时间越来越短，选人标准越来越松，整体战况却在不断恶化。在上述调查中，超过3/4的被调查士兵对士官和中士们的军事才能评价较高，由于这些人的战斗经验特别丰富，受褒扬程度比军官更胜一筹也并非巧合。归根到底，决定上级在士兵眼中形象的还是才能。一名士兵一针见血地指出："只要军官和士官有能力，士兵们就都会尊敬他们。"[92]

军官的理想标准促使他们提高自己在军中的声望，但如果他们达不到要求，则可能反受指责。人们普遍认为军官作为部队首长，理应承担更多的期待，因此他们反而更容易被指责为怯懦。二级军士长戈特利布·格恩巴赫就认为他的排长是个懦夫，他的排当时隶属于第16装甲师，在意大利前线作战："我们的少尉胆太小了，根本不敢带队行军，所以他让我去，可我哪认识路啊。是，这些年轻人什么本事也没有。我认为作为长官带队打仗，不能出这种洋相。虽然新的条令规定，排长不应该带队走在最前面，但正派的排长根本不顾这些。"[93]一般来说，军官要带头冲锋陷阵，如果有人想逃避这种义务，很快就会被认作"可悲的懦夫"。[94]甚至还不断有军官临阵"溜走"的消息。[95]如果军官在战斗中总是处于劣势而使主战线上的部队安全受到威胁，也会让有些士兵认为是懦弱的表现。23岁的装甲兵于尔根·布劳恩（Jürgen Braun）鄙夷地认为，因为"指挥官糟透了"，所以意大利境内的战役"用兵糟糕透顶"。战斗中指挥官离前线太远："连长躲在前线后3千米，营长离前线6千米，团部阵地离前线17千米，真是奇耻大辱。"[96]当然这么远的距离多少有夸大成分，但这种夸张正说明了士兵对军官错误行为的敏感程度。如果战斗失败，就有人要承担责任，士兵往往急着将责任归咎于指挥官。步兵中士雨果·康茨（Hugo Kantz）也这么认为："打了败仗，作为军官无论如何都得承担主要责任。"[97]

在对亨特堡被关押的德军士兵的调查中，士兵们对军官最多的批评与军队风气调查结果大致相同：大多数批评指向年轻军官经验不够以及作为军官的能力不足。经过战争考验的老军官们也有意识与后辈划清界限。例如，约翰纳斯·泰森少尉几乎参与过所有战场的战斗，他责备说，"这些人受训时间太短"，"了解"军官在战场上的"必需素质"的"机会太少"。"（他们）当了连长以后，不仅不知道怎么在士兵面前表现，而且还常犯严重错误，没法真正得到别人的信赖。"[98]士兵不愿意盲目地跟着这样的军官打仗，步兵中士维尔纳·蒂曼虽然认为自己的长官“人不错”，但是他和他的战友们都“不信任他，（他）太年轻了”，一眼就看出是“第一次”带兵打仗。[99]潜艇兵也经常抱怨军官们“太年轻”“没有作战经验”。[100]U-841潜艇大副威利·特劳特斯认为后来艇长的素质“一蟹不如一蟹”，虽然“理论水平够了”，但“缺乏前线经验”：“一个从战争初期就参战的指挥官有他自己打仗的路子。现在呢？这样的人已经没有了。为了培养更多新一代的军官，老人要么被淘汰，要么也被调走了。”[101]在千钧一发的危险时刻，士兵们特别关注军官是否能遵守行为准则。如果一名军官在紧急情况下犯错，例如艇长“头一个”从失事正在下沉的潜艇中逃跑，大家都会看在眼里，他会因为违反条令而在士兵中间形象扫地。[102]

在国防军中，懦弱无能的名声比鲁莽大意等问题更严重。如果一名军官“过分严厉”，那他最多是不受欢迎而已，却不会丧失士兵对他的尊敬。[103]第2装甲师的约瑟夫·海德尔（Josef Heindl）少尉战场经验丰富，他虽然抱怨自己的团长“过于严苛，将太多士兵置于绝境”[104]，却仍然认为他“知道自己在做什么”并且是个“不怕事的人”——在国防军中这已算得上是称赞了。不过，要是指挥官对自己的部下过于严酷，在极端情况下可能会被部下报复。赫尔曼·寇德勒（Hermann Koudele）下士称自己曾因此在东线战场上亲手杀了一名少尉：“在苏联时，因为士兵们往后撤，他就朝自己人开枪。于是我朝着他的头狠狠来了一下，他倒地没了动静，我又用冲锋枪戳他，还没站起来，那我就没办法了。”[105]

在国防军中，遭受失败往往比打仗时做法不人性更损颜面。亨特堡中德军士兵闲聊时提到，如果指挥官的才能被士兵质疑，那他便会成为士兵们的谈资。虽然不一定违抗命令，但士兵们在自己手下并不心甘情愿，还会让自己名誉受损，这对于有荣誉感的指挥官们来说，想想都可怕。从日常相处的细节中，就能看出士兵对长官是否尊敬。一个潜艇兵目睹了艇上更换指挥官后发生的变化：“以前下级军官们和埃摩曼（Emmermann）一起吃饭时，他们总是等埃摩曼先拿起刀叉开始吃了，他们才开动。如果埃摩曼问话，他们就放下刀叉，回答了问题再继续吃。就连轮机长，就是已经在海军服役十五六年的那个胖子，也不例外。自从换了霍夫曼（Hoffmann），他们从来不等艇长吃饭，问话时他们也是边吃边答。”[106]指挥官因为执勤时犯错而被人背后议论时，尤其容易丧失权威。比如士兵见到自己连长因为“胆小得跟母猪一样”被营长“臭骂一顿”，肯定会影响连长的声誉，下级官兵们也会跟着仿效：“我哈哈大笑，整个队伍都在大笑，笑得都叫了起来。”[107]

士兵常在背后给军官起“外号”——军官们名声不同，绰号有褒扬的也有挖苦的。[108]军官本人不一定知道下级是如何议论自己的，但只要当过兵，都知道这是士兵的习惯之一。军官们也知道自己时刻处在士兵的关注下。重视声誉、羞耻心强，怕丢面子或被鄙视是德军军官的共性，尤其是他们的荣誉观念特别突出。

德军中的群体监督也存在于军官之间。军官们也会像普通士兵一样互相观察，和外人在一块时还会互相说说闲话。[109]前文梅斯战役中的几名长官如康斯坦丁·迈耶尔、阿诺·冯·施特塞尔以及赫尔穆特·里希特也不时流露对其他军官的看法。他们聊天时强调最多的是作为一名军官行为是否“像样”[110]，是否具有军事才能；其次才是对他人的好恶，政治观点更无足轻重。康斯坦丁·迈耶尔曾与佩特·迪劳夫（Peter Dirauf）议论过去的“团长”，主要观点是他“不是伟大的战术家”：“他过去兵当得不错，所以也只能带兵打打平常的战斗。”[111]迈耶尔对冯·施特塞尔上校的看法更刻薄，在巴黎的一个战犯营时，上校的行为曾激怒过他：冯·施特塞尔在被关押期间曾趁人不注意偷了“一磅黄油”，而且“还就那么把它吃了”。[112]这样的“军官做派”让迈耶尔非常吃惊：“他还觉得自己做的事儿很有趣，居然开着玩笑说棒极了，我没有搭话，我今天还挺后悔当时为什么没告诉他，我觉得这种行为不能接受。他竟然摸了摸头，面露微笑，觉得做了这种事儿还挺高兴。要我看，这么做还不如把自己的手给剁了。”一同聊天的迪劳夫上校摇了摇头：“现在的德国军官，就这样儿。”

被人议论的冯·施特塞尔上校评价其他军官的成就和错误时，也是毫无保留。他非常钦佩德国陆军第2军总司令沃尔特·魏斯（Walter Weiss）上将，认为他是“具有敏锐决断力的卓越战略家”。[113]与之相反的是陆军第19军总司令弗里德里希·维瑟（Friedrich Wiese）上将，在他看来，虽然维瑟证明自己在“在艰难的形势下仍表现出坚强的毅力”，并称赞他们之间“紧密的战友关系”，但他却“算不上伟大的战略家”。议论另一名军官时，施特塞尔开始破口大骂：“这个人嘴上说的什么都好，就是不按着去做。我一共和他合作过两次，在战斗中，他完全不按命令进攻，居然还问我要不要改变战术。我说，什么都不改。战斗进行中我当然不能改变战术。”[114]和冯·施特塞尔聊天的赫尔穆特·里希特恰好也认识这名军官，立即表示赞同：“他在每个军官面前都玩花活，比如罗德（Lohde）、弗格菲尔德（Vogelfeld），甚至还有博勒（Bohle）。”里希特也按能力高低来区分军官，他认为军中“年轻一代参谋”的匮乏已成突出问题：“我注意到了新旧两代参谋官间的区别，我们原先有个老派的中尉参谋名叫里特·冯·达法（Ritter von Dava），和我岁数差不多，是条老狐狸。后来来了一个年轻人，和齐默尔曼（Zimmerman）少校简直如出一辙，可能还差些。”这个不讨喜的齐默尔曼少校是冯·施特塞尔与里希特在梅斯时认识的，当他们回忆梅斯要塞保卫战时，对他们的直接领导基特尔少将也颇有微词。因此，赫尔穆特·里希特尽可能避免在战俘营同基特尔碰面：“唉，我真不想见他。他那时候也真是犹犹豫豫、瞻前顾后。”[115]就这样，冯·施特塞尔和里希特不知疲倦地议论其他军官，无论是同级还是上级，乃至莫德尔（Model）、哈尔德（Halder）、隆美尔等将军。有些他们认为“还不错”，有些则“不行”。评判的标准首先是这些军官与他们的作战思想是否符合。

对于来自其他人的批评，冯·施特塞尔和里希特也不免恼火。他们二人在梅斯时都与驻军的情报官员、上一章提到的弗兰茨–约瑟夫·弗上尉起过冲突。[116]弗莱莫认为所有“犯了错误”的人都该“被枪毙”。[117]在梅斯期间，他投入大量精力监督驻军遵守禁令，以避免军用电话被盟军监听。于是他与驻地军官们不可避免地发生了矛盾，此外他还“拒绝执行”冯·施特塞尔下达的命令。[118]他指责军官们只顾自己的需求，毫不顾及保密规定的存在：“军官们自然不接受这种说法，于是便起了冲突。大家都差不多，最固执的还是冯·施特塞尔。他总是用电话交换机向前后方发布命令，只要美国人监听这条线路，就对他们的动向一清二楚。其他人也这样，包括里希特。”被指责的军官们则反过来认为责任全在弗莱莫身上。施特塞尔的下属弗里茨·科珀曼中尉也因此对弗莱莫“忍无可忍”：“他在梅斯当情报官期间弄的是什么玩意儿！要不是他，我们还能再坚守一段时间。他特别固执、脸皮又厚，要是我审讯他肯定对他也没好气。他说的话，至少有四成根本不用听。”[119]当共事的军官间出现矛盾，类似自以为是、互相贬低的情形并不少见。大家都认为对方是错的，自己当时做的才是对的。渴望正面的自我形象，也是军官们出于人性的正常需求。只有当军官们和通行的价值观与行为准则保持一致时，他们才认为自己清高无瑕，而这又与他们的社会声望——这个对于传统的军官来说重要的荣誉问题——紧密关联。

## 决策权

虽然军队指挥官时常处于军中的群体压力之下，但由于他们高高在上的地位，他们仍有权按自己的想法行事。指挥官们有相当大的决策空间及命令权，因而他们不仅能决定手下部队开进的路线，在生死攸关的时刻还经常成为决定成败的力量。仅从现实情况及集体要求的角度来解释指挥官的行为，是远远不够的。指挥官不仅影响自己部队的存亡，还左右着战局发展，军官的个性在过程中也起到一定作用。一名士官一针见血地说：“全是看指挥官，我们士兵只是执行命令而已。”[120]“二战”史学研究中曾有过讨论，个人的意愿或现实情况，哪方面对士兵参战的鞭策作用更强。[121]从军官角度出发，个人意愿的因素在战争中不可小觑。

指挥官有权做出有悖于周遭期望的决定。康斯坦丁·迈耶尔上校在苏联任团长指挥部队战斗期间，他属下的军官曾促使他施行暴力，但他却故意做了相反的决定。在亨特堡，迈耶尔和部下汉斯·奥斯特洛（Hans Osterloh）中校一次聊天时回忆了当时的场景：

> 迈耶尔：我一直在想，我们沿着铁路往图尔比茨（Turbitz）开进那会儿，您也在，我们当时抵达了一个村庄，全是平民百姓，有几名军官希望我下令枪杀那些平民，您还记得吗？
>
> 奥斯特洛：是的，我把那些平民都关起来了。
>
> 迈耶尔：他们要我处决那些平民，我拒绝了。他们说我软弱，就因为我没让他们枪毙这150名无辜的平民。那天晚上我跟拉佩兹（Rapperts）说了这件事情，他对我说您做得对，要是我也会这么做。如果我血洗了那个村庄，一辈子都会受良心的谴责。[122]

迈耶尔反对大屠杀的态度并没有触犯条令。相反，对东线战场战争行为实施约束的战争法庭豁免令称，迈耶尔这个级别的军官有权根据自己的意愿决定苏联平民的生死。[123]只要是营级以上的军官，都可以下令对整个村庄的平民实施集体处决。

在执行希特勒“构成战争罪行的命令”过程中，指挥官们起了决定性作用。如何处置“可疑”的平民和战俘，是就地处决还是关进战俘营，或者全部释放，连长、营长和团长这些军官经常可以自行决定。通过德国军事档案对德军东线战场罪行的研究发现，这很大程度上取决于指挥官本人对希特勒给予他们“反人类行为的豁免”中自由空间的判断。对于战争法庭所允许的杀戮行为，军官们也有不同的考量。一些军官不愿处决平民和战俘，采取报复行为时也不会过于极端；而另一些则教唆部下实施报复，也有一些指挥官禁止部下施暴，有时还下令不准实施镇压或报复。在德国军事档案中，指挥官对于该权力不同的利用程度显而易见。例如第56步兵团司令，赫尔穆特·图姆（Helmuth Thumm）中校就将屠杀平民的权力发挥到了极致：1941年6月末，他的手下在一个苏联村庄中找到了5具德军士兵的尸体，初步判断是被俘后杀死的，图姆“当即下令枪毙了50个有谋杀德军士兵嫌疑的犹太人”。[124]第297步兵师下属的侦察部队也经历了类似的事件，但结局截然不同。1941年7月11日，士兵们开进一个村庄，根据作战日记记载，这是个“可怕的犹太人巢穴”。[125]士兵们在村中发现了自己人的尸体，便要求实施报复，但指挥官制止了他们：“你们中大多数人都支持屠杀犹太人，但奥克斯勒（Oechsle）上尉却反对。”出于对自身的道德约束，迈耶尔上校在类似情形下也制止过士兵的杀戮行为，甚至因此招致下级的指责。不过给予军官的决策空间允许他们按自己的想法做决定，并不必随着周围人的想法行事。在遭到反对时依然坚持自己的意愿，也符合一名指挥官从专业角度对自己地位的认识。

指挥官不仅在德军犯下的战争罪行方面发挥决定性作用，在他们的本职工作，即带兵打仗等战术方面也是如此。德军战术层面的指挥原则具有很高的自由度，一般设立既定目标后，如何完成实由指挥官自行决定。战场要求军官具备独立指挥能力，尤其是在战场广阔的大战役中，他们和上级之间的联系时常中断，此时迅速的反应就非常重要了。一名德军炮兵少尉在亨特堡告诉室友，师级指挥官必须根据自己的判断完成“大任务”，但这一原则也不仅局限于师这样的大部队：“部队在战场上的表现由师长决定。小建制部队的战斗也是如此。如果我接到的任务是观测敌情，我就开始观察然后发现目标，当然之后会向目标射击。但紧急情况下，我不会再为发射炮弹请示上级的许可，我知道有多少弹药能用，然后发射便是，就这么容易。事后我会向长官汇报，原因很简单，我得把这次胜利记在功劳簿上。”[126]

由于德军战线不断拉长，部队在防御战中越来越多地采用诸如火力支撑点这样的阵地战法。这种战术德军早在1941年和1942年就在东线战场上使用过，前线阵地不再连成完整的战线，而是由小股部队互相掩护形成断续的防御网。部队指挥官的个人能力和主动权也越发重要了。一名军官在亨特堡被关押期间回忆，最迟到1944年时，阵地防御战已成为了德军培训的基本内容："1944年年初我参加了一次培训，当时一名来自东线的少校也在，他是骑士十字勋章获得者，还带了6到8名军官过来。我们交流了过去的经历、作战原则、移动战打法、环形防御火力支撑点部署等等。我们当时在军官培训期间，有一点是必须强调的，即我们总有一天会以较弱的兵力与敌人战斗，必须早作准备。我们现在一个连队只有三四十名士兵，早就达不到满编。还有人坚持认为我们需要一条主战线。"[127]在"纯靠火力支撑点防守"的地方，作战单元"不再是连队"，而是下辖的作战小组："各个小组都被分派了防守区域，向各个方向部署防御都由这个小组实施。"这一战术本身要求每个单位都有很高的独立作战能力。下级指挥官，甚至士官也因此担负了比以往更大的责任。

士兵的命运握在军官的手中。当胜利无望时，牺牲多少兵力才放弃战斗也全由军官决定。作战经验丰富的的君特·德维特少尉在极短的时间内失去了手下半数兵力后，便自行下定决心带着剩下的士兵撤离了驻守的火力支撑点：

> 我们只有火箭筒，没有手榴弹，加上60发子弹和200发机枪弹，一共就这点弹药，怎么守住阵地。"没关系，今天晚上我们就派元首掷弹兵旅的第14连来增援你们。"总是不停地保证，却根本不见援兵踪影。"您再守一段时间，能坚持多久坚持多久。这对我们后面布防非常重要，而且您也会因此而出名的。"我当时手下还有一支炮兵连，但没有炮，只有枪，除此以外还有团部的一辆车，也是元首掷弹兵旅给的。所有兵力加起来在一开始还算比较强，大概有500人，但是开战后一天就只剩下300人。我对自己说受够了，剩下这些人我还能留下来在别的地方发挥点作用。事实确实是这样。我还从没经历过像西线那样的破事，简直是毫无意义。[128]

德维特决心撤离是出于他对于士兵的责任心，并非违抗命令。直到他意识到获胜无望，他仍让自己的部下冒着巨大损失继续战斗，来执行已下达的命令。对于指挥官来说，完成战斗任务始终比手下士兵的生死重要。因为“没有尽全力完成任务”就提前结束战斗的做法与军官的心态相违背。[129]他们自己也清楚个中矛盾，例如雷奥哈尔特·迈耶少校——他曾在诺曼底战役中担任瑟堡驻军指挥官，他认为战斗义务必须高于对其士兵的同情。被捕10天后，他在亨特堡述说了自己在这场战役中的感受：

> 对于军官来说，比如我，当时的处境真是艰难。如今有责任感、有正常常识以及有能力斟酌权衡的指挥官，命运恰恰是最吃力不讨好的。我作为指挥官领受命令，不惜一切守住阵地。是我的命令我就得执行。虽然作为指挥官我可以只在碉堡里待着，但我也没这么做。百分之七八十的时间我都带队冲在前边，但敌军的炮兵把我们轰了个稀巴烂，大量士兵阵亡。我也注意到了部队惨遭磨难，但是我必须说，他们的防御战打得无懈可击。另外，敌人投放的劝降宣传单对士兵产生了一定影响，例如对投降士兵的处理等等。同时，我也接到命令并传达下去，要不惜一切代价让那些想要滑逃避的人坚持战斗。
>
> 如果我不这么做，我就违背了最高长官的命令。与此同时，人情也在作祟，仿佛在说：尽管这毫无意义，但是你仍然不得不逼这群可怜人去送死。当时的情况就是这样，我一面看到与我共同患难多年的士兵受伤后像死鱼一样成排地在血泊中死去，另一面又必须履行作为军官的义务。[130]

虽有这样的心理活动，但迈耶仍然清楚两者孰轻孰重。他执行了命令——一是因为他担心由于违抗军令被处置，二则是因为这符合他内心中的军人标准：

我们现在假设一下，如果德国没输掉这场战争，那么我有可能正在军事法庭上受审，为什么我没在阵地上多坚守两小时。现在得到的则是对我工作的感谢，我像疯子一样地战斗，因为责任感驱使着我，命令必须执行。即使撇开政治，假如我是苏联红军一员，我也会做同样的事情。我本可以在几个月前前往慕尼黑，避开这场战役，还差点成了团长。但是在敌军发起进攻前我不想离开驻地，这是我的悲剧。

这一心态在德军指挥官中是比较普遍的。在是否要对平民和战俘实施报复这类与战斗本身无关的问题上，军官们的立场往往有所不同。而指挥官在战术方面的决定一般只是随战局发生渐进性变化。指挥官们往往会坚持战斗到军事意义丧失殆尽为止，但他们做出投降或撤退的决定，往往只在几天甚至几个小时。当同处于梅斯战役那样的战斗环境下时尤为如此。

不战斗或不履行军人义务在大多数军官看来是根本不可想象的，这点在不同年代的军官鲜有不同：年过半百的老上校迈耶尔与在“第三帝国”长大的25岁的沃纳·奥托上尉在这方面想法就非常一致。这种意识对军官比普通士兵更加重要。他们表现得十分顽强并不仅是因为不想丢面子，同时也是出于他们的个人信仰。他们要成为那种主动作战的军人，而不是光满足外界的期望。

从亨特堡监听档案来看，这些德军军官战斗意愿十分强烈。从他们的谈话看，军队的价值观早已内化于心。描述这些细节并对其具体行为造成的影响进行评价，属于社会心理学中“态度强度”概念的范畴：一定价值观或标准在一个人的思想中越突出，他在特定情况下就越可能有意识地去执行决策，并提高它的操作性。[131]德军军官们奉行的军事价值观无疑具有很高的态度强度——亨特堡监听记录表明，战争和军事主宰了他们的精神世界。因此当他们在战斗中面临抉择时，能迅速做出相应的决定。他们的意识要求他们履行军人义务时是不能受自己政治观点影响的，以下是30岁的亚历山大·哈特德根（Alexander Hartdegen）上尉当师长副官时观察到的一些特点：

> 我对很多人都略知一二，先是史培勒（Sperrle），然后从拜尔莱茵（Bayerlein）那儿调到了伦德施泰特手下，都有些不太对劲的地方。我对隆美尔也略有了解，他总是张着大嘴疯了似的痛骂元首，却仍然忠实地乖乖执行命令。这些将军们和地区级的纳粹党头目们一样得为德国的溃败负责，我在他们面前可不会毕恭毕敬的。我过去喝咖啡时，有一次我还和隆美尔单独待了45分钟。我这么说可不是为了吹牛。我还得谢谢拜尔莱茵，我当他副官是能参加作战会议的。他们对什么都一通骂，尤其是曼施坦因（Manstein）和第8集团军总参谋长施派德尔（Speidel），他后来还被调到隆美尔手下做事。司徒普纳格（Stülpnagel）也一样，不过这人已经死了。他们骂元首简直是头猪，战争败局已定了，该到了结的时候了。但是这些将军们，只要元首接见他们一下，给他们颁个橡叶勋章，他们就又从头到脚彻彻底底地成了奴仆。[132]

希特勒和其部下将军间的分歧也可从其他来源证实：英国特伦特公园拘留所监听的德国军官谈话亦证实了这一点，这种情绪在部分东线高级军官中也在蔓延。[133]不过最重要的是，这些意见分歧很少给指挥官的行为造成影响。在实际行动中，他们将所有的质疑置之脑后，按部就班地执行命令——不仅仅是因为机会主义思维或事业野心，而是这种做法符合他们对军人的自我认知。正如前文介绍的几名军官一样，他们的政治观点在其中也起了一定作用：绝大多数军官都至少信仰和秉承纳粹主义中的部分思想：主要像民族主义、反共产主义、种族主义及反犹主义。也有不少军官被希特勒以及纳粹体系的世界观所完全同化，那些在“第三帝国”中成长，被群体意识洗脑的年轻一代前线指挥官更是如此。当然，也有一些像赫尔穆特·里希特这样的老一辈军官，忠实追随纳粹意识形态，并以其标准划分敌我。在前线战场上，这些军官所处的地位使他们有权将自己的思想付诸于具体行动。

通过对这些军官的纳粹化塑造，德国发动的战争也具有了纳粹主义特点：将世界观作为战争的目标，并不需要每名士兵都必须是纳粹分子，重要的是军官的态度。因而，赫尔穆特·里希特以及沃纳·奥托这类忠实信奉纳粹思想的军官在使用暴力时比没被纳粹完全洗脑的军官更加无所顾忌，并且更不愿意投降或放弃。当然他们的狂热也尚未达到可以牺牲生命的程度，而希特勒也没有因此而厌恶他们——相反在梅斯战役之后，希特勒甚至给指挥官们授予了袖章，作为对坚守阵地的嘉奖。康斯坦丁·迈耶尔、阿诺·冯·施特塞尔以及赫尔穆特·里希特这些忠实的指挥官在梅斯所做的一切完全符合希特勒的想法。在德军指挥官心态问题上，军队是巨大受益者：忠于政权的军官理所当然地会为纳粹政府拼杀效力；即使是质疑纳粹政权的军官，出于军人的自我要求，也会将自己的想法搁置一边，履行其角色所要求的义务。不管指挥官所想是从纳粹主义还是从传统军事角度出发，都能得到纳粹执政者的信任。德军在节节败退之余还能如此长时间持续战斗，这些部队长官的心态为其中的一个重要前提。前线的战斗和死亡对普通士兵来说意义如何，我们将在下一章为您解说。

## 第八章

# 战斗与杀戮

1941年12月，莫斯科郊外的东部前线：摄氏零下40度的天气异常寒冷。21岁的埃里希·普莱斯端着机枪，保持着战斗姿势，他“没戴手套”，也没穿冬季军服。[1]严寒酷冻让他苦不堪言，但是他必须握紧武器上冰冷的钢质把手，因为这事关生死。普莱斯把手放在扳机上，从手中这具致命武器上的准星沿着射程向远望去：他看见苏军正做着进攻准备，对面约1000米开外，苏联士兵正埋伏在雪中，并将掷弹筒瞄准了他和他的战友们。开火了——一场杀戮之战开始了，这场残酷战斗的每个细节都深深地烙在这位年轻士兵的记忆中。此刻，普莱斯正经历着他前线生活中关于战斗与杀戮的一个新高潮。

普莱斯所在的第267步兵师，一度推进到了苏联首都莫斯科城外，他本人作为远程炮兵部队的一员，本来远在主战线后方。然而，自从1941年12月5日苏联红军开始向精疲力竭的德军发动反扑后，每个能战斗的德国士兵都被派到了最前线。普莱斯被任命为机枪“第一射手”——这是个事关士兵生死的位置，因为机枪是步兵部队中最具威力的防御武器：只要机枪一开火，就会有成群的苏联士兵在冲锋中倒下。这次也不例外，普莱斯不停地扣着扳机，他手中的机枪喷吐着火舌，子弹毫不留情地射向苏军——幸存的苏联红军纷纷撤退到后面一片小森林中寻找掩

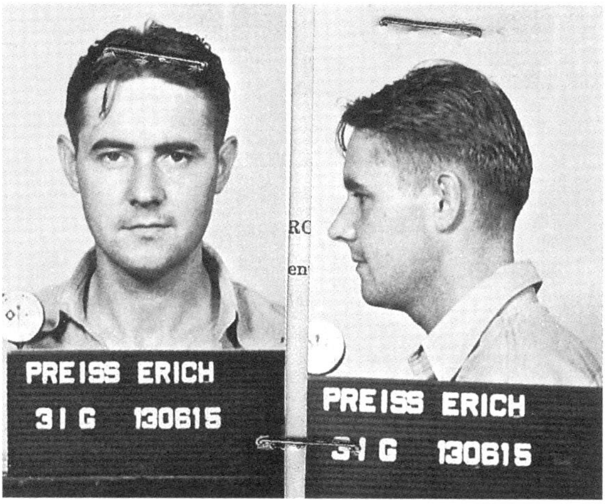

插图 24：士官埃里希·普莱斯，生于 1920 年

护。随后，局势却发生了逆转。从普莱斯面前一座小山丘的侧后方，苏联坦克突然冲了出来——结局相当惨烈：

它们离我们只有二三百米。我们只能溜了，机枪哪对付得了坦克啊。我们也撤进了一片树林。林子里有一条路，路上的坦克、高射炮、火炮和突击炮也都在撤退。几名高射炮手特别勇敢，冲到前面敲掉了敌军6辆坦克中的4辆，剩下两辆逃脱了。然后我们就又到了林子边儿上，可压根儿就没想到哥萨克骑兵又一下子从800米外冲了过来。我们朝着马匹和骑手开火，有些人停下了——然而我们还是被这支骑兵部队给突破了。突然有人喊："冲啊！"我们就迎面冲向那些骑兵，这太疯狂了。还不如就在原地卧倒不动，也不至于遭受这样的损失。

我是机枪手，也和部队冲了上去。就在往前冲的时候，一个哥萨克人用冲锋枪朝我来了一梭子弹。我一下就快要失去了知觉，鞋都脱不下来了。鲜血涌出来，刹那间就冻成了冰。接着哥萨克骑兵追上了已经后撤一段距离的那些炮兵，把他们全都击溃了。但是这些苏联骑兵也打得没剩下什么，上来的一整个营也在与我们的战斗中遭受了巨大损失。这时，又冲过来10辆坦克。我匍匐在左面的林子边上，看到一辆救护车开了过来。

在救护车上，普莱斯见证了战争的恐怖后果：一位二等兵“两个胳膊都被打没了”，另一位重伤员“失去了双脚”，一位士官“胳膊被打断了，都能看到骨头，就那么挂在那里”。普莱斯也没能躲过这场杀戮。“全身到处都咔咔作响”，可一时间，这辆救护车连同普莱斯和其他伤员一道，被抛进了风暴中心：苏联坦克朝他们直冲冲地开过来了。战斗场面十分激烈，瞬间化作了震耳欲聋的炼狱，到处是死亡和破坏：“四下里都是阵亡的步兵、苏联人、马匹、火炮和枪支弹药、汽车、辎重以及被打坏的坦克，森林也着火了。这时候还有枪炮打过来，机枪弹药被炸上了天，一切都烧没了、炸没了。”发动攻击的坦克就这样与普莱斯擦身而过，这些庞然大物“碾轧过”所经之处的一切，救护车被“撞翻了”，还“被压变了形”，里面的所有伤员“一个个被摔得东倒西歪，互相摞在了一起”：“我们鼻子跟嘴角上都是血。二等兵号哭着，声音很怪，就跟个孩子似的。”被炸翻的救护车和车上还没来得及救治的重伤员，就这么“倒在了苏联红军攻势战线后面”。

突然，废墟当中出现了一个个蹲着的人影。普莱斯惊恐地发现，苏联红军正在坦克的掩护下向前推进，个个穷凶极恶：“坦克一来，苏联步兵就出现了，几乎同时。他们用刺刀把所有躺在那儿的人都给刺死了。”普莱斯和他那些生死与共的战友再次命悬一线。在苏联坦克的侧方，“苏军不断朝我方所在的林子开火”。林子里德国大炮也开火反击——3辆苏联坦克中弹爆炸，就在普莱斯和他的战友身边：“破片溅了我们一脸。飞进了救护车里，然后又飞出去，所幸无人受伤。”形势似乎已令人绝望。卫生员早就“悄悄溜走了”，伤员们手里只剩下一把手枪，“没有武器，也没有弹药”。普莱斯只知道他肯定不会向苏联红军投降：“我坐在那儿，拿着手枪，对战友们说：要是现在俄国佬进来，就算把命搭上，也得冲他们开枪。我们这还有件武器，还能抵挡一下，他们都同意了。”在“直接处在苏军战线身后”这个危难关头，和己方联系中断的伤员们精神越来越崩溃——“我们当中的一名二等兵突然就开始号啕大哭”。普莱斯听了，立马晃了晃他的手枪：“我就像现在这么躺着，对他说：‘你现在要是不闭嘴，我就一枪毙了你。’”突然，剩下的苏联坦克开始撤退，逃生的机会来了。在普莱斯离开这个危险区域前，还看见了一幅超现实的场面：

> 他们打中了一辆坦克，把那辆坦克炮塔给打坏了，没法再开火了。有人不慌不忙地从坦克里钻了出来，绕着救护车转了一圈，然后又打开大坦克的舱盖，跟里面的人聊了起来。我看到后赶紧拿出相机，拍下了这两人交谈的场景。那人从坦克边上看过来，手里拿着枪正朝我们瞄准。当时我就想，这下完了。可是他随后就又舒舒服服地坐进坦克里，用条铁链把它与另一辆小坦克连起来，又拖着它撤回了阵地。总共持续了一个半小时——我的天，真让人紧张。我从救护车里爬出来，其他一些士兵也聚过来了，大家先找了点吃的，然后又抽了根烟。接着，哥萨克骑兵又发动了进攻，我请一个士兵把我扶到一匹马上，我几乎还没坐稳，坦克又开火了。那时，我们整个师都在撤退，后来都撤出来了。我是18号半夜12点从包围圈脱身的。嗯，这就是1941年时在苏联发生的事儿。

类似的激烈交战不断上演，在东线战场尤为如此。士兵们经历这些交战时，就像是经历自然力量一般——所有的感官都像触了电一样兴奋。士兵们的视觉、听觉、嗅觉和触觉都敏感到了让他们难以描述的程度。普莱斯也对他的室友发誓说，那名室友一定“可以想象”，这样的战斗情形“根本无法用语言来描述”。不管是谁，只要亲眼所见，肯定对这样的场景过目不忘：普莱斯在亨特堡被关押了几乎3年后，那些战斗过程和地形等细节依然历历在目。人的感官印象是最难抹去的：士兵们在战场上看到了死尸和伤痕累累的躯体，目睹了残肢断臂、血流成河，还有大规模的破坏和混乱。战斗中的声音震耳欲聋：机枪连续发射的“嗒嗒”声不绝于耳，枪声、掷弹筒和大炮的“砰砰”声相互交织，又再次淹没在物体被击中或被爆破时发出的爆炸声中，“一切都烧毁了，发出噼噼啪啪的声音”。战争的噪声高低并不决定于那些伤员的呼喊和“号叫”，谁都有可能被子弹和弹片击中。士兵们处于极度的高压之下，情绪十分激烈，还混杂着恐惧和肾上腺素分泌带来的兴奋，还有勇气和愤怒——每一场战争都这样“让人高度紧张”。

然而对很多士兵来说，他们亲手实施的致命暴行仍旧让他们感到巨大震撼而难以接受。普莱斯作为一名机枪手，朝着进攻的苏联红军大规模扫射，肯定杀死了不少苏联士兵。尽管他自己就是机枪后面的“第一射手”，说起这些事时却每次都用复数，“我们用机枪开火”。普莱斯的话十分具有代表性，因为在亨特堡，被隔离关押的国防军士兵们明显很少提及这个话题。但也有一些习惯了暴力的前线士兵，在征战数年后坦承这种杀戮让人感到心满意足。

不过，也只有当他们这么做了足够久之后，才会喜欢上剥夺生命的权力之战。有很多士兵对杀戮保持缄默，而且显得它在他们的日常生活中几乎不存在。毕竟除此之外他们有很多其他话题可谈，甚至一些话题平淡到不用出现在亨特堡士兵们的聊天中——然而实际并非如此：他们不停地聊一些日常琐事，聊他们的机器、战友或者伙食。士兵们在战场上的表现肯定会受环境、部队的影响，但是也与士兵的个人意愿息息相关。部队接到命令就开始行动后，士兵就会自动紧跟队伍：即使普莱斯抗拒命令，不愿离开掩体去进攻敌军骑兵，最后也不得不和他的部队一同前进。然而在思想和行动方面，士兵又是战场上能动的一分子，他们个人的主动性始终在战场上起着关键性作用。埃里希·普莱斯在危急时刻拍下了定格战争场景的照片，便是极端情况下士兵个性的一种体现。

因为士兵对暴力已经习以为常，战争结束后他们也能和它相安无事地共存下去。埃里希·普莱斯也是如此，几乎看不出战争对他留下过什么影响。从美国战俘营被释放之后，普莱斯又回到了自己位于德国哈尔茨（Harz）地区的家乡。他在奎德林堡（Quedlinburg）的一家化工厂当了一名工人，1950年同妻子伊丽莎白结婚。对他而言，战争像是很快就过去了，好比当初他的财产突然被夺走了一样。如今的人们认为埃里希·普莱斯是一位“安静”“正派”而且“稳重”的人——他以纳粹国防军士兵的身份在前线征战的经历，已经没人再注意了。[2]即使那些跟他关系亲近的人，也从没听他说起过关于打仗的事儿，除了他偶尔会说一句“一切都糟透了”这样的论断。就算全是男人参加的交谈，普莱斯也更喜欢谈论他的车。他似乎还对自己婚后没有子嗣这点比较在意，不过在外人看来，他的这段婚姻其实挺幸福的。埃里希·普莱斯1984年逝于奎德林堡，享年64岁。

## 感官印象

前线上的战事总是给人留下扣人心弦的感官印象。士兵们在战场上不得不面对血腥的场面和刺耳的噪音，让他们内心深受触动。战斗中的感官体验总会给每个经历者留下烙印，一方面引发了他们的恐惧，另一方面又让他们为之所吸引——不管怎样，战争让他们绷紧了神经。当敌军士兵或战斗车辆进入火力射程、各种武器开火发出声响时，这些感觉会立马像进攻信号一样出现。它们告诉士兵们自己所处的环境，以及当下应如何行动，谁都不可能不看不听。这些画面和声音将士兵们和战斗联系在一起，因此也会使他们的思想与特定的行为方式相联系，这也符合人类心理学上的基本机制。从简单的角度看，人们会潜意识地把经历过的事情作为各种典型情况的对照模板，并由此指引到不同的反应方式——一旦出现某种特定感受，这个模式就会在当事者的脑海中启动；[3]一旦发现某种情形再次发生，脑中就会自动形成相关的行为模式，根本无须再次进行思考。这种机制对于战争也同样适用。当士兵们在战场上看到或听到某些迹象时，这些迹象便引发他们一系列条件反射式的行动。战争中剧烈的感官印象给士兵造成的影响是强制性的：对士兵来说，视觉冲击是非常重要的。从亨特堡国防军士兵的对话也能看出，视觉印象往往比听觉给人造成的影响更大。

在地面战斗中，除了各种战斗景象之外，能给士兵们造成深刻印象的就是武器开火和击中目标时发出的声音了。这对于保护生命非常重要，毕竟士兵们能够根据开火声音判断并及时找到掩护。

士官卡尔·吉斯林格（Karl Kisslinger）仍对意大利沃尔图诺（Volturno）前线发生的战斗记忆犹新。人们在那儿几乎“听不到”一般的枪炮声，“如果你不是离掩体的发射孔非常近的话，听到的全是嘶嘶声，所以也就忘了去找掩护了”。[4]士官库尔特·格林斯曼和战友在意大利与盟军交火时，子弹“从森林里射出来”时，声音听起来像是“噗噗噗”的。[5]如果你站在己方大炮的炮位处，那么除了发射时的“轰隆轰隆”声之外，“别的什么都听不到”——伞兵瓦尔特·普内特（Walter Pohnert）至今对这种噪声都难以忘怀。[6]如果你击中目标，还看到、听到对方被击中，这些场景会给人留下更深印象。“‘砰’的一下，打着火了，‘砰’的一下，又着了”：维利巴尔特·契迟科（Willibald Tschitschko）二等兵与他的第200反坦克兵队在诺曼底接连打中敌军坦克时就是这样。[7]盟军中弹的样子让他和战友们深受鼓舞，甚至让他们把来自空中的危险忘得一干二净，契迟科用他的奥地利方言解释道：“刚开始对飞机还是挺注意的，但是当你看到敌人的坦克一个个被炸得飞上了天，也就把敌军飞机的事儿抛到脑后了；然后就等几辆坦克继续开过来，距离200米，到100米时，马上就朝它开火。”[8]中弹的“砰砰”声传来，盟军坦克在火球中“从中间”被炸得粉碎，士兵们自己的破坏力量带来的感官吸引力远远超过获得胜利时的感觉。战争中的视觉和听觉现象导致了士兵们一系列条件反射式的行为——这是在士兵心中形成战争动力的一个重要组成部分。

在水下的战斗中，潜艇兵们的视觉严重受限，正因如此，他们其他感官才变得更加敏锐。U–118号潜艇上的汉斯·锡伯特（Hans Siebert）

下士对这种让人心神不宁的感觉再熟悉不过："在水下，你什么都看不见也听不着，只有指挥官长着眼睛。"[9]因为，指挥官和他的副官们能通过潜望镜看到外面的样子，余下的人则没有这种权力。

U–172号潜艇上的轮机兵卡尔·邦德因为"从未接触"过潜望镜而心中忿忿不平："就算是高级机械师或者士官长都得为了能从潜望镜往外看一眼而苦苦哀求。只有艇长、大副和二副才有资格去使用。"[10]全体艇员都必须对长官报以盲目的信任——他们只能通过潜艇上从指挥室到各战斗位置的扬声器中发出的通知和命令收到些二手消息。因此他们也就更加依赖听觉，紧张而仔细聆听外面到底发生了什么。他们必须通过沿着海水传到潜艇艇体的噪声，来判断周遭正在发生着什么。竖着耳朵听着敌人船舰的螺旋桨噪声、鱼雷和深水炸弹的爆炸声，以及敌人搜索声呐发出的象征着威胁的定位声。尽管大家看不见鱼雷击中目标的情形，但却能凭借其他感官察觉到："那么远的距离你根本什么都听不见，只能用脚去感觉，当你觉得潜艇震了一下，就会想到：啊，打中了。潜艇在潜入水下时，水可以传声，听到击中声的话，我告诉你，你绝对会想到有船给炸飞了，然后就能听到鱼雷的爆炸声，非常特别。"[11]U–118号潜艇的汉斯·锡伯特下士也很了解这些声音：有一次特殊情况，敌人的驱逐舰靠得"越来越近"，当它驶过时，突然投下了"三四枚深水炸弹"，发出"砰砰"的声音。[12]盟军反潜驱逐舰的声呐定向声也令人心惊胆战，让锡伯特和他的战友无法放松下来："又响了，哔——哔——"

在海战中，声音是潜艇乘员感官的中心。当他们战后讲起海战时，无一不会描述当时听到的声响。那些声响给他们留下了至深印象，以至于潜艇兵们在事后描述中会反复模仿当时的声音。U–172号潜艇的轮机助手卡尔·施耐克至今难以忘记敌军"搜索器"发出的声音，"在水下"总能不断听到这种"非常吵"的声音，潜艇"根本就逃不出"它的魔爪："嘶嘶嘶、嘶嘶嘶的声音，一刻不停。"[13]

而同样一种声音，有人却认为是"哔哔哔"声[14]，另一些人却认为是像"唧唧唧"[15]的声音，还有一些人觉得是"嘀嗒"[16]声，"像是沙子或者小石头打在艇体上发出的声音"。每当搜寻信号声出现，士兵们都会立马紧张起来。潜艇U-616上，通信兵上士汉斯·达尔（Hans Dahl）及其战友第一次听到"这种歌声"时，情绪不可名状："我的天，怎么会这样。他们找到我们了，攻击马上要开始了。天哪，这声音太奇怪了。"[17]海战中，几乎没有哪件事不能被潜艇兵们用声音给描述出来的。"鱼雷从水中发射再浮上水面时，会发出"哧、砰"[18]的声音。鱼雷从船身边经过时，声音听上去是"哧哧哧哧"[19]的。鱼雷击中目标时，能听到"轰轰隆隆、轰隆隆"，"轰轰隆、轰隆轰隆的爆炸声"。[20]如果自己的潜艇遭到袭击，就能听到深水炸弹爆炸发出的"嘣嘣"[21]声。如果海里的水雷爆炸，"突然就发出轰的一声"！[22]要是你听到了"哧……"的声音，那就是有"正在下潜的潜艇"[23]。在亨特堡，有些经过潜艇兵们重现的海战声音根本无法通过描述来书写，以致有时美国监听人员无法找到合适的字母组合来进行记录，只好简要地对犯人所说的话进行说明："他模仿了驱逐舰螺旋桨的声音"[24]，"复述了深水炸弹的声音"[25]，"模仿了某种噪声"[26]。

在亨特堡，要论对战争中发出声音的描述和模仿，德国空军和陆军人员都没有潜艇兵们来的频繁。在空中和陆地上，士兵们都可以依赖他们的眼睛去观察——他们不必像水底那些什么都看不见的水手一样，在战斗中什么都靠听觉判断。因此，描述发生在空中和地面的战斗时，主要是从给人留下的视觉印象出发的。有人依据对战争中声响的最新研究推断，在关于战争的印象中，保持时间最久的并不是视觉，而是听觉。[27]亨特堡的监听记录对这一观点提出了反证。无疑，战争的声音往往扣人心弦，并对士兵的行为产生信号式的作用。但是只有那些无法亲眼看到战斗进行的士兵，才认为声音是具有决定意义的感觉来源。

战争带来的感官印象会引发士兵们各种各样的情绪，而且并不全都是负面的。当一个人习惯了暴力与破坏的场面及其声音，甚至还有可能会喜欢上它们。一些在前线作战的士兵认为，有的战斗场面极具美感——如爆炸、中弹以及武器发射等等，在他们看来有时就像焰火一样迷人。从这方面来说，就算冒着毙命的风险，有时盟军武器的效果似乎都值得一看。因此，当一位东线老兵津津有味地看着“斯大林管风琴”（即喀秋莎火箭炮——译者注）发射火箭弹那一刻，他居然忘记了它的火力足以造成“相当巨大的破坏”：“火箭弹向四处发射时，那画面看起来简直太美了，火箭弹炸开时，火光四射。如果是晚上，还能看到火箭弹的飞行轨道，就跟我们的六管火箭炮（Do-Werfer）一样，晚上能看到非常漂亮的飞行轨迹，飞起来时尾部有火苗，真的是带着火……这些是我在斯大林格勒看到的。”[28]弗雷德·克吕特迈尔（Fred Klütmeier）中尉来自不来梅，他醉心于欣赏盟军战斗机的进攻，尽管它造成了己方士兵的伤亡。在地中海上的意大利文托泰内（Ventotene）岛打仗时，他曾认真观察英国战斗机如何攻击一艘德国运输船：“看起来太棒了。我总算见识了一次真正的鱼雷攻击是什么样子。就发生在我们前方500米。那是一艘小货船。中了两枚鱼雷，然后就炸得什么都不剩了。”[29]

经过战争考验的士兵几乎都像观赏一场喧闹场面一样去观察激烈的战斗，然后再用充满敬畏的男人口吻把它讲述给别人听。大炮发射时的冲击力就像一出戏剧般让人着迷：“天哪，太帅了，火力真猛。”[30]很多士兵本来就喜欢武器，一旦上了战场，会进一步增添对武器的好感。步兵少尉皮特·拉登纳（Peter Ladener）没完没了地跟伍长奥古斯特·海因茨（August Heinze）谈论MG42机枪，他觉得这玩意儿“确实厉害”——他的话让海因茨立刻回想起在意大利前线的交火，那些战斗给海因茨留下了深刻印象，至今记忆犹新：“一旦机枪开火，一切就全完了！”[31]摧毁和破坏行动对士兵们往往也非常有吸引力。在战争中，武器个头越大，爆炸越是四分五裂，看上去就越壮观。国防军非洲军团的一名士官在军团投降前不久曾受命将己方车辆全部摧毁，以免落入敌手，对于这项工作，他感到非常开心：

> 一共有81辆车，有的让我们给炸毁了，还有的从斜坡上给翻下去了。这事儿真是棒极了。有一个非常斜的斜坡，我们弄过来一辆

敞篷车，把离合器一松，就任由它翻了下去，“砰”的一下在下面爆炸，“砰”的一下。就这样，一辆接着一辆，车从斜坡上翻下去，然后爆炸起火，翻下去的车越来越多，火也越来越大，一切都给烧毁了。有台车烧得火光冲天，从离斜坡还有20米的地方就烧起来了。拉斯科当时在车里，他在离斜坡20米的地方跳了出来，离合器一放，车就隆隆地冲下山去，燃烧着撞向山下那堆残骸。真是幅壮观的毁灭画面。[32]

粗粗一看，会觉得这样的场景十分荒谬：尽管是又一次确认了自己战败的结果，这种毁灭己方兵器的行为却让士兵们觉得“很棒”“太壮观了”。这种自相矛盾的情形其实并不少见：毁灭给士兵们带来的乐趣常常让他们忘记这么做的原因和目的。这一点从一位后来在亨特堡被美国情报机构招募、在德军监区做线人的潜艇军官身上也能得到确认。马克斯·克雷特（Max Coreth）中尉来自U–172号潜艇，他虽然内心拒绝纳粹政权，但这却全然没有消减他对海上作战的兴趣：“在攻击对方驱逐舰时，谁都糊弄不了我。那些招数我第一次驾船出海时都已经使过了。我跟着亨宁学到了很多，他可是驾驶驱逐舰的一把好手。我们当时在北大西洋和敌军打得不亦乐乎。我觉得这很有意思，就像在打猎一样。至于这么做是为什么，为了谁，我想都没想过。”[33]战争和毁灭行为的目的中也有这样以自我为出发点的，这也是推动战争发展的自主动力的另一个成因。

用自己的武器取得战果尤其会让士兵们兴奋不已。每当他们亲眼看到敌军的坦克或者飞机被自己的炮火击毁，便认为这是他们作战能力最明显的佐证。制造破坏的能力能使人陶醉，尤其是那些空军飞行员，他们可以远远地展开杀戮，又能用自己先进的战争机器从敌人头顶实施毁灭性轰炸，他们常常因此得到极大享受。当他们鸟瞰自己的机炮或投下的炸弹将对方飞机、舰船或者房屋、人员炸毁时，很多人除了觉得“有意思”之外，还会有更多别的感受。[34]飞行员看到自己击中了具有价值的目标，而且引发了“高达数百米的火柱”时，会感到十分惊诧。[35]1944年春，士官格奥尔格·梅塞施密特驾驶着他的俯冲轰炸机，参加了攻击意大利中部的安济奥（Anzio）一座盟军桥头堡的夜间作战，望着投下的炸弹，他感到十分满意：“我朝目标俯冲，一按投弹按钮，轰炸非常成功。我觉得那可能是一个军火库。我从1600米的空中炸了它，观察手告诉我：两颗500公斤炸弹还没用呢。那就再炸一次。该死，着弹点老是滞后，那就再来，飞过港口上空时，我看到下面有一艘船。我马上就90度朝下俯冲，投弹。我甚至都看见了那条船是如何被炸开的，船上得有3000人。嗯，我得说，这颗炸弹扔的很值得，我们都很高兴。”[36]从这段讲述看，飞行员对敌军的攻击肯定不是仅凭自己的意愿去行事。攻击行为终究还是靠他们价值观方面的判断，来决定开火在军事上是否“值得”。歼灭行为的美学特征显著提高了他们的能动性：从夜空中向下望去，爆炸形成的火球和飞溅的火光就像一幅用光绘制的壮观画面，他们认为这“美”极了——对他们来说也是一种激励。

在士兵们感知杀戮和摧毁行为中的声音和画面中的“美感”之前，他们首先需要去适应并培养出对它们的正面态度。那些能感知战争“美感”的国防军士兵，大都作战经验丰富，早已适应了前线战斗中的各种状况。经历过如此多前线作战之后，作为士兵的习性已经和他们的个性密不可分，特别是他们受到心理作用的影响越来越强，并以此来克服日常的每次战斗所产生的恐惧。[37]比如中尉克吕特迈尔就认为战争景象非常“迷人”，对战争的态度也大致如此。[38]

他批评那些意大利盟军是“典型的意大利人”，对战争的态度根本不认真，自己绝不能成为这样的士兵。在国防军服役4年后，他的观点变得完全不同：“我就是一名士兵，我来到这儿就是为了打仗。”至于那些批判战争的人，就会不承认战争具有美感了。在经历的事情被提炼成经验之前，士兵们对感官印象的处理就像是对思想意识进行过滤一样：士兵们对眼前发生的战争景象的态度，在很大程度上取决于他们的所思所想。

## 情感

在军队这种以男人为主体的世界中，展现个人感受并不是明智之举，特别是恐惧或软弱的感情就更不能表露出来。在国防军中，如果一个士兵不想失去其他士兵对他的尊敬，他就得表现出自己强硬的一面来。每个身处战争中的人，都不断地跟自己的情感做斗争。士兵们在前线战场上，无时无刻都担心自己下一秒会受伤、残废甚至死亡——恐惧始终伴随他们左右。在德国国防军的军队文化中，即使恐惧感无所不在，士兵们也不能公开谈论，特别是在战争中更没有这样的空间。

但是在亨特堡，这种禁忌就不存在了。这里的双人监室有种可以让他们进行亲密谈话的氛围，士兵们能够在这里交流自己的情感。很多国防军士兵都像U-172潜艇上的二等通信兵伊西多尔·屈恩一样。因为能在亨特堡表达自己的感受，屈恩感到非常高兴。当时盟军驱逐舰“眼见着就要把潜艇击沉了”，潜艇舱内很多士兵“都到了崩溃边缘”：“只有当我能说出这些疲惫与忐忑的心情时，心情才能舒缓。就像现在，躺在这些柔软的床铺上讲出来。”[39]这些对话也反映出，士兵们在战斗中承受着何等巨大的心理压力。在最危险的时刻，有些士兵在无法抑制自己焦虑感的状况下，情绪就会崩溃。如果在战斗中死亡的危险迫近，也会使这种情绪加剧，使人受到更大压力。因为这些感受给士兵们带来极强的压迫感，使他们不得不专注于眼下最重要的具体任务，其他的各种情绪也因此变得淡化。[40]像感官印象一样，感觉也是属于能自动引发一系列动作的因素之一，士兵们能将感觉或者情绪与特定的行为方式联系起来，而且他们在战争环境中也对这些行为方式有所了解。所以，士兵们的情绪也对战争中个人动力的构成发挥了自身的作用。

从士兵们在亨特堡的谈话中可见，战斗对士兵们来说意味着什么样的心理磨难是个永恒的话题。从他们在谈话中提到自己在战斗中“走了运”[41]或者只是“被打得鼻青脸肿”[42]的轻松情绪就足以看出，他们对自己在战争中所处的危险境地一清二楚。1944年5月19日，潜艇兵霍斯特·格珀尔（Horst Göpel）下士从U-1059号潜艇上逃脱死亡的经历让人难以置信。当时潜艇浮在海面上，船员们正悠闲地游着泳，两架美国战斗机突然出现并朝他们开炮射击，[43]被一枚深水炸弹击中之后，U-1059号艇在大约90秒的时间内就沉了下去——全员只有8人生还，毫发未伤的只有1人。霍斯特·格珀尔无法相信眼前发生的一切，他后来和U-1059号艇上的两个战友住在亨特堡的同一个监舍里，他对他们大喊："伙计们，我们真走运！我们竟然还活着，简直跟做梦一样。"[44]当然，士兵们公开袒露心声，说出他们在战争中承受的巨大"精神压力"的时候也不少[45]，他们一直处在那种感觉"要完蛋了"[46]的"可怕时刻"中[47]。当战争突然变得激烈起来，士兵们经常觉得死亡真是迫在眉睫了。在东线战场上，每当埃里希·普莱斯从掩体的射击孔里突然看到苏军出现在不远处时，心中总会产生这个念头："因为我觉得'它'现在要开火了。"[48]掷弹兵上等兵奥托·诺尔特（Otto Nordt）在意大利前线经历重炮兵发动炮火袭击时，脑海中也有过同样的想法："当280毫米口径火炮在距离你60—100米外发射时，你会觉得自己已经死了。"[49]除此之外，每当深水炸弹在水底爆炸发出低沉的声音时，潜艇船员们全身都充满濒临死亡的感觉。1943年初，水兵威廉姆·戈尔道（Wihelm Goldau）和战友们在美国海岸之外60米深的水域潜行——攻击开始了，士兵们脑海中必然出现的想法就是："天哪，只要他们瞄得再准点儿，我觉得我们就完了。"[50]当盟军的反潜驱逐舰靠得越来越近，U-172号潜艇的所有船员们也有同样的想法："从驱逐艇的来势来看，我们就知道自己跑不了了，我们要完了。"[51]正如23岁的水手长赫伯特·普罗特克（Herbert Plottke）的亲身感受一样，这些战斗经历不可能从士兵身上无缘无故地消失："显然，所有人都非常紧张，这在劳顿的长途征战中是肯定的。"[52]

恐惧作为一种自然情绪，有时呈现出明显的不确定性，以致能变化成为一种普遍的情绪基调。在汪洋大海之中，光是想想"屁股下面还有三千（米）深的水"，就已经让一些潜艇兵产生"恶心的感觉"，"一点安全感都没有"。[53]有时，这种恐惧感也可能来源于非常具体的事物。西吉斯蒙德·诺瓦克斯基曾公开承认，他和他的战友虽然是精英装甲教导师，但是面对敌人某种武器时却仍感到胆战心惊："天哪，我们对火焰喷射器心有余悸。"[54]显然，这种有来由的恐惧感会让自己的队伍遭到损失，因为战友受伤或者死亡的事实就直接在士兵们面前发生，使他们觉得自己无比接近同样的命运。22岁的士官海因茨·拉泰（Heinz Rattay）曾经当过容克斯88型轰炸机的无线电操作员，当他看到机队规模越来越小时，便得出如下的结论："我们一看这情形就能料到，自己不是要死了，就是要被俘虏了。但是我们必须一直飞下去，直到整个机队都被打光。"[55]第26轰炸机中队中也有类似的情绪，从1943年秋天起，一个又一个机组在战斗中先后被击毁。到了1944年初，海因茨·容克手下的机队差不多全被打光了，连两个候补机组也未能幸免。当每次战斗后返回的战友越来越少，幸存的士兵们便越发觉得自己像是"死神的候选人"。[56]据容克观察，当时，恐惧像"瘟疫"一样在他的机队里爆发蔓延，当他们在意大利中部盟军的登陆地点作战时尤为如此：

> 我亲爱的朋友，对于我们这种情况，你会怎么想。去内图诺作战，然后在那结束生命。后面的人也没了精气神，谁还愿意飞呢。就是这样，面对这么一个固若金汤的登陆点，我们这些鱼雷机飞行员还得飞得如此之低，让我们怎么想？而且我们根本就毫无选择，在黎明时分，我们可能刚飞了一小会儿，就突然被炮火击中，那是盟军的登陆艇，我们根本就看不见。是的，我们挨一次打就得损失一半。敌人等的就是最后的攻击时刻，我们总是飞得很低，然后他们就向着斜上方开炮，根本不瞄准。轰隆隆一阵响。这种感觉就像瘟疫一样，没人再愿意飞到内图诺去战斗。部队指挥官讲话时说："内图诺必须得拿下，我知道你们想说什么，为什么不朝着非洲飞，如果能拦截那边的护航舰队，物资就根本运不上来了。"他继续演讲："但是我的先生们，敌人已经打到那不勒斯了。"然后他继续道："现在，取得这一次战术性的胜利，对我们来说非常重要。"的

确，要是他们说，我们给你们Ju–88轰炸机，那我们非常乐意飞，在3000—4000米高度，我们能做到，但是我们却要在15米高的低空攻击登陆的滩头阵地，我们在内图诺就没成功过。有时候一架飞机击沉一艘载有6000人的船，接着又击沉一艘，然后还击沉一艘驱逐舰，都是小打小闹，算不上是真正的胜利。

一旦士兵们进入机舱、奔向前线，他们都会试图不让自己有这些想法。[57]但只要盟军一开火，对死亡的恐惧感就一下子都回来了。U–172号潜艇的轮机兵卡尔·施耐克海军下士至今对他在甲板上与死神擦肩而过的经历记忆犹新，当时敌机用机载武器向他们射击："真是见了鬼了！一梭子子弹就这么从我身边擦过，离我也就5厘米远，然后打到上层甲板上，你都能清楚地看到，子弹如何掠过水面打到甲板上。我真是受够了。"[58]潜艇军官赫尔穆特·格拉姆罗也经历过一次类似的空袭，在一个漆黑的夜晚，空中一道道火光都是盟军射向他的一束束子弹——对他来说，那种感觉根本无法忍受："飞机大概从500米的高度飞过来。我们立刻操起艇上的防空炮，飞机开着很亮的黄色探照灯。然后，它像只鹰一样俯冲下来，低得几乎都要贴着水面了——我们也开火了，但是都没打中。一旦这个家伙冲到潜艇甲板附近，再想用3.7厘米口径的高射炮朝它射击就来不及了。然后它就用机枪开火，子弹从四处飞来，当一道道火光射向潜艇的指挥塔时，我受不了了。"[59]在这种极度危险的环境下，不少士兵的"神经都接近崩溃的边缘"。[60]

尤其是在潜艇上时，士兵们的神经常常一片空白，因为对于全体船员来说，盟军每次攻击都意味着生死存亡。关于这点，国防军军官格尔哈德·豪斯曼深有体会，他是名潜艇基地的管理人员，常和战斗归来的潜艇兵们谈起这个话题："如果让潜艇兵们谈谈他们的经历，他们肯定会提到那痛苦的几个小时，圆柱形的艇身承受着水压，从一颗颗深水炸弹之间冲过去，舱内的各种物件都给炸得飞了起来，所有瓷器都碎了，但是倒也没什么大不了的。"[61]不过，潜艇兵们在亨特堡只要一提到深水炸弹造成的剧烈破坏效果，都还感到胆战心惊。当深水炸弹爆炸产生的压力突然将潜艇往一侧推去，管道和各种零件被毁，机器停摆，照明熄灭，艇员们大喊大叫，海水开始漫进来的时候，很多人都觉得自己马上要走到生命的尽头了。再加上被击中的危险随着深水炸弹爆炸时那种清晰可辨的“砰、砰、砰”的声音不断迫近，有些潜艇兵根本就无法掩饰此时的恐惧情绪。[62] U–172号艇上的赫伯特·普罗特克下士冷言冷语地嘲讽艇上另一名低级军官：“他坐在那儿，手抱着头，一有深水炸弹落向潜艇，他就在那儿鬼哭狼嚎：啊，又来一个，啊，第三个也来了！弄得谁都受不了。要是船员们看到我们（这些下级军官）中已经有人变得如此焦躁不安，大家当然也都会发疯的。”[63] 19岁的无线电通信兵君特·埃格斯（Günter Eggers）下士在U–664号艇上看到一个战友在“不停地颤抖”，很明显他“真的害怕极了”。[64]

这些士兵们也会公开承认自己的恐惧。海军下士鲁迪·里斯科（Rudy Rieske）跟埃格斯都在U–664号潜艇上，现在当他回过头来看当时发生的事情，仍然觉得无法承受：“我根本不敢去想，因为一想就会发疯，然后脑子里就一团糟。”[65] 年轻的无线电通信兵赫尔穆特·戈特施林（Helmut Gottschling）来自U–761号艇，说起当深水炸弹爆炸时自己被焦虑情绪缠住的情形时，他的态度也很坦诚：“我眼前一黑，向我们头顶上落下的每颗深水炸弹，全都出现在我面前。所有的东西都碎了，一件完整的都没有了。无线电室内所有的设备都炸了，电子管都碎了，控制盘、天线，一切全完蛋了。”[66] 甚至潜艇军官赫尔穆特·格拉姆罗也感到受敌人攻击时，恐惧给自己身体带来的影响：“当时我坐在艇艏舱内。突然听到有人喊：所有人都到前面去。然后我就把身体蜷缩成一团，全身上下都在痉挛。”[67] 在U–841号艇上，威利·特劳特斯下士与船员们的故事可谓死里逃生：“在一次跟踪任务中，潜艇无法从海底上浮至水面，机器罢工了。当艇员们已经感到绝望时，电池突然供上了必需的电，‘于是，这个囚笼一样的玩意儿就离开海底升起来了’。”[68] 特劳特斯和战友们都清楚：“要是机器再不恢复运转，大家就都没命了。”甚至直到返回潜艇基地，他都还没从震惊中摆脱出来："我可以告诉你，我们到达洛里昂（Lorient，法国西北部港口城市——译者注），从潜艇中出来时，膝盖还在颤抖。这次航行真是糟透了，但和有几次相比还不是最坏的。我的朋友，那才真让人受不了呢。"

有些士兵根本就无法从这种经历中摆脱出来。埃贡·格伦瓦尔德（Egon Grünwald）下士是U–1059号艇的一名水手，驱逐舰螺旋桨的声音和深水炸弹的噪声仍然长期萦绕在他的睡梦中："我每晚都梦见这些……直到被惊醒，发现自己浑身是汗。"[69]有位潜艇学校的教师在最后一次战斗航行时被从快沉下去的潜艇中救了出来。海军二级下士，机械师弗里德里希·瓦根福尔认为，从这名教师身上能看出潜艇战给人带来的心理影响：[70]

> 他的精神已经崩溃了，完全、彻底的不行了……从那之后，他上课时开始乱讲公式，连简单的欧姆定律都讲不清楚。你能相信吗？发疯到这种地步了……天哪，有时候要是有人没听懂，他能生气到——直接走过去把那人从凳子上拽起来，然后扇他耳光……疯成这样了。他自己其实也意识到了，也说："我不行了，我完蛋了。"无休止的潜艇战！你们这些蠢货，你们还想去开潜艇！

士兵们自己也能确定出现了这种心理症状。战斗机飞行员埃米尔·瓦格纳在战斗中"运气不错"：他是所在的第53战斗机队飞行员中"最后的幸存者"[71]。但他却被折磨人的战斗弄得"精神崩溃"，使他在那次战斗后数月无法再次出战。在战争中，心理创伤可能已经随着战斗形成，只不过这种情绪经常被压下去。埃米尔·瓦格纳在故乡休养了很长一段时间之后才重新登上了自己的梅塞施米特战斗机，回到了战场。

国防军士兵似乎对恐惧感已经习以为常。其中一些人当然会因此去讲述战争给他们带来的精神负担，因为这能让他们的故事显得更加突出，并且当他们说出自己如何成功经受了这些精神考验时，就会被打上"强大”的标签。无疑，这些男人们谈到的恐惧是真实的，说起这个话题时，连语调都常常变得高度情绪化。当他们在讲故事的过程中再次回味当时激荡的心情时，常常会用一些带有攻击性的呼喊，以及强有力的表达方式：“他妈的！”“天哪”“亲爱的朋友”“啧啧”。[72]在亨特堡，那些对话者身上产生的共鸣更加清楚地阐释了恐惧心理已经理所当然地成为了国防军士兵们生活的一部分。当有士兵讲述曾经的感受，他们的同伴既不会感到奇怪，也完全不会被激怒，反而都认为这些经历一般都完全可以理解。大部分士兵都能对这种情绪感同身受，因为这些战斗经历大家也都有过。

## 战争行动

前线的战斗，将每名参战者都置于巨大的战斗压力之下。战况发展常常表现出不可逆转的动力，士兵们在战场上兵戎相见时那种充满暴力的印象，会把士兵们卷入战斗的魔咒中。在战斗中，最重要的是自己得幸存下来，大家也因此将所有心理和认知能力都集中于完成战斗任务上。除了战斗场面之外，士兵们对其他事情都不再怎么关心。除去战况发展，集体对士兵行为的影响力是最大的。因为在战场上士兵并不以个人的身份行事，而是作为军事组织中的一员。士兵与部队之间在阶级和群体结构上的关系要求士兵们逐级服从：如果谁没履行好自己在部队中的任务甚至没有执行命令，就必须予以惩戒。不过在行为上和别人保持一致有时也是个路线问题，因为士兵们的行为常常就是按照规定来的：在战争的典型状态下，军队中一般都存在预先设置好的行为模式，士兵们在培训和战斗中都对其已有所适应。引发此类状况的那些特定时间、场面或感官印象通常导致相应的一系列行为，一切都像按照顺序发生。与这个极具影响的动力相比，士兵个人的意图在前线战斗中很难有什么结果。个人被迫被集体同化，并不意味着所有士兵都得采取同样的行为方式：在总体标准的框架内，他们的行为肯定会有差别。至少在这个程度上，士兵的个人意志还能起到一定作用，这是以国防军士兵们对自己地位不同的认识为基础的。除了受战场局势影响外，士兵行为的自由度与其在军中地位也有很大关系。特别是各级军事首领的行为不能仅仅用环境因素去解释，还需要考虑他们自己的决断能力。士兵们的士气也并不完全一致，总体上说，整个部队的总体表现也是源于各个成员。

瞬间发生的事情力量有多大？在亨特堡士兵们的审讯报告中能说明这个问题的回答数不胜数。在战斗环境中，发生的事情会是压倒一切的。随之而来的冲击力，使得士兵们完全没有办法有意识地做出反应。从亨特堡的俘虏们各自对战争的回忆来看，就能够感受到战争本身留下的震撼，因为在多数情况下他们更注重对战争本身的描述。从中不难看出，战时士兵的注意力完全集中于战斗过程，所以大脑里也就不会留下多少对个体的印象或者评价。1943年8月9日，鲁迪·里斯科海军下士在U-664号潜艇上的经历非常典型，仿佛从晴天直接落入地狱一般。当时U-664号艇正在亚速尔群岛（Azoren）附近航行，14：18分，该艇突然被一群美军战斗机和复仇者（Avenger）鱼雷机发现，美军立即发起猛攻。[73]里斯科冲上炮台并反击，最终还是被击败。55分钟后，U-664便沉入了大海：

> 老天，我当时说："4管防空炮准备完毕，准备完毕，快、快。"紧接着双管炮也开炮了。天上下着毛毛雨，再就只听见一声巨响。我们的4管防空炮一共挨了大概十六七炮，给炸得开了花，发出嘎吱嘎吱的声音。有人大叫一声。他叫什么来着，沃普克迈尔（Wöpkemeier）？接着我们的船就漂在那了。"[74]

"像那样""然后""接着""后来""接着"：对战斗的回忆，残留下来的只有一系列行动、下意识的反应和一些声音、图像的瞬间片段。像这种对接连发生的感觉进行简单排列式的叙述方式在士兵讲述自己经历的过程中并不少见。这种简明扼要的叙述模式正好体现了士兵在战斗时的狭窄视角，越是在极端情况下，人们选择的视角越简单，越易找到头绪并做出相应的反应。[75]

这当然不代表士兵们面对发生情况的反应力就能达到完全一致。越是经验丰富的老兵，在陷入交火、射击，以及实施杀戮时就表现得越轻车熟路。但是士兵们战斗时所处的环境却并没有发生变化，每个人都在战斗中承担自己的角色，同时又作为个体，他们承受着战事总体发展的影响。战斗形势、敌人的行为以及双方交火，这些真实情况才是规范战斗中士兵行为最具推动力也是最致命的因素。多数情况下战斗都发展得很快，留给士兵们去反应的时间并不多。

战斗常常是一触即发，情况“在一秒钟之内就会发生变化，一个地方被击中，马上就引来炮火齐发”。[76]整个战势的扭转有时就在刹那之间，U-513号潜艇在最后一战结束得“如此迅速”，以至于水手汉斯·维尔纳（Hans Werner）根本来不及反应。[77]从拉响战斗警报到最后潜艇沉没，“只用了不到5分钟”。敌机的进攻，甲板上反击的炮火，“紧急下潜，回到战斗位置”的命令，潜艇中弹后的“巨响”，以及最后艇员们从下沉潜艇的紧急出口弃船逃生。当一切发生时，士兵们都在以最快的速度完成自己在战斗中要做的事情。

“全都发生在那几秒钟，刹那之间而已。除掉37毫米炮的炮衣，各就各位，开火。敌机飞过来，投下炸弹，然后迅速消失。”但在几乎相同的情况下，U-1059号潜艇的水手，二等兵霍斯特·格珀尔面对飞来的敌机时，觉得时间就像停滞了一样。他“看到敌机飞来”，“看到鱼雷入水”，“以为他们不会被炸，几秒钟漫长得就像几小时”。[78]然后一切就“突然”发生了，“他从船里被炸飞出去”时还听见了“那声巨响”，之后就“落入水里”。在空战中，决定士兵生死存亡的往往也是那关键的几秒钟。第26战斗机中队的24岁士官费迪南德·温纳（Ferdinand Wenner）就曾在1944年1月11日一次地中海的战斗行动中突然深陷绝境。敌机“在我们身后紧追不舍，把装载的所有弹药都倾泻到我们身上”。[79]随后发生的一切都像是快进，“一切都来得太快了，从战机坠海到再次浮上水面，中间肯定连5秒钟都不到”。在这种战斗情况下，除了武器操作、移动和采取必要措施保命之外，根本没时间想别的。在U-203号潜艇的最后一战中，22岁的海军二级下士赫伯特·卡什（Herbert Karsch）精神几近恍惚。“水漫进来”，接着就“断裂了”：“我在那一刻头脑一片空白。”[80] 其实当他向敌舰发起进攻时，也同样不怎么在乎自己造成的毁灭和伤亡。在亨特堡里，他自己意识到了这一点：“谁会想到自己在那时正在制造死亡和毁灭呢，不会。也不会想到这也会让另一个人遭受痛苦，谁都不会想这些。”归根结底，对卡什和其他大多数军人来说，在战争中最重要的还是去“尽自己的责任”。卡什的狱友表示赞同：“这才是军人的本分。”

士兵们在战斗中这种“头脑一片空白”的状态，并不难以解释。因为在巨大的时间压力下，很难当即做出恰当的行为。一旦开战并需要做出反应时，一切其实都是按照练习过的套路走。这点与人类行为的基本模式完全符合。一般来说，各种状况的发展并非完全不可预测，大多数都有规律可循——场景的模式和相应的反应手段都已在社会活动中有所设定：所以士兵们在战斗中的行为更多是在遵循直觉中的集体行为模式，而不是基于个人进行自我选择后做出的理性反应。从一个特定的点开始，士兵们自己的作战本领才自然而然地开始发挥作用。

士兵的行为方式还反映在事后对回忆战斗时的用词当中。因为，有经验的士兵根本不会为了描述早已烂熟于心的战斗细节浪费口舌。拿参加“伏击”行动举个例子，他们几乎不会偏离这个概念去说别的与之相关的事情，像如何去执行这样的行动之类的内容对他们来说就像是照本宣科一样习以为常。[81] 只有说起那些他们还从未经历或是仅经历过一次的事情时，他们的描述才会变得具体、丰富。一个例子，是在亨特堡关押的士兵们有关自己被俘过程的大量对话，被俘对多数士兵来说不仅是个关键时刻，也是独一无二的经历。这些对话也尤为引人注目，毕竟被俘对于士兵来说是种终结，战争于他们来说已经结束了。接下来的段落，将通过一个具体案例，来介绍士兵们被俘时的经历。

与集体行为方式紧密相连的，是那种士兵们与战友保持一致的紧迫感。这不仅是指对群体环境的主动适应，同时也是为了寻求自己行为的正确性：当怀疑自己的时候，一般人会去看看旁人怎么做。在这个人群之中，望向旁人的寻觅眼光是有一定共性的，它能让人确定哪种做法更为可行。[82]这一机制中的互动性带来的连锁反应不仅能带来影响力巨大的群体动力，也能让整个集体陷入软弱：如果其他人做事儿，人们就会跟着做；如大家都停下来，也就没人再有作为。1945年2月初，36岁的工兵阿图尔·滕普林（Arthur Templin）在西线的经历足以说明，这种军队的集体力量对前线士兵来说是多么不可抗拒：

> 滕普林：过去一段时间，所有人都在谈论应该怎么开溜，是直接逃跑还是什么别的方法。被俘的那天下午，我们蹲在地窖里等着。不远处就是枪声，一转眼就有枚反坦克火箭弹打过来。我们一伙15个大男人就这么坐着，可也没人敢说：我们在这待着等着被俘好了。我们左等右等，那些美国人就是不来。晚上又有些步兵过来说："来吧，你们现在还有机会逃走。"这么一来，我们就必须跟他们走了，否则我们就真的开溜了。那名少尉和他的步兵下午3点就离开了，他们炸了一座桥，但我们就待在那儿，我当时真的一点都不怕。"
>
> F：对，是怕德国人，不是那些美国人。要是德国人就麻烦了，未知因素太多。大家都在想应该怎么办，每个人都打着小算盘，在想"如果真到那时该怎么办？"然后军官发令，还是得照样完成，这才是悲剧所在。"
>
> 滕普林：那些步兵们一来，我们当时就不能待在那儿了。[83]

想逃离战场并不难，不过团体中的格局却让士兵们放弃去突破从众心理的桎梏。每个人都向身边的人看齐，也让自己变得更加被动。于是他们就不情愿地在沉默中度过接下来的几个小时，直到机会完全失去。

当又一队步兵出现，并且对即将被俘的命运毫无准备时，士兵们立刻明白应该去干什么，“每个人都是手上做一套，心里想的却是另一套”。当滕普林谈到大多数士兵的日常思想时，他的聊天伙伴、20岁的炮兵沃尔夫冈·弗里德尔（Wolfgang Friedl）打断了他的评论。在军队里，每个人都以集体为标准，集体性的动力让士兵的个人观点、政治态度和社会文化背景的影响力都退到其次。在行为方面，士兵们都以战友和长官为榜样，无论情愿与否，只考虑能否满足预期并成功应对客观环境的挑战。与日常生活相比，军队中的“集体利益高于个人利益”更是有过之而无不及。[84]前面描述军中士兵生活共处的章节就已证明了群体性压力在军队生活中的巨大作用。[85]每个人都长期活在别人的观察目光之中，谁都不允许自己示弱，在战斗中也是如此。谁要是拒绝战斗却又得以幸存，恐怕就得遭到战友们的鄙视和指责。对在集体中受到孤立和羞辱方面，国防军士兵对此的恐惧与他人别无二致。因此这些士兵也就随时能做出一些与自己人格完全违背的事情。

战争中的行为通常首先由战斗的具体情况决定，如战斗进行过程中集体的行为，自发的灵感以及直觉判断等因素。不过仅仅这些还不足以概述士兵们的全部表现。毕竟战斗本身离不开人，而士兵们也不是机器。与之相反的是，特别是那些有经验的国防军士兵在亨特堡聊天中总是强调自己对情况的了解，并对下一步动作的可能性做出了反应。

其中一些故事无疑是那种有意突出的讲述，叙述者不断暗示自己做出的是自主理性选择，但事实上却是外在环境在多数情况下迫使他们做出了选择。但是，很多士兵会随着战斗经验的不断积累逐渐学会更加清醒、自主地面对战争。如果士兵们战斗经历丰富，便早已习惯了那些战斗场面，例如来自罗斯托克（Rostock）的反坦克兵卡尔–海因茨（Karl-Heinz）中士，他已经是在好几个战场上参加过战斗的职业军人，就如他自己所说，在战斗环境下，他们会“思考”并对环境做出评估和判断，再决定提出什么样的战术建议。[86]

尤其是在突发状况下，当本能反应也不起作用时更是如此。关于这一点，曾在诺曼底和美军交战的伞兵中士威廉姆·海威克尔（Willhelm Hevekerl）也有体会。当美军突然出现在他隐蔽的位置附近时，他本已准备开火，却在迅速权衡后又放走了那些美军：

海威克尔：我当时趴在那儿，远处上来两个美国士兵，那儿的草很高。我就想先等他们近身，靠近些我好打得更准一点。等到他们前进了大概四五米，离我大概有10米时，我看见了他们戴着红十字袖章。这下麻烦了，这些人既不能打，也不能抓，怎么办才好呢。不过我在那里至少趴了两个半小时，再没有人过来，两个卫生兵肯定也没说过什么。

J：不管美国人之前打得多起劲，只要一看见红十字，立马停火。这一点我真佩服他们。我要是看到这边出现了这样的人，真的，我怎么也得上去朝着脸给他一枪托。

海威克尔：其他人都说，去他妈的，这帮人肯定会通风报信。但我并没有开枪。[87]

海威克尔在自己的战友面前坚持了自己的想法：显然他所在部队的其他士兵都在辩称说应该“打死”美军的卫生兵，好让自己隐蔽的位置不被发现。在这里，尽管存在群体性的期待，个人的考虑仍能占据上风——这也是为什么军官得以自由地下达自己的命令。这让我们想起在其他不同的前线战场上，战斗风格造成的巨大影响力。和东线战场上纳粹国防军与苏联红军的惨烈交锋相比，西线的战事远没有那么残酷。[88]这种确信的想法来源于国防军士兵们积累的经验：“像红十字、卫生兵什么的，苏联人才不管那么多……相反，英国人和美国人却很看重这些东西。”[89]在战斗中，类似的心理底线让士兵们明确应如何投入战斗以及使用武力的程度。这样的前提条件，也与士兵们对其他不同文化背景的交战方的印象有关。因为对敌人的认识会影响士兵们对敌作战行为的考量。正因为潜伏的海威克尔在关键时刻想到了这些，两名美国卫生兵方

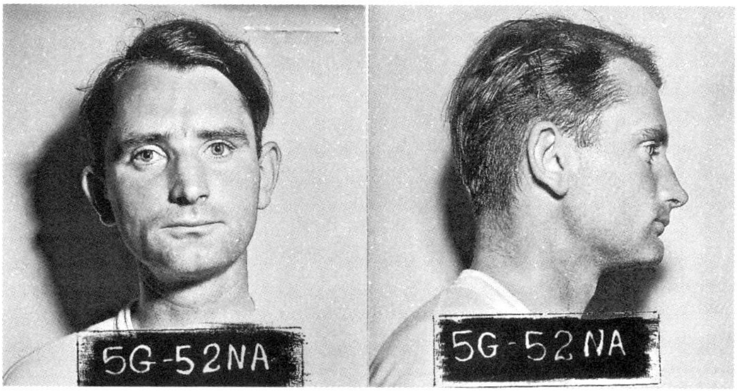


插图 25：艇长克劳斯·巴格斯滕少尉，生于 1911 年

能从他的枪口下免遭不幸。

战争并不排斥那些审慎的行为，相反那还是其中不可或缺的部分。潜艇指挥官克劳斯·巴格斯滕甚至认为，“有时候一下子会产生太多想法”[90]。1943年6月2日，他曾在自己的潜艇沉没之前亲身体验过这样的瞬间。当时晌午刚过，U-521正在大西洋水下30米处航行，并被美军的一艘护航舰发现。[91]深水炸弹在近距离爆炸让船舱隔间中的巴格斯滕大惊失色，船舱剧烈摇晃，灯全灭了，海水也不停地灌进来。巴格斯滕冲进指挥室，接手全艇的指挥权。刹那间，各种想法闪过他的大脑，但是这种紧张状况下的想法显然无助于做出正确的决定。巴格斯滕事后坦承，自己当时犯下了相当严重的错误。在最关键的时刻任由事态发展，直到轮机长的警告传来，他方才意识到，其时除了浮上海面投降之外，他们已别无选择：

> 我算是个镇定的人，头脑从来没乱过。但我得承认，自己当时确实被他影响了。不过我也可以解释。我当时正在收起潜望镜，然后听见：“深度越来越大，140米，150米，170米。”然后他接着喊道：“潜艇要沉了，我们控制不住了。”这一点他肯定比我清楚，毕

竟他是专业干这个的，这块应该由他负责。接着他就叫喊着，要把所有水柜排空。我没再反对他，因为我知道如果船以这么快的速度下沉，就必须赶紧上浮……这并不奇怪，因为所有事情都是突然发生的。我当时要是说，船根本沉不了，我们没有进水之类的话就好了，不过当时的状况下，说出口也是很困难的。这些情况训练的时候也都出现过，可大家也都知道那只是训练。都怪当时一切发生得太快了，谁都不知道发生了什么。其实我完全应该不下令上浮的。

上浮过程中，巴格斯滕做出了又一个致命的决定。他爬上指挥台围壳，想看看舱外的情况。敌舰距离他们大约360米，正在向他们开火，围壳已经被好几枚20毫米炮弹击中。那一刻，巴格斯滕终于明白自己应该干什么了。他命令潜艇立即下潜，好在被敌人击沉之前逃离。“我当时想，要是潜艇继续留在水面上，敌人肯定会登艇然后把它缴获。敌人对我们的潜艇很感兴趣，船上肯定有些他们想知道的东西。这一切发生得也很快。”巴格斯滕认为，他同时也考虑到了船员们即将面临的危险，“是啊，我当时想要是潜艇浮上水面，虽然没法再航行了，但是也不会那么快就下沉。弃船时的全员逃生流程我们也练习过，整个过程只需要1分10秒”。然而事实却证明，这是个致命的错误，巴格斯滕最后成了那艘潜艇唯一的幸存者。其余51名艇员全都和U–521一起沉入了海底。作为唯一的幸存者，巴格斯滕在海面上挣扎，并在目睹了沉船的全过程后被对手救起。毫无疑问，是巨大的时间压力导致巴格斯滕和他手下的军官们做出了错误决定，最终导致了U–521号艇的沉没。然而即使造成了这样严重的后果，相关的决定也都是权衡之后才做出的。从巴格斯滕自己的叙述来看，他已经考虑到自己的手下要承担这样的风险，因为对他来说，完成作战任务显然更加重要。可除此之外，也并非没有别的解决方法：在这种情况下，其他很多军官会先让全体船员逃生，U–203号艇的艇员就是因此得以全体幸存的。[92]

同时，这样的举动也不是机械重复，而显然是由巴格斯滕作为当事者的一些个人倾向所决定的。就如同他后来在亨特堡谈起的那样，早在这最后一次出海之前很长时间，他就在听说一起类似不幸的沉船事件后，把全员牺牲看成是一种榜样。“是，那是在战争刚刚打响不久，那个艇长和他的全体船员一起沉入了大海。我们都非常震惊。我们那时当然觉得他这个人非常伟大，但如果这件事发生在我身上，我真不知道自己能不能做到像他那样。”[93]那最后关键的几分钟里做出绝不妥协的决定，原来在巴格斯滕记忆里早就被当成了“伟大壮举”。在时间压力下，这样的想法也对士兵们作战中的行为产生了影响。对于士兵个人的行为来说，这些想法是士兵们对某种特定情况习惯性被动反应行为体系中的一个组成部分。U–521号艇发生的事件证明，即便是在如此紧急的战况之下，行事者个人态度依然能对个人的行为趋势造成影响。对军官们来说，这种影响无疑更加不容忽视。在描述中下级军官的那一章节中已经能够看出，战争中的战况走向很多情况下完全由军官们主观意志而决定。[94]行事的权力并不仅仅由阶级因素决定。

经验对于执行力来说也十分重要，这也是在战争中习惯于暴力的一种表现，从社会心理学角度也不难理解：在战场上，程式化行为一方面是指士兵们遵循的那套已经训练成型、无须再去思考的行为模式。只要士兵们进入曾经经历过的或与经历类似的状况，就会采取在训练时或在前线已经习得的相应行为方式。[95]另一方面，士兵们毕竟不是机器，在需要的情况下人类仍能从“自动遵照行为样板”的做法向“思考后行动”的行为模式转化：与本能的应激反应相比，士兵们更多还是依靠自己的主观理性，尤其是当他们面临的情况与既定路线有所不同，或者纯粹机械地应对面临的风险过高时。要认识到这点，可不全是经验的问题。

本章开头提到的士兵埃里希·普莱斯就遇到了这样的状况。当他突然间恢复意识的时候，发现自己正在两军阵地中一辆翻倒的救护车里，而不是卧在自己习惯的机枪掩体后面。从他后来谈到战斗各个阶段的着重点不同，很容易发现哪部分是他程式化的战斗反应，哪部分是必须临时去适应和调整的。叙述用机枪朝着进攻的苏联红军扫射时，他只用了一些概括性叙述——这种经历对他而言十分熟悉。相比之下，他对自己在那辆如同身处无人之境的救护车上的经历做了不少描述：他掌握的任何一种行为模式都没法应对这种意外状况，这种经历对他来说是独一无二的，甚至值得他在战斗打得不可开交时去拿相机把它记录下来。相比之下，即使有机会腾出手来，用机枪打发动进攻的苏联人这种事对他来说也完全没有去拍摄记录的必要。

士兵们这种由自动反应模式向思维反应模式的转换，在社会学上被称作直觉反应的“中断”，士兵们随时随地都能做到这一点。士兵们在前线作战虽然表现出一定的程式化，但绝不意味着士兵就没有能力理性地分析战况并在权衡之后决定如何行动。恰恰相反，由于程式化的行为模式减轻了对士兵们认知方面的需求，反而使他们能在这些方面投入更多注意力。战争对于士兵来说不仅是个学习的过程。谁能更快地适应战斗环境，就能在生死存亡的关键时刻更快地做出反应，理论上也就有更多时间来决定自己的行为。[96]大量监听报告都表明，在提到前线的战斗和杀戮时，越是有经验的老兵，越比那些战斗经验较少的士兵显得轻车熟路、轻描淡写。

在战场上，士兵也一样有自己的行为空间。虽然集体主义的行为模式，团队压力以及即时的命令都为个人划定了行动路线，但总体来看不同个人对这些路线的理解并不相同。“二战”史学研究中有不少例证显示，即使在极端条件下，集体和其成员的行为也并不能达到完全一致。更多的情况下，团体中不同成员的行为一般都或多或少地存在差别。这一现象在对犹太人大屠杀的研究中表现得尤为明显。在进行处决行动时，部队里不同士兵执行任务时表现也各不相同。一些士兵执行任务时表现克制，只对着那些躲不开的目标射击，还有的士兵会朝天开枪故意脱靶。[97]在前线的战斗中，类似的行为空间也常常存在：有些士兵与那些只愿在部队里随大溜、不往前冲的战友相比，表现出了更强的战斗意志。著名的前线指挥官恩斯特·荣格（Ernst Jünger）早在“一战”时就已经在自己手下的士兵中发现了这一差别。在他充满对战争向往的著作中，他认为是“灵魂的力量”造成了那些像他本人一样靠自己的动力积极作战的“斗士”和那些仅仅满足于完成任务的“随大溜者”之间最大的区别。[98]

关押在亨特堡的国防军士兵也有类似看法，他们中间有种典型的评估方式是，一支普通部队在最理想情况下会“有60%的人算是真正的实干家，剩下40%则不值一提”。[99]对于这个比例，大家并非没有争议，但对于不同士兵完成任务质量有差别这点就没有丝毫异议了。从日常的军旅生活中的经验看，每支部队的士兵“都有好有坏”[100]，这种差异在战斗时越发明显，因为在战场上靠的是“个体自身的战斗力”[101]，关键时刻总会有人挺身而出。说到这个问题，年轻的潜艇兵阿尔伯特·林茨（Albert Lenz）想起了那次他的潜艇在基地遭到炸弹袭击时，眼看着就要在全体艇员面前沉没。“上了年纪的总机械师跑过来，或许他以为自己还能拯救这条船，也许就是想拿一枚战争贡献勋章。这样的时刻，总有这样的人出现。”[102]阿尔伯特·珀彻（Albert Pötzsche）上士在北非战场上也遇到过类似的情况，当有人撤离时，总有一些士兵“一直打到最后一颗子弹”。“当我们都想缴械投降时，他们还在打……待在他们后面40米……接着他们的炮让敌人打坏了……一半，一半人都牺牲了，死了。”[103]实际情况是否真如珀彻所言，已经难以考证。值得注意的是他能理所当然地认为有“近一半”的士兵在战斗中牺牲。并不是每名士兵在战斗中都同样努力，24岁的步兵少尉鲁道夫·霍斯特事后说起当年那些经历时仍旧满腔怒火：“和我一起打仗，能顶得上的也就五六个人，其他人都是废物……德国人和波兰人组成的杂牌军，就是一群垃圾。我真是焦头烂额，因为我哪有时间为了再开一枪再下命令呢？当时我真想把他们都干掉算了。”[104]

士兵的战斗表现和个人斗志也有很大关系。毋庸讳言，士兵在战斗中的行为经常首先由当时的情况决定，然而这无法解释即使在同样环境下，不同士兵的表现不尽相同。很多人认为，士兵们在战斗中的不同表现，就像恩斯特·荣格的观点那样，与士兵们的不同态度密切相关。抛开环境以及群体因素影响不谈，受军人道德约束的行为标准对于战斗环境下军人的行为至关重要。但是受不同年龄、社会层次以及从军经历等因素的影响，士兵们对该价值体系的认识并不统一，这点在之前关于军人道德准则那一章中已经得到确认。[105]由于士兵个人对军人行为标准认识程度不同，他们对自己在前线参战的态度也有所不同，有的人比较含蓄、被动，而有一些人则更为主动。这就是为什么在特定的战争环境中，即便具有针对行为的约束，个人特点也能发挥影响的原因。

从根本上来说，个人意志在战场上是没有用武之地的，但事实上机会却在不断涌现。这属于战斗自身客观动力的一种表现，在战斗中，常有士兵们需要用个人能力应对的状况，对于军官来说更是如此。因而，德国在军事训练方面才有着重培养独立自主能力的传统。特别是在关键时刻，所有行为都可能依赖于自己的领导意志。所以前文我们提到的埃里希·普莱斯为了避免出现己方部队瓦解的状况，即便是用武力命令自己的部下也在所不惜。在亨特堡他这样讲述："我曾用手枪威胁我的部下，不许他们举白旗投降。"[106]来自马格德堡，24岁的伞兵士官威廉姆·海威克尔在诺曼底也遇到过类似的情况。直到明白自己和部队在诺曼底战场已经大势已去，他方才不再命令部下不惜代价奋战到底。"我后来投降了，在这之前有个下士还有另外几个人早就撑不住想投降，我告诉他们想都别想。但是后来我终于发现，再这么打下去已经没有意义了。"[107]二等兵保罗·绍尔曼也觉得自己没像其他一些士兵那样"有意被敌人俘虏"："我们上前线的一共有35个人，最后被俘虏时只剩下3个人了，其实我们还可以再抵挡一阵的，但是那已经和自杀没什么分别了。我们是不能再为祖国尽忠了，可很多人完全是故意自投罗网，这点我很清楚。有一个下士带着他所有的手下一起被俘，让人失望不过如此。"[108]

战场的环境越混乱，士兵就越得依靠自己独立作战。尤其是在战事不利，部队徘徊在溃败解体边缘的时候。有时长官受伤或阵亡，部队被冲散或减员不断，士兵就得自己决定接下来的行动。在最极端的情况下，士兵与自己的部队失散剩下孤身一人，谁还想继续坚持战斗，就只能靠自己的力量了。一名第729陆军特种兵团少尉在1944年6月的瑟堡战役中就曾身处这样的险境。那时他被困在敌人的前线之后，与自己的大部队失去了联系。虽然靠孤身一人独力支撑，但他却根本没打算投降，还抓住最后机会杀死了一名敌军士兵：

> 我翻进一座花园，躲在杜鹃花丛下。我正趴在那，突然来了一些法国兵和美国兵。那些法国人一通乱叫，喊着“德国人，来啊来啊，到美国人这儿来”什么的。我当时还剩一个弹夹。他们到处搜索，和我擦身而过时，最近距离就只有从这到那的距离。他们找了足有一个半小时，但是并没发现我……我看准机会，准备跳进旁边一条小河里。那儿有一座桥，与一条小路相通，草很高，我就想赶快躲到桥下面去。沿路上有个法国洗衣间，外面全包着波纹铁皮，一个美国士兵正从墙上向外观望，他并没看到我。我举起冲锋枪射击。他从栏杆上掉了下来。接着我的噩梦也开始了，开枪后我马上跳进河里，游到桥下躲着。桥上立刻传来了皮靴的踏踏声，美国兵来了，然后他们就朝桥下开枪。我只好把冲锋枪丢进水里，全身湿透，两手举过头顶。[109]

像前面这种情况总是在提醒我们，如果不考虑士兵作为独立参与的个体，就无法解释他们在战争中的行为。对这些孤军奋战的人来说，不论是来自集体的期望还是群体性的压力都已不再重要，这名身经百战的步兵军官的行为明显受到了个人决定的影响。就在被俘前不久，他还对自己最后的一名手下喊着：“温策尔（Winzel），这次真是要完蛋了，与其这么死，还不如跟他们拼个你死我活。”其实这种为了尽可能多杀敌人而以死相拼的做法并非唯一选择，也并非所有士兵都如此激烈地抗拒被敌人俘虏。盟军在诺曼底登陆成功取得突破之后，投降前只是消极抵抗的德军士兵明显增多。[110]像时年38岁、出身美因茨的教师埃里希·内里巴（Erich Neliba）这样的士兵可能都从未想过，在与前面类似的不利局面下不投降而继续与敌人战斗。在战争绝大部分时间里，内里巴都在后方不同的空军气象站服役，直到战争结束前几个月，他被派到空降兵部队充任步兵。在前线，他仿佛来到了一个完全陌生的世界。[111]出于个人考虑，他在即将开赴前线时还曾提出申请，尽可能避免参加战斗：

> 我早就想过，要是我真的上战场，不到万不得已我绝不开枪。实际上我也是这么做的，我一枪也没开过。实际上我也没有开枪的机会，我怎么可能拿着步枪跟敌人的火炮对打呢。而且我很害怕枪在我手里炸膛然后崩到我的脸上。后来我们就在战壕干等，直到美国人把我们团团围住。把我们围起来之后，我们甚至还在他们身后。但是那种情况下，我只需要把枪搁在一边就完了，一枪也不用开……那时我们已经被敌人完全包围了，他们甚至觉得我们应该反抗一下。我没有再反抗，也不想反抗。[112]

当然，单个士兵还没有可以决定什么时候投降的能力。像刚才举的例子，投降行为多数是由多种不同因素共同促成的。粮草断绝，军心动摇，敌人的优势地位，己方武器装备的劣势以及身边战友的影响等原因都会造成战况恶化。投降的决定常常是由几个人商讨做出，一个人做出全员投降决定的情况则较少见。[113]不少士兵身处战争涡流之中，投降更像是完成任务而非自主选择。虽然埃里希·内里巴这样的士兵坚持认为投降的一部分原因是他们对战争缺乏热情，但是这种说法可信度有多高呢？如果说有问题的话，与其说他们讲述的是事情原本的面貌，不如说是经过叙事技巧修饰的结果：他这样的士兵是从开始就没做好战斗准备的，还是在叙述中有意把自己的表现说得比实情更积极，更坚定？有一点可以肯定，内里巴这类士兵说起投降这件事，口吻和之前提到的那个少尉肯定是不一样的。他们的用词、语气之间透露出完全不同的价值观：其中一些人强调自己从未开过一枪的时候，另一些人却强调自己战斗杀敌直到最后一刻。这种差异并非只是遣词造句手法的不同，更多体现了不同士兵的个性特征。

被俘的过程从来都是亨特堡内国防军俘虏间的热门话题。聊天的结果总是如出一辙地发生两极分化：当有些人在为自己被俘感到庆幸的时候，另一些人正为告别战场而愤懑不平。[114]与庆幸被俘的前者不同，后者的一大特点是总要给自己被俘找到合理的解释。对部队格外忠诚的专业指挥官海因里希·格雷伯就大发脾气，说自己被俘“就是一桩丑事”，并将其归咎于上级参谋部门。[115]步兵军官约阿希姆·迪勒（Joachim Dille）也有类似的抱怨，他“身陷囹圄完全是因为一道愚蠢可笑的命令”[116]。

内里巴这样原本就对战斗心怀抵触的士兵是不会抱怨这些的，他们显然不需为自己的消极怠战做出任何解释。正好相反，和许多战斗经验丰富的前线士兵不同，战斗在这些人的叙述中算不上什么好事，却时常带有负面色彩，与“无可奈何”还有“倒霉”等词联系在一起。[117]那些在视死如归的前线士兵眼中的优秀品质在36岁的士官海因里希·科尼贝尔（Heinrich Knieper）眼里就像是“疯了”一样：“如果你看到这些，就会明白参战真是件疯狂的事情。”[118]

科尼贝尔和埃里希·内里巴虽然都从军多年，但整个战争期间他们绝大多数时间都一直在本国后方服役，和在和平时代从业并无区别。直到1945年2月底，他才接受了几个星期的步兵训练，然后被派往埃菲尔地区的前线。上战场几天，他一枪没放便被盟军俘虏。[119]对于25岁的沃纳·奥托少尉这种意志坚定的军人来说，内里巴和科尼贝尔这种士兵简直不可理喻。1944年12月，他在萨尔河畔最后一战中，还曾经怒斥部队里那些“不愿”服从命令坚守阵地的“混蛋”。他为这帮“一枪都没开”就“不战而降”的废物感到羞耻。[120]与内里巴和科尼贝尔不同，奥托在战场上可谓是如鱼得水，他总是对战场杀敌充满热情，随时都能奋不顾身地投入战斗。他们之间的区别再次证明，军中的群体性影响以及与之相关的行为举止再次起到了关键作用：士兵对战斗不同的态度都反映在他们不同的叙述方式里，而且不仅是在叙述方面，也表现在实际行动中。

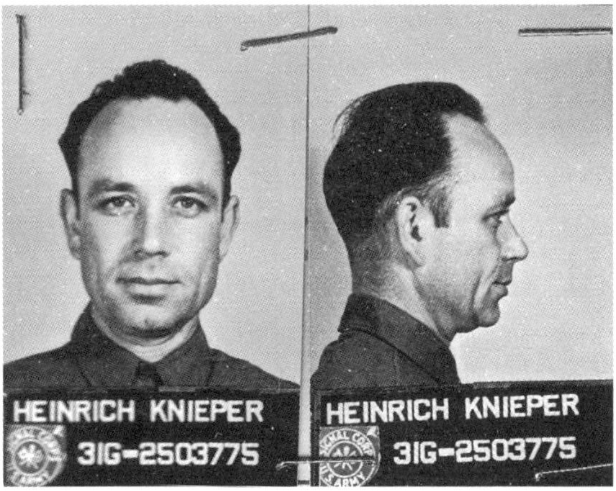


插图 26：士官海因里希·科尼贝尔，生于 1908 年

士兵们作战的积极性各不相同，这也会影响他们在战场上看问题的角度。在之前讲战斗精神的时候就曾经下过结论，士兵在部队和纳粹政权中扎根深浅程度不同所造成的不同看法都可能直接影响到战况发展。[121]

## 战斗力

总的来说，士兵个人的战斗动力也会反过来对部队整体表现产生影响。在国防军士兵眼里，如果部队成员中缺乏训练而又不愿战斗的士兵太多，或者其中充斥年龄过大的老兵，这样的部队毫无疑问是指望不上的。理查德·鲍什少校被俘前，曾指挥国民掷弹兵第9师某营，他当时发现了人员结构对整体战斗力的影响。当武器装备充足时，配备自动武器的部队“火力”比没配备前“更强”：

> 但是新一轮征兵后，这个师的人员组成就有点儿奇怪了。有1940年时已经当过兵的，有免服兵役的铁路工人，还有演员什么

的，你能想象都有什么样的人吧。即使那些从飞行员和潜艇兵转来的新兵也没有步兵部队那种精气神儿，可从他们的角度想想，我又没法真正抱怨些什么。总之，我的部队里鱼龙混杂什么人都有，劣势也就相当明显了。[122]

即便如此，鲍什也承认自己的部队“还是打过些漂亮仗”，但主要原因是一些“真汉子”几乎单枪匹马地阻挡了整连的敌人进攻。这支部队的战斗力肯定是有限的，也完全符合一支新队伍的本质。这支部队组建于1944年夏天，除一批经验丰富的前线老兵作为核心之外，还从空军和海军招了一批被“调整”下来的、不太善战的士兵。尽管如此，结果仍然不乐观：见识过他们在前线作战状态的人，常常不得不承认这样的士兵“根本没有步兵打仗的样儿”，甚至说更容易“扔下枪一跑了之”。[123]1944年10月，第246国民掷弹兵师在亚琛附近战败时，士官海因里希·鲁夫腾施泰纳就经历了这一幕。刚刚开战第二天，他们的长官就阵亡了，队伍也被打散了。“这倒没什么值得惋惜的，我们本来就是国民掷弹兵，里边本来免服兵役的人就那么多，军官也就那么回事儿。80%的人是从海军过来的，没受过训练，连MG42机枪都不会用。在亚琛轮到我们上战场了，中间撤出来一次，再回亚琛是12日，14日我们的少尉就牺牲了，我们接着也都悄悄溜了。”[124]22岁的约瑟夫·海恩德尔少尉属于那种出身于传统部队的军官，他们讥讽这些国民掷弹兵“是独眼龙、缺手指头、胃病患者，说免服兵役的家伙有战争精神病、扁平足，有的甚至还有肢体残疾”。[125]海恩德尔指挥过的第2装甲师的精英部队的士兵素质与战场表现就完全不一样。1944年12月，德军发动阿登反击战（Ardennen-Offensive）时，他们一直冲锋在前。这样的任务不是随便一支部队就能够胜任的：除了兵种和组建时间，各部队兵源的质量和作战经验也各不相同，部队间实力的差距在很大程度上还体现在军官、士官及全体士兵的作战能力上，除去武器装备和物资补给，这才是决定部队战斗力的关键。

要比较战斗力，就不免要说国防军和武装党卫队两者的竞争。两支军队的实力是否有根本区别，人们长期以来都对此争论不休：党卫队比国防军陆军、空军更加顽强好战，是因为他们的战士必须通过更严格的筛选，接受的“洗脑”也更彻底？纳粹一直把武装党卫队宣传成“第三帝国”的精英部队，他们拥有现代装备，在战争初期取得的胜利也使其形象得到了证明。但最晚从1943年开始，由于人员后补持续短缺，党卫队要继续扩充规模，高标准的人员筛选自然无法再得到保证。[126]即便如此，直到战争的最后阶段亨特堡的俘虏们对党卫队评价仍然很高，甚至来自陆军精英部队的军官们也承认这一点。海因里希·席尔肯少尉曾和一支卓越的坦克教导师并肩作战，在他看来，普通士兵和党卫队员相比在质量上仍存在明显差距：“党卫队员都是精神抖擞的年轻人，我们的人可就差得不止一星半点了。我们的掷弹兵可没有党卫队掷弹兵那么果敢。原因很简单，他们没受过像党卫队员那样的培养和严格训练。他们的训练虽然轻松不少，可训练效果也很不理想。”[127]在北非被俘的陆军二级军士古斯塔夫·基什内尔对党卫队员也持类似观点：

> 不得不说，他们都是些魁梧的家伙，强壮、干净、健康，即使没经过培养，他们无论是精神还是身体上也称得上是民族精英。他们离开母亲，加入了希特勒青年团，然后又加入党卫队。除了从小被灌输的思想，他们什么也不知道。虽然他们和普通士兵一样履行职责，但是我相信（党卫队员）宣誓肯定是另一套誓词。单凭他们的身体素质还有人员配置，打起仗来就比其他人强，更不用说他们的先进装备了。[128]

早在20世纪30年代，世界观培养就已成为国防军的训练课程之一。[129]国防军领导层在战争期间不断加强对士兵的意识形态灌输，直到1943年底，国防军还试图通过引入所谓的“纳粹党籍军官”来加以强化。但实际上无论是党卫队还是国防军，对意识形态教育的重视程度都一日不如一日，基本是在同一水平线上摇摆[130]。然而根据时间点和作战部队的不同，两者差别还是很明显的。来自西里西亚的年轻士兵斯特凡·卡吕塔曾体验过这两种不同的部队生活。由于职位调动，他在战争期间不仅在党卫队服役过，也当过空降兵。在亨特堡回忆起党卫队时，他说除了“常规步兵训练”和“武器课程”之外，他还上过很多政治教育课，但主要是在布尔诺（Brno，捷克城市，德文名为Brünn——译者注），这只在党卫队里才有。当空降兵时就没有这么多政治课了。”[131]这种差异的主要成因是党卫队里有培养“政治化军人”的肥沃土壤。和国防军相比，党卫队招募了更多入伍前就已经加入各种纳粹团体的年轻人。[132]他们接触到纳粹思想的时间更早，例如希特勒青年团，并因此形成了与国防军军人经历相比的显著差异。

来自巴登符藤堡州小城施维特（Schwedt）的党卫队三级小队副库尔特·克雷奇默（Kurt Kretschmer）是个代表性人物。生于1919年的他曾是希特勒青年团的一员，结束高中学业和帝国劳动军团的服役后，他于1939年10月自愿加入党卫队，那年他刚满20岁。之后三年，他跟随党卫队的“帝国”师在东西两线作战，直到1944年秋被俘。在亨特堡的审讯军官面前，他仍以曾自愿加入党卫队而备感自豪：“那是战争时代一支美好的部队。所有人都又高大又有活力，什么都好。没错，一个好集体，当然大家也有理想。”[133]从他后来在亨特堡的诸多叙述中，人们不难发现他口中的理想到底指的是什么。甚至在直面美军审讯官时，他也给对方留下了“典型纳粹分子”的印象[134]。在狱友面前他更是毫不掩饰自己的世界观，即便到了1945年4月初，他仍不愿放弃德国会在大战中获胜的信念：“我不认为这一切是徒劳，还会东山再起的，我们还会为之而战的。”[135]克雷奇默这样在部队服役多年的低级指挥员是部队战斗和思想方面的模范，他们组成党卫队的命脉，也是出于对纳粹政权不可动摇的忠心。盟军秘密营地的监听记录表明，实际上这样的态度立场在党卫队里影响甚广。经过对党卫队员和国防军士兵大量取样并进行比较研究，可得出这样一个明显的结论：按照平均水平，即使和国防军的精英部队相比，党卫队员也明显对希特勒及纳粹的意识形态更为认同[136]。党卫队员们对个人崇拜、极端民族主义、种族主义，对盲目服从以及自我牺牲的认识甚至要比空军伞兵部队清晰得多，比一般陆军部队士兵也要多得多。当然党卫队员也是良莠不齐，并非所有人都能在最后关头仍满怀胜利的信念和斗志地战斗，因为严苛的筛选标准和培养原已越来越难以为继。党卫队规模的扩大遭遇到来自不断增加的人员损失以及兵源紧张的阻碍，并不得不从1943年开始逐渐放弃“自愿加入”原则。[137]党卫队招募到的合适的“自愿兵”越少，就越要更多地利用强制征兵手段，甚至不再提防“外来民族”，来者不拒。最终，武装党卫队变成了一支由近40支队伍组成的“大杂烩”，其参差不齐的程度可想而知：既有扮演核心角色的“亲卫队”精英，也有由义务兵新组建的队伍，以及“境外德意志人”或外国叛徒组成的“志愿兵”部队。[138]

党卫队成分方面的这些变化在德军内部已经不是什么秘密了。1944年12月在亨特堡，陆军上尉沃纳·奥托和弗兰茨-约瑟夫·弗莱莫带着种族主义的狂妄，无不尖酸刻薄地这样说道：

> 弗莱莫：有这块料在，党卫队就已经完了。现在他们那已经没什么好料了，今不如昔啊。1941—1942年交接的那个冬天，“帝国”师把敌人打得溃不成军。后来也和我们一块在维亚茨马（Vjazma）战场打过，这时他们的好兵已经打光了。
>
> 奥托：“欧根亲王”师里也全是些巴尔干无赖。我倒是要看看这么一个由穆斯林和帝国老兵组成的部队怎么打仗。
>
> 弗莱莫：还有一个叫“北方”的师，里面更是流氓成群，就是一帮流落他乡的日耳曼人在聒噪。因为已经没有人自愿加入党卫队了。[139]

两位国防军军官的对话无疑证明了党卫队人员配置的成败的确影响了其战斗力的强弱。一些对军事行动历史的研究也证明：党卫队里“德意志帝国公民”比例越低、强制征召的“境外德意志人”和外国人越多的部队，其战斗力也就越低。[140]如果有经验的老兵和怠战的新兵比例太不合理，即使骨干精英们积极应战也无力回天。狂热的党卫军二级小队长弗里茨·斯沃博达曾是党卫军“葛兹－冯－伯利欣根”掷弹兵师的一名下级军官。尽管纪律严明，他仍然无法调动手下众多外国士兵的战斗积极性：“我尽力了，但这帮狗娘养的还是投降了……我就像开着一列火车，拉着塞尔维亚、波兰等各个国家的车厢。一枪还没开呢，他们就全投降了。”[141]然而随着战争的深入，放弃招募德国义务兵也是没办法的事，也导致兵源质量越来越差。对希特勒忠心耿耿的弗里茨·斯沃博达在“葛兹－冯－伯利欣根”师里也察觉到了一些“发人深省”的变化：“我们第5连里几乎都是空军的人。百儿八十号人里，至少2/3来自空军，有话务员，也有飞机上的炮手和飞行员。”[142]如一些当事人所描述的那样，党卫队内部两极化日趋明显，一边是战斗热情高涨的狂热分子，另一边是一做战斗动员就会“逃跑”的畏战分子，就好像给他们分派了什么特别任务一样。[143]28岁的二级小队长埃尔文·哈尔特（Erwin Halter）战前曾是海德堡的手艺人，他就是那些“怯战”的党卫队员之一。从开战起，哈尔特作为防空兵探照灯部队的一员，绝大部分时间身处远离前线的后方。突如其来的变化发生在1944年7月，他和其他防空兵一起被召进了党卫队。接到消息后，哈尔特和他的战友破口大骂，后来他在亨特堡讲起这件事时还忿忿不平：“我们当时那个气啊，他妈的……你能想象吗，我们在后方待得好好的，谁想进这种敢死队啊。”[144]和克雷奇默或斯沃博达这样的军中骨干比起来，哈尔特这样的人简直就是党卫队里的异类。和那些坚定不移的党卫队队员完全相反，哈尔特无论对战争和纳粹政府都提不起半点兴趣。党卫队领导层对这些后补队员低迷的战斗情绪也都非常了解。哈尔特在亨特堡回忆起自己和上级之间的谈话，上级是一名上尉、“一名久经考验的党卫队老兵”，“年龄在30岁到33岁之间”：

那时他嘲讽道：“我知道，连里现在都是些搞不清楚前途的人，这些人在您加入武装党卫队的这个时间也加入进来。对此更是没想法也没有兴趣，我都想象得到，你们当中肯定有人一肚子火……但是在战场上，您也会成为有用的党卫队队员的。但对作为低级指挥员的您，我有一个建议，那就是身上要随时带根棍子。我再强调一遍，带根棍子，不是假想的那种，而是一根真的棍子。如果有谁不服从您的命令，您就给他几棍子。”他真的要求你随身带根棍子……其实从一开始他就知道这不可能，而且也确实没有实现。[145]

和陆军或空军完全一样，武装党卫队员素质也参差不齐。所以对国防军和党卫队两者进行整体对比，也几乎看不出差别。双方士兵的阵亡率都在1/3左右——总的来说，陆军在前线的兵员损失、战斗的危险程度以及战斗热情并不比党卫队差。[146]在立功受奖方面，两者也不分伯仲：虽然党卫队精英师获得的勋章数量明显多于大部分陆军和空军部队，但像第一空降师这样的国防军精英也几乎毫不落后。[147]尽管如此，在对士兵个人资料进行系统分析时，还是能发现一些细微差别，即完成既定数量的突击任务后，士兵们可以获颁“步兵突击奖章”，党卫队在这方面所需的平均时间要明显少于陆军士兵，这是在行动中更具攻击性的标志。[148]同宏观上的区别相比，武装党卫队和国防军间这种微观上的差异表现得更加明显。至于党卫队队员在战场上是否真的比国防军士兵更大胆、更无所顾忌，这个问题只能通过对相似战争环境下同等实力队伍实施对比分析才能回答了。[149]例如对诺曼底登陆战的分析报告表明：在同样的艰难处境中，党卫队员更加不怕牺牲、会更持久地负隅顽抗，而国防军士兵则容易开小差。[150]在诺曼底战斗到死的党卫队员显然更多，国防军精英部队的士兵们则大多选择投降，大批地成为盟军战俘。党卫队的意识形态教育结果在此时开始显现：直到最后一刻仍坚信纳粹政权，直到打出最后一发子弹仍坚持战斗理想，这样的士兵在党卫队里的数量比在国防军陆军中更多。显然个人意识也造成了士兵在前线战场的显著差异。此外，党卫队队员在战场之外也经常表现得更加冷酷。至少从西线打击游击队和疑似人员的行动来看，他们对待敌方平民比国防军更为残忍。[151]

集体意识影响部队的整体表现，这一原则在对“二战”军事历史的众多个案分析中也得到了印证：一支部队在前线表现不仅要看武器装备，还要看人员的配置和素质。如果当时的士兵能真正表现出“步兵的战斗精神”，很难想象部队的战斗力又会是什么样子。这一点也体现在部队在战场上的表现中。“各个部队之间实战能力的巨大差异”总是与各自士兵间的差异相一致。[152]比起普通部队或者国民掷弹兵师这样的部队，党卫队精英师打起仗来更加拼命，程度连国防军精英师都无法相比，他们都远远做不到像党卫队队员那样无条件地自我牺牲。就连在党卫队内部，“二等或三等部队”也和核心部队差得远。[153]

甚至在装备条件差不多的相通兵种之间，士兵们的实战能力也有明显差别，这只能用人员结构的差异来解释。例如第3和第5空降师之间的差异就是一个很好的例子。两支部队都称得上是精英部队，但只有第3空降师才真正名副其实，因为这个师里拥有有战斗经验的义务兵和自愿兵比1944年春天才组建的第5空降师要多得多。和第3空降师相比，第5空降师里有经验的义务兵太少，而“强制”征召的新兵太多，还没充分受训就被派到诺曼底前线去了。[154]然而随着战事的推进，第3空降师也被迫补充了不少不合格的兵员，像上面提到的来自美因茨的教师埃里希·内里巴之类的人，他们的出现是这支精英部队面貌改变的最好例证。即使如此，与第3空降师相比，像24岁的科隆青年君特·托马斯（Günter Thomas）这样1944年秋天才入伍、对战争毫无概念的人，在第5空降师里更是常见得多。[155]第五空降师在前线的表现也比第3空降师逊色很多，就连他们自己的指挥官也承认：在前线作战时，一旦上级阵亡，士兵们经常会“第一时间后撤，溜之大吉”。[156]

国防军的战斗力关键在人，不从这个角度出发就根本无法解释为什么德军在逐步失利的战况下还能抵抗这么长时间：直到最后，支撑国防军的都是那些经验丰富、冲锋在前的战士，这些人要么是指挥官，要么是领头人物。作为主心骨，他们拽着所有人向前冲。战争的伤亡越严重，士官和一等兵这样的骨干作用就越明显。战争持续的时间越长，新兵经验匮乏的问题就越严重，他们平均的战场存活时间也越短。[157]此时善战的主力们作用却越发突显：国防军要靠他们才能保证部队的顺利重组。[158]主力兵员是一支部队的核心，后补的军人在他们旁边战斗。老兵们教导新兵如何真正像士兵一样思考和行动，可高素质的新兵也不是随便招募得来的，因此新兵们通过战争成就自己的前提是他们存活得足够久。诚然，不少人自幼就对军事和战斗满怀热情，但新兵的战斗力更多是在国防军的群体化过程中和前线历练出来的。而且并非每支部队中自发战斗的士兵数量都相等，这最终形成了德军部队之间的巨大差异。

一支部队中，像党卫队军官克雷奇默这样自发战斗的士兵越多，其集体战斗力也就越强。而部队中像哈尔特、科尼贝尔士官或者二等兵托马斯这样到了危急时刻还稳坐“钓鱼台”的士兵越多，部队整体的斗志也就越弱。两类士兵的所占比例决定了军队的人员结构，所以说不仅是军队在影响士兵，反过来士兵也同样在影响军队。部队主宰着士兵的个人生活，而从根本上来说部队就是士兵个体的总和，不管个体在其中占多大比重，也不管集体文化如何与其共同产生影响。在国防军体系中，对个体构成统治的最终还是个体。原则上，只要不捅娄子而且活得够久，每个人都能成为所在部队的骨干：最差也能混个小队长，经验丰富却没有正式指挥权的二等兵也有机会晋升为军官。所以说，士兵并不一定就受制于周围的结构，他们早晚都会成为结构内的一部分。即使在国防军这样强大、等级森严的集体里，起决定性作用的仍然是士兵个人和他们的个人素质。

究竟个人意志对行为的影响到何种程度，或者换句话说，环境和群体压力对其是否已不再起决定性作用，是历史学家、社会学家和社会心理学家们观点不一且争论不休的问题。史学界关于这一问题的讨论主要体现在“主观意愿”和“环境因素”哪个对“二战”士兵行为的影响更大这个问题上。[159]历史编纂学对这一问题的解释在过去10年经历了两极分化的摇摆过程。首先，从士兵个人意愿的决定性作用出发，历史学长时间将描述的对象放在了国防军士兵的个人政治倾向、“敌人形象”意识形态的树立以及个人动机等问题上。最近的研究则越来越多地把重点转向了军队集体文化的群体实践、群体心理行为模型以及对暴力行为驱使的影响上。[160]研究认为，战争中的极端状况常会驱使士兵做出下意识反应而非有意识应对：当暴力升级，需要迅速采取必要行动时，参与者往往会直接效仿身旁的战友并采取他们认为必要的行动，更主要的是因为他们已经习惯了集体生活。[161]在这个解释模型中，士兵的个人立场和主观意愿对其行动的影响被赋予了相对次要的意义。社会心理学观点排除了对战争中自主行动可能性的幻想：极端情况下的集体驱动力会让人做出平时根本不敢想象的行为。

到底哪一种解释模型更接近实际情况，目前还没有明确结论。从事物的本质来说，没人能知道历史上人们的脑子里在想什么，而且能实时记录他们行动那一刻的文献资料也并不存在，不过通过现存的原始资料也能证实之前的一些猜测。亨特堡档案就为此提供了不同的视角。一方面瞬间的力量毋庸置疑：环境和群体的压力常常指挥士兵的行动。当然，在既定范围内也存在不同程度的自由空间，如何利用这些空间因士兵的个人意愿而异，归根结底是由他们融入军队的群体化过程以及各自的经历决定。虽然不能保证人的行为一定能顺从心意，但个人意愿毕竟有可能影响行动。环境因素也好，主观意愿也罢，两者都很难将士兵的行为解释清楚。依战争形势和士兵行动权限的不同，不如说决定性的瞬间更多的是在这两者之间摇摆。

## 杀 戮

“战争即死亡”。[162]这是国防军前线士兵的日常体验。在前线作战的人，杀死敌人的同时也目睹战友的牺牲，只有幸存者才对此习以为常。士兵们在战场上面对暴力的次数越多，也就越不把极端状况当回事：前线的骨干士兵说起他们的这种血腥事业，常常像是谈论日常手工或是体育竞技一样轻松。但是成天看着自己手中的武器造成大批人死亡的同时，士兵们也同样要随时面临死亡的处境。也是因为这样，他们才和死亡保持着一种矛盾的关系：既感到恐惧，又习惯于斯，同时还被它吸引。亨特堡的审讯记录显示，在谈起其他士兵的死亡时，他们大多蜻蜓点水、一带而过。那些让人毛骨悚然的细节，他们往往也是避而不谈，这种反应显然不仅仅是看淡生死的缘故。正因为死亡无处不在，前线士兵才将其视为禁忌，正如他们在市民生活中也对死亡避而不谈一样，没人喜欢聊自己的最终归宿。与死亡相比，关于杀人的话题出现得更少。亨特堡的德国战俘几乎不提战场杀敌这回事，即便说也还是竭力避开细节。如此三缄其口，肯定不是因为杀人对于他们太过平常。因为亨特堡里的国防军士兵们其实对日常见闻聊得多而详尽。就像前几章谈到的那样，他们对在国防军日常生活中发生的各种事情都十分感兴趣。他们偏爱谈论各种有关职责、机器设备和武器的话题，他们要么激动地说起战友和上司的轶事，要么讨论部队伙食。在这样的情况下他们唯独逃避谈论杀戮，只能说明他们杀人后的恐惧心理从来不曾褪去。当然也不是每个士兵都如此，一些国防军士兵反而很享受杀人的乐趣。但展现对杀戮的喜好并不属于人类学研究项目的一部分。不考虑个别反常情况的话，造成这种情况需要的是对暴力的过度适应以及积极的心理暗示。这种士兵的经历表明，他们的恐惧在杀戮前就已消失殆尽：他们之中大多是身经百战的前线军人和战争狂热分子，受军队群体化的浸染尤其严重。

世界上没有什么比习惯杀戮更可怕的了：对大屠杀的研究表明，把种族屠杀作为例行公事的案犯主要是前线士兵。通常，施暴一旦有了第一次，之后便会越来越对此习以为常。[163]施暴和学习的过程一样：一开始很艰难，但一旦迈出了那一步，之后的重复就会越来越简单，直到变得熟练而专业。士兵们在自己身上也注意到了这种结果。来自德累斯顿的30岁装甲少尉沃纳·瓦拉达茨（Werner Wladarz）对亨特堡的美国审讯官这样描述他习得战斗技能的过程："我有一个好师傅，实战就是我最好的师傅。我一直都开着坦克作战，在法国打法国坦克，在波兰也是。"[164]毫无疑问，这样的职业军人通过实战获得了充分学习战争这门

“手艺”的机会。直到1944年1月底被俘，瓦拉达茨在德国陆军服役已近10年。[165]早在1936—1937年他就经历了人生中第一次战争，当时他作为秃鹰军团（Legion Condor）的一名坦克兵参加了西班牙内战。“二战”期间，他几乎一场战役都没落下：波兰、法国、希腊和苏联战场他都经历过，直到最后打到了意大利。对瓦拉达茨这样长年战斗在第一线的士兵来说，战争早已是家常便饭。对此他们的说法也很老练：聊起作战经历，就像淡定的专业老手聊自己的工作一样。在他们看来，战争在很大程度上已经降格成了一门手艺，像瓦拉达茨这样的装甲部队指挥官就对此完全无动于衷。他的情绪波动最多也只是在亨特堡骂美国人时才表现出来，而让他恼火的不过是敌人的战术错误而已：

> 看他们那扭扭捏捏的样子我就烦，这哪是打仗啊。一下子全冲上去，一开炮又撤了，然后几个小时都是炮兵在打，这不是瞎扯淡吗？他们很怕开火，那些躲在坦克里的年轻人只担心自己的小命，那打仗还有什么意义，他们怎么能够……他们的坦克太多了，多到行动都不灵活，太拥挤、太混乱，而且毫无阵形可言。还没怎么使劲儿打呢他们就跑了，不像我指挥两辆谢尔曼26坦克反击那回，就用两辆坦克就把他们打得落花流水。那时候我的坦克开足马力，以最快的速度开火，能多快就多快。但现在他们连挣扎一下都办不到，本来有机会的，但他们撤了。我当然高兴了，但哪有这样打仗的，这种状况下他们应该弄支强一点的坦克小队冲在前面啊，像我就开着坦克哪儿都能去，不用谁教，哪儿都可以，当然不像我这样也行，但人总得有点儿牺牲吧。

在这些职业前线士兵口里，战争根本不像是生死之争，倒更像是专业人士之间一较高下的比拼。特别是有指挥任务的军官们，他们的语调听上去特别有事务性，是因为他们与普通士兵相比往往更有战斗经验。比起战争的意义、战争策略或者战争带来的恐惧感，他们更在意自己指挥战斗的可行性。要是军官们在没完没了地讨论，那么内容多半是关于战术策略和战斗条件。在描述中，战争本身反而显得更抽象了。经历了那么多场战争，已经没必要再说得很具体了。在亨特堡，拥有丰富战斗经验的工兵少尉君特·德维特就描述了他的一次“绝地反击”，当时他带领手下解救了被困的作战指挥部：

> 我们当时很强，65人分成两队人马，一队人多一队人少。其中一队被我压在后面。我还是机灵，前面的步兵并不知情，我也没法儿和他们说。我总有20名预备军官殿后，但我谁都没告诉……最后我们还是解了指挥部的围，还堵上了一个缺口。当时我把65个人全派了上去，可沿着主战线打听没人知道长官在哪里，也找不到那个缺口。森林里光线昏暗，带队的人方向混乱，传令兵一个人跑前跑后，自己都没完全搞清楚状况，军官们就更摸不着头脑了。第二天早上就有坦克开进来了，我们一点动静都没听到，应该是早就在那里了。我们前方80米就是森林，美国人正好可以借此掩护、暗做准备，我们却趴在泥巴地里。接着坦克开动，发出吱吱嘎嘎的声音……他们越逼越近，有百分之一百五的安全保障，却还是一步步靠近。我们用“铁拳”反坦克火箭筒击中了他们两辆坦克，接着又有3辆坦克顶上来，我们被其中一辆堵上来的坦克命中，有火箭筒的士兵只剩下八九个，他们不敢再开火了；在离我们还有50米的时候，我的冲锋枪被跳弹击中，我扔下枪，他们就围上来了，举起手来，老兄。我站起来才发现，周围死了12个人，8个人被俘，其他人也不知哪里去了……[167]

这次行动的开始还算成功：虽然第一营的指挥部“被包围”了，但由于德维特和手下及时地“反击”，它又重新回到“在火线后方50米处”的自己人手里。在这个描述过程中，德维特只是笼统地说他和手下的士兵“解了指挥部的围”。短短几个字后面却隐藏着双方步兵的整场战斗！

进一步看，对于一名经验丰富的步兵指挥官来说，实施“反击”的真正含义显然无须解释。至于反击是如何进行的，他也自然认为无须向他的谈话对象进行说明。这种不在意的情绪显露出战斗对于德维特这样的前线军人是多么习以为常。值得注意的是，德维特对接下来的战斗过程虽然叙述得也很平淡，但明显说得更详细，因为当时的情景——投降和被俘——对于他来说是难得一见的新鲜事物。对暴力的习惯让士兵们能够专业而冷静地理解战争。比起轻车熟路的战斗过程，像德维特这样的前线指挥官们说得更多的还是自己的反应如何“机智”，而其他人不是“制造混乱”，就是“搞不清楚状况”。这是种典型的表现：因为这些前线骨干士兵关注的焦点主要集中在自身的战斗表现上，而不是在杀戮和死亡的紧张程度上。就像在这个例子中，他们偏爱通过讲述反面人物来突显自己。例如提到诺曼底战役中和他一起被俘的德国士兵时，23岁的士官海因茨·威尔藤布鲁赫（Heinz Wertenbruch）就说，从那些人的“衣着”和“发型”就能看出来，他们投入战斗的决心肯定不如自己那么强：“冲在前面的大部分是步兵，一看就知道是真的在打仗……打仗的人，衣服都是破破烂烂的，看起来跟猪一样。谁要是漂漂亮亮的，那就说明他根本没打过仗。”[168]

被当作竞赛的战争：如果仅从掌握技能的角度出发，将战争当作是无数次的重复的话，也很容易激起人们类似参加体育竞赛似的好胜心。比如二等兵西吉斯蒙德·诺瓦克斯基说起他随着精英坦克教导师在诺曼底的战斗时，简直就像在描述一次创纪录的尝试一样：他自豪地在亨特堡说，他最后“4次在侦察队”的时候，“6天”只“休息了6小时”，和战友一起“击落了5架飞机”，“每天发起五到六波进攻”，“击中的坦克无数”。[169]首先，把前线作战当成竞争性挑战的人，看待战争的眼光自然不同。对于诺瓦克斯基这样的士兵，前线的作战经历带给他们的正面联想比负面的更多：几乎没什么能降低他作为“装备最精良部队”成员的自豪感或减少对“奇佳射击区域”的赞叹，抑或缩短和战友们用自己的方式共同击退敌人的“快乐”回忆，连失利和战败的不愉快经历也不能做到这一点。当诺瓦克斯基神情平静地叙述最后那场惨烈的战役时，首先要确定的也是自己是坚持战斗到底的那个人：

> 停火后他们就来了。然后我们战死的或是被俘的人越来越多。我还一直在抵抗，直到他们的坦克炮打飞了我的机枪。后来我抓起一支英国人的步枪接着打。但我们这边已经没动静了，我跳起来，从一个挨一个的射击孔往外看：右边的机枪手被击中头部，左边的已经不见了，队长也不见了，我右边的人死了，左边的也死了，小队长也找不着了，他的机枪边上死了一个，不见了一个。[170]

对战争如此笃定的态度，不是简单地套上一身军装就能做到的，也不是单单置身于军队这种把战争理想化的环境就能自然形成的。如同"军人伦理"那章叙述的那样，起决定作用的，除了个人对战斗的准备以外，主要还是看军队群体化的强烈程度：国防军士兵在前线战斗得越久，就会越依附于军队赋予的战争观，也就更大程度上将士兵守则内化为个人准则。[171]没有对暴力的习惯过程，这种变化就不完整。

来自科隆的24岁空降兵君特·托马斯却是个完全相反的例子。原先他只是个平民，"二战"中大部分时间一直待在老家，直到1944年10月初才应征入伍，紧接着12月中旬就作为第5空降师的一员被派往西线，没过几天就被盟军俘虏。虽然托马斯自称来自王牌部队，但却并没从战斗中悟出什么意义：

> 因为我们提出的所有有关战争必要性问题都被彻底掩盖住了。刚进部队我就想，要是哪天真上了前线，不管对方是美国人、英国人，还是苏联人，我宁愿马上投降。我一枪都没开过，我可不想被打得半死不活，为了一件我根本不认同的事当一辈子残废。[172]

托马斯对战争的态度和长年在前线作战的士兵完全不同。军队集体化过程的缺失是造成这种风格差异的原因：像沃纳·瓦拉达茨或君特·德维特这样的军中骨干，断然说不出这样的话来，而短短几周的步兵训练和几天的前线经验显然还不足以养成士兵的施暴习惯。

但不管怎样，国防军士兵对前线杀戮、死亡等行为的习惯程度肯定也是有限度的，见过太多这种场面的士兵会留下阴森恐惧的心理阴影。和死亡擦肩而过的人都永远不会忘记当时那种恐怖的感觉。二等轮机兵赫尔穆特·格律纳瓦尔特（Helmut Grünewald）曾目睹战友们的死亡，当时U–203号潜艇被击沉之后，他和其他幸存者们在海水里奋力求生，死亡就这么直接地映入了这个年轻士兵的眼帘："水里有好多淹死的人。我边上有个人刚刚还大声呼救，我一靠近他就已经没动静了，目光呆滞。我用胳膊夹住他，但他又滑走了。"[173]当少尉约阿希姆·许纳菲尔德和残剩的艇员们从被击沉的U–231号潜艇里逃生出来时，也经历了在水中与死神搏斗的惊心动魄的过程。其中一个人"马上就剧烈抽筋、大喊大叫"，"老天，简直是哭爹喊娘"。[174]士兵们看见这样的场景不会无动于衷，也是因为发现自己身处困境时事发过于突然。在U–185号潜艇"斜着插入深海"的最后时刻，已经逃出来的轮机兵康拉德·施米加看见"潜艇最后一次立起来，剩下的战友一个个从上面跳入水中"。[175]没有救生艇，士兵们就这么长时间在水里漂着，他们中的一些人还做着无谓的挣扎。在施米加自己"已经十分虚弱"的时候，他发现有些同伴已经死了，有的走得很平静，有的则伴随着惊声尖叫。"那声音对我们来说太毛骨悚然了，因为它让我们再次明白，死亡离我们有多近。"

这反映出士兵不同的作战经验会影响其对死亡的看法，潜艇驾驶员会在描述中极尽详细和夸张，而陆军和空军士兵最多只用几个特别抽象的词一带而过。潜艇兵很少碰上大面积牺牲的情况，如果有，那也是在仅有的几次潜艇被击沉的情况下。相反在地面战和空战中，战友的牺牲则是日常事件。因为陆军士兵、党卫队队员和空军士兵直面伤亡的次数要比潜艇兵频繁得多，所以使用的习惯语言也完全不一样。当他们说起其他士兵在战场上负伤或牺牲的情况时，最多只用非常概括的语言。一开始提到的东线士兵埃里希·普莱斯只是一个例外，他详细描述了一个战友“被打掉双臂”，另一个重伤员回来的时候已经“没有脚了”，还有一个下士手臂枪伤处“露出白骨”的场景。[176]士兵们在前线每天都能见到各种惨不忍睹的伤亡，却几乎没人提及。像一名叫梅因哈德·德雷尔（Meinhard Dreher）的年轻士兵那样的描述已经很少见了，比如阿登战役中“在进军巴斯通（Bastonge，比利时城市——译者注）的途中看到很多尸体”，并惊恐地注意到“尸体上的伤口”，等等。[177]在通常情况下，士兵对这些恐怖细节都避而不谈。

从他们的标准词汇中很难分辨得出人是受伤了还是死亡了。如果他们对自己人说到“缺勤”这个词[178]，那么往往指的是有人“丢了性命”[179]或战友“已经阵亡”。通过使用这种军事方面的委婉语，士兵得以和恐惧保持距离。和现实中的死亡不同，士兵们口中的死亡是不流血也不留名的。第200装甲掷弹兵团下士卡尔·瓦姆瑟（Karl Wamser）描述部队在意大利战线遭受的巨大人员损失时就很委婉，华而不实的语言背后却隐藏着成百倍的死亡：“整个团在短短几天之内就损失殆尽。整个营在12天后打得只剩48个人。”[180]二等兵阿尔弗雷德·格施帕赫（Alfred Gerspacher）的讲述也是类似，他说在意大利前线，他所在的伞兵连到1944年2月中旬还有“180人”，但一周之后就“只剩下37人了”。[181]在记录这样大规模伤亡的文件中也是这样，士兵们往往通过言语上的修辞手法来回避对死亡的恐惧。第77步兵师的一个营在诺曼底战役中仅一下午就损失了几乎一个连，对此步兵安通·奥斯瓦尔德（Anton Oswald）形容说，他的部队“像被人在帽子上来了一下”，“狠狠挨了几拳”。[182]在诺曼底登陆战中，21岁的二等兵卡尔·林德纳所在的海军第260炮兵连遭受重创，但在他口中，盟军舰炮造成的毁灭性结果也被弱化了：“我们开了16炮，然后‘轰’的一声，连人带炮被击中，死了17个人。另外一门开了15炮，在旁边爆炸的炮弹弹片飞进了弹药仓，一下又死了一半的人。”[183]像这样在炮火中被撕裂身体的真实惨状在一等通信兵海因茨·博姆（Heinz Böhm）的描述中却是另一番模样，U-841号潜艇遭到敌机袭击时，他只是说："当所有的小伙子都冲到前面去拿橡皮艇的时候，被猛烈的炮火扫倒一大片，橡皮艇也破了。"[184]

说起那些战场上被打死的敌人，士兵们描述的"公式化"程度也和说起战友阵亡时相差无几。他们手中武器的威力常常给对方身体造成可怕的创伤，但他们一般不对伤势做任何描述。士兵们经常目睹敌人被他们击中而倒下的画面，第729掷弹兵团的一名少尉谈起他在1944年6月瑟堡战役的经历时说：

> 我们俩当时跪在一堵墙后面，打了半个弹夹子弹。几个美军在那儿滚成一团，两个带着红色洛林十字的平民被打得团团转，还有几个十三四岁的捣蛋鬼，倒下时都摔成了狗啃泥。[185]

但这样的叙述在国防军士兵中属于例外，因为几乎没有人这么精确地描述过自己见到的场景。他们几乎总会用一些比喻，抽象到他们根本想不起自己曾身处血淋淋的现实。多数时候，他们只说敌人"丧了命"[186]或者说"击退了敌人的进攻"[187]。例如在北非前线，25岁的西格弗里德·克吕沃（Siegfried Klüver）中士就近距离看见成排的美国步兵成了他们机枪火力的牺牲品。但他同样没有详细形容那些人在他眼皮底下被扫射而死的惨状，而是让亨特堡的审讯官们自行发挥想象力：

> 他们一个挨一个，排得整整齐齐冲了过来。当他们离我们约100米时，我们都没有着急开枪。然后一个家伙站住了，其他人一下就围了上去。我们当即就用机关枪一通扫射。你能想象得到他们死了多少人。[188]

年轻的二等兵西吉斯蒙德·诺瓦克斯基在诺曼底和英国军队交战的时候也碰到过类似的情况，对大面积歼敌场面的描述也如出一辙：

英国人直到走到我们防线前200米时还列着队，你能想象我们的MG42机枪打得有多爽。第7连一个俘虏都没抓，都是等他们走到50米的范围内才开火。他们伤亡相当惨重，不过第7连的下场也没好到哪里去。[189]

在谈到生命的消亡时，士兵们几乎从不用第一人称。和一开始提到的东线士兵埃里希·普莱斯一样，诺瓦克斯基在描述向进攻的敌人射击时，也只用了复数，事实上作为机枪手的他毫无疑问是重要参与者。这样在语言上和杀戮保持距离的现象非常典型。虽然在国防军的群体文化中没什么比军事能力和战争胜利更重要，但关在亨特堡的国防军士兵却异乎寻常地鲜有表现对打死打伤敌人的得意，最多也只是侧面地显摆一下。即使对朝敌人射击的这个话题不抗拒，但一旦谈到战争中的生死问题，很多人就明显表现得不自在。

对于国防军士兵来说，亲手结束敌人的性命带给他们的绝不仅只是负面情绪。“解决”[190]敌人有时也会带给他们成就感和满足感。毁灭和杀戮的力量令人如醉如痴。但毫无疑问，退伍老兵在回到家乡之后，多半还是会把对毁灭的兴趣和将战争当作竞技的审美情趣掩盖起来。当今对于暴力的研究已经证明，不管士兵是什么出身，都一定在20世纪的战争中找到了杀戮的快感。[191]国防军士兵在亨特堡的交谈记录证实了这一研究结果，但同时也让人注意到一个重要的差异：要与杀戮建立一种良性的关系，不仅需要对暴力极为适应，而且需要养成作为一名战士的心态，能达到这种程度的主要还是那些多年在前线征战、经验丰富的人。在东西两线战场不计其数的战斗中，24岁的步兵士官海因茨·阿诺·弗伯格对战争有自己的认识，向人开枪对于他来说已经再正常不过，甚至他还能从中找到乐趣。当他在亨特堡回忆起在东线用机枪对苏联红军扫射时，他唯一的评语是“干得真漂亮”：

你知道吗，我们当时是故意让他们接近的。等他们离我们只有

20—25米远时，我才开火，卯足全力不停地打，他们一起冲了上来，但全被我打死了。旁边的人一直忙着给我补充弹药，但总不够，我当时有7个弹匣，但还得一直不停地加，一刻不停。敌人一共发起了4轮冲锋但都没成功，之后他们就放弃了。那次干得真漂亮。[192]

一样杀人不眨眼的还有年轻的空降兵瓦尔特·杜达，他的战斗经验和弗伯格一样丰富。入伍前，他过着再普通不过的平民生活：从履历上看，谁都无法预料到他此后能毫不犹豫地向手无寸铁之人下手，而且还能微笑着把这些当故事讲给别人听。杜达出生于1921年9月13日，在上西里西亚的一个村子里长大。[193]从公立学校和职业学校先后毕业后，他在德累斯顿一家生产降落伞的工厂找了一份工作。1940年初，他开始接受空降兵训练，随着加入这支精英部队，他之后的道路也提前被确定：战场将是他未来几年生活的中心。从1941年10月到1943年12月，杜达一直跟随第1空降兵团第11连在“二战”的核心战场战斗。由于多次负伤、回乡休假以及参加培训的缘故，他在苏联以及意大利前线战斗的时间加在一起有12个月左右。作为机枪手，他比连里的大部分步兵拥有更多杀戮的机会。

机枪是第二次世界大战中最可怕的步兵武器之一。一挺机枪在60秒内就能打出上百发致命子弹，1942年引入的新型机枪（MG42）理论射速甚至达到了每分钟1500发。在防御战中，机枪的连续射击常常重创敌军的步兵部队。特别是在东线，在苏联将领的人海战术指挥下，他们的士兵总是被迫一次次向德军阵地发起冲锋。于是苏联红军常常直接冲进德军机枪密集火力的射程中，形成大面积死伤。来自奥地利的山地兵弗兰茨·豪本瓦尔（Franz Haubenwall）在东线战场北段就见过这样的场景：苏联人“发起了两个军团的进攻”，“一下子就冲到了”德军的机枪前面。据事后估算，倒在德军防线前的尸体“超过400具”。[194]

操作机枪的人无法回避大面积杀戮。一名曾被关押在亨特堡的空降兵在近70年后的一次采访中就直截了当地承认：“可惜战争就是这样，谁打死的人多，自己活得就越长。我过去当过机枪手，死在我枪口下的人肯定不计其数。”[195]

绝大多数长期在前线作战的机枪手都有这样的经历。一等兵瓦尔特·杜达在他众多的前线战斗经历中也把杀戮当成了自然而然的事，在亨特堡说起来的时候他还觉得挺享受。他陶醉地说起，有一次在东线的“一个村庄交战后”，他在一个掩体里发现了一些苏联红军并毫不留情地把他们全部干掉了：

> 我当然是马上撤出来，甩了几个手榴弹进去……那帮无赖们就倒下了……又扔了3颗手榴弹，那些人还是没死，我又点燃秸秆丢了进去，然后就坐在掩体口那儿等着，出来一个就崩一个。[196]

国防军把这样的行动称为“清洗”。[197]因为属于常规军事行动的一部分，使用暴力也就合情合理。但在杜达看来，要求敌军投降显然毫无意义，或者说他觉得这样不流血的选择根本不值一提：在他的故事里，只有杀戮贯穿始终。在谈到东线的另一个插曲时，他直接强调说他实际上很少想过要放敌人一条生路。那是一次杜达跟随部队穿行战场时发生的事，他端着机枪跳进一个看来“非常理想”的弹坑作掩护，他想：“就这儿了，在坑边架好机枪后我就在这儿坐着等。”[198]突然间他发现，坑里的一块帆布后面躲着一个人。他以为是他一个当了逃兵的战友，就走上前去踹了一脚，骂骂咧咧吼了一嗓子，但他看到的却是一名掉队的苏联红军：

> 我掀开帆布，当时还没看清那是一个俄国佬，他突然举起他的卡宾枪，然后又放下。我说了句真是活见鬼，然后他站了起来，一个大高个儿[199]，告诉你，那些西伯利亚人都是些大个子。他站起来，举起双手，好吧，如果你不把我……（我的心）差点从嗓子眼里掉出来了，我想就算我现在揪住他的领子，周围也没人能帮我，

于是我高高端起机关枪，打开保险。他一直在那儿等着，双手高举，我朝他肚子上开了几枪，他瞬间就倒下了，完事……漂亮的了结（笑）。

这条记录呈现出野蛮与血腥：正如美军军士在监听记录末尾标注的那样，杜达对没有抵抗能力的苏联红军犯下了冷血的战争罪行，还用笑声肯定了自己的做法。这种行为给人的第一印象往往是虐待狂行为，这种反应反而更有利于自我安慰和理解。当今对暴力的研究结果表明，即使之前毫无可能使用暴力的“极其普通的人”，当他们成为战争机器的一部分后，也能干出惨无人道的事来。[200]人获得杀人的能力并不是因为心理病态，士兵的杀戮心理更多是由军队和战争的群体化造成，并逐步走向扭曲。在暴力这所学校里，最重要的学习课程就是学习如何将极端行为正常化：在前线上，杀戮日渐成为士兵们的日常体验，每打完一仗就习惯一些。这造成了杜达对生命的轻率态度。像他那样如此频繁地杀人，再多重复几次显然不是多么困难的事。作为把战斗、杀戮和死亡当作例行公务的精英部队一员，如此肆无忌惮当然不是例外。往往正是对作战要求非常严格的部队才会在持续面对死亡时发展出极具攻击性的行为模式，这种模式也在军队文化对“硬汉”的狂热崇拜中找到了成长的“温床”。这并不是仅在德军里存在的特殊现象：从美军士兵的战地通信和日记中也能看出，他们常用令人毛骨悚然的玩笑、惨无人道的杀人比赛和像收集战利品一样的野蛮仪式来淡化战争的血腥程度。[201]对杀戮如此轻视，足以说明他们内心的残暴程度。相反，对暴力夸夸其谈却可以使他们的情绪和每天所经历的恐怖现实保持距离。

士兵们对待杀戮的态度，和他们各自对待军队和战争的态度也有关系。不过即使是长时间甚至每天都接触到极端暴力的士兵，对此的反应也不尽相同。如前文提到的那样，虽然很多士兵的战斗经验和那些以杀人为乐的战友们相差不多，但他们事后说起杀戮话题时却更容易感到羞愧。相反，对于某些士兵来说，发现战争的乐趣根本不用进行太多练习。出身康斯坦茨、被俘前随第10空降兵团在意大利战斗的二等兵阿尔弗雷德·格施帕赫就是这样一个例子。1944年2月25日在安济奥被俘时，20岁的格施帕赫加入这支部队才短短3个月，且大部分时间都在接受步兵训练。1942年春季应召入伍的他在成为空降兵之前是国防军空军电话总机的一名通信兵，战场经验很少。[202]他真正到前线作战是1944年2月初，满打满算还不到1个月。虽然适应期非常短，但是格施帕赫很快就发现了用机枪在敌军士兵身上收获血腥战果的乐趣：

> 我最喜欢带着机枪上前线了，因为我能用它开火。敌人对机枪手的攻击火力总是最猛的，不过真要打起来，还是手握机枪最安全。2月18号那天我们连还有180人，24号遭到攻击后就只剩37人了。但是那些英国佬没能突破我们的防线，也不看看他们碰上的是谁！[203]

短短几周，从在后方打杂变为战争狂人：这样的士兵要么是短时间内迅速适应了前线的杀戮和死亡，要么从一开始就对战争有较高的热情，也可能是两者相辅相成。年轻的阿尔弗雷德·格施帕赫无疑就同时满足这两个条件。他对军事和战争都极度狂热。在亨特堡几乎所有的谈话记录中，他的话题从来都离不开战场见闻、武器、军事设施和部队，尤其还有他自己在战场上的英勇事迹。这个空降兵对国防军的战斗伦理深信不疑，认为身为前线士兵，要将其视作理想并努力追求。这样的事例表明：对军人价值体系的认同程度越高，士兵就越是热衷于战争。要符合这个体系的要求，除了绝对的斗志和勇气之外，终究还是需要对意志的狂热崇拜，即把对困难和疑虑的克服当作道德。不过“军人伦理”那一章已经提到，国防军士兵对这一价值体系认同度也是有分歧的：一类人遵从军队规则，特别是努力去满足战友们的期待，而另一类人则沉浸在军人角色里不可自拔，将国防军的理想视为个人追求。[204]事实表明，这样的区别正好可以对前线士兵对待暴力不同态度加以解释。一些士兵从杀戮中感到快乐，与其说是对整体模式的追随，不如说是个人教育背景、群体环境以及战争经验造成的结果。

很多士兵对死亡的反应常常既害怕又痴迷，这样复杂的情绪即使在今天看来也根本说不清原因。通过观看处决过程来寻求恐怖的精神刺激是其中一种典型表现，特别在被占领的东欧国家尤其如此。[205]在东欧战场，并未参加战斗的士兵们经常在空闲时间前往集体处决地点“朝圣”，为的是观看屠杀过程，抓拍处决镜头，有时甚至自愿参与执行处决。一些地方围观的人太多，以致各个司令部不得不明令禁止。那些恐怖的画面有时让观看的人心情矛盾，至少在一等兵亚历山大·托普（Alexander Topp）看来，同部队的一些战友在主动要求观看对4名德国士兵的枪决过程后就是这种反应：

> 后来那些战友们说，如果当时知道被处决的是德国人，他们是绝对不会主动要求观看的。有些人是出于好奇，我知道其中只有一个人是经常去看的，其他人都只去过一次，之后就再也没去过了。他们只是想去看看而已。[206]

某些士兵显然特别喜欢观看示众处决这种喧闹场面，以致一有机会就去围观处决现场，就像欣赏娱乐节目一样。19岁二等兵梅因哈德·德雷尔就坦言自己“观看过两次处决”。[207]第一次是被命令加入在当场待命的“警戒小组”，显然是因为发现很对自己胃口，他自己后来又去了一次：

> 说起警戒小组，每次处决都必须有40人左右在场，背着枪，立正站好，向左看齐，然后就开始了，砰。行刑的木桩就在那儿，我们必须也站在那儿，所以能清楚地看到犯人是怎么被处决的。我们当中有个人看了之后想跑出去，更准确地说是逃走了。第二次我也去了，也那样看着，我们是可以去那种地方的。

从这些口述中，丝毫看不出对被害人的同情，但观看完死亡表演后，这些观众仿佛也没得到多少乐趣。即便像48岁的爱德华·维德曼这样忠诚的纳粹党党员也是如此，此前他一直是纳粹党“苏台德区”的专职干部，1944年才被招入国防军。维德曼确信“自己一直都是个合格的纳粹党党员”，即使在被美军关押期间他也坚持拥护对犹太人的迫害政策。[208]他曾一度在阿道夫·艾希曼（Adolf Eichmann）领导的“犹太移民中央办公室”布拉格分支机构直接参与“解决犹太人问题”。[209]维德曼明确表示支持纳粹党的种族灭绝政策，但也要求在实际的屠杀行动中施行人道关怀。[210]原因是维德曼1942年夏天曾收到的一份观看集体处决的邀请函，邀请人是他在波西米亚塔波尔区（Böhmischen Tabor）的一个盖世太保“好友”。[211]有28人将被处以极刑，他们因在酒馆里庆祝莱因哈德·海德里希的死而被告发。由于处决现场“严令禁止”对外开放，维德曼便在“约500米”之外的一幢楼里用“望远镜”观看了整个过程。就如他那位盖世太保特派员好友预想的那样，他在那里把一切尽收眼底，“好像你就站在现场一样”：

是的，7点左右，警察去了，还有后备军，和您岁数差不多吧，什么样的人都有。他告诉我这些人都是经过挑选的，都是像屠夫和搬运工一样的粗人，当然也都是自愿去的。好吧，这种场面对他们来说就是寻开心，当然也得签保密协议之类的文件。当时我站在窗户这儿，还有一个县政府来的官员也在这儿看。……然后犯人们就被带进去了，警察已经站好了，把整个场地围成一个四边形，那群形形色色的人已经站在那儿了，我马上要和您说的是，那些犯人们被排成一排，一个挨一个，然后被绑在那边的木桩上。那些安保警察的动作很麻利，用了5分钟不到。然后就开始给他们蒙眼，可能在路上的时候已经商量好了，总之所有人都拒绝了。接着一个身着便衣的公职人员走上前去，念念有词地说，本临时军事法庭根据……他念的当间，10个人已经被带到了前面跪着，同样的姿势，所有人看起来都一样……执行处决的人被命令每次开两枪。像事先商量好了一样，先打这边，再打那边，这样最多两分钟人就全被打死了。他们开枪的那一刻，我看见他们的身体随着子弹射入而抖动，但他们是很棒的射手，打得很准，解开绳子后，我看到他们把尸体堆在一起，5具一层摞起来，然后我就走了。那个特派员好友来接我时，我问他接下来会怎么处理？他说：这些尸体马上就会消失。他们会被运到一个地方，但他没告诉我是什么地方，“被烧掉”，他说（最后三个字他说得非常缓慢而低沉）。后来我们回到他的住处，喝光了整瓶白兰地，一根接一根地抽烟。

刚刚还对处决执行者百发百中的枪法颇有好感的维德曼表达了他对处决现场的震惊：事后想想觉得“受够了”，并且“再也没和那个特派员好友说起过这件事”。为了排解这种震惊，维德曼向酒精和烟草寻求安慰，他在叙述时也没有回避这一点。他的这些情感也难说有几分真实，可以肯定的倒是他对实施处决的一方颇有微词，存在这样的情感活动也是因为确信自己有人道的一面。正因如此，这样的情感才特别让人“享受”：它们平静地证明，人们仍旧拥有健全的道德观，如果谁还能被触动，说明他还不是个残酷无情的人。人永远都会想方设法为自己的行为开脱，而且在用思想统一行动方面非常有创造性。这一点符合人对尽可能正面的心理状态以及不受干扰的自我形象的基本需求。如果出现让人怀疑的情况，人们就会劝自己说，谁要是干了伤天害理的事，就得更多地用正直的内心进行自我暗示。

在大屠杀罪行研究中已经提到过这种现象。即使是像奥斯维辛集中营指挥官鲁道夫·赫斯（Rudolf Höß）那样的杀人狂魔也坚信自己“还有良心，不是坏人”。[212]党卫队冲锋队员们通过假装人道的低姿态和其他心理伎俩维持着一种幻想，那就是杀戮并没有让他们的心理变得扭曲。这有利于安慰他们的良心，减轻他们继续杀戮的心理负担。[213]国防军士兵们也需要类似的自我安慰来使自己内心和暴力行为达成某种一致，军队系统、煽动性宣传和部队心理辅导给他们提供了恰当的思想。一支东线步兵队伍的基督教福音派随军牧师在祷告时笼统地说道："虽然德国士兵被迫不断杀戮，但也是保有怜悯之心的。"[214]可能大多数士兵也都想说他们虽然强硬，却并不残忍，而恰恰是"行得正，坐得端"。也许这就是亨特堡里士兵们在交谈时极少以杀戮自诩的原因吧。但这样在事后与暴力保持距离的做法并不意味着他们没有能力去施行暴力：这些掩耳盗铃的应对策略并不能阻止他们杀戮，反而让他们更加投入，犯下更多的战争罪行。

第九章

# 战争罪行

克伦佩尔（Krempel）少尉满腔怒火地写着报告。B12号监室那个战俘的声音还在他耳边回荡。在他看来，那人说的一切都是胡说八道。按照惯例，克伦佩尔作为审讯官员需要给出对这名战俘的进一步处理意见，此时他只想将他终生监禁。克伦佩尔认为他是“非常危险的德国人”，因为“该名战犯在审讯中不止一次提及他的‘抱负’，即杀死所有14岁至60岁的法国人，以及16岁到50岁的意大利人——当然，对美国人的态度也如出一辙。一切不赞同希特勒，或者更确切地说不赞同希姆莱想法的人，（在他看来）都应当被歼灭。当他描述在布拉格处决平民的情形时，听者能感到他这样与其说成执行命令，不如说更像是一种享受。审讯官认为，他是一个典型的德国杀人狂，他唯一的想法，就是“杀死所有阻碍他征服全世界的人”。[1]

这名关押于B12监室，被克伦佩尔描述得如此阴暗的囚犯，是来自布尔诺的22岁党卫队二级小队长弗里茨·斯沃博达：从外表谁也看不出，他年纪轻轻就已亲手夺去无数人的生命。但仔细观察，就能在他身上发现多处多年战斗后留下的伤疤：头顶、左耳、脖子右下、右肩和左脚踝上，这还只是肉体上的。斯沃博达显然拒绝克伦佩尔将他描述成一个享受杀戮的“杀人狂”。在法国被俘后，就有人骂他是“罪犯”，他觉

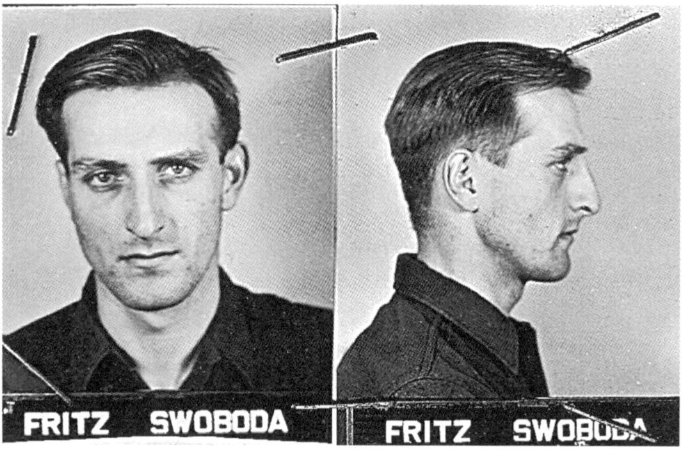


插图 27：党卫队二级小队长弗里茨·斯沃博达，1922 年出生

得不公平："美国人至少有一点好，没有人再骂我罪犯或者猪什么的。在法国时真是糟透了，那里的人总说我是罪犯。"[2]他并不否认自己杀人，甚至还承认参与了大规模的枪杀行动，但是他从不认为自己是"罪犯"。他曾在亨特堡详细解释，为什么这些暴行在他看来都完全正确。

他犯过的事儿很多，1942年夏天是他累累罪行的高潮期之一。1942年5月27日晨，捷克抵抗军在布拉格郊区里本（Libeň）刺杀了令人憎恶的"帝国保护者"莱因哈德·海德里希，灾难就此拉开序幕。希特勒和纳粹高层为之震怒，准备采取残酷的报复行动。这时，斯沃博达被从布拉格党卫队预备营征召进来。

1942年6月18日晨，党卫队得知行刺者藏身于布拉格圣济利禄及圣默多狄教堂（St. Cyril und Methodius-Kirche）。斯沃博达当时是"突击队"的一员，经过数小时猛攻，突击队才占领了教堂。[3]在党卫队命令抵抗者"走出教堂"后，顽强的抵抗者们先是还以"一顿咒骂"，随后又"唱起了捷克国歌"。斯沃博达和他的手下接着用机枪"从对面的大楼向教堂射击"，然后双方又在"管风琴旁"和"地下室里"交火。为了活捉行刺者，他们甚至“使用了催泪瓦斯”，“消防队把地下室灌满了水”。然而这些都徒劳无功，“抵抗者们仍然躲在窗口向德军射击”。等斯沃博达和其他突击队员终于“冲进”教堂时，捷克抵抗者们在自杀前还“杀了两名德国兵”。斯沃博达挺喜欢回忆当时的场景。为了留念，斯沃博达甚至用相机给布满“弹孔”的教堂“拍了”不少照片，在亨特堡关押期间，他还为当时自己的突出表现骄傲不已：“作为突击队员之一，我在这次抓捕行动中被授予了二级佩剑铁十字勋章，我们一共解决了（此处字面意思是捕获，但历史上7个人全死了——译者注）7名行刺者。”从此，斯沃博达个人的血腥屠杀史正式拉开了序幕。不久后，他受命带领12名士兵对当地平民执行集体枪决。作为对海德里希刺杀行动的报复，德军不仅抹平了利迪策（Lidice）和莱夏基（Ležáky）两个村庄，还草率地处决了数百名的捷克平民，其中一些仅仅因为对海德里希的死感到高兴就送了命。[4]处决行动在1942年6月26日晨进行，布拉格鲁辛（Rusin）区的党卫队军营中：

> 军营边上，不断有人被押过来，一共约五六百人。他们分批穿过一扇门走进来，上了处刑台后我们就开枪，接着有人把尸体堆起来运走，然后再押下一批进来。[5]

即将被处决的人们“靠墙边站着，手脚没有戴着镣铐”。[6]他们在离世前最后见到的，是“30米外”的斯沃博达和他手下12个举着卡宾枪的党卫队掷弹兵。斯沃博达让手下“对准死刑犯的胸部（心脏）位置射击”，并连续下达射击命令：“举枪，预备，开火！”斯沃博达也跟着开枪，每轮射击过后，他都会“拿着手枪去确认每名犯人是否被准确击中”，他会弯腰检查瘫在地上的尸体，不时“在头上补一枪”。按照同样程序，斯沃博达的小队和其他行刑小队“第二次”又枪杀了“275个男女犯人”。1942年7月14日开始的处决行动整整持续了3天。斯沃博达毫不掩饰海德里希遇刺后纳粹残忍报复的疯狂程度，“不断有人被判死刑，不光是在鲁辛区”。他也知道，德军“把不少村民赶出家门，然后纵火将村子烧成平地”，然后再“杀死所有村民”，但他对此却毫不在意。[7]虽然他承认“此举激发了仇恨”，但却毫不怀疑这个恐怖策略的正确性。海德里希曾因此赞扬他“已经小有成就”。对于海德里希的残酷手段没能在西线战场得到运用，他感到非常遗憾：“如果我们在法国也这么干了，那么现在就不会有‘侯爵’（抵抗力量名）这样的麻烦了。据我所知，捷克人1943年后就消停了，这招确实管用。”事实上，历史发展的确印证了这个杀手的话，因为捷克的抵抗组织从1942年夏天后，就再也无力还击了。[8]

布拉格和“保护区”中的恐怖屠杀并非弗里茨·斯沃博达参与实施的唯一暴行。他率军所到之处采取的暴力手段，即使用当时的标准衡量也已属战争罪行。1944年11月斯沃博达被俘前夕，他正随党卫队第17装甲掷弹兵师“葛兹-冯-伯利欣根”在法国前线作战，他和手下在那儿也曾不止一次杀害过手无寸铁的美军战俘。他曾在亨特堡描述过当时的情况，在他看来，当自己的长官阵亡时，对敌军实施报复是天经地义的：

> （他）的任务是抓几个敌军俘虏，那次一下抓了9个，其中两名战俘在回来的路上伺机逃走了。美军阵地接到警报后开始回击，我们的突击队长是个少尉，不幸阵亡了。于是我们都勃然大怒，处决了所有战俘。[9]

除此以外，斯沃博达在法国的德军占领区也是不择手段。无论是对真正的抵抗军还是可疑人员，他和他的战友都毫不手软。虽然处决非正规军队的士兵符合当时的国际法，但是根据战时法律也至少要在军事法庭上走完程序。然而斯沃博达和他的手下却丝毫不改变他们在东部的习惯做法：“即使活捉了游击队员也会直接枪毙，不用费什么事儿，反正战争中大家都这么做。”[10]根据他在布拉格的经历，他在亨特堡关押期间还认为作为占领军对平民“必须非常果断”，甚至还赤裸裸地威胁法国人：

> 哎，包括我自己在内，很多人都发誓如果再次占领法国，就应当杀死面前所有60岁以下的法国人——这话我对法国人也说过，所以法国人才管我叫罪犯和杀人犯。只要我遇到14—60岁的法国人，我就毙了他。我会这么做，我们每个人都会这么做。[11]

当时，弗里茨·斯沃博达早就觉得暴力和杀戮是理所应当的。他的一切言论都证明，他认为自己的行为多么理所应当。有个特别具有说服力的细节：斯沃博达不仅与他的狱友们面对面谈论他的施暴经历，而且还把它告诉美国审讯官员！他曾在亨特堡写过一篇文章，用数页文字描述他过去的行为，最后还签了名。[12]不仅如此，他谈起施暴经历的频率如此之高，仿佛自己真的问心无愧一样。他从未从假借法律或者意识形态等角度为自己的行为开脱过，惨绝人寰的大屠杀在他眼里不过是合情合理地“执行判决”，“法庭判决”结束后终归是要执行的。所有“战俘”都“完全违反了德国法律”，“从法律角度出发，他们是罪有应得”。斯沃博达从未觉得他屠杀的是“完全无辜的平民”，反而坚信自己是“执行枪毙罪犯的命令”。在打击法国德占区的游击队时，他的手段越来越残忍。这一点他虽未隐瞒，却将暴力手段升级的责任推卸给了“懦弱无能”的对手。首先，如果遭遇游击队袭击，这个责任不让法国平民去集体承担，会被视为“下手太软”。对此他还有一套相应的逻辑：“这是法国非法抵抗运动发展愈发膨胀而猖獗的结果，自然不能怪我们。”斯沃博达在东线战场的表现受意识形态的影响更为强烈。作为一名“政治正确”的士兵，他是整个武装党卫队效仿的榜样，不光由于他具有“自我牺牲的觉悟”和“战斗精神”。作为真正为世界观而战的军人，斯沃博达认为“共产主义与纳粹主义的观点截然相反”，布尔什维克的“政委制度”是武装党卫队的大敌，因为它“是敌人坚定意志的保障”。因此，斯沃博达在前线将共产主义与布尔什维克视为“死敌”，对他们绝不手软。他还曾毫不掩饰地描述道：

> 如果政治观念不同的人落到我们的手里，我们就算不用刀剜绳勒，也会把他一枪毙命。这种互为死敌的关系早已存在，发展到今天程度更加剧烈。两种主义在这个世界上无法共存，如同一山不容二虎。不仅每个党卫队士兵都清楚这一点，苏联红军政委们也对此心知肚明。在歼灭仇敌时，双方谁都不会有丝毫克制或是顾虑。

那么弗里茨·斯沃博达的这种意识形态是如何形成的？一个关键因素是：东线战场各种毫无约束的歼灭战，给斯沃博达上了关于暴力的生动一课。他当时是党卫队精英部队“帝国”师中的一员，这支队伍无论战场内外表现都残暴至极。通过对西线战场的研究，人们发现东线战斗经历能对德军部队产生显著影响：从苏联战场移防法国的部队，打击法国游击队或疑似人员的手段往往比没有过东线战斗经历的部队要残酷得多。[13]最残忍的要数斯沃博达所在部队——1942年命名的党卫队“帝国”师：1944年6月10日，“帝国”师在法国奥兰多尔村（Oradour-Sur-Glane），将全村642名男女老幼屠戮殆尽，成为历史上最恐怖的屠杀行动之一。施暴的经验对部队的影响不仅是群体性的，对单独的个体也有作用。弗里茨·斯沃博达这类军人多年来早已习惯将暴力用到极致。东线战场的经历对他来说并非开始，而是进一步延续。1939年起，斯沃博达就是武装党卫队中的核心人员，他佩戴的识别徽章还是最早先的“党卫队特别机动队”。他第一次上战场是1940年在西欧，后来又先后到巴尔干、东线等战场作战，最后又回到西线。他在亨特堡囚禁期间曾自豪地谈到，自己在各次战斗中共负伤6次并被授予金质战伤奖章，这充分证明了自己的“战斗精神”和“牺牲精神”。[14]

军人心理在杀戮之中深深嵌入了斯沃博达的血肉之中，身上的伤疤是他外在面貌对此的最好诠释。他在亨特堡与狱友聊天时，所有话题几乎都围绕军事、战争和暴力展开——一谈到别的，他似乎无法思考。这种思维也决定了他看待身边事情的方式。当许多德军士兵早已意识继续这场战争已是无谓之举时，斯沃博达直到1944年12月仍相信德国还有可能取胜，即使盟军已经反攻到帝国边境，他仍认为：德国只需要20个“年富力强、经过休整的师，加上优良的党卫队装备”，一定能在法国战场取得突破。[15]当许多德国战俘惊诧于美国的现代化时，斯沃博达却对那些引人入胜的景象反应平淡：他被押到亨特堡途中，飞机飞过纽约上空，当他看到曼哈顿鳞次栉比的摩天大楼时，感到特别“失望”——这个国际大都市在他看来像一盒“巨大的积木，所有的房子都差不多”。[16]而且他还立刻想到了战争，认为德军必须增大V型导弹的射程：“如果我们能打到华盛顿和纽约就好了！”这种好战心态是他常年浸淫于军事和战争中的结果，和武装党卫队的意识形态灌输也是分不开的。前面描述的布拉格大屠杀正好体现了党卫队对士兵的洗脑教育所起到的潜移默化的作用：斯沃博达对处决平民的看法就完全受了党卫队不屈意志的影响。[17]在他给美国审讯官员递交的书面文件中，他同样的态度再次证明了他的无动于衷，他认为“死刑犯在临刑前的样子难看极了”。[18]由此可见，只要施暴者一直坚信自己所做的一切是正确的，他的意识形态无疑就成了助长战争罪行的温床。

弗里茨·斯沃博达是纳粹战争机器中为数众多的环节之一，“二战”中他们给被占领的欧洲带来了不计其数的死亡与恐惧。德国国防军和党卫队的所作所为使这场战争成为世界史上最黑暗的一面：犹太人大屠杀、大批苏联战俘的死亡、为清剿抵抗力量而针对平民发起的报复行动、屠杀敌军士兵、强迫劳动和焦土政策等。不过事实是否和美军审讯官员克伦佩尔假想的一样，斯沃博达是否真的是这类战犯的典型代表呢？一方面，我们可以肯定一点：斯沃博达这样的下级军官在暴行中扮演着上行下效、承上启下的关键角色。[19]除此以外，他的例子还证明了武装党卫队确实如同我们所了解的那样，比普通的国防军部队的暴力倾向更强，这与他们所受到的意识形态灌输是分不开的。然而另一方面，我们也必须给出否定的回答：历史研究已证明意识形态洗脑不是施暴的先决条件。很多在行刑台或集中营执行灭绝政策的刽子手都是“极其普通的军人”。[20]群体压力和客观现实的推动力经常左右着军人的个人意愿。此外，一场战斗或厮杀刚结束时士兵产生的强烈仇恨，也根本谈不上意识形态。

在世界史研究中，论对“二战”中战争罪行的剖析程度之深入，少有出其右者。历史学家将自我意愿和客观实际这两个对立概念作为理解过程中的解释范例：是当时的现实将普通人变成了杀人犯，还是他们的意愿和信念指导他们采取这样的行为？[21]在这个问题上，亨特堡留存的战犯档案又引出两种不同视角——正如前线士兵的不同表现所证明的一样：因为战场客观状况、回旋余地大小和参与方状态都各不相同，决定性因素也会变得不那么绝对。[22]不论他们在极端条件下行为如何，他们的想法都被亨特堡战俘档案详细地记录了下来。记录显示，军人对战争中允许发生的暴力程度的理解有时相去甚远：几乎所有被审问的军人都赞成对游击队和苏军政委采取最残酷的暴力手段；而另一方面，他们中大多数并不愿屠杀妇孺，甚至尽管反犹却拒绝屠杀犹太人。很多军人都了解纳粹对犹太人的迫害活动，但其实大多数都排斥这种做法。暴行在士兵口中只是个次要话题，他们在战争中还有更需要关注的事情。

弗里茨·斯沃博达在“二战”期间的屠杀经历最终像没有结尾的段落一样被翻了过去，他也未曾对此有过一丝后悔。就连克伦佩尔少尉将他终生监禁的意见也只是说说而已。最终他建议将斯沃博达转到为“纳粹分子”设立的阿尔瓦战俘营。美国军事情报局有意识地避免将亨特堡的监听记录用于对战犯的审判——对于第1142号邮政信箱，保密比公正更为重要。即使斯沃博达在亨特堡自己坦白了屠杀美国战俘的罪行，美国人最后也放过了他。弗里茨·斯沃博达从未为他的罪行承担任何后果，也从未在美国、捷克或者德国的法庭受审。1947年5月，他被美国战俘营释放，并作为无犯罪记录的公民回到了他在奥地利的家乡。[23]他在那儿重操旧业，干起了战前受完教育和职业培训后就中断了的营生：他至死一直在教授园艺学。如同他的早期生活一样，他战后也并未享受多少家庭幸福。他的父母并未结婚，分居两地。斯沃博达7岁时就离开母亲，从布尔诺前往维也纳投奔父亲。斯沃博达直到43岁才结婚，但短短7年后他的妻子就因病离世。斯沃博达的晚年是在维也纳旁边一个叫作巴登（Baden）的小镇度过的，2007年5月31日，他在镇上一座田园诗般的养老院辞世——比他屠刀下的牺牲者们晚了60多年。

## 得到认同的暴力

有关“二战”中德国国防军和党卫队的战争暴行的消息，不论是灭绝营[24]的毒气室[25]，还是移动式毒气车[26]，抑或是在占领区对无辜平民任意处决[27]，还有在东线大肆枪杀敌军战俘[28]，这些消息都在关押于亨特堡的德军战犯中广为流传。在亨特堡的约3000名德军战犯中总能找到不少暴行的参与者，他们能清楚地讲述这些罪行的细节，不论是源于亲身经历还是道听途说。当然，纳粹罄竹难书的罪行光靠亨特堡这些德军战俘有限几次的私下交谈是根本无法体会的。盟军各审讯营的档案也肯定无法对德军暴行的蔓延程度及实施频率进行量化、分级。不过，监听记录揭示了一些至今不为人所知的个别案件，为历史研究提供了新的佐证和细节，但它们并不足以改变人们基于对历史上德军暴行研究剖析而得来的结论。这些监听记录的重要性体现在另一方面：它们反映了德军士兵对罪行的看法，并能了解他们自认为合理的暴力程度。从他们谈话中表现出的趋势看，即使从更大规模地去采集类似的样本，得出的结论也不会与此有本质区别。

德军士兵的施暴手段和程度与所在战场以及对手情况有很大关系。一般情况下，在东线可容忍的暴力程度就比西线要高，这并不仅是因为苏德战争自1941年6月22日爆发战局就急速扩大，双方交战的残酷程度呈螺旋式上升并将暴行推向极致，还由于德军一开始就把暴力作为“讨伐布尔什维克主义”行动的一部分。德军顺从地执行这些基于意识形态的杀戮命令，是当时“针对苏军政委的处决条令”在国防军得到全面贯彻的有效例证。[29]“二战”结束后，一些德军老兵曾激烈辩解，并宣称国防军在战争中并未按“元首命令”就地枪毙所有被俘的苏联红军政委。

因为处决此类一般战俘似乎不符合“军纪严谨的国防军”形象，当国防军像骑士般在前线英勇作战时，是党卫队在后方实施各种暴行。德国东线军事档案却否认了这一说法：在德国陆军部队中，所有兵团及80%的师级部队都提交了坚决执行处决苏联政治委员命令的报告。如果再考虑其他证据，在师级部队中所占比例将超过90%，亨特堡档案也佐证了这一点。虽然据说这条屠杀令曾招致德军内部极大的愤怒和违抗，然而亨特堡的上万份监听记录中却找不到任何相关证据。[30]即使德军士兵偶尔说起“处决苏军政委命令”，也只是谈论如何去服从它而已。24岁的雅各布·凯普尔（Jacob Capell）下士曾在亨特堡回忆称，这是他所在的第3装甲师的惯常做法：“每当我们抓住了苏联战俘，都会立即枪毙其中的政委。”[31]1943年7月，德军士兵弗洛莱恩·拉翰斯基（Florian Rachanski）也做过类似的描述：“我们总是先枪毙苏军政委，他们是所有人中最危险的。”[32]从他的话中也能看出，德国为贯彻和执行消灭苏军政工力量的命令，故意树立了敌人形象。

在1945年战争结束后不久，防空兵上校弗里茨·桑德拉特回忆起“巴巴罗萨行动”的残酷景象时[33]，正与他聊天的海军法官凯·尼施令也表达了对苏联政委类似的看法：

> 桑德拉特：我们一开始就没有留下一个苏联战俘。元首自己都说了，他们不是人、是野兽。所以他们也就没……大家相信部队通告，所以每个被认出是政委的，都被枪毙了。于是苏联人说，只要我们再杀苏联政委，他们就会杀死所有被俘的德国军官，当时可真是死了不少人。
>
> 尼施令：很多从柏林往斯特雷利茨去的德国难民亲口告诉我，（苏联）第一拨开进的装甲部队有时还对德国平民提供帮助，尤其是让他们逃难，并且经常催促道：“快，快，快跑，政委来了，政委来了就不好了！”

尼施令描述这个场景的意图很明确：他认为苏军政委在被德军俘获后的遭遇是罪有应得。有这种想法的德国军人不在少数，他们既受纳粹的宣传影响，也被军官们说教，苏军政委被看做是布尔什维克“恐怖政权”的“煽动者”和“刽子手”，许多士兵都信以为真。德军将东线战场上遭遇的一切阻碍——游击队的反击、猛烈的抵抗以及苏联红军的罪行——都归咎于苏联政治委员，这样一来，部队空前的死伤惨状就找到了替罪羊。因而东线军队杀害被俘的苏军政委行为不仅是反共指挥官们对“元首命令”的最高重视，同时也给士兵带来实施暴力的满足感——他们在战场上拼杀时酝酿的怒火，恰好在苏军政委身上找到了发泄的出口。苏军政委的敌人形象是这个致命逻辑的根源，德国士兵们对此印象极深，以至于战争结束后，在美国的战俘营里仍能找到相应踪迹：亨特堡对德国战犯的调查结果也体现了这一点。[34]《针对苏军政委的处决条令》正是一个说明在有预谋的战争罪行中自我意愿与现实状况间互相作用、相辅相成的关系的贴切例子。暴行的不断升级让战争充满仇恨和报复，而经过意识形态加工的敌人形象不仅使士兵认为杀戮合情合理，似乎还以此确认了灭绝政策的合法性。

大多数士兵都认为报仇是合法的，而杀戮是最有效的手段。不仅如此，实施报复不仅是个人权利，同时也是一种义务，因为此举是战友间深厚的感情的另一种表现——这在国防军中比什么都重要：对敌人仁慈是大忌，因为那是把敌人地位置于战友之上的行为。[35]当个人感情在激烈的战火中不断膨胀时，常会生出报复的冲动，如同条件反射一样不能自制。“二战”中各国相互屠杀战俘的行为是对此最好的证明。经过伤亡惨重的战斗，士兵们往往由于自发的冲动杀死俘虏或拒绝接受对方的投降。产生这种行为的诱因通常是人类的情感所致而非意识形态教条。诺曼底战役中，美国、英国和加拿大军队也杀死了大量投降的德国士兵。德国在西线屠杀盟军战俘的主要是武装党卫队，例如1944年12月阿登反击战时在马勒梅第（Malmédy）发生的一幕。如不把德军在法国杀害有色人种战俘的行为计算在内[36]，这些暴行很多都是激战之后一时的情绪发泄，并未变成普遍现象。[37]但无论西线战场上盟军与德军之间作战的血腥程度如何发展，都赶不上东线开战初期业已形成的残酷态势。东线战争在当时人看来就已经血腥味十足——正如前文所述：一般认为东线德军士兵与特殊的不一般的敌人作战，作战规则也不同，当然要不惜使用一切暴力去拼个你死我活。[38]

从1941年6月22日苏德战争爆发的第一天起，前线激战的惨烈程度就达到了白热化。战争初期，苏德两军就以前所未有的强硬打法向对方发动攻击，很快就把一切禁忌置于脑后——与其他战场不同，国际法在东线毫无作用可言。互相射杀战俘让战争的残酷程度一浪高过一浪，德国侵略者以激进手法率先发动进攻，苏联守军也不惜一切代价进行还击。当苏联红军还未俘虏任何德军士兵时，德军东线部队杀死的苏联红军降兵早已不计其数，以致有些地方“进军路上到处是高举双手、手无寸铁、头部却被近距离射穿的苏联红军士兵尸体”成了习以为常的景象。[39]德国东线战场档案揭示了战争中暴力的蔓延程度：多数德国士兵在战争日记或日报中白纸黑字地写道，他们有时不放过“任何俘虏”，甚至定期处决被俘的苏联红军士兵。[40]施暴行为的程度随着战争的激烈程度起伏，时而猛烈、时而收敛，却从未停止。

近来，从战场的政治地理学特征和令人怀疑的“机会主义行为空间”等角度解读东线战场暴行的观点日盛，这显然是不全面的。[41]毋庸置疑的是，苏德两军交战升级，加之各种客观因素的影响，激发了各种残忍的暴行。另外德国军队进攻波兰和苏联时对“东部”已有成见，其中之一就是必须“使用对付东方人的手段去战斗”，即最大程度地使用暴力，这点也是无可争议的。[42]东线发生的一切与各地区本身并无关系，真正起作用的是德国对这些地区的认识，再加上反斯拉夫、反布尔什维克和反犹主义的渲染。因而仅以空间概念去解释，会低估了德国战争预谋的重要性，毕竟德国在进攻之前早就打算要在东线发动这场极为残暴的战争。希特勒和国防军将领们强调“对布尔什维克的讨伐”不是一场寻常的战争，并用一系列措施将其变成一场“歼灭战”。[43]使用暴力的自由度并非由所处地域决定，相反需要有目的地进行诱导：纳粹政权颁布了如《针对苏军政委的处决条令》和《战时审判权公告》等基本条令，以及军队最高指挥部颁布的如《德军对苏作战条例》以及《对残忍战斗手段的防御指南》[44]等煽动性命令，特别是这些条令使国防军在东线战争伊始就做好了“应对无法想象的残暴战争”的思想准备。除此以外，指挥官和随军神职人员还会为士兵进行思想动员，提醒他们在进攻中务必“拼命战斗”，以最大限度地威胁“敌人族群以及低等文化的存续”。[45]所有这些都为德军在东线战场上比其他地方更加残忍的暴行埋下了伏笔。

即使没有这些煽动行为，两军陷入激战后也阻止不了暴行的发生。此外，这实际上与苏军的战斗方式也不无关系：因为苏联红军比国防军遇到过的任何对手都要顽强。即使在绝境中，苏联红军也常常拒绝投降，他们经常使用诈死等方式杀伤靠近的德国士兵。不过，哪怕苏联红军采取合理的战争手段，例如“从玉米地、森林、房屋后突然开火或打伏击”，德军也会条件反射式地认为他们“冷血”“阴险”“狡诈”。[46]甚至于每每苏联红军“在阵地陷落之时仍战斗到最后一人”，都会被德军认为是“充满敌意”的做法——要知道，这种战斗作风在国防军中也是彰显军人道德的表率行为。[47]所有这些都是态度问题。显然，德国军人早在开战以前就受到了有关苏联军队敌人形象的全面灌输和影响。随着战争进行，苏联红军形象只是逐步有了些许变化，德军吃了几次败仗后，对苏联红军的顽强品质及战争素养不得不有所承认，但对苏联红军的负面看法绝不会改变——如对亨特堡德军战犯的调查结果显示，德军士兵最终仍然认为苏联红军只有被“逼着去打仗”时才能有战斗力。[48]这样的态度导致德军与苏联红军交战时，所用手段较与其他盟军部队更加残忍。

报复是一种权利，这足以为暴行辩护。一般认为，枪毙战俘或投降的敌军是正常、合法的报复手段，责任在敌人身上。这正是先前那些具有煽动性的战斗指南所鼓吹的行为，士兵在战斗中如此实践，关押在亨特堡时仍坚持相同的想法。每当谈到在东线战场上枪杀俘虏的行为时，大家基本都认为这是针对敌军所作所为的正当报复。因此，没有一名德军士兵认为他们的暴行是有问题的。56岁的汉斯·柯兹（Hans Kohtz）中校是个很好的例子，他曾在亨特堡向一名美国审讯官解释道："是，但是您想想，我们枪毙那些人又不是为了消遣，肯定都有前因后果。因为苏联人打起仗来就像疯狗一样，我们不过采取了反制措施而已。每场战斗中都会发生类似的事。"[49]德军习惯性地用这样的借口推脱自己的罪责，这一点在29岁的东线士兵，海因里希·鲁夫腾施泰纳中士的话语中也有所体现：

> 坦率地说，苏联人不怎么重视（红十字会）。当时德军首先开火，很快就发现自己实力不济，决定撤退并把伤员留在了战场上。有几个伤兵是党卫队集中营看守队的，这些人也自然落到了苏联人手里。后来，我们又在战场上发现了他们，当然已经全死了，其中一个给刺刀刺死，还有一个被枪毙了。大家说：看看苏联人干了什么。但是没有人提到：其实是我们先开火的。[50]

从这种片面反应能看出德国军人对暴力的看法：战争中没人能全面、平衡地看待问题，认知态度仅是形成于符合群体思维的个人想法。在文化方面先入为主的认知样本在此也造成一定影响，士兵的战争经历很大程度上受其事先形成的观点左右。这些观点使德军在东线战斗中犯下了在西线不可想象的罪行。德国军事档案中无数的事例记载，德军十分轻率地屠杀大量苏联红军战俘的原因，一是种族歧视，二是有关"东线的劣等敌人"的宣传。这类屠杀在冬季发生得尤其频繁，正如当时一名叫海因茨·盖瑟尔（Heinz Geiser）的空降兵所描述的那样：

> 在苏联我们也做过这样的事儿……师部经常命令我们："弄几名战俘来，证实一下你们的战果。"……等我们抓来了战俘，空降兵队长又命令道："把俘虏带回去。"当时天寒地冻，他得走10公里才能把俘虏送回去，这太难了，于是他杀死了俘虏，回来汇报说俘虏逃

跑未遂，被他一枪击毙了。后来苏联人对此也有所耳闻，于是他们也开始枪杀德军俘虏，直到跟我们扯平为止。[51]

盖瑟尔的舍友，卡尔·沃姆萨（Karl Wamser）下士直接联想到一起类似的事件——据他回忆，有一回德军甚至一次就枪毙了15—20名苏联红军俘虏。这种暴行在德军对苏联发动的歼灭战中绝非特例。在东线普遍发生的大规模屠杀，在德军与西线盟军的战斗中只是偶尔爆发。造成这种差别的原因是德军在两线不同的作战动机。对亨特堡在押战犯的调查同样折射出了这样的区别：德军士兵对美军或英军的看法要比苏军正面得多。例如23岁的空降兵阿道夫·罗斯下士在西线和东线都参加过战斗，想法十分典型：他认为美国士兵作为军人是“不错”的，英国士兵是“出色的军人”，而苏联红军却被他斥为“禽兽”。[52]屠杀战俘的行为由战争自身动力和敌人形象两个因素共同造成，二者缺一不可：当士兵们的认知样本同实际情况在一定程度上相吻合时，就会影响到他们的行为。暴行的释放往往是自我意愿与现实状况相互影响的结果。

比起苏联红军士兵和政委的遭遇，国防军对待游击队的手段更加残酷。纳粹于1941年5月发布的所谓《战时审判权公告》将东线战场变成了不法之地：只要军官下令，士兵即可不经审判就处决有嫌疑的平民。除此以外，《元首令》进一步允许国防军对整个村庄的平民实施集体处决，引起了恶劣后果。这些命令助长了苏联境内德国占领军的暴行：德军针对游击队员和平民的恐怖政策导致近50万人失去性命。即使在其他战线上，国防军对付抵抗运动的手段也同样凶残，在某些地方甚至与东线战场相若。不管在哪儿，有一点是共通的：德军士兵认为，这些非正规军诡计多端、胆怯懦弱而且无法无天。当然德军士兵自己也有爱国情结，他们一定能完全理解这些游击队也是为国家而战。党卫队小队长弗里茨·斯沃博达亲自参与了屠杀上百名捷克平民的暴行，事后至少也表达了自己的尊敬：“值得注意的是，这些捷克人身上带着巨大的民族自豪感。”[53]有时，德军士兵甚至会钦佩义勇军人慷慨赴死的强大斗志。德军连长西奥多·哈比希特是个狂热的纳粹分子，他曾在东线开战初期目睹因被分割包围而脱离大部队的苏军是如何战斗的，他认为这些军人是值得尊敬的，而部队里的其他人却不这么想，他曾在日记中写道：

每个人都怒不可遏："一群蠢猪！"——然而我得承认，这些家伙给我留下了深刻的印象。这毕竟是被我方一个师分割包围、脱离大部队后的艰苦战斗，本身并不违背国际法。可是苏联人一个个诡计多端，诈死或装作负伤的样子躺在地上，趁我们不备又突然跳起来向我们射击，我们就这样损失了不少人，他们都是单独离开行进或驻扎中的大部队不过50米到100米，去灌木丛或玉米地里解手时丧命的。因此，上级颁布条令：第一，部队行进中，任何人不允许离开队伍超过20米；第二，只要看到手持武器的苏联人，无论生死，立即予以射杀！[54]

只要对手不是疏散战斗的正规军而是打伏击的游击队，哈比希特便无所顾忌地予以镇压。虽然军中偶尔有士兵对游击队员的爱国行为表示理解，但游击队从来不是平等的战场对手。1941年6月，当哈比希特率领的步兵营在东线作战时，士兵们普遍认为应处决不属于正规军的抵抗者，大多对游击队进行猛烈打击。这种认识在当时的国防军中是理所当然的，从28岁的弗里德里希·海尔特（Friedrich Held）和沃尔特·朗菲尔特（Walter Langfeld）两名士兵之间的对话便可印证。在亨特堡，海尔特描述了他所在的惩戒部队与游击队之间的战斗：

海尔特：和游击队打仗是不一样的。你朝前看的时候，背后会被放冷枪，你一转身，另一面又会受到攻击。总之，前线的概念是不存在的。

朗菲尔特：是，太可怕了。但是我们也把他们打得屁滚尿流。

海尔特：我们根本抓不到活口，最多也就逮几个帮着跑腿的。

真正的游击队员在被我们俘虏之前就自杀了，这些跑腿的就被我们抓去审问。

朗菲尔特：那他们也没活着离开吧？

海尔特：肯定的。反过来也一样，如果游击队俘虏我们的士兵，也不会放活口回来。

朗菲尔特：还能怎么样呢，肯定没指望了。

海尔特：那些都算不上是正规军，绝大多数都是平民。

朗菲尔特：是的，他们更多是为自己的家园而战。

海尔特：但是他们太阴险了。[55]

尽管二人听上去都对游击队的爱国行为表示理解，但也都认为他们“并非军队”，也就不享有任何军人权利。如果落入德军之手，那么游击队员基本上就“活不了了”——沃尔特·朗菲尔特虽然在向海尔特求证这一点，但语气更像是陈述事实，而非提问。与他类似，奥地利步兵约瑟夫·伍基塞维茨（Josef Wukicsevits）自己明知道游击队员被俘后的下场，却不无好奇地在与惩戒队员海因茨·盖瑟尔的聊天中问起对方俘虏游击队员后的处理方法：

盖瑟尔：然后就把他们制伏了。

伍基塞维茨：枪毙了？

盖瑟尔：没有，长官原本是想把他们就地枪毙，但是后来还是把他们带上了，判了他们死刑。因为他们是游击队员，不算军人，只是群强盗而已，我们把他们带到集市上枪毙，还让所有村民必须来观看，一共毙了42个人。是，这些游击队员一定相信。他们其实没什么用，一旦真打起来马上完蛋。如果他们在我们的火炮攻击下还能幸存，他们就不会再想继续当游击队员了。被俘虏的时候他们都害怕极了，你们也杀游击队俘虏吗？

伍基塞维茨：是的。

盖瑟尔：他们明白自己会被枪毙的。

伍基塞维茨：如果他们抓了我们的人，也是一样。[56]

两人表达的观点从多个方面看都是非常典型的：无论如何，游击队都不具备正规军的素养，德军认为自己的暴行是作为牺牲者的反击。这种说法当然并非完全空穴来风，游击队的暴力行为无疑也助长了他们与德军交战时不断升级的残忍程度——尽管这主要是德军残暴挑衅的结果。处决俘获的游击队员符合当时国际法：如果参战的军人不遵守《海牙陆战法规和惯例公约》中对正规军士兵的规定，如未身着制服或佩戴标志，未明确携带武器，没有统一的指挥官或不遵守战争惯例，可以被判处死刑。虽然国际法中并没有明确强调这点，但它却被视为一条不成文的习惯法，即使盟军看来也不例外。[57]不过，当时的国际法却明确要求处决俘虏须经军事法庭审判——德国军法条令中也有同样的规定。然而实际中，德军部队却常常违反这项规定，在东线战场，此类军法审判甚至被明令禁止。即使在像法国这样的国家，德军"就地枪毙所有俘获的反抗组织成员"也已经习以为常[58]。

除了残酷报复真正的游击队员外，让德军越过界限成为罪人的，是他们经常不加限制地把偶然发起攻击的平民、散兵等手无寸铁的人扣上"疑似游击队员"的罪名然后随意处决，在东线尤为如此。[59]德军无节制的暴行尤其表现在对整个村庄的"集体惩戒"上。尽管他们用挟持人质和战争报复这两个尽管存在灰色地带、却得到当时国际法支持的理由为自己辩护，但德军实际采取的绝大多数报复措施根本就不合法，至少将报复不受限制地升级为集体屠杀这点，就违背了对等原则。党卫队三级小队长弗朗茨·克奈普（Franz Kneipp）称，自己在东线曾亲身经历第424步兵团指挥官哈里·霍普（Harry Hoppe）上校命令枪毙俘虏的全过程：

他还下令要"以眼还眼，以牙还牙"。他给这些俘虏6个小时供出是谁吊死了德国士兵，一点线索就行。这些混蛋什么都不说，每次都说自己什么也不知道。于是上校接着下令“所有男人，向左转，出去”，士兵们便把他们押进了树林，然后就听到了“砰砰”的枪声。

科勒：我在高加索地区第1山地师时，每次只要牺牲一名战友，根本不需要少尉下令，士兵们就立刻抽出手枪，无论男女老幼，见人就杀。

克奈普：有支游击队在我们那儿袭击了一支伤兵队，并把他们都杀了，半个小时后这支游击队在诺夫哥罗德被逮住了，士兵们把他们赶到了一个沙坑里，然后就从各个方向用机枪和手枪对着他们一通扫射。

科勒：这些人不该被枪毙，而是该被慢慢地折磨到死。哥萨克人在这方面就很在行，我在苏联南部亲眼见过。[60]

说起这些暴行，两名德国士兵对其中的问题完全没有认识，表达的更多是满足感。当然，两人都是身经百战的精英部队成员，不过即使在普通部队的士兵看来，“以牙还牙”也是理所当然的原则。当亨特堡关押的德国军人说起过去处决游击队员或嫌疑分子的经历时，从未有人提出这种行为从根本上是错误的。德军士兵的交谈记录也清楚地体现出，不同人能够接受的暴力程度是不同的。通常在集体报复行动中，如果屠杀对象除了有反抗能力的男人，还包括妇女和儿童时，就会出现意见分歧。二等兵卡尔·胡贝尔（Karl Huber）与突击步兵沃尔特·古姆里希（Walter Gumlich）就曾有过争议：

胡贝尔：有个人跑去偷了苏联人一头牛，激起了苏联人的一番反抗，结果德军就绞死了50—100名苏联平民，尸体在绞架上足足吊了三四天。士兵们又命令苏联人挖好自己的坟墓后排队站在坑边，然后向他们扫射，苏联人中弹往后倒正好掉进去，就这样又屠杀了50—100人。这算是"报复"，但又有什么用呢。还有，他们还放火烧了整个村庄……游击队员固然危险，跟他们战斗绝不能手下留情。但对平民又是另外一回事儿了……

古姆里希：哎，不过是战争而已，这些人也算不上罪犯。

胡贝尔：那么打死儿童还一个接一个地杀光所有家庭成员呢？作为军人，如果没有规定或命令，即使要我们拿走或偷走农民的最后一口粮食，我们也是有罪的。

古姆里希：算了吧！

胡贝尔：唉，你也别狡辩了！[61]

24岁的弗里茨·科滕博特尔（Fritz Kotenbeutel）与胡贝尔的看法差不多，他参与了东线战场反游击作战，目睹了因为被指控"协助游击队逃跑"而被烧成废墟的村庄，德军用这种方式来"杀鸡儆猴"。[62]由于和游击队作战如同"大海捞针"，因而科滕博特尔觉得对游击队员"遇见一个、消灭一个"实为最合理的做法。相反，他明确拒绝在反游击作战中"处决所有村民"的行为："不管怎样，他们不应该把妇女牵扯进来，顶多就是把人都赶出村庄，对，必须把所有村民连他们的孩子、牛全都赶出去。"这种区分对待的态度有一定其典型性：对游击队员坚决打击理所当然，但对没有反抗能力的平民施暴就值得商榷了；如果处决的是平民中有反抗能力的男性，部分士兵尚可接受。可一旦说起某支部队"将全村所有活物都杀死——无论是小姑娘，还是家禽家畜"，"无论老幼妇孺"，亨特堡中一些被关押的士兵就会颇有微词。[63]至于那些制造暴行的加害者当然不这么想，不少人甚至从杀戮中获得了极大的快感。德军军官格尔哈德·豪斯曼便遇上过这样的士兵，当时那个士兵正从前线撤回来享受假期：

我看到过一些照片——好多士兵拿着它们吹嘘自己，照片中的广场上挂满了尸体。尸体挂在树上的照片我也见过，那名休假的士兵给我看照片时喜形于色。我对他说："天哪，您别再随便把这些照片四处给人看了。"他却说："我当时就在那儿，棒极了。"他还只是个年轻小伙子啊！他还绘声绘色地告诉我，如何把16个人同时在树上绞死。先让这些人站上箱子，然后往他们的脖子套上绳套，最后朝着箱子一踹，这些人身体一沉，瞬间就断了气。[64]

豪斯曼是个忠诚的纳粹分子，但从未踏进过战场半步，这名年轻士兵的言行令他大惑不解。一名"年轻小伙子"认为绞死平民的残酷暴行"棒极了"，还在休假中"眉飞色舞""绘声绘色"地描述当时"自己在场"并如何一块动手，还把处决的照片当战利品一样到处炫耀。虽然暴力在一定程度上为"第三帝国"尚武的社会文化所推崇，但即使是纳粹政权当时也不允许将这样的照片展示给德国平民。德军高层早已明令禁止"拍摄有关大屠杀的照片或是在书信中向家人提及"。[65]尽管如此，陆军邮检部门仍然发现，很多士兵在家信中"详细描述处决苏联平民的场景，甚至还有照片"。[66]这样的描写和上面的例子一样，也会让身在后方的德国人十分诧异，这正显示出前方与后方在经历方面的差别。与后方的德国平民不同，杀戮对于身在前线的军人早已是种常态。一些士兵之所以认为杀戮行为"棒极了"，是因为施暴行为已经潜移默化地成了他们的习惯。

根据亨特堡的监听记录，正面宣扬残酷杀戮的都是那些加害者。在所有从这座位于波托马克河畔的秘密战俘营传出的有关德军暴行的消息中，很少有亲身参与的士兵表达过悔意。当然，听不到后悔的言辞可能也与士兵的叙述策略有关：那些受到良心谴责的士兵，要么对德军的暴行绝口不提，要么就作为旁观者讲述其他士兵的残暴行为。前面提到的弗里茨·科滕博特尔便是如此。他详细地讲述了东线反游击战的情况，却几乎从未提起自己也是参与者之一："我们整个部队都在场，我总不能说我不去吧。"[67]除了这句话以外，他刻意避免以第一人称描述所发生的事情——杀人的都是别人："因为只要他们一抓到游击队员，便会就地杀死。事实上只要发现树林中有人，是谁并不重要，总归会杀了他。”

大多数加害者之所以坦承自己的暴行而不是质疑自己的所作所为，本身就是暴力带来的后果。对大屠杀的研究早已指明：不管是杀一个人还是集体屠杀，参与者在整个过程中一直在试图为此寻找合理的解释。[68]他们罗织理由的时候想法很多，但不会从自身角度出发，例如利用纳粹政权和军方灌输给他们的暴力合法原则——无论是出于意识形态、种族歧视还是法律假说中的哪种逻辑，前面提到的弗里茨·斯沃博达就是这样。当然“思想是无法杀人的”。[69]但这些思想却为暴力提供了必要的辩护，加害者们在真正实施暴行之前就已经被洗脑了，像17岁的空降兵威廉·冯克这样的新兵蛋子就因此坦然地接受了这种说法。在亨特堡关押期间，他曾解释为什么他的部队在1944年12月的阿登战役中“杀害了许多巴斯托涅（Bastogne）的平民”：“如果平民出现在战场上，我们当然可以认为他们是间谍。”[70]通过这种论证方式，暴行塑造了士兵们对现实的观点：被击毙的人一定有罪，而有罪的人就该被枪毙。这种辩护的核心，无非是出于人性所追求的问心无愧——每个人都希望自己做的事情是正确的。即使德军最冷酷的刽子手也渴望自己被认同：本章开头讲述的弗里茨·斯沃博达虽然犯下众多罪行，却仍然不愿被他人叫作“罪犯”。[71]因此，施暴者虽不必每次下手前先说服自己，但最晚在施暴之后也必然这样做。无论事先是什么想法，只要作恶，他们便需要一个开脱的理由，以此来暗示自己的正直形象。从正面角度去理解暴力成了他们自身动力的一部分，这使得再次施暴变得更加容易。

并非每名德军士兵或者党卫队员都是战犯，但每个人都可能成为战犯。这取决于他们所在部队、部署的地区以及当时的情况。犯战争罪并非士兵个人可以决定是否参与的事情。显然，所谓实施暴行是由于执行命令的压力这种论调后来经常有人提出，但客观上并未被采信。因为比起受军令处罚，军中从众心理对士兵实施暴行的影响显然更为直接。暴行绝大多数都是群体行为，少有由个人实施，士兵们在这种情况下面临集体和现实的双重压力，两者又同时决定了士兵在军中的表现。但不管怎么说，如果不考虑个人作用，就无法全面理解德军在“二战”中的暴行，这不仅是不同个人在面对选择时做出不同反应这么简单。[72]司令、军官包括士官们都可能在战争罪行中扮演关键角色，其决定常常影响整个事态的发展。24岁的党卫队中队长赛普·萨尔穆特（Sepp Salmutter）对此深有体会，他服役的党卫队“帝国”装甲师在西线战场战斗时，美军一次空袭曾炸死了他们的一名卫生兵：

> 中队长气坏了。我们抓回来几名美军伤员，把他们带到卫生连时，中队长想要立即杀了他们报仇……客观地说，美国人只是轰炸了那个地区，那个卫生兵也只是恰巧跑到那里，就被炸死了。中队长当即从卡车上拖下来两个美国人，一个军官和一个士兵，把他们带到了卫生兵被炸死的地方。那人的尸体上挂着红十字袖章。中队长对他们说：“看看，这是戴着红十字的卫生员，你们的人却把他杀了！”然后他就要枪毙那两人。幸好这时候中队长的上级赶来了，把他臭骂了一顿。[73]

这个例子当中，上级的介入在最后一刻阻止了战争罪行。然而恰恰相反的是，军官们大多数情况下是滥用了他们的指挥权，来自上级的命令经常成为引发残酷暴行的导火索。24岁的空降兵格奥克·何农（Georg Hornung）曾目睹此类事件，1944年8月的法莱斯战役中，他所在的第8空降兵团团长厄恩斯特·里巴赫（Ernst Liebach）就命令手下枪毙了一名己方的军官：

> 我们趁着夜色沿小道从敌人的包围圈里溜了出来，敌军没发一枪一弹。一位少校却想在包围圈内投降。我们团长里巴赫上校当时也在。他问那位少校：“您刚才说什么？”少校于是又重复了一遍。上校朝着他的脑袋狠狠地来了一下。然后对我们说：“战友们，这个人犯了法，把他毙了。”我们当中一人就走上去把少校杀了。[74]

类似的杀戮命令在敌军战俘或平民身上发生得更为频繁。尤其是东线，在场的军官在原则性命令之外的灰色地带中如何抉择非常关键。而且，并非只有里巴赫这样的高级指挥官才有如此能力。因为在东线战场上，《战时审判权公告》不仅赋予了指挥官、也赋予了每个前线军官下令处决平民或战俘的权力——换句话说，每个年轻的德军少尉都主宰着苏联平民或战俘的生死。枪决被俘的苏军政委或游击队员，一般都是前线军官下的命令。[75]在一些规模较大的暴行中，军官的命令会直接造成各自部队施暴程度的不同。东线以外的其他战场情况也大致如此，例如1943年9月发生在希腊凯法利尼亚岛（Cephalonia）上的大屠杀。当时，高级司令部按照希特勒的指示，命令德军在与意大利这个倒戈的前盟友作战时不必“留下战俘”，接到命令后，第1山地师总共处决了约4000名意大利战俘。与此同时，驻扎在科孚岛（Corfu）上的另一支部队也接到了同样的残忍命令，但是他们枪毙的人数却较少，只有数百人。根据掌握的情况，凯法利尼亚大屠杀如此惨绝人寰，是因为扮演了“关键角色”的哈拉尔特·冯·赫什菲尔特（Herald von Hirschfeld）是希特勒的忠实拥趸。[76]这两支部队屠杀人数的巨大差异表明，指挥官个人在群体暴力中所起的决定性作用。在紧要关头，不管是前面提到的那个性格审慎、阻止暴行发生的中队长，还是满怀复仇之心的弗里茨·斯沃博达，前线军官确实主宰着对手的生死。至少在这方面，个别军人的意识形态、内心想法及意图能成为导致战争罪行的重要因素。

即便在德军士兵看来，处决敌人是战争中正常的一部分，他们也时常要为杀戮找些借口。不过只要处决对象只是具有反抗能力的男性，士兵们就容易接受一些诸如“战争总是残酷的”这样看上去有说服力的理由[77]。尤其当暴力被认为是合法的报复手段时，士兵们的接受程度会更高。因为“以牙还牙、以眼还眼”[78]的信条深植于德军的战友情谊中，其影响力是不可估量的。最后，施暴本身也成为一种辩护的借口——被处决的人一定该死。只要选择相对传统的方式，暴行也就有了看似合法的表象。一些人认为只要行为不出格，大规模枪决并不是困扰，譬如时年28岁，来自维也纳的弗里茨·克莱默中尉：“既然行刑，就要做得正规。集合6名士兵，然后把待枪毙的犯人们排在墙边，再依据战争法庭的判决予以处决。”[79]从根本上说，死刑在当时本来就不是什么问题。就连大学教授沃纳·毛勒也曾在亨特堡表示：“每个国家都有自己的权力。好比判处一个窃贼死刑，只要是程序合乎法律规定就没问题。”[80]这个观点就连质疑纳粹政权的赫尔穆特·施沃策也基本上同意：“是的，但是德军在苏联处决战俘时，哪怕一次调查都没有过。”不过一旦暴力突破了一定的形式和界限，士兵的接受度就会发生摇摆。

## 具有争议的暴力

德军士兵参与的这场战争是史无前例的，战场上杀戮与死亡的规模，不论是从数量上还是质量上看都前所未有。但这并不一定就意味着任何残忍行为都会被士兵当作正常现象，他们认为合适程度的暴力也是有界限的。国防军中，一些特定的战争罪行相比较而言更易为士兵所认同，例如处决有抵抗能力的男性时，无论是游击队员、苏联红军政委还是战士，都可以轻易给他们扣上违反战争法的罪责。牺牲品离真正的战场越远，暴行就越难以被认同。多数德军士兵并不赞成大规模处死苏军战俘的暴行，至于对屠犹行为的看法，尽管并不是每个士兵都对此有足够了解，大家表现得却更加异口同声。亨特堡的档案中，只要谈到纳粹在欧洲屠杀犹太人，几乎所有德国人都表示反对。当然，和其他事件一样，对这种反人类暴行的看法与不同人的视角和出发点紧密相关。在所有军人中，最为忠心耿耿地支持德国国防军与纳粹政权的追随者们几乎对大屠杀毫不质疑。这点绝非巧合。对于德军士兵来说，暴力行为始终不是多么值得去争辩的话题。与我们今日的看法不同，犹太人大屠杀在当时与其他战争罪行一样，不过是被边缘化的话题——士兵们大多只是私下思忖而已。

纳粹政权极为崇尚暴力——不仅在国防军或希特勒青年团、党卫队等组织中大肆鼓吹，在社会上、教育机构和媒体方面也如此。不过，德军士兵对暴力的接受度与战前相比提高了多少呢？亨特堡监听报告也揭示了这个问题上不尽一致的答案。衡量士兵对暴力习惯程度的标志之一，是看他们谈到残酷暴行时，情绪的淡定程度。盟军经过对审讯营情况的研究确定，不管暴行多么可怕，都看不出来这些士兵听到时有丝毫惊诧。[81]甚至有些故事在流传中被编造得神乎其神，他们也不质疑它的真实性。其中的一个深层次原因是：对于士兵来说，不信任自己的"战友"是万万不行的。1944年8月，来自维也纳的炮兵弗朗茨·茨多特卡（Franz Ctortecka）与装甲兵威利·埃肯巴赫（Willi Eckenbach）聊天时，各自谈到了他们的见闻以及自己的演绎：

> 茨多特卡：说到卢布林（Lublin），那儿有一座火葬场，就是一个直接焚烧尸体的集中营。塞普·迪特里希（Sepp Dietrich）和卢布林有点关系，他在那儿有点儿功劳。
>
> 埃肯巴赫：在柏林（Berlin）附近，他们把犯人赶到一个大厅里，然后一把火烧死。他们给这个大厅通了高压电，只要一接通，里面的人瞬间就化成了灰，那之前可都是人啊。行刑的那人告诉他们："别害怕，让你们暖和暖和！"反正他每次都说点什么。后来发现，这人居然会从囚犯尸体嘴里拔出金牙，自己留着，还有别的像戒指、首饰等物件。[82]

对话中，两人都对对方残酷的描述没有丝毫诧异，因为他们对此早有耳闻。很多故事最初都起于谣言：关于灭绝营的真实情况和幻想演绎交织在一起，越是流传就越真假难辨。甚至连带"高压电"的"大厅"，按下一个按钮就能让人灰飞烟灭这样明显杜撰出来的故事都很少引人怀疑。有些描述的基础和德军对梦幻武器的技术幻想非常相似。[83]在这场空前的战争中，士兵的所有底线几乎都被打破，加上难以获得可靠的消息，他们是有可能轻信这些故事的。问题在于这些他们认为真实的故事，在他们看来是否正常。一些士兵的杜撰仅仅是为了找乐子，这说明他们对实施暴力的态度无所谓。另一些士兵则把这些不管真实还是编造的暴行，当作自我吹嘘的筹码。这反而说明暴力对于他们来说并非日常茶饭之事，否则也不会当作助兴的谈资拿来炫耀。不寻常的事情才值得当作故事讲——这是人际交流中的不变原则。亨特堡德军战俘有关战争罪行的谈话也显示了：士兵们之所以经常聊起各种暴行，正是认为它们是战争中的特殊事件，而且常常听上去像上面的例子一样令人发指。

最让德军士兵感到恐惧的暴行之一是苏联战俘在战争中的大规模死亡。[84]这一悲剧是“二战”中国防军犯下的最严重的战争罪行之一，德国必须对此负全部责任。约570万名苏联战俘中，有300万名在德国战俘营中被枪决或因寒冷、饥饿、疫病而悲惨死去。造成这种局面的主要是军队统帅层和东线经济参谋部的规划者，现场指挥官一般能做的不多。战俘的大量死亡主要是由德军战俘营严重缺乏补给、缺医少药以及住宿短缺等状况造成。这一切并不是突然发生的，因为在规划“巴巴罗萨行动”时，德军就已预计到短时间内将俘获大量的苏军，却根本没做任何必要准备。随着战争的持续，德军士兵的供给越发困难，最高统帅部1941年10月公然下令，让“不工作的战俘直接饿死”。[85]因此苏联战俘大规模死亡并非受客观因素影响的意外事件，而是在事先就已预计到的现实。这个罪恶计划带来了灾难性后果：1941年秋天起，德国战俘营中每天死亡人数在50人到500人不等，到1942年夏天已有约200万人死于非命。[86]虽然当时德军已意识到需要依靠战俘来进行一系列工作，但是尽管死者数量有所减少，同样的悲剧在当年冬天还是再次发生。德军战俘营里的苏联战俘死亡率居高不下，根本原因之一是在德军统帅的种族主义思想中，这些人恰恰属于相当劣等的民族。

虽然德军和苏联红军在前线总是拼得你死我活，但是绝大多数德军士兵只要了解了一丁点战俘营的情况，都不会支持德军对苏军战俘的处理方式。从亨特堡的监听记录看，即使士兵们聊天时谈到这个话题，也从没有一个人表达过赞同的观点。退一万步说，即使参与讨论的士兵会试图解释说，德军对当时苏联战俘非人待遇是有历史原因的，但也没人会为此辩护。44岁的卡尔·卓斯诺夫斯基（Karl Czosnowski）是梅克伦堡（Mecklenburg）德军战俘营Ⅱ A及E单元的守卫队士官，他曾在那儿看守苏联红军战俘，目睹了他们的惨状。因此当他与在亨特堡战俘营的室友说起"苏联人待的地方像猪圈一样"时，他立即会板起脸说："对苏军战俘的收容措施和对其他国家的都一样——你这是胡说八道。"[87]真实的情况当然并非如此，德军按希特勒的种族优劣论对各国战俘实施不平等对待，一直是种常态。38岁的德军下士约阿希姆·艾尔格（Joachim Ellger）曾被临时派去看守苏联战俘，他也不相信这种情况。在亨特堡关押期间，他向室友这样描述：

> 他们必须工作，这是肯定的，工作量也不少，不过他们得到的待遇并不差。所有苏联人在德国都被虐待的说法是站不住脚的。我当时看守的苏联战俘每天都有顿不错的饭。至少我在时，没有看到任何苏军战俘被虐待过。当然他们有时会受到点威胁，但从没人真挨过打。[88]

这样的说法纯粹是片面的：即使一些部队希望能对苏联战俘的状况做某些改善，也无法改变整体状况。

不管是努力淡化虐待战俘的暴力行为，还是对此采取无所谓的态度，德军士兵讨论这个问题时都表现出一个典型的共性：除了对虐待苏联战俘的事实予以否认外不会再说别的。那些支持德军战俘政策的士兵也间接证明，国防军野蛮对待苏军战俘是没有正当理由的。战后，那些为国防军辩护的人提出，军需供给的瓶颈是苏联战俘大规模死亡的原因，德军也无法为此承担责任。[89]当时就有许多人认为这不是真正原因，只是借口而已。被关押在亨特堡的一等兵约翰内斯·布尔格（Johannes Bürger）曾在美军对他的一次关于虐待战俘问题的审讯中，将其原因归于"补给困难"。然而他并不知道，审讯后他与其狱中室友的对话也被情报人员监听并记录下来，其中有他讲述的当时情况及真实想法：

> 在雷泽克内（德语地名为Rositten——译者注）每天都有100—120名苏联战俘死去。有一次他们在那儿挖了个大坑，足足埋了有八九百具尸体。1942年，我们接到上级命令，要求改善苏联战俘的收容条件。因为需要苏联战俘去参加劳动，因此不允许再发生苏联战俘如此大规模死亡的情况。驻守雷泽克内的冯·埃克斯莱本（von Erxleben）少校总共杀了约15000名苏联战俘，都是战俘营里的。这类情况在那边很猖獗，负责守卫的都是东部边境地区的部队，是他们杀了那些苏联人。这儿的人了解当时的情况，但这事跟他们一点关系也没有。我犯了个错，不该把自己搅进去，跟他说可能是因为补给困难的原因。我以后得注意点。[90]

这种说法显然表明这名士兵认为“苏联人”的大规模死亡是一项战争罪行。与处决游击队员或枪毙苏联红军政委的罪行相反，许多德军士兵都明显意识到虐待战俘行为中存在不合法的一面。这一点在德军中表现得非常典型：正如上述例子一样，在亨特堡里的德国战犯听到苏联战俘大规模惨死的话题，都会把话题敷衍了事，至少或者以局外人的态度去询问此类事件的真实性，不少甚至会表现得很惊讶。下士赫尔伯特·赫洛芬（Herbert Heroven）曾于1941—1942年大屠杀高峰期，在卑尔根-贝尔森集中营管理战俘，他认为当时发生的事实在是“惨无人道”：

> 我也经常在那亲耳听说发生的事情。士兵为那些战俘做的唯一一件事，就是每天开来一辆车，拉走20到30具饿死的战俘尸体。为了找些吃的，战俘们把地上的土都翻了个遍，幸运的话才能找些树皮吃。后来情况有了变化，一个在军需供给部工作的朋友告诉我，德军在苏联战事受挫以后，军队需要那些苏联战俘劳动，不开饭显然做不到。于是士兵们才从战俘中挑了最强壮的，开始供应食

物，全是因为要他们工作。那么，之前种种非人待遇就显得全都是多余的。[91]

34岁的赫尔穆特·施沃策少尉也听说了一些德军对待苏联战俘的情况，他感到非常耻辱。[92]他认为，苏联战俘的供给不足问题并非外部条件所迫，而是完全可以避免的："我们很长时间以来有足够的食物来供应整个欧洲，只要方式正确，多供应些人也肯定没问题。""西线托特组织"（Organisation Todt，德语缩写为OT——译者注）负责人伯恩特·比策尔（Berndt Bitzer）从一名士兵处获悉有关立陶宛战俘营的情况时也做出相同反应："太可怕了。"[93]目睹这些悲剧的德军士兵有时对此反应更加激烈。36岁的步兵中尉弗里茨·维特在亨特堡被监禁近3年后，1941年时那令他震惊的场景还历历在目："我一生之中最不寒而栗的一刻，发生在1941年的初冬的奥廖尔（Orel）的战俘营中，当时5000名苏联官兵被俘后被活活饿了3天，他们纷纷跪下祈求，不要把他们饿死。战俘营长是个少校，见此情景都哀号着走开了。"[94]阿洛伊斯·哈克尔特中士也是名东线老兵，他在亨特堡看着美国人提供的食物，感到良心不安："美国人没必要这样待我们。想想我们对苏联战俘做了什么，他们完全可以用同样方式对待我们，只当成自己的义务去完成而已。"[95]连忠实的纳粹党人康斯坦丁·迈耶尔上校也不认同造成苏联战俘大规模惨死的暴行。1945年1月他在亨特堡里愤怒地指责："这种把人活活饿死或者一次枪毙千儿八百人的行为是个错误。"[96]

当然，迈耶尔此时才提出批评，肯定也有机会主义动机作祟。从他的言论看，"对苏联战俘犯下的罪行"不仅从人道的角度上令他反感，他声讨"对苏联战俘的处理方式过于残酷"的另一个原因，是他认为正是如此，盟军才无法"同我们协商"并"达成和解"。不仅迈耶尔，不少其他德军士兵也有同感，认为德军的战俘政策"是一个政治上十分愚蠢的决定"，残酷程度也令他们心有余悸。[97]十分典型的一点是：在亨特堡德国战犯针对苏联战俘大规模死亡的批评中，绝大多数重点都在其不人道的一面，少有真正务实的反思。在这样令人发指的罪行面前，大多数德军士兵对暴力接受到何种程度显而易见。

然而同情也是有限度的。纵使罪行规模如此之大又如此凶残，在亨特堡囚禁的国防军军人掀起的反响也不过如死水微澜。那些亲历战俘大规模死亡或直接从亲历者那儿听说这些的人，或许情绪反应会激烈一些。除此以外，即使数百万苏联战俘惨死在德军之手也早已不是什么秘密，士兵们也几乎不谈这个话题。战俘营中发生的一切与多数德军士兵的前线生活毫无关系，因此没人意识到苏联战俘大规模死亡背后的系统性，也就没人知道悲剧的真正原因，甚至从没人质疑这是有预谋的残暴事件。很多人认为战俘营中发生的一切只是激烈战况的延伸。很少有人能深层次思考，并察觉出德军指挥官们应当负的责任。大规模的惨案令他们震惊，却也不声不响地被他们接受了。

士兵们从潜意识里也会对将发生的事件归类：一旦没有反抗能力的老幼妇孺成为暴力的牺牲品，从施暴那一刻起就会有许多德军士兵质疑。因此，不少德国士兵对纳粹在欧洲大规模屠杀犹太人的惨剧也唏嘘不已。在这场前所未有的人道主义危机中，“战争中的男性观念”[98]成了德军士兵认知的重要标杆。包括于1944年7月20日密谋暗杀希特勒的军官在内，许多反对者身上都清晰地体现出这个特点，那些军官在战争初期还曾担任集团军指挥参谋等重要职位。[99]一开始，当党卫队与保安部的行刑队只处决身强力壮的犹太男性时，这些军官认为，将之作为在占领区打击抵抗的必需暴力手段显然是正当的。然而1941年秋天开始，大规模屠杀的对象拓展到了包括妇女、儿童在内的整个犹太群体，这种变化在以亨宁·冯·特雷斯科夫（Henning von Tresckow）为代表的部分军人眼里，已经突破了罪行的底线。许多被关押在亨特堡的国防军老兵想法与此相似，只有深受意识形态毒害及习惯于施加暴力的士兵才认为屠杀的范围还应当继续扩大。

亨特堡的监听记录表明，凡能正视纳粹在欧洲犹太种族大屠杀行为的德军士兵，几乎没人对其表示赞同。并非每人都了解所有情况，但只要想，总还能了解一些。监听记录中涉及该话题的频率并不高，但士兵们说起屠杀犹太人的方式、方法却滔滔不绝。盟军审讯营早已研究并断定：当谈话涉及大屠杀时，多数听者都毫不惊讶，不清楚的也只是其中个别细节——这说明纳粹的灭绝政策对于他们来说绝不是新鲜事，[100]有亨特堡档案为证。很多记录中，如果说起对犹太人的迫害，那么只要谁提到一个关键词，对方就能立即知道他在说什么。1944年初，来自海登海姆（Heidenheim）、时年41岁的阿尔芳斯·朗根施泰纳（Alfons Langensteiner）下士受完审讯回到自己的牢房后，一句话概括了审讯官向他提出的问题："他想知道，我是否参与过有关犹太人的事情。"[101]他的室友，来自哈勒（Halle）的防空炮手保罗·恩德斯（Paul Enders）听了之后，丝毫没有再细问。就像朗根施泰纳设想的那样，恩德斯对于他所指的"犹太人的事情"已经心领神会。诸如此类的谈话有很多：如果在亨特堡里说起"犹太人的事情"[102]或是"犹太人的故事"[103]，根本无须再多加解释——谁都能领会其意义，没必要进一步说明。对于迫害犹太人行为的认识，也不仅限于德军将把他们逐出德国社会的行为，还包括在东部占领区对犹太人实施大规模屠杀的事实。来自奥芬巴赫的空军中尉卡尔-海因茨·屈伯勒（Karl-Heinz Kübler）从他在国家保安总部下属部队当兵的叔叔口中听说了有关"屠杀行动"来源可靠的消息——唯一令他吃惊的是，类似事件居然也发生在西线战场上："我们早知道德军这边杀了很多犹太人，但还杀了这么多法国游击队这点我倒从没听说。"[104]与他聊天的安东·图姆（Anton Thumm）中尉却回答道："在法国？我不相信。"图姆对屈伯勒说的头一句话只字未提——他显然认为屈伯勒关于东线"大规模屠杀"的说法是毫无争议的。

关于在东欧国家犹太灭绝营和行刑场中发生的工业化大屠杀事件，士兵们的了解主要还是源于道听途说，毕竟亲眼见到屠杀行为的德军士兵少之又少。即使是赫尔穆特·施沃策这样从"巴巴罗萨行动"开始一直在东部前线战斗到1944年初的老兵，得到的消息也是二手的，但他对此深信不疑：

施沃策：当时是1941年秋天。波兰基麦（Chemiel）城里所有犹太人都在一场大屠杀中被处决了。那可是一座大城市。

普莱滕贝格：您亲眼看见的？

施沃策：没有。但是我部队里的两个手下当时在场，他们甚至还帮着开枪呢。他们干得不错，那儿已经一个犹太人都找不到了。我当时正要巡视一座离那个城市30千米远的军火库。他们发出公告，要犹太人在某天选举一个犹太居民委员会。整个事件是由党卫队策划实施的，他们挖地三尺找出了所有犹太人，然后枪毙了他们。

普莱滕贝格：杀了多少人？

施沃策：当时说是800左右，估计的。克里格尔二等兵告诉我的，他说自己很高兴参与了这次行动，他是个老纳粹党了。而其他人却都说那是个苦差事。所以这绝不是胡编乱造，肯定发生了，否则他们也不会对我说。这是我唯一一件必须看场合才能说出来的事情：因为它确有其事。当然，其他的传闻我们也听说了不少。[105]

德军士兵正是这样了解了大屠杀的情况。没有人再去怀疑大屠杀是不是确实发生了——他们听到的传闻太多，都不可能再把它们仅仅当作“谣言”去看待。与施沃策聊天的沃尔夫冈·冯·普莱滕贝格少尉也没有对施沃策的讲述表现出丝毫惊讶，他只关心这是否是他亲眼所见。像他们一样，大多数德军士兵通常不再质疑这些消息的真实性，只需要在谈话中进一步进行确认而已。前面提到的屈伯勒中尉也强调，他的消息来自一名“值得信赖”的目击者。[106]在国防军中，与其说大屠杀是众所周知的事实，不如更像个公开的秘密。[107]因此，士兵们可以选择对此视而不见。18岁的空军士兵特奥多·居斯（Theoder Geus）虽然在他的家乡勒沃库森经历过犹太人突然消失的情况，却只认为：“犹太人突然间就全都搬走了，一下子全离开了。”[108]他对大屠杀一直置若罔闻：“直到我被俘之后，才听说那些犹太人被处死了。”这种无知可能不光是因为他年纪轻轻且参军仅仅几个月，更重要的是，他是当地一名纳粹党干部的后代。

海军军官卡尔·威廉·莱克（Karl Wilhelm Reinke）是名纳粹的忠实追随者，被希姆莱褒奖为“最好最正直的纳粹党人”[109]。此人甚至到战争结束后仍然坚称，“不相信关于党卫队的所有传闻”。[110]不少类似的纳粹党棍都对了解大屠杀持拒绝态度。还有一种，就是像42岁的奥托·夏特纳（Otto Schattner）一样的人，他是“第三帝国”法本公司（IG Farben）的一名化学工程师，全身心投入于“第三帝国”社会中，除了追求职业成功以外，不想接受任何令他不安的消息：

> 夏特纳：我在德国从来不知道他们对犹太人做过什么，我可以对天发誓。
>
> 韦尔海恩：我听一个朋友说过，他们在苏联一个矿山里处决过犹太人。所有的犹太人都必须脱光，然后20人一批被枪毙。这是我在德国听说的，我朋友还说，他们死得挺壮烈的。[111]

大屠杀的传闻在德军士兵中流传甚广，一旦有人号称对此一无所知，便会当即遭到驳斥。30岁的一等兵弗里德里希·艾因席德尔（Friedrich Einsiedel）在同监战友的授意下坚称自己“没见过一个说自己亲历过处决或杀害犹太人事件的德国士兵”。[112]和他一起聊天，来自罗伊特林根（Reutlingen）的卡尔·罗姆（Karl Röhm）当时就一一列举了那些“他亲眼所见”“毛骨悚然”的暴行，监听记录足有好几页：“向伦贝克进行大规模人员输送”时，“火车车厢里挤满了人”“在酷热的天气下让他们像羊一样紧紧挤在一起”，有部分人“就地被射杀”；强奸妇女、枪杀逃跑的儿童，“有的孩子身中五六枪，士兵们不停射击直到他们倒地死去”。听了这话，艾因席德尔只是摆摆手说道：“哎，这些事儿很多人也说了，他们这么做自有道理。即便是对平民也一样。”面对种族灭绝的传闻，德军士兵们只有真正接受了这样的事实后，才会意识到其中的恐惧。瓦尔特·弗莱斯勒中士向室友奥斯卡·艾格尔提到“1942年、1943年就已经发现的墓地”时，还在为自己辩白：

> 弗莱斯勒：集中营的事我只是有所耳闻，我也不知道那里所谓的惨状到底指什么，只觉得总归好不到哪里去。被活活饿死的犹太人——我也没亲眼见过。
>
> 艾格尔：但你后来再也没见过犹太人，这不是很明显吗？
>
> 弗莱斯勒：大多数犹太人都去了波兰，我上次回（在维也纳的）家时，在第二区还见过几个佩戴着六角星标志的犹太人。我也能想象他们在波兰过得不会太好。然后，我们亲爱的同胞们又大干一场，用机枪射杀整村整村的苏联人——但即便如此，我也不好批评他们的做法。只要一想到我们德国人真的做了这种事儿，我就必须承认，我们真的是个犯罪的民族，甚至我的父辈、兄弟，还有当下和我在一起的战友们一夜之间突然也变成了嗜血的野兽。我当然更愿意相信苏联人才是罪魁祸首，他们在第一次世界大战时的那些可怕传闻我们都已经听说了。
>
> 艾格尔：没错，苏联人的确残忍至极。
>
> 弗莱斯勒：是了，你这么说，显然也是更情愿相信犯罪的是苏联人，而不是我们德国人。[113]

绝望的弗莱斯勒最终以少见的坦诚，说出了自己否认上述事实的原因：他不愿相信德军犯下人道主义罪行的事实。换句话说，他对“战友们”在东线制造的恐怖暴行了如指掌。弗莱斯勒坦言自己十分赞同“纳粹主义”，并受希特勒“鼓舞”——如今他对纳粹政权的狂热程度却可能变得一文不值。[114]从此看出，说自己不了解大屠杀的那部分德国士兵也存在共性：他们不相信大屠杀的存在，非因听不到有关的消息，而是拒绝接受现实。发生种族屠杀的迹象比比皆是，像艾格尔提到的“再也没见过犹太人”就完全无法反驳。事实上，没有一个德国人能否认他们的犹太同胞被逐出了德国社会，并且不久就“几乎消失殆尽”。[115]移送犹太人的行为就在众目睽睽之下，例如在汉堡，犹太人聚集点就设在市中心达姆托（Dammtorbahnhof）火车站对面的草坪广场上。在首都柏林也有不少目击者，赫尔伯特·赫洛芬下士非常清楚这些被运走的犹太人即将面临的命运：“在柏林，当我看到最后留下的犹太老妇人们被运走时，就知道她们要么直接被毒死，要么被弄到波兰。”[116]所有曾去过东部德占区的人，不用亲眼去看，都能对隔坨区（Ghetto，犹太人聚居区——译者注）里的“真实情况心知肚明”，被隔离的犹太人逐渐自生自灭，消亡殆尽。[117]同样，也不是非要目睹犹太人被大规模枪杀，因为看着那些不可避免的结果就能清楚地知道，这些暴行的确曾发生过。自从西格弗里德·卡斯（Siegfried Käss）上尉在哈尔科夫（Charkow）经历了一些事情之后，就打消了对此的一切疑问：

> 我也多少意识到，犹太灭绝行动是真的。那时候，城里到处张贴着布告，要求“所有犹太人必须在某一时间前搬进城东边的犹太隔离区居住”——他们从我们面前经过时，个个垂头丧气。哈尔科夫当时有犹太居民4万人左右。后来，在我们营士兵的监督下，苏联战俘挖了一个个巨大的土坑，其用途不言自明。别的我就再也没经历过了，但我也能推测之后都发生了什么。这是1941年发生的事儿，第一次让我如此震惊。[118]

不过，士兵们最大的消息来源仍然是广泛流传于军中的各种传闻。因为每个亲历了大屠杀的士兵，都会将见闻讲给那些想要了解的人。只要问，就一定会有答案。

但是，很多德国人对于被驱逐的犹太人的命运显然并不关心。一方面由于广泛流传的反犹主义作祟，不少人希望犹太人从德国消失，另一方面希特勒也早就以此作为他的目标并公开宣扬。其余的人则压抑自己，不去思考犹太人命运这种令人不安的事情，无论是出于纯粹的冷漠、机会主义，还是企图维持他们的幻想，认为这样的做法是为了维护德国“令人鼓舞”的“秩序”。[119]一等兵保尔·巴德（Paul Bader）是个纳粹政权的忠实支持者，当一名战友向他讲述达豪（Dachau）集中营里的情况，巴德粗暴地让他住口："我说最后一次，我再也不想听那些恐怖残忍的暴行了。"[120]年轻的空军士兵霍斯特·克拉波特（Horst Krapoth）也在故乡杜塞尔多夫发现，很多人都极力避免这样的话题。在亨特堡关押期间，他曾向狱友讲述他所了解的"迫害犹太人行动"，却多次被人"阻拦，这事儿都清楚了"。[121]很多人根本不想去了解犹太人是如何从"族群共同体"中被驱逐出去的。"人们清楚这些情况，但又直接绕过这类话题。在德国，人们学会了沉默。现在既然有这样的宪法，我们也只好接受。"这正是多数德国人行为的真实写照。这种被动接受的"沉默"气氛也体现在亨特堡关押的德军士兵对话中。在美国秘密战俘营1万余页的谈话记录中，涉及该话题的对话只占约1%：德军战犯们关于纳粹政权的反犹政策以及犹太人大屠杀行动的记录不足百页，甚至比关于德军超级武器以及V型导弹的内容还少。[122]这样的比例可能并非巧合。德军士兵处理这类话题的方式与对大规模屠杀苏联战俘的反应类似：有所了解，但避之不谈。两个话题都难以启齿，且与士兵的现实生活距离遥远。与这些大多数人既没亲身经历，也无法证实的事件相比，士兵们显然认为在前线上发生、对自己有直接意义的身边事更为重要。这点在之前有关国防军社会文化的讨论中已有所描述：在战争中，士兵日常一般很少谈论政治、意识形态这类抽象话题，都是聊些平常、具体的东西，像士兵的作战表现、前线上的日常琐事、战友和上级、颁发勋章、部队中的冲突、吃吃喝喝、幸福感、度假、对女性的渴望，等等。[123]

1943年，3名被关押在亨特堡的潜艇兵鲁伯特·麦思勒（Rupert Meissle）、库尔特·舒尔茨和沃尔特·德雷克泽尔（Walter Drechsel）有关大屠杀的对话是个很有说服力的例子。他们的谈话记录很详细，3人已经相互认识了很长时间。他们不仅在同一艘潜艇上服役，而且都是轮机兵。从1943年初到U-569艇服役起，就整日在轮机舱中并肩工作。1943年2月至4月，在U-569最后两次战斗值班中，他们在艇上狭小的空间内共同工作、战斗、生活、吃饭、阅读、睡觉，总共两个半月。这段时间里他们朝夕相处，虽然他们在船上天南海北无话不说，却从未聊起关于迫害犹太人的话题。1943年5月22日，U-569号潜艇被击沉，近一半艇员丧生。他们这些幸存者直到被关进亨特堡后，聊天的内容才有所变化。下面这段关于大屠杀的对话，显然是他们第一次聊起这个话题——德雷克泽尔两名战友的反应证明了这一点，尤其是他们提的问题用的全是“如何”“为什么”这样的词。这个例子证明，在前线战场上德军士兵的思想意识中，犹太人大屠杀是何等的微不足道。除了当下发生的事情，多数士兵对其他话题基本不感兴趣，更别说大屠杀了。直到他们被俘入狱，才有人从整体角度去反思这场战争。

这当然并不意味着士兵们就不赞成纳粹的反犹政策。在亨特堡的监听记录中，要找到反犹太人的论调也丝毫不费工夫。来自科隆，20岁的安东·埃勒斯下士认为，“作为一名德国军人”，在亨特堡被犹太裔审讯官审问是种耻辱。[124]来自汉堡的库尔特·施沃赫（Kurt Schwoch）表达了他对整个美国的不满：“这个国家要是没有那么多犹太人就好了。”[125]当德国士兵想表达对“犹太资本主义”[126]的反对或推卸罪责时，“犹

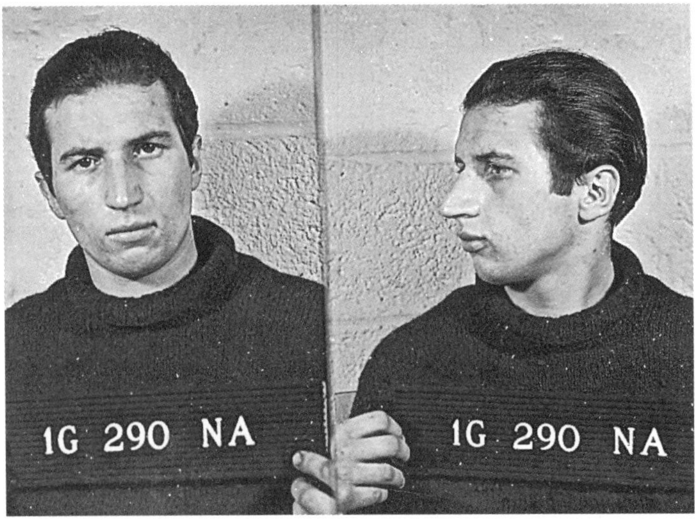


插图28：轮机兵沃尔特·德雷克泽尔，生于1923年

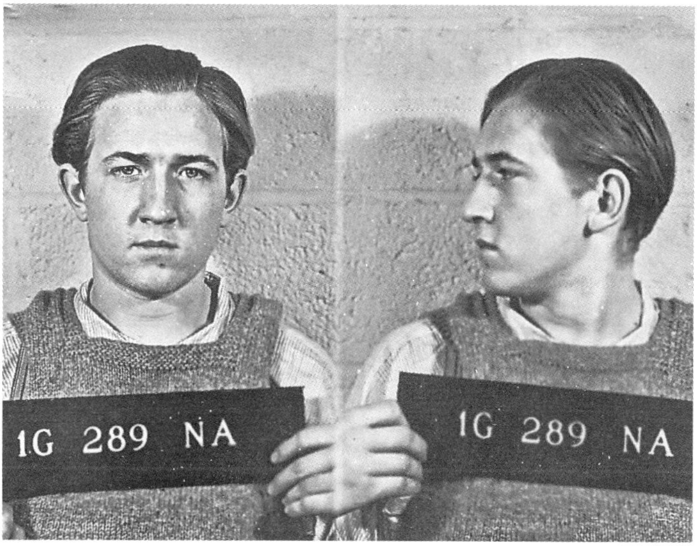


插图 29：轮机兵库尔特 · 舒尔茨，生于 1924 年

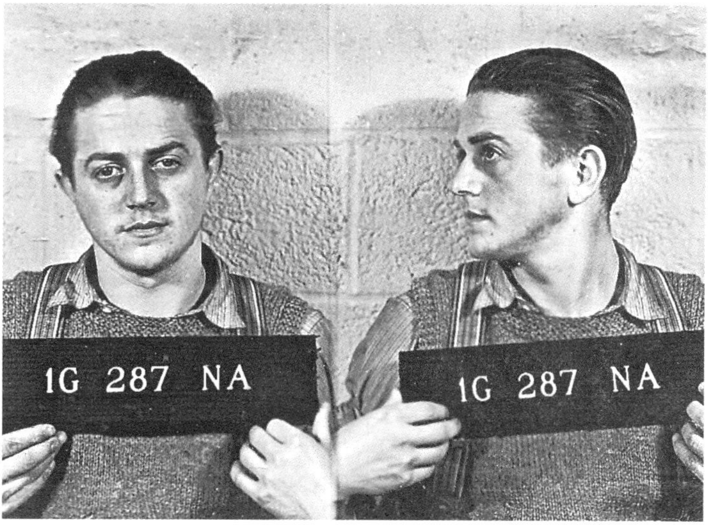


插图 30：轮机兵鲁伯特 · 麦思勒，生于 1923 年

太人造成了太多灾难”这类反犹主义的陈词滥调常常出现在他们的对话中。[127]将犹太人逐出德国“族群共同体”也令很多德国士兵拍手称快。例如18岁的空降兵维尔纳·克拉格斯（Werner Klages）很早就是希特勒青年团团员，他这样认为：“犹太人在德国搞了很多败坏社会之事，尤其是第一次世界大战后。元首做的唯一一件好事，就是将他们赶了出去。”[128]甚至还有人直接支持对犹太人的种族屠杀，例如赫尔穆特·里希特团长就是其中之一，这位纳粹党人是亨特堡中反对“虚伪的温和态度”的代表：“就算犹太人灭绝了，也不会有任何损失。”[129]在极少数情况下，甚至有人会承认自己在刑场亲手参与了屠杀行动。

来自开姆尼茨的潜艇轮机兵沃尔特·德雷克泽尔生于1923年，他1941年秋天短暂驻扎在拉脱维亚的利耶帕亚（Libau）期间曾参与过集体处决行动。在德雷克泽尔到利耶帕亚参加新兵培训时，德军对当地的屠杀非常猖獗，达至高潮。德军到来之前，利耶帕亚大约生活着7300名犹太人——他们中大多数在1941年7月至12月间被残忍地杀害了，当时18岁的德雷克泽尔也参与其中。[130]

1943年6月，德雷克泽尔在亨特堡向他U-569艇上的战友库尔特·舒尔茨以及鲁伯特·麦思勒描述了当时的情景：

德雷克泽尔：我枪毙的那些犹太人都是危险人物。

麦思勒：为什么要枪毙呢？

德雷克泽尔：每一名德国士兵……（德雷克泽尔小声低语），在德国警察的帮助下。

麦思勒：他们在很多城市都抓捕犹太人，犹太人必须上街列队集合。德国人里有混蛋，犹太人里也有混蛋。但是也有好的犹太人，我的意思是，犹太人也是人。

德雷克泽尔：外国人肯定也知道那么多犹太人被杀，这情况他们肯定是了解的。

麦思勒：你们是怎么枪毙他们的？（他们在讨论大规模枪决。）

德雷克泽尔：用机枪。

麦思勒：我想你们肯定是把犹太人排成一排，然后一人枪毙一个吧。

德雷克泽尔：有个亲自参与枪决的人告诉我，他们凌晨3点把犹太人装上车，开到城市之外很远的森林里；他们也会问犹太人最后还有什么愿望。然后他们就带着那些被脱得半裸的犹太人进了树林。直到凌晨四五点钟我们还能听到枪声。他们选在这个时间行动，就是为了掩人耳目。那些犹太人被脱得只剩下衬衫，然后就站在那儿排着队等死。

麦思勒：不能这么干啊，一旦我们输了战争，犹太人就该报复我们了。哎，真麻烦。在我们的那座城市，他们上街抓了许多犹太人，妇女儿童都有，抓住后将他们剃成光头，还在城里游街。苏联人不是人，但我们中间也有禽兽。

德雷克泽尔：很多人觉得这只是宣传手段，实际情况比他们想的还糟糕20倍。

舒尔茨：我们做过的这些事儿，迟早都要还的，我们杀了多少无辜的男人、女人和孩子啊。

德雷克泽尔：我的孩子，对此我们也无能为力啊。

舒尔茨：难道那些被杀的可怜犹太人就不能做些什么吗？说啊！

德雷克泽尔：不能，这就是悲剧。

舒尔茨：是的，确实太惨了。[131]

这场有关大屠杀的谈话相当值得关注，它在很多方面都有典型意义。一方面是施暴者自以为理所当然的心理：加害者都要为自己找个合理的理由，说明自己做了正确的事情。随着辩论逐渐深入，有些观点随意而肤浅的一面就暴露出来。当牢房中谈话气氛起了变化，德雷克泽尔立即放弃所谓犹太人是“危险人物”的说法，也同意他们“被屠杀”确实是“悲惨”的事情。在军阶较低的执行部门中，这种这样站不住脚的观点相当普遍。当他人问起他们确切理由时，德雷克泽尔这样的士兵很难把纳粹的反犹主义理论背诵出来。很多士兵自己对犹太人的印象也是模糊而矛盾的，无法形成统一的认识。例如34岁的一等兵保尔·巴德，他原先是个司机：

> 我不支持犹太人，也从没和犹太人打过任何交道，我根本不清楚犹太人是什么，但是这些人毕竟生在这个世界上，也享有和我们一样的权利，他们靠玩弄金钱生意过活的方式也已一贯如此。他们本可以用其他方式让犹太人去工作，没必要弄得这么残忍血腥。哎，天哪。[132]

另一方面，士兵们这种在反犹主义、同情犹太人抑或事不关己的态度之间摇摆的状态，并不足以阻止他们施行暴力：参与暴行时，德国军人对犹太人的反感程度并不重要，更重要的是他们像德雷克泽尔那样在暴行发生时刚好在场并卷入其中。笃信纳粹的思想意识虽然不是他们参与大屠杀不可或缺的前提，但除这点之外也很难从其他角度解释他们的行为。正因如此，这些暴行使德雷克泽尔这样忠诚的士兵更心安理得地接受纳粹领袖提出的思想信条，对牺牲者也不再有同情心。德雷克泽尔从少年时期就在纳粹体系下成长，他无法想象这其中会存在谬误。他出身于一个工人家庭，加入了希特勒青年团并无条件的效忠元首。即使在当下他仍然坚信："如果没有阿道夫，我们处境会更加艰难。"[133]

在德雷克泽尔与舒尔茨、麦思勒在牢房中的这场对话里，两名战友的反应也非常典型：他们都不支持虐待及处决犹太人——他们不仅害怕输掉战争后被报复，而且也认为这样的做法是残忍而不公正的。一方面，他们自顾自地担心被害人今后会"以牙还牙"；而另一方面，当他们将刽子手鄙视地称为"禽兽"时，又表现出了对"可怜的犹太人"的同情。他们始终说犹太人是被"谋杀"的，这种用词也表明他们认为这样的大规模屠杀是犯罪行为。希特勒麾下的国防军军人对有关大屠杀的消息竟然如此反应，这虽然令人吃惊，却也是普遍的情况。在约1万页的亨特堡监听记录中，尽管有关该话题的记录不过百余处，但次数并不是重点，重要的是从有关对话中得出的趋势十分明显。几乎在所有的对话中，只要聊到犹太人大屠杀这一话题，士兵们都或多或少表现出拒绝的态度。

在德军士兵谈论此事的过程中，从机会主义出发对报复的恐惧与基于道德的反感常常杂糅在一起——无论如何，两者都显示出他们认为大屠杀严重越过了行为的底线。这种看法不仅与实际发生的暴行相左，更主要的是它考虑到了手无寸铁的平民、女性和儿童。因此时年45岁、来自波鸿（Bochum）的军士埃里希·芒格（Erich Manger）自然而然地将犹太种族大屠杀与德军在苏联境内残杀平民的暴行联系了起来：

> 芒格：当时我在侦察队，有个来自诺伊斯（Neuss）名叫汉斯·托马斯（Hans Thomas）的下士，他是个既神经质又鲁莽的混球，他第一个冲进屋子时，一个女人站在那里举着这样一把钩子，苏联人常用这样的钩子等铁器防身，于是他一枪就把那个女的给撂倒了。就在这时，有个男的又从身后跳了出来，又是一枪，那男人也死了。“这是怎么回事，看你做了些什么？”——“啊，是他们想拿东西打我。”简直是胡说八道。这时候，一个七八岁的小女孩又从炉灶的一边钻了出来，站在死去的双亲身前，眼神充满了仇恨，我们很少看到苏联人哭，连孩子也是一样，然后他又想枪毙这个小女孩，我劝住他说，别这么做。从那以后，我们都叫汉斯·托马斯为“苏联人屠夫”。
>
> 梅利斯：我很担心如果苏联人现在打过来，会对我们做同样的事情。我们必须有心理准备，因为毕竟是我们先下的手。
>
> 芒格：还有那么多绑架事件。
>
> 梅利斯：那么多发生在妇女和孩子身上的事情，我也害怕会报应到我们的女人和孩子身上。
>
> 芒格：我可以问心无愧地说，我从来就没朝妇女或儿童下过手。

战争中都是男人打男人，和手无缚鸡之力的妇女、儿童无关。处决犹太人的行动也是，很多人都这么干了。如果他们也要报复的话呢？不过犹太人不太想着去报复谁。相反，我在战地医院见过还认识了不少犹太医生，从他们身上根本看不出报复心。[134]

即使在东线，肆意屠杀“手无寸铁的妇女儿童”的做法也并非理所当然的行为，热衷于此的施暴者不一定得到赞赏，有时士兵们还会给他们取一些莫名其妙的绰号。只要是超出“男人对男人”这一传统战斗模式界限的行为都会令人不安，最起码也得找个要做的理由。因此，“处决犹太人”的暴行令芒格非常困扰，尽管他不了解真正的内幕，只是去无缘无故猜测还有“很多人也会这么做”——在国防军中，有这种想法的当然不止是芒格一个人。除此以外，有关这类话题的谈话会本能地激发德军士兵的“恐惧”，害怕会遭“报复”，就像同芒格聊天的30岁步兵埃里希·梅利斯（Erich Mehlis）表现的那样，这也是非常典型的。有关报复的原则在德军看来是天经地义的，有了德军的罪行在先，他们认为敌人当然会进行报复。[135]亨特堡中德军士兵聊起大屠杀时，常常提到这个概念：在近一半有关迫害犹太人的谈话中，士兵们都提到了对于可能遭遇后果的担忧。有时，德军士兵对于种族屠杀带来后果的担忧仅以自我为中心，甚至几乎感觉不出任何对被害者的同情。43岁的军士长格哈特·施陶尔（Gerhard Störer）尽管承认德军的暴行造成了“痛苦”，是“卑鄙的行为”，但他在批评中却反转了加害者和受害者的角色：“我们才是受害者。”[136]有些士兵将“犹太人的事”[137]简单地认为是“不聪明”[138]的事，或者把“犹太问题”看作“胡闹”[139]，而不是一个“巨大的错误”；这样的看法显示出加害者无动于衷的冷漠心态。一些士兵认为种族屠杀不外乎是一次战术失误，折损了德国的外交形象。一部分针对大屠杀的批评极其自我又缺乏同情，其中看似与受害者平等的出发点与种族屠杀支持者们对人道的蔑视几乎别无二致。

不过并非所有的德军士兵都是如此。很多情况下，士兵们对于报复的担忧与发自道德的义愤交织在一起。至少从谈话记录看，谈到惧怕大屠杀产生后果的同时，往往也会从根本上对其否定。例如1945年4月，当一等兵弗朗茨·布莱特里希（Franz Breitlich）描述德军是如何“挖了个大坑，把3万名犹太人推下去”，然后“从各个方向用机枪朝坑里疯狂扫射，根本不管男女老幼”的情景时，[140]听者反应不一：他们一面担心“报应的一天”终会到来，一面又谴责这种行为违背了一切“人道原则”：“呸，跟魔鬼一样，真是德国人的羞耻。”

因此，士兵们绝不仅是因为屠杀行为本身而感到困扰，也不光是从机会主义角度去对大屠杀进行批判，毕竟当时德国战败已成定局，反对暴行的原因来自更加核心的层次。士兵们在谈话中的用词已经表明其内心的想法：一旦他们把“犹太人迫害”说成是“残酷”“可怕”的，那么“不会得到外国人原谅”这样的抱怨听上去就有了弦外之音。[141]当然，对复仇的恐惧并不会因为谴责暴行而消失，因为这也是他们“反对这类事件”[142]的重要原因，但在上下文联系中，他们常常用到“谋杀”“疯狂”“混账”[143]“老天爷啊”[144]等表述，这些足以表现出他们的态度。像“谋杀犹太人”这类用词本身就具有贬义，当士兵们认为除了遭到报复外已别无选择时，会把对报复的担忧掩盖于强烈的自我批评中：“我们自己越过了人道主义的界限。”[145]例如，来自柏林的年轻空降兵艾瑞克·萨克（Erich Sack）认为：“是的，犹太人一定恨透了我们。他们要报复我们，我们也只能说是罪有应得。看看我们对犹太人都做了些什么？”[146]在很多对话中，道德义愤都超过了对现实的担忧。1944年8月，在德军士兵海因茨·罗特曼（Heinz Rothmann）、弗里德里希·鲁厄（Friedrich Ruhe）以及沃尔特·乌尔曼（Walter Uhlmann）有关犹太人大屠杀的对话中，他们全都表达了自己的震惊：

鲁厄：这些人就是彻彻底底的屠夫。光在基辅（Kiew）就有6万名犹太人被杀，这可不光是从苏联人那儿听来的。

罗特曼：一个纳粹党曾经眉飞色舞地告诉我，在德国指挥下，一支匈牙利军队开进了一座罗马尼亚城市。其后短短三天，就杀了两万名犹太人。不论男女老幼，一群群地全都用枪打死，其他犹太人还必须在旁边看着。

乌尔曼：呸，魔鬼，真是没底线了！

罗特曼：这事儿根本没法跟外面说，是人就会感到羞耻。

鲁厄：在大战中德国军人表现得都很体面，但这回我们算是名誉扫地了。[147]

士兵们对受害者的同情心表明，他们对于大屠杀的批判并不肤浅。很多人都不认为“仅仅因为一个人恰好是犹太人”，他就应该遭受暴行。[148]还有士兵公开表达他们对犹太人的同情，认为他们是“可怜的民族，在纳粹统治下遭遇了太多不幸”。[149]一名武装党卫队成员还曾意外地在与党卫队小队副格奥尔格·布兰德的谈话中谴责过谋杀犹太人的行为，他认为这些犹太人“什么也没做”，还有“那些被杀的儿童又做过什么”。[150]甚至一些反犹主义者也认为大屠杀有时已经太过分了。尽管康斯坦丁·迈耶尔上校是仇视犹太人的反犹主义者，并亲口说过：“就算我本身也憎恶犹太人，不喜欢他们。”但他对大屠杀仍然“感到震惊”，“永远无法理解”为什么要“如此折磨”犹太人，还把他们“成千上万”地杀害。[151]和迈耶尔的论调一样，反犹主义也经常混杂于对大屠杀的批评中。赫尔曼·阿贝斯上士也反对大屠杀——但这并不意味着对他来说就不存在“犹太人问题”。不过他提出的倒是个完全不同的解决方案：“我们应该告诉他们，在某个时间前必须离开这个国家。”[152]空降兵艾瑞克·萨克（Erich Sack）自称“一直会想起那些在摄氏零下20度严寒中在铁路上工作的犹太人”；一想到有多少“犹太人被送往波兰”，又如何被埋葬在“万人坑”里，他就感到毛骨悚然。[153]他觉得可行的替代方案是：“将他们从国有企业里清理出去，那些做商人的就没必要管了。”空军上将海因里希·阿申布雷纳认为没有什么比纳粹“处理犹太人问题更愚蠢”的事情了——他认为理应把这几百万人用到“别的地方”，例如“用三年时间在第聂伯河（Dnjepr）沿岸建一座防御墙，就不会有敌军进犯了”。[154]无论是剥夺权利、驱逐出国还是强迫劳动，德国军人在压迫和歧视犹太人方面想了不少点子，而这也再次说明，仇恨犹太人的情绪传播得多么广泛。然而，随着大屠杀进一步无差别化，许多狂热的反犹主义军人也认为屠杀越过了底线。谁也不愿意为种族灭绝行为承担责任，也说明它本身是有多么令人不齿。来自卡塞尔的32岁掷弹兵保尔·拉布德（Paul Labude）曾说：“是的，我认为这是德国人的过错，人们都支持这样的暴行，又从其中受到鼓舞。这样一来，每个人都可以说他们做的事是正确的。”[155]作为纳粹反犹政策支持者，这样的自我批评是相当罕见的。此外，关押在亨特堡的许多国防军士兵都试图为自己开脱，并将罪责推卸到党卫队的身上。二级军士长古斯塔夫·基希纳（Gustav Kirchner）就曾于1943年10月告诉负责审讯的美国军官，大多数德国人都与“犹太人问题”没有关系：“实际上这么做的并不是整个德国，而只是党卫队而已。谢天谢地，国防军在这当中没干过什么，谢天谢地他们跟这件事划清了界限，保持了自己的纯净。”[156]这种美化国防军的看法与后来所谓“正派的国防军”的传闻不谋而合，但事实上，虽然在灭绝营和处决场发生的大屠杀中起决定性作用的确实是党卫队、帝国保安部和警察等部门，但国防军也明显提供了多方支持。

越来越多的士兵意识到，与苏联战俘大规模死亡的情况类似，在犹太人大屠杀的背后有一个完整的体系。34岁的赫尔穆特·施沃策少尉认为，他所了解的大规模处决事件只是更为庞大的整体事件中的一小部分：“犹太人迫害行为具有系统性，针对的是所有外来种族，甚至并不符合这一体系的人群都成为了迫害对象。”[157]在22岁的年轻士兵沃尔特·赛格尔（Walter Seeger）看来，谁制定了这种暴力政策是显而易见的：“这种肆无忌惮谋杀战俘和犹太人的行为让我们不能再信任纳粹了。”[158]1944年8月，亚历山大·冯·哈特德根上尉曾自称早已不再怀疑“导致德国崩溃的，正是纳粹和他们对犹太人的迫害等愚蠢行为”。[159]当然，并非所有士兵都能有这样清晰的认识。即使像“在华沙对犹太人和波兰人使用毒气”

这样人尽皆知的滔天罪行，不少德军士兵谈及时并不会发表自己的意见，也不会将这样的事件放进大环境去思考。[160]也许他们认为，对于这些暴行无须多言。至少从士兵们的描述看，“犹太人”和“德国”都是作为整体卷入了这场“犹太人事件”中。[161]对于“犹太人事件是有预谋的种族谋杀”这样的指控，很多德军士兵都无言以对，还有许多士兵根本没考虑那么多，大多数人并没认清，“希特勒才是种族灭绝行为的幕后操纵者”。

许多德军士兵并不清楚谁应当为犹太种族屠杀负责。例如时年53岁、来自埃尔福特（Erfurt）的威廉·艾柯尔特（Wilhelm Eckoldt）中校，他在亨特堡关押期间，一面理所当然地将大屠杀说成是纳粹的败笔，一面又表达着对希特勒统治的赞赏：“他们不能否认元首的领袖才能。他为德国人做了很多事情。相反，我和我家人对犹太人大屠杀还有党卫队的那些暴行一点都不支持。”[162]但是，1945年6月两名空军将领乌尔里希·冯·凯斯勒与海因里希·阿申布雷纳之间的对话却清楚证明，下达大屠杀命令的正是希特勒本人：

阿申布雷纳：我说冯·凯斯勒先生，哎，这犹太人的事简直——不管是希特勒还是希姆莱，估计没有更蠢的事了——

凯斯勒：是希特勒。

阿申布雷纳：您的意思是，这是希特勒的意思了？

凯斯勒：肯定啊。[163]

事实上，任何一个在纳粹德国生活过的人都应该清楚：“元首对此一定有所了解，元首不知情的话，没人敢这么干。”[164]此结论在犹太人大屠杀问题上却不适用。在亨特堡谈论过犹太人大屠杀的那些德军士兵里，几乎没人意识到希特勒才是大屠杀的罪魁祸首。即使一些士兵看出了大屠杀中的预谋，并试图在纳粹领袖中找到始作俑者，往往想到的也是希姆莱、戈林或者戈培尔，却几乎从未提到过希特勒。这又一次印证了无法打破的“希特勒神话”：在种族屠杀问题上，元首仍能将自己置身事外，免遭批评。这个“神话”肯定不是希特勒免受士兵批评的唯一原因，最重要的显然是士兵们本身就很少关注犹太人大屠杀这件事。希特勒在士兵眼中并非完美无瑕，只是在犹太人大屠杀问题上未受指责罢了。与认为他应该为种族屠杀行为负责相比，他受士兵批评更多的是他在战争中放任德国走向毁灭，以及无谓牺牲德国平民和军队的做法。在德军士兵们看来，希特勒对自己民族犯下的罪行，远比在侵略中对其他民族所犯的罪行严重得多。

大多数德军士兵对大屠杀予以指责而不是拍手称快，也可能只是从机会主义角度考虑。非常值得注意的是，亨特堡监听档案中许多对大屠杀的表态集中在“二战”结束前一年内——当时，德国战败的迹象已逐渐明显，越来越多的人在背离希特勒及纳粹政权。另外需要注意，多数德军战俘是1944年第三季度之后才抵达亨特堡的。前面德雷克泽尔、麦思勒以及舒尔茨几名潜艇兵之间的对话要比这个时间更早，这证明早在纳粹政权还没走向衰落之前，部分德军士兵就已经反对大屠杀这样的暴行了。另外，与犹太人大屠杀相比，士兵们在战争后期已没有借口再去否认其他暴行。另外德军在被俘期间阅读的美国出版物中，包含关于被解放的集中营等消息，这也起了一定作用。美国的有关报道、电影片段和照片不仅令德军士兵震惊不已，还改变了他们的观点，不过这种“启蒙”是在“二战”结束前几周才有的。[165]从亨特堡记录的许多关于大屠杀的言论看，这种教育转化措施也并未产生影响。一切都证明，亨特堡中德军士兵所持的普遍观点早已成型。对大屠杀的抗拒态度是否只是要摆脱过去时的推诿和借口？对此还要进行更多的分析。例如，某些特定的德军群体就从不认同对大屠杀的谴责行为。

尽管“二战”中的德军骨干们在谴责犹太人大屠杀时默不作声，亨特堡监听档案中涉及大屠杀话题的篇幅又只有不到1%，相关证据比较有限，呈现的总体趋势却仍十分明确：那些身经百战的德国军人中，像前文提到的党卫队小队长弗里茨·斯沃博达这样对大屠杀表达立场的十分少见。在约1万页的监听记录中，常年在前线征战的士兵出现的次数并不多，而参与有关大屠杀问题讨论的战俘中，战斗经验丰富的也只是少数。例如弗里德里希·吉尔曼（Friedrich Killmann）曾在亨特堡怒斥“该死的种族教义”和“该死的优等民族理论”，并为其中的原则勃然大怒，“不听话的人都该枪毙”。[166]吉尔曼虽然直到1940年才被编入国防军，但当时22岁的他已经在后备部队参与了整场战争：先是在工兵部队中从事维修工作，然后又进入了铁路工兵教导连。1944年3月，他才被派到意大利境内的一支步兵部队并重新接受训练，5月正式投入作战，月末就进了战俘营。近4年的战争生涯中，他真正上战场的时间只有短短几周——他不是战士，也从不认为自己是名战士。[167]

那些极力批判大屠杀的德军士兵情况一般都相似，他们当中少有来自精英部队的战士，来自空降兵或武装党卫队的几乎没有；即使有也是较晚才加入的，他们不仅不能代表这些部队的战斗特点，反而还冲淡了它，那些极少数的例外更能证实这一规律。党卫队小队副格奥尔格·布伦德认为肆意屠杀犹太人是“混账做法”，实际上他本人背景就很特殊。他在美国长大成人，直到1938年18岁时才随家人搬回德国。[168]1940年，他虽然自愿加入了武装党卫队，并在“警卫旗队”服役，但他的主要工作是为总部的情报部门做翻译——布伦德与弗里茨·斯沃博达不同，战斗和杀戮并不属于他的日常生活。与布伦德的情况类似的是赫尔穆特·施沃策少尉，他是少数认清了犹太屠杀背后“系统性”的人之一。施沃策生于1911年，从小受的是“德国传统教育”，后来在东线战场奋战多年。[169]但他却没成为一名典型的前线军人，因为他身上有许多和他人不同的特点：他的卓越才能和其新教牧师的身份以及他在“监狱”担任牧师和被盖世太保监视的经历。[170]这一切都能解释为什么施沃策能与众不同地获得清晰的认知，并试图向亨特堡每一名聊天对象分享自己的看法。除了这些特殊的人之外，大多数批评大屠杀的人几乎都没有施暴经历。

对武装党卫队以及空降兵部队的研究也证实了上述观点，甚至还显得更加鲜明。这两支部队不仅是军中精英，而且意识形态被纳粹同化的程度更高。这个特点影响了他们对德军战争罪行的态度。亨特堡的一个研究项目仔细分析评估来自党卫队和空降兵各40名士兵的监听记录，得出的结论正是如此：几乎所有常年在前线作战的士兵要么对德军暴行闭口不提，要么就是试图淡化其残酷性。[171]谴责德军暴行的少数党卫队士兵和空降兵中，没有一人是在部队身体力行的核心骨干。这些人多数是后期才被征召进入党卫队或空降兵部队，或是从支援部队里抽调过去，都没什么作战经验。与这些批评者相反，小队副库尔特·克雷奇默或小队长弗里茨·斯沃博达这样的党卫队士兵多年以来构成了武装党卫队的中坚力量，并且直到最后仍坚定不移地支持希特勒。光通过精英部队士兵的沉默态度肯定没法下结论，然而监听档案中表现出的趋势相当明显：军人越是习惯于暴力，对英勇善战的行为接受程度越高，就越不容易被暴力行为所触动。换句话说，越是在国防军、战争和纳粹政权中扎根很深的人，越是难以对他们多年来为之而战的东西产生质疑。因此，对战争暴行和大屠杀的看法，在很大程度上取决于士兵的个人轨迹及由此而形成的思维模式。

德军士兵对犹太人大屠杀的态度是大屠杀历史的组成部分之一，却肯定不是其中的决定性因素；而且通常来说恰恰相反。虽然在很多德军士兵认为杀戮手无寸铁的平民、妇女和儿童超越了他们的个人底线，然而当他们处在集体的压力或受客观状况驱使时，他们仍随时能成为暴力的加害者。士兵们往往不愿意承认“二战”中还有这样阴暗的一面。从旁观者角度看，很多人会产生幻觉，觉得德军从未参与过这些暴行，况且“正常人也做不出这样的事”。[172]这却也正是这场空前的残酷战争带给我们的教训之一。一些目睹过残酷暴力的德国人就有这样的自知之明。亨特堡的几名德军战俘曾就对盟军飞行员动用私刑这一问题争得面红耳赤，其中一人发誓说，如果他在场一定会出面阻止，而另一名曾亲眼见过“成千上万的”苏联战俘惨死的士兵却对他的说法嗤之以鼻：

A：作为士兵，我宁愿枪毙敌国的平民，也不会这样折磨他们。

B：你这么说，也只是因为你现在是阶下囚而已。

A：不是，跟这没关系。

B：我的意思是，这种想法是你现在才有的，你这样的我见得多了。[173]

大屠杀发生时，即使再多的德军士兵对此感到愤怒，也没人表示过反对。不论是从行动上、身体上或是心理上来看，实施暴力都是在被军队群体同化的过程中通过实践习得的，同时战友的做法也是他们学习的内容。

第十章

# 结语

在第二次世界大战中，约1700万名军人穿着纳粹德国军装走上战场。不过，仅仅因此就说明他们都是为了纳粹的“卐”字符而战吗？值得思考的是，这些士兵的行为中哪些是他们身处的纳粹时代及社会所独有，哪些又是与其他时代、其他国家军人的共性相吻合？如果德国军人脱下纳粹军装，换上美军、意军或日军军服，他们的行为是否会不同？如果在亨特堡被监听的战犯不是纳粹国防军，而是苏联红军或英军，他们的言语意味会不同吗？如果参战的是德意志帝国或联邦德国国防军的部队，他们的作战方式是否会与纳粹德国国防军有什么不同呢？

暴力在任意不同的时代背景或国家对人的影响是否始终相同？“战争就是战争”这句老话是否经得起推敲？战争暴力是否具有各自时空文化特点？历史心态、社会观念或意识形态信仰对于实施和应对暴力有何影响？此外要弄清楚，士兵个人观点和看法对其行为有多大影响。军事和战争是否真的消弭了所有个体差异？或者对士兵的想法和感受造成了不同的影响？士兵们在战斗中各自秉承着自己的价值观和看法，这对他们的行为有何影响？无论是大日本帝国、大英帝国、魏玛共和国还是纳粹“第三帝国”，情况是否都一样？

这些问题显然没有统一答案，答案都要从战争的本源去寻找。谁也无法回到过去，去了解当时的人到底在想什么。至于真正推动当时行为的契机——我们只能去推测而无法找到证据。进行社会心理学实验，也无非是模拟重建某一场景，依然无法将过往还原到当下。对战争中士兵行为所下的结论，除从历史角度推断得出之外，也是从当时士兵的言论中总结的。本书展现的便是士兵言行方面的差异。亨特堡监听档案这样的信息来源，造成了我们讨论视角的分野。显然，战争和军队具有其不变的基本特征和一定之规，然而如果不考虑交战国的文化因素，就无法把战争解释清楚，遑论战争在历史上表现出的多样性。

在战争中，士兵的行为至少受到四个方面因素的影响，并处在不断变化之中：自身战斗经历和战争动力，各自社会及军队的历史文化背景，所在部队文化以及士兵个人的性格、气质等。这些因素自身不断变化又相互交织，以不同的分量塑造出各异的战争态势。国家的军事文化、军事标准体系和代表模式也同样决定着战争的方式方法。战争经验反过来影响士兵对现实的感知，实践则塑造了士兵对暴力的个人标准。至于战斗方式，主要取决于参战部队的特色——来自每个士兵以及他们的上级。

如果各场战斗是战争的核心，那么第二重要的必然是各国参战的士兵。战场上发生的事情多与对肉体的伤害有关，并往往带来生理方面的过激反应。例如饥饿、寒冷、疲劳、疼痛、复仇欲望、炮火轰击、对死亡的恐惧、杀戮、战伤，这些情形在第二次世界大战中给人带来的感官冲击显然不会与先前或之后的战争冲突有任何本质区别——对法国或美国士兵来说，感受也与德国士兵没什么不同。连爆炸声和枪炮弹药的呼啸声，战场上的残肢断臂还有弥漫的尸臭也别无二致。暴力对士兵心理的影响也大体类似：战斗引发士兵的压力，释放肾上腺素并激发下意识反应。无论如何，暴力本身并不因文化和历史背景不同而变化。类似的并行状况也存在于军队的内部生活中，部队的集体力量不是因其属于某个国家或存在于某个时空背景而产生的特性，相反，很大程度上与人类的社会属性相关。在任何地方，集体发挥作用的方式是基本一致的：集体的标准高于个人标准，内部的阶级则在此基础上决定个体如何服从集体规范。这并非历史特有，而是社会心理学普遍原则，这个原则在民间社会的共存生活中也起着同样的决定性作用，在军队中则表现更为显著。简言之，“二战”中各国士兵有不少共同点，在战争中的表现也有相同和相近之处。但是，不能让这些基本属性的相似造成对军队行为差异的误解。

从历史文化层面看，战争的发展过程既形成了统一性，也存在了分歧和差异。各参战国的士兵来自不同的社会，秉承不同的道德标准——同时又互相重叠、交叉。“二战”中，各国军队心理预期和出发点在很多方面是不同的。民族主义和种族主义自19世纪起就在各国萌芽发展，在奉行纳粹主义的“第三帝国”则表现得尤为极端。军国主义并非德国专利——在其他国家，对军人、武力和雄性力量的狂热崇拜不论过去还是现在都普遍存在，各国男性对军事和战争的认知也颇为相似。不仅是德国士兵，他们的盟友和对手也肯定希望做个好战士，当个勇猛的真汉子。不过，各国军事文化在此基础上的各自发展是不能忽视的。

本书揭示了“第三帝国”军队普遍的意识形态。在国防军中，士兵们深受民族主义和种族主义、军国主义、袍泽情谊和硬汉情结的影响，渴望战斗和出征，履行义务、勇于牺牲成为他们的信条。那些身经百战、矢志不移的战士便是上述精神的化身，而这在其他国家军队中也同样如此。一支军队中有多少这样靠内生力量战斗的军人，是由军队历史背景决定的。在国防军中，这个特点无疑非常突出，不仅是由于德国民间的尚武传统，而且还与德国当时常年征战造就的坚强军人核心不无关系。很大程度上，这也是国防军即使早就明白将要战败，尚能在“二战”中坚持如此长时间的重要原因之一。

此外，国防军通过推行集权意识形态实施肆无忌惮的独裁也是其历史特征之一。当然，这也不是说每名国防军士兵都被这种意识形态武装到了牙齿。亨特堡的监听记录显示，许多普通士兵的政治思想水平并不高，当然这并不意味着政治和意识形态对他们没有丝毫影响。士兵不议论这些话题，并不说明他们对此没有自己的看法。他们中的大多数直到战争结束仍然效忠于希特勒，而且在他们看来，为自己的国家而战，理所当然。忠诚是德国军人的常态，因此他们也非常忠于他们军人的身份。他们的认知模式和对敌人的印象可以说受了意识形态的彻底影响。国防军并不是一支政治化非常彻底的军队，国防军士兵中按老一套做法狂热地为世界观而战的军人不过是很小一部分，但其政治背景决定了不少岗位仍是由政治化程度较高的军人来担任的。

德军士兵的心态与其他参战国的士兵相比到底有何突出之处，这点仍需进一步研究，目前成果是有限的。因为要系统地比较德军士兵与“二战”美军或苏联红军的区别，我们仍然缺乏足够的资料作为研究基础。亨特堡的档案固然理想，还需获得盟军士兵的材料作为比对，这些资料当然是不存在的。直到我们发现一个例外：数百名意大利士兵在第二次世界大战中被关押在英国战俘营里，他们之间的对话也受到了监听。最近对这些档案的研究分析揭示了其中的巨大差异：意大利士兵对军人角色的理解与国防军相去甚远，[1]他们对投入战斗的认识明显不足。对于那些在德国国防军中广为传诵的如勇敢无畏、战斗意志及牺牲精神等价值观，意大利士兵也并不十分看重。不难推测，意大利军队与德国军队间的这些区别导致意军战斗力明显低下。

在战场表现这个战争的核心问题上，文化特色的确也能够产生不小的影响。例如巴尔干和苏联境内的暴力文化特点就是很好的例证。当地存在一些西方军队中不常见的暴力行为：例如将俘获或处死的敌人像仪式般地肢解，“二战”前后的其他战争也能证实这一点。[2]在苏联红军中，对自己人下手是很常见的。他们常常不顾己方士兵死活的态度所引起的内耗相较于纳粹军队更是有过之而无不及。苏联红军的作战方式和国防军在其他战斗中所经历的对手不同，这点任何一个在东线参战的德国士兵都不会否认。

从战争狂热角度来说，没有任何一支军队能出日本帝国军队其右。太平洋战争中的统计数据尽人皆知，更能生动地说明一切。美军活捉的日军战俘数量低到不成比例。[3]这一方面是由于美军部队中奉行的种族主义——不少战斗中美军都实现了“零战俘”。另一个重要原因是日本军人的文化特质。他们早已认定，一旦在战斗中被活捉入狱便会遭虐待和被杀——按照之前亚洲发生的各次战争，这种认识已经根深蒂固。[4]在日本社会中，人们也认为士兵在战场上被敌人生擒是奇耻大辱。如果军人不战斗到最后一息甚至还主动投降，那么不仅会被认为是犯了大忌，整个家庭都可能名誉扫地。[5]“二战”中日本士兵赴死的勇气无人能比，很多人甚至被俘前选择自杀，只有此类特殊心态才能解释这一切。[6]这一例子也证明：战斗表现并非在任何国家或时代都一成不变，而总是受文化和历史背景的影响。而战争也确立了其自身规律，很多在平民社会中被视为禁忌的事情在前线都司空见惯。不过两者也不能完全割裂，毕竟士兵始终是他们所属社会的产物和其中的一分子。

假如真有放之四海而皆准的战争风格，则第二次世界大战中各个前线的战斗应大同小异——事实显然并非如此。西线战场和北非、东线战场不同，对巴尔干地区的争夺和太平洋战争也大相径庭。造成区别的原因中，像战场的地理位置和气候条件这些是不可改变的，其他因素则都是人为的。一地的战斗是否比其他地方更激烈，首先取决于军队将领的意愿——例如在德国进攻苏联的计划和谋略；另一方面，战争中暴力的激烈程度也是不同斗争方式和暴力文化对撞的结果。这样看来，“战争就是战争”这句老话并不确切。

在国家层面之下，士兵身处的军事环境也造就了进一步的差异：这些区别不仅存在于各国间的战争整体之中，在不同国家、部队中也同样存在。每一支军队都拥有数量繁多的下属部队和各类组织，其风格和特点各异。各兵种及每支部队中又都有独特的部队文化和标准。各国特有的价值观体系自上而下地为部队的普适标准奠定了基调，也决定了在士兵眼中什么是理所当然的。在一般的步兵部队中，这一差异并不大。然而在精英部队和特种部队中，情况却大不相同，其集体观念无疑将体现在战场上。如武装党卫队的核心部队与国防军或伞兵部队的精锐部队相比，作战风格更为顽强。[7]

然而，就战斗力强弱而言，仅考虑部队文化间的差异是不够的。因为即便是同一序列中的部队，也会表现出相当大的区别——例如，最明显的差别即存在于那些组建较早的老牌部队和战争后期才组建、战斗力明显下降的新部队。像大多数1943年至1944年间组建的武装党卫军部队，其战斗力已无法与国防军精英部队相比。国防军的战斗力也同样有所下降，例如，精锐伞兵部队的战斗力一度能与武装党卫军特种部队抗衡。但是随着战争的不断深入，由各路人等重新组建的伞兵部队早已今非昔比。在部队的整体环境下，士兵个人也扮演一定角色。集体从根本上说都是成员个体的总和，这一原则对军队同样适用。一支部队的表现，除了和战场状况有关外，显然也受士兵装备、武器和供给等物质条件制约。不过战士的个人经验、能力和主动性才是决定性因素。因为一支部队的战斗表现是由每一名士兵的战斗意愿共同组成的。只有理解了这一点，方能解释为何国防军不同部队在类似的装备及作战条件下，表现差异仍如此之大。

由此，便涉及了战争的个人层面。在军队和军事领域的大环境下，士兵个人的性格也是关键性因素。本书中对亨特堡监听记录的分析揭示了国防军士兵间迥异的性格和习惯作风。虽然他们都必须遵守军队的集体标准和价值观，避免失格，但他们个人对国防军军人道德的认同程度不尽相同。对于基本共识之外的事情，士兵们的看法往往各异。我们将国防军士兵的战斗动机分为群体因素和内生动力两个方面：群体因素迫使他们去服从命令和要求，满足上级和战友的期望；内生动力则是士兵们内心中被国防军推崇的军人美德：战斗成为这些人的个人愿望，战争则完全主宰他们的思维，以至于即使在被俘后，他们聊天的话题也不外乎战争和军事。

许多证据证明，士兵的不同习惯、动机也会导致他们的行为差异：当群体因素和客观现实共同作用时，在如何利用好战争中那些渐进发展的回旋余地这个问题上，士兵们的表现是有差别的。个人意愿和形势的紧迫性哪个对士兵行为影响更大？本书的研究为这个问题给出了一个较为中立的看法。从众心理以及战争本身的驱使能对国防军士兵的行为做出不少解释，但并不是全部。尽管在暴力面前，个人是无能为力的，不过考虑客观实际和其所处的军阶，士兵在决断力和承担个人责任方面还能有些作为。

士兵对自己军人角色的诠释，会再次受到其文化背景的影响。士兵们在早期平民生活和之后的军旅生涯中受群体影响的过程是其中的决定性因素。亨特堡的监听记录使我们得以对此展开研究：我们从中了解到国防军士兵的个人气质如何影响其战争心态，同时也证明社会阶层、教育程度、出生地、宗教信仰或政治倾向等因素都无法单独左右士兵的想法和感受，只有从这些因素的共同作用角度出发，才能了解士兵是如何被社会环境打上烙印的。社会因素对大多数国防军士兵的影响比较细微，他们很少会极端地对纳粹教条全盘否定或狂热支持。在多数情况下，士兵们不管与纳粹政权和军队是接近还是疏远，过程大都是渐进性的。社会烙印很少使士兵们从根本上支持或反对纳粹，其更多的作用在于让士兵在国防军这个强调“随大溜”的空间中找到所处的位置，以及如何去接受和扮演自己的角色。此外，年龄这个个人指标对士兵的影响是非常重要的。历史学家早已对此有所揣测，亨特堡的监听档案则给出了确凿的证明：国防军中的年轻一代成长在“第三帝国”，他们自幼便接受纳粹主义教育并最终成了极为忠诚的军人。受社会影响的时间、条件和环境对士兵们受群体影响的程度有显著作用。美国对国防军战俘所做的问卷调查也证明了这一点：与那些成长在“第二帝国”或魏玛共和国时期的年长战友相比，希特勒青年团时期的年轻一代更加忠于希特勒和纳粹政权，并笃信德国会最终取得胜利。这说明纳粹的教育和“洗脑”是有效果的。

在国防军中，士兵的军人属性不仅与其个人气质紧密相关，还会对其进一步加以塑造。尽管存在集体约束，士兵的从军历程仍然具有强烈的个人色彩，毕竟制服本身能对士兵习惯的改变不多，只有投身战场方能在历练中真正成军。不少人在少年时或在希特勒青年团中便有志参军，也是拜德国社会文化传统和较高的军事化程度所赐。大多数德国人对军队心生兴趣，要求他们参军也并非难事。直到真正投身战争，受群体影响的决定性阶段才刚开始。士兵在军队待的时间越长，其作为士兵所获得的认可越多，他们与军队的共生程度也就越深。一般来说这是条必经之路，因为正常人做事之前都先要明确其意义——尤其是在实施暴力时，施暴越多，为自己开脱便越多。士兵在前线战斗越久、杀戮越多，便越坚信战争的军事信条，因而更能以严守军人的道德风纪为己任。士兵受战争锤炼的程度，除了与他们的战斗位置、所在部队和职能直接相关外，也与他们的年龄和生活经历有关，如何实施暴力则取决于他们的固有动力。然而，为了合理安排这些久经战争考验的士兵，德国并没采取世界各国军队普遍认同的逻辑，而更多的是来自国防军和纳粹政权，具有本国社会特征的特殊模式，使得其军队群体性进一步受历史文化作用的影响。

国防军士兵的认知也同样受个人特点和历史文化的双重影响。研究国防军历史，不能对其历史文化背景避而不谈。人们的行为并不直接由假想的客观情况决定，真正重要的是他们对客观存在的主观认知。人们对现实的态度通常来自自己眼见的现实。对亨特堡监听记录及问卷调查的分析证明，士兵对战争的感知与其所处的不同地位密切相关。他们同国防军及纳粹体制依存程度越高，世界观越与纳粹保持一致，也越可能否认时代的总特征。偏见程度取决于个人态度，越是固执己见的士兵，越无法客观估计战争形势，反之亦然。德军中的一些中坚分子直到1944年底、1945年初仍相信德国会最终获胜。当战争发展到毫无退路时，这种观点往往大行其道。特别是对于那些掌握话语权并发号施令的指挥员来说更是如此。因为士兵并不全是受现实驱使的人，也不是军事机器中完全处于被动的客体，将国防军中军队组织与士兵间的关系只看作完全单向的梯度关系，显然是不适当的。国防军整体结构和其中个体间的辩证关系显然更加相辅相成、各有千秋。在战争中，普通士兵普遍无力左右战争的整体局势，他们受到来自机制与规则、客观事件、上级和团队等各种因素的影响。而矛盾也恰恰始于此：团队终究是由各个成员组成，仅仅是每名士兵在军中的存在便影响着部队整体对个体的控制行为。在他们观察战友行为的同时，也时时承受着来自战友的目光。士兵处在军队环境中并受其制约，在很大程度上是由他们自己造就的。

国防军中的群体秩序并非一成不变，一名士兵在战场上生存时间越久、战斗力越强，立功和所受嘉奖就越多，其享有的权威便越高，也能更多地参与下达军令。当这些人的地位在有形或无形的军队阶级中不断上升，他们在部队中的权重就越大。不管最后是凭借经验逐渐成为部队权威，还是直接被任命为指挥官，从最基层干起的老兵皆须经历这一过程。下层军官和士官规模不断扩大，并通常成了部队的顶梁柱。在部队结构的顶端，这个原则又生动地体现在下级和中级指挥员身上。这些人中大部分常年征战，早已与部队和战争融为一体，为纳粹政权战斗的信念早已深入腠理。他们多年服役的经验以及受到的嘉奖和认同使他们在各自的部队中成为了正式长官或非正式的领导人物，他们在国防军中的作用是不可替代的。在现有的部队中他们是脊梁，在新组建的部队中他们则是核心。他们影响着整支部队的结构和风气，在战斗中为其他士兵做出榜样，并承担传播政治思想和军人习惯的职责。他们是整支军队的核心，也是国防军最强有力的支柱。士兵在国防军的格局中融入越深，他们拥有的掌控力便越大。在历史上，军官和他们的副官是形成战争意图的主要因素。虽然他们也同样承受着来自群体的压力，客观上也常常无能为力，但是他们所处的地位使其能够直接决定前线上的战争走势。他们自己具有影响外界的力量，诸如世界观和政治理念等个人态度也在发挥作用。首先，这些领军人物有能力将其意识形态灌输到部队行动中。受到这些军官和军士中忠实的纳粹分子的影响，国防军在战斗中也体现出潜在的纳粹意识形态特征。并不是所有国防军士兵都得通过军服上的纳粹党徽来证明他们有能力为纳粹政权而战，当时许多指挥官这么做就足够了。

然而，这些不同级别的指挥官却最终渐渐从“二战”的历史中消失了，确切地说是从后人对历史的描述中消失了。时下的历史学研究越来越忽略个体及个体对历史的影响，认为各种行为的根源都是那些不由个人决定的力量，如人类的固有本质、社会心理学概念中的下意识行为以及地缘条件、最高领袖，等等。本书的研究揭示了之前未受重视的一些因素：首先是打消了那种对在集体化紧急状态和极端暴力环境下仍能实现个体自决的理想主义看法。如果只从这种角度解读历史，那么在一些情况下，对历史的描绘就会显得过于骨感。例如，在当前对尼基塔·赫鲁晓夫这位斯大林主义者的一项研究中，他一生的所作所为仅仅被解读成“出于恐惧”[8]，就如同把历史研究拉回到传统意义上那种只考虑帝王和独裁者自身影响力的“伟人生平”水平上一样。士兵个人在第二次世界大战中固然没有多少独立性，但只把他们看作完全被动的棋子也是不恰当的。从这个角度看，本书也是对那些在战争中、有限空间里的个人的人生经历与态度的一次总结性描述。

# 谢 辞

本书的诞生过程本身便是一段历史，很多机构、同仁和朋友为此都有所贡献。我谨借此机会，向其表达本人的谢意。

本书得以完成，得益于弗里茨·蒂森基金会（Fritz Thyssen Stiftung）给予的大力协助，它为项目提供了研究资金和丰富的物质资源。对此，弗兰克·祖德尔博士（Dr. Frank Suder）及其团队给予的有益的个人指导，我深表感激。

还有松克·奈策尔教授（Prof. Sönke Neitzel），要不是他在2008年春天让我加入他的研究团队，我便无法获得弗里茨·蒂森基金会的资助，本书的写作也就无从谈起。他既是项目的负责人，又是我的导师、同事和朋友，寥寥数语实在无法表达我对他的感谢。我对与松克·奈策尔一起领导此项目的哈拉尔特·韦尔策教授（Prof. Harald Welzer）也十分感激，他在多方面支持我，和他的讨论令人兴奋。

在我们名为“战争的互动关系框架”（Referenzrahmen des Krieges）的研究项目中，我很高兴能同克里斯蒂安·古德胡斯博士（Dr. Christian Gudehus）、阿梅迪奥·欧斯蒂·古艾拉奇博士（Dr. Amedeo Osti Guerrazzi）、赛巴斯提安·格罗斯博士（Dr. Sebastian Groß）以及托比亚斯·赛德尔博士（Dr. Tobias Seidl）共事，对于项目组来说，米夏埃拉·克里斯特（Dr.

Michaela Christ）和李夏特·戈尔曼（Dr. Richard Germann）两位博士也不可或缺。回顾我们在美因茨、埃森和罗马一起深入讨论和因项目而聚会的难忘时光，我深表感谢。

在项目组外，我的同事和朋友约翰内斯·许尔特博士（讲师）（PD Dr. Johannes Hürter）对本书的贡献最为重要。我特别感激他和我之间无数次对话产生了丰硕的成果，同时他给予了我莫大的鼓励，并为本书撰写了前言。

美因茨大学当代史教研室的安德列亚斯·罗德尔教授（Prof. Andreas Rödder）与我在这项工作上密切合作，给予了我诸多方面的支持，在此特别致谢。我感谢教研室所有工作人员为我提供了舒适的工作环境，特别是与我同办公室的贝恩哈特·迪茨博士（Dr. Bernhard Dietz）和克里斯托弗·诺伊迈耶尔博士（Dr. Christopher Neumaier）给予我的亲切帮助。

我同样要感谢我勤奋的助手们：约亨·雷恩哈特（Jochen Lehnhardt）、菲利克斯·马泰斯（Felix Matheis）、弗雷德里克·穆勒斯（Frederik Müllers）、德西蕾·内普（Désirée Neeb）、克里斯托弗·乌李希（Christoph Uhlig）和提尔·沃尔特斯（Till Wolters），他们对亨特堡档案中的人物生平信息一一加以整理，建成了数据库，还对数千页监听记录进行了编辑加工。最后，法尔考·贝尔（Falko Bell）和马丁·特罗特莱恩（Martin Treutlein）对此亦有贡献。菲利克斯·马泰斯还额外建立了一个关于"士气调查"的数据库，还和弗雷德里克·穆勒斯一样承担了其他任务。他们每个人的工作都十分出色！

项目之初，我曾在华盛顿停留了4个月。我在位于马里兰大学帕克分校内的美国国家档案馆翻拍了关于亨特堡约102000页的全部档案资料，以便回到美因茨继续工作。提摩西·玛里甘博士（Dr. Timothy Mulligan）在我梳理美方档案案卷期间为我提供了无法估量的帮助。此外，布兰登·比思（Brandon Bies）、迈克尔·G. 布莱希（Michael G. Bracey）以及丹尼尔·格罗斯（Daniel Gross）也提供了有价值的支持。和提摩西一样，安迪·波普（Andy Bopp）、詹妮弗·莱斯利（Jennifer

Leslie)、罗兰·米尔曼（Roland Millman）和米卡·史潘乐（Micah Spangler）等朋友也让我在华盛顿的生活变得更加充实。

我的书籍能入围皮珀（Piper）社的出版计划，实属殊荣。对于皮珀社的克里斯汀·洛特尔（Kristin Rotter）和乌尔里希·汪克（Ulrich Wank）对我和我的工作从始至终所给予的信任，我表示由衷感谢。谢谢海克·沃尔特（Heike Wolter）为本书审稿时提出谨慎而周到的意见。

我亲爱的瑟塔勒（Setare）对我的工作做出了巨大牺牲，我谨饱含爱意地将这本书献给她。

菲利克斯·略莫尔

2012年春于美因茨

# 注 释

（在摘自监听记录的引语中，凡涉及明显文法错误处均由本书作者自行更正。）

## 第一章 导 言

1 Seine Mitgliedskarte in der NSDAP-Kartei trägt die Nr. 7905951, der Aufnahmeantrag datiert vom 3.10.1939, NARA, RG 242, BDC-Microfilm, A 3340-MFOK-S039, Frame 1834.

2 Sterbeurkunde des Waginger Krankenhauses, 3.5.1945, aus dem Familienbesitz.

3 Chronik des Pfarrers Franz Ringmeir, S. 9. Für diese Quelle danke ich Herrn Franz Patzelt, Waging am See.

4 Vgl. das 17. Jahresheft, Verein für Heimatpflege und Kultur Waginger See e.V., Waging 2005. Vgl. die Akten der US 42nd Infantry Division und ihres 242nd Infantry Regiment, das Waging am 5.5.1945 besetzte, NARA, RG 407, Entry 427, Box 9145.

5 Feldpostbrief, Werner Lamp, an seine Frau Wilma, 18.10.1940, aus dem Familienbesitz.

6 Feldpostbrief, Werner Lamp, an seine Frau Wilma, 26.6.1941, aus dem Familienbesitz.

7 Feldpostbrief, Werner Lamp, an seine Frau Wilma, 8.10.1941, aus dem Familienbesitz.

8 Feldpostbrief, Werner Lamp, an seine Frau Wilma, 26.9.1941, aus dem Familienbesitz.

9 Feldpostbrief, Werner Lamp, an seine Frau Wilma, 9.9.1941, aus dem Familienbesitz.

10 Feldpostbrief, Werner Lamp, an seine Frau Wilma, 28.10.1941, aus dem Familienbesitz.

11 Feldpostbrief, Werner Lamp, an seine Frau Wilma, 22.6.1941, aus dem Familienbesitz.

12 Feldpostbrief, Werner Lamp, an seine Frau Wilma, 24.2.1943, aus dem Familienbesitz.

13 Auszug aus dem Bericht der Feldpostprüfstelle des AOK 16, 16.1.1942, BA-MA, RH 26–20/89, Anl. 103.

14 Interview mit den beiden Töchtern und dem Sohn von Kurt Elfert, 17.3.2012.

15 Vgl. Neitzel/Welzer, Soldaten; Welzer/Neitzel/Gudehus, »Der Führer war wieder viel zu human«; Osti Guerrazzi, Noi non sappiamo odiare; Groß, Gefangen im Krieg; Seidl, Führerpersönlichkeiten.

16 Neitzel/Welzer, Soldaten, S. 394.

17 Vgl. Richter, Krieg und Verbrechen.

18 Die Website findet sich unter der Adresse: http://www.geschichte.uni-mainz.de/neueste geschichte/820.php.

## 第二章 在战俘营

1 Memorandum from Chief of Captured Personnel and Material Branch, 9.9.1944, NARA, RG 389, Entry 452a, Box 1377. Für den Hinweis auf dieses Dokument danke ich Daniel Gross, Kensington/Maryland.

2 Screening Form, Gefr. Heinz Kinzel, o. D. (Aug./Sept. 1944), NARA, RG 165, Entry 179, Box 496.
3 Screening Form, OGefr. Kurt Hentschke, o. D. (Aug. / Sept. 1944), NARA, RG 165, Entry 179, Box 482; Interrogation Report, OGefr. Kurt Hentschke, 14. 9. 1944; ebd.
4 Screening Form, Obersold. Alfred Andersch, o. D. (Aug./Sept. 1944), NARA, RG 165, Entry 179, Box 442.
5 Das Folgende ist abgeleitet aus dem Bericht: Report of the Activities of two Agencies of the CPM Branch, MIS, G-2, WDGS, o. D., NARA, RG 165, Entry 179, Box 575.
6 In »Amerikaner – erster Eindruck«, vgl. die Erzählung in: Andersch, Gesammelte Werke.
7 Room Conversation, Andersch – Balcerkiewicz, 11. 9. 1944, 14.00 – 17.00 Uhr, NARA, RG 165, Entry 179, Box 442.
8 Vgl. Felix Römer, Alfred Andersch abgehört, S. 581 ff.
9 Vgl. Römer, Alfred Andersch abgehört, S. 573 f.
10 Vgl. Bradley Smith, Admiral Godfrey's Mission to America.
11 Memorandum, Adm. John Godfrey, an den Director of Naval Intelligence, Cpt. Alan G. Kirk, 14. 6. 1941, NARA, RG 80, Formerly Security-Classified Correspondence of the CNO/Secretary of the Navy, Box 228.
12 Memorandum des Head of Foreign Intelligence Branch an den Director of Naval Intelligence, betr. Prisoners of War – Treatment and Interrogation in the United Kingdom, 27. 6. 1941, NARA, RG 80, Formerly Security-Classified Correspondence of the CNO/Secretary of the Navy, Box 228. Den Hinweis auf diesen Bestand verdanke ich Dr. Timothy Mulligan, Lanham/Maryland.
13 »Study on Peacetime Disposition of ›X‹ and ›Y‹ Files«, o. D.,I Memorandum des WDGS, Intelligence Division, Exploitation Branch, 14. 3. 1947, NARA, RG 319, Entry 81, Box 3.
14 Memorandum des Head of OP-16-F an OP-16-F-9, betr. Prisoners of War – Interrogation of, 2. 7. 1941, NARA, RG 80, Formerly Security-Classified Correspondence of the CNO/Secretary of the Navy, Box 228.
15 Vgl. die »History of Special Activities Branch (17 June 1940 – 31 October 1943)«, o. D., NARA, RG 38, OP-16-Z, Administrative File, Box 1.
16 Memorandum des Chief of Naval Operations an den Secretary of Navy zur Weiterleitung an den Secretary of War, 17. 12. 1941, NARA, RG 80, Entry 130, Box 47; Memorandum des Secretary of War and den Secretary of Navy, betr.: Joint Interrogation Centers, 6. 1. 1942, NARA, RG 389, Entry 452, Box 1395.
17 Die wichtigsten Dokumente hierzu finden sich in NARA, RG 165, Entry 179, Box 362, sowie NARA, RG 389, Entry 452, Box 1395.
18 Vgl. Neitzel, Abgehört.
19 Memorandum der Captured Personnel and Material Branch (CPMB), 19. 2. 1945, NARA, RG 319, Entry 47-B, Box 941. Vgl. auch den Bericht von Lt.Cdr. Sheppard, R. N., »Interrogation of Ps/W«, 17. 5. 1943, NARA, RG 38, OP-16-Z, Records of the Navy Unit, Tracy, Box 16.
20 Zu den IPW-Teams, die sich vornehmlich aus den Absolventen der Intelligence School von Camp Ritchie rekrutierten, und der Organisation des Field Interrogation Detachments vgl. exemplarisch die Unterlagen der G-2 Section von ETOUSA, NARA, RG 498, UD 100, Box 1; NARA, RG 498, UD 101, Box 3; zu Vernehmungsberichten von IPWs und FID vgl. NARA, RG 498, UD 268, Box 82; NARA, RG 498, UD 269, Box 83; NARA, RG 498, UD 276, Box 94.
21 Memorandum des Deputy ACoS, G-2, ETOUSA, 27. 10. 1944, NARA, RG 498, UD 100,

Box 1. Detaillierte Unterlagen zu Dislozierung, Personal, Ausrüstung sowie Abhörprotokollen einer solchen Einheit (MIU 2) finden sich in: NARA, RG 498, UD 272, Box 87.

22 Vom Special Interrogation Center (ETOUSA/G-2) existieren nur wenige Unterlagen, NARA, RG 498, UD 278, Box 96; NARA, RG 498, UD 279, Box 97. Zu Vernehmungen und Abhöraktionen weiterer »high profile detainees« in den Interrogation Centers der Army Headquarters vgl. NARA, RG 498, UD 259, Box 76; NARA, RG 498, UD 265, Box 80; NARA, RG 498, UD 260, Box 77.

23 Memorandum von CPMB, »Retention and Denial of German Intelligence Specialists«, 11.6.1946, mit Anlagen, NARA, RG 319, Entry 81, Box 4. Weitere Unterlagen zu »Paperclip« im gleichen Bestand.

24 Vgl. Geck, Dulag Luft – Auswertestelle West.

25 Report of the Activities of two Agencies of the CPM Branch, MIS, G-2, WDGS, o.D., NARA, RG 165, Entry 179, Box 575.

26 Vgl. den Befehl des WDGS, Adjutant General, betr.: Joint Interrogation Centers, 20.4.1943, NARA, RG 319, Entry 47-B, Box 942.

27 Vgl. Kap. IX.

28 Vgl. die Korrespondenz zur Unit Citation für OP-16-Z, NARA, RG 38, OP-16-Z, Administrative File, Box 2.

29 »Statement on Safeguarding P/W Information«, MIS, 13.1.1943, NARA, RG 319, Entry 81, Box 3.

30 Vgl. Dvorak, Fort Hunt's Quiet Men Break Silence on WWII; Wernicke, Scham ist stärker als Schweigen.

31 Thematisiert wurde Fort Hunt erstmals bei: Moore, The Faustball Tunnel; Mulligan, Lone Wolf.

32 Vgl. Römer, »A New Weapon in Modern Warfare«, S. 120f.

33 Memorandum des Head of OP-16-Z an Lt. Dowie, Fort Tracy, 14.12.1943, NARA, RG 38, OP-16-Z, Day Files, Box 2. Übersetzung aus dem Englischen durch den Vf.

34 Memorandum der British Admiralty Delegation an den Vice Chief of Naval Operations, 20.10.1943, NARA, RG 80, Formerly Security-Classified Correspondence of the CNO/Secretary of the Navy, Box 665.

35 Schreiben von John Paul Causey an George Kidd, 13.4.1947, NARA, RG 38, OP-16-Z, Administrative File, Box 2.

36 Besprechung in Fort Tracy, 10.4.1944, NARA, RG 38, OP-16-Z, Records of the Navy Unit, Tracy, Box 15.

37 Vgl. den ausführlichen »Story Report Psychological Warfare‹, R. Hollaender, SHAEF/Psychological Warfare Division, 10.10.1944, NARA, RG 331, Entry 88, Box 52; Vgl. auch die »Lecture on Psychological Warfare«, o.D., eines Angehörigen von OP-16-W, NARA, RG 38, Entry 32, Box 10: »It must be candidly admitted that it is extremely difficult to check upon the specific results of a specific propaganda campaign.‹

38 Merkblatt »Development of S.R.s (Listening Reports)« in den Akten von Ft. Tracy, o.D., NARA, RG 38, OP-16-Z, Records of the Navy Unit, Tracy, Box 15. Zu den »Standard Procedures« für die Vernehmungen vgl. das Memorandum des Head of OP-16-Z, Serial Z-0225, 22.5.1943, mit Anlage, NARA, RG 38, OP-16-Z, Day Files, Box 2.

39 Memorandum des OPMG, Aliens Division, an den Chief of Staff, 28.10.1941, NARA, RG 389, Entry 452, Box 1395.

40 Vgl. den Bericht »The Sampling Technique as Applied to Naval Intelligence«, übersandt mit dem Memorandum des Chief of Naval Intelligence, Serial 00653P23, 4.3.1946,

NARA, RG 38, Entry 32, Box 10; Vgl. den Bericht »Psychological Warfare«, Dr. E. R. Guthrie, 8.8.1942, NARA, RG 38, OP-16-Z, Subject File, Box 23.

41 Vgl. Kap. III.

42 Report of the Activities of two Agencies of the CPM Branch, MIS, G-2, WDGS, o.D., NARA, RG 165, Entry 179, Box 575.

43 Interrogation Reports, Oberfunkmaat Josef Höller, 23.7./6.8.1943, NARA, RG 165, Entry 179, Box 486.

44 Interrogation Reports, Lt. Max Coreth, 18.3./22.5.1944, NARA, RG 165, Entry 179, Box 458.

45 Report of the Activities of two Agencies of the CPM Branch, MIS, G-2, WDGS, o.D., NARA, RG 165, Entry 179, Box 575.

46 Bericht »Study on Peacetime Disposition of ›X‹ and ›Y‹ Files«, o.D., in der Anlage zum Memorandum des WDGS, Intelligence Division, Exploitation Branch, 14.3.1947, NARA, RG 319, Entry 81, Box 3.

47 Vgl. die Listen über »Questions to be asked« und »Information desired« in: NARA, RG 165, Entry 179, Box 573; NARA, RG 165, Entry 179, Box 359.

48 In »Amerikaner – erster Eindruck«, vgl. die Erzählung in: Andersch, Gesammelte Werke.

49 Vgl. Römer, Literarische Vergangenheitsbewältigung; Joch, Erzählen als Kompensieren, S. 274 ff.

50 Room Conversation, Kühn – Dorn (SP) – Simon (SP), 7.1.1944, NARA, RG 165, Entry 179, Box 504.

51 Room Conversation, Pflugk-Hartung – Dietel, 18.12.1945, NARA, RG 165, Entry 179, Box 526.

52 Civilian Conservation Corps Camp, eine Einrichtung eines US-Arbeitsbeschaffungsprogramms zwischen 1933 und 1942.

53 Room Conversation, Radinger – Schimpff, 26.7.1943, NARA, RG 165, Entry 179, Box 539.

54 Room Conversation, Kabisch – Weyer, 12.5.1944, NARA, RG 165, Entry 179, Box 492.

55 Room Conversation, Bartels – Möckel, 22.9.1944, NARA, RG 165, Entry 179, Box 445.

56 Room Conversation, Geider – Freudig – Paustian, 14.4.1944, NARA, RG 165, Entry 179, Box 472.

57 Room Conversation, Rossbach – Brandt, 4.6.1943, NARA, RG 165, Entry 179, Box 533.

58 Room Conversation, Pflugk-Hartung – Dietel, 8.1.1946, NARA, RG 165, Entry 179, Box 526.

59 Room Conversation, Schreiner – Matzdorff, 20.12.1944, NARA, RG 165, Entry 179, Box 514.

60 Ic-Abteilungen gab es in jeder Kommandobehörde vom Divisionsstab aufwärts – zu ihrer Zuständigkeit gehörten die Aufgabenbereiche der »Abwehr« und der »Feindnachrichten.

61 Room Conversation, Henning – Knelleken – Grosche, 3.3.1945, NARA, RG 165, Entry 179, Box 482.

62 Room Conversation, Kesselring – Härchen, 9.9.1944, NARA, RG 165, Entry 179, Box 495.

63 Room Conversation, Engelbrecht – Krahm, 17.5.1944, NARA, RG 165, Entry 179, Box 465.

64 Room Conversation, Andersch – Balcerkiewicz, 11.9.1944, 14.00 – 17.00 Uhr, NARA, RG 165, Entry 179, Box 442.

65 Memorandum des Head of OP-16-Z an den Chief, Interrogation Branch, WDGS, G-2, 3.9.1942, NARA, RG 38, OP-16-Z, Day Files, Box 2.

66 Memoranden des OPMG an den Adjutant General, betr.: Instructions on Handling of Prisoners of War, 27.5./24.6.1942, NARA, RG 389, Entry 452, Box 1395.

67 Memorandum des Adjutant General an das OPMG, 3.7.1942, NARA, RG 389, Entry 452, Box 1395.

68 Report of the Activities of two Agencies of the CPM Branch, MIS, G-2, WDGS, o. D., NARA, RG 165, Entry 179, Box 575.

69 Lehrvortrag eines Vernehmungsoffiziers über »Prisoner Interrogation«, Lt.Cmdr. Cecil Coggins, 12.11.1942, NARA, RG 38, Entry 32, Box 10. Übersetzung aus dem Englischen durch den Vf.

70 Ebd.

71 Zu einem Fall, der »the use of injections and the attempts to use hypnosis« bestätigt, vgl. das Memorandum des Head of OP-16-Z an den DNI, betr.: Prisoners of War, Interrogation of, 1.9.1942, mit Anlagen, NARA, RG 80, Formerly Security-Classified Correspondence of the CNO/Secretary of the Navy, Box 312.

72 Memorandum des Chief, MIS, to Army Representative, National Inventors Council, 1.7.1942, NARA, RG 319, Entry 47-B, Box 942; Memorandum des Head of OP-16-Z an den DNI, 1.9.1942, NARA, RG 80, Formerly Security-Classified Correspondence of the CNO/ Secretary of the Navy, Box 312.

73 Room Conversation, Wilbertz – Rydzy – Schäfer, 28.5.1943, NARA, RG 165, Entry 179, Box 563; Interrogation Report, Uffz. Staab, Jacob, 7.7.1943, NARA, RG 165, Entry 179, Box 549; Interrogation Report, Rudolf Höber, 8.5.1943, NARA, RG 165, Entry 179, Box 485.

74 Room Conversation, Enders – Grube (SP), 15.1.1945, NARA, RG 165, Entry 179, Box 464.

75 Room Conversation, Fritzsche – Damm – Speyer, 30.4.1944, NARA, RG 165, Entry 179, Box 458.

76 Interrogation Report, OGefr. Wilhelm Wilbertz, 2.6.1943, NARA, RG 165, Entry 179, Box 563. Übersetzung aus dem Englischen durch den Vf.

77 Vgl. Mulligan, Lone Wolf. Vgl. die Dokumente zu diesem Fall in: NARA, RG 38, OP-16-Z, Day Files, Box 2. Zu dem anderen Suizidversuch vgl. Kap. IV.

78 Room Conversations, Andersch – Balcerkiewicz, 11.9./14.9.1944, NARA, RG 165, Entry 179, Box 442.

79 Room Conversation, Bocken – Stevenson, 25.8.1944, NARA, RG 165, Entry 179, Box 451.

80 Interrogation Report, Fw. Eugen Markgraf, 4.7.1944, NARA, RG 165, Entry 179, Box 513.

81 Room Conversation, Langensteiner – Enders, 30.6.1944, NARA, RG 165, Entry 179, Box 506.

82 Room Conversation, Andersch – Balcerkiewicz, 14.9.1944, 7.30 – 11.45 Uhr, NARA, RG 165, Entry 179, Box 442.

83 Report of the Activities of two Agencies of the CPM Branch, MIS, G-2, WDGS, o. D., NARA, RG 165, Entry 179, Box 575. Im englischen Original: »to soften«.

84 Room Conversation, Rossbach – Brandt, 4.6.1943, NARA, RG 165, Entry 179, Box 533.

85 Interrogation Report, Fw. Eugen Markgraf, 4.7.1944, NARA, RG 165, Entry 179, Box 513.

86 Vgl. z. B. den Interrogation Report, Lt. Julius Arp, 16.5.1943, NARA, RG 165, Entry 179, Box 443.

87 Room Conversation, Wolff – Krummkühler, 27.8.1944, NARA, RG 165, Entry 179, Box 504.

88 Room Conversation, Marsch – Fietkau, 17.1.1945, NARA, RG 165, Entry 179, Box 467.

89 Room Conversation, Zerrweck – Schumacher, 26.6.1944, NARA, RG 165, Entry 179, Box 567. Übersetzung aus dem Englischen durch den Vf.

90 Room Conversation, Tischer – Schramm, 16.5.1944, NARA, RG 165, Entry 179, Box 555.

91 Room Conversation, Schmitz – Thiemann, 24.6.1944, NARA, RG 165, Entry 179, Box 541.

92 Room Conversation, Brauch – Müller, 21.6.1944, NARA, RG 165, Entry 179, Box 453.

93 Room Conversation, Brauch – Eilers, 20.6.1944, NARA, RG 165, Entry 179, Box 464; Morale Questionnaire, Uffz. Robert Brauch, 23.6.1944, NARA, RG 165, Entry 179, Box 453.

94 Room Conversation, Eilers – Bergmann, 22.6.1944, NARA, RG 165, Entry 179, Box 464.
95 Vgl. Kap. VI.
96 Room Conversation, Wöhrmann – Putz, 25.7.1944, 15.45 Uhr, NARA, RG 165, Entry 179, Box 565.
97 Room Conversation, Teschl – Schubert, 13.6.1944, 07.30 Uhr, NARA, RG 165, Entry 179, Box 553.
98 Morale Questionnaire, Fw. August Teschl, 14.6.1944, NARA, RG 165, Entry 179, Box 553.
99 Room Conversation, Thon – Thamm, 15.3.1945, 10.30 Uhr, NARA, RG 165, Entry 179, Box 554.
100 Room Conversation, Meyer – Hoffer, 19.2.1945, 16.00 Uhr, NARA, RG 165, Entry 179, Box 516.
101 Room Conversation, Erdmann – Frisch, 4.5.1945, NARA, RG 165, Entry 179, Box 465.
102 Room Conversation, Markgraf – Bachmann, 1.7.1944, NARA, RG 165, Entry 179, Box 513.
103 Room Conversation, Bartoleit – Schröder, 5.5.1945, NARA, RG 165, Entry 179, Box 445. Übersetzung aus dem Englischen durch den Vf.
104 Room Conversation, Gusovius – Rudelsdorff, 2.5.1945, NARA, RG 165, Entry 179, Box 477.
105 Room Conversation, Lenz – Leffler, 10.8.1945, NARA, RG 165, Entry 179, Box 507.
106 Room Conversation, Eckartsberg – Vinz, 23.9.1944, NARA, RG 165, Entry 179, Box 463.
107 Room Conversation, Kopsche – Lenertz, 3.6.1944, NARA, RG 165, Entry 179, Box 501.
108 Room Conversation, Höller – Bode, 15.7.1943, NARA, RG 165, Entry 179, Box 486.
109 Room Conversation, Koch – Reinecke – Mallewein, 11.10.1944, NARA, RG 165, Entry 179, Box 499.
110 Room Conversation, Heymann – Linster, 1.5.1944, NARA, RG 165, Entry 179, Box 484.
111 Room Conversation, Thorausch – Brendel – Witt – Bochenek, 28.10.1943, NARA, RG 165, Entry 179, Box 454.
112 Room Conversation, Engelbrecht – Krahm, 17.5.1944, NARA, RG 165, Entry 179, Box 465.
113 Room Conversations, Engelbrecht – Krahm, 10./14./15.5.1944, NARA, RG 165, Entry 179, Box 465.
114 Room Conversation, Engelbrecht – Krahm, 8.5.1944, NARA, RG 165, Entry 179, Box 465.
115 Room Conversation, Bleise – Klüver – Zech (Akte Vorberger), 15.8.1943, NARA, RG 165, Entry 179, Box 557.
116 Vgl. Kap. IX.
117 Room Conversation, Swoboda – Konrad, 29.11.1944, NARA, RG 165, Entry 179, Box 552.
118 Vgl. z.B. Room Conversation, Reitmaier – Stolte, 30.8.1944, NARA, RG 165, Entry 179, Box 530.
119 Room Conversation, Hansen – Gurcke, 30.10.1944, NARA, RG 165, Entry 179, Box 477.
120 Gemeint war Oberst Rupprecht Heyn, Kommodore des Kampfgeschwaders 40 seit September 1943.
121 Room Conversation, Gromoll – Poletz, 2.10.1944, NARA, RG 165, Entry 179, Box 475.
122 Room Conversation, Dietrich – Klatt, 1.12.1944, NARA, RG 165, Entry 179, Box 460.
123 Memorandum des DNI an WDGS, ACoS, G-2, Serial 0216116, 18.1.1943, NARA, RG 80, Formerly Security-Classified Correspondence of the CNO/Secretary of the Navy, Box 665.
124 Memorandum des Head of OP-16-Z an den Chief of Interrogation Branch, WDGS, G-2, 3.9.1942, NARA, RG 38, OP-16-Z, Day Files, Box 2.

125 Vgl. Heiko Biehl, Kampfmoral und Kohäsion als Forschungsgegenstand, militärische Praxis und Organisationsideologie, S. 149.
126 Room Conversation, Rosenthal – Meincke – Berge, 16.1.1945, NARA, RG 165, Entry 179, Box 515.
127 Room Conversation, Blenk – Wenke – Siegmund, 13.2.1945, NARA, RG 165, Entry 179, Box 450.
128 Room Conversation, B. – G., 30.12.1944, 11.45 – 16.30 Uhr, NARA, RG 165, Entry 179, Box 453.
129 Room Conversation, Meissle – Drechsel – Schulz, 13.6.1943, NARA, RG 165, Entry 179, Box 515.
130 Vgl. Christ, »Das wird sich alles einmal rächen«, S. 286 ff.
131 Room Conversation, Scholten – Siegmund, 7.2./12.2.1945, NARA, RG 165, Entry 179, Box 543.
132 Room Conversation, Heyer – Jahn, 8.1.1945, NARA, RG 165, Entry 179, Box 484.

## 第三章　意识形态

1 Interrogation Report, OGefr. Heinrich Ries, 26.10.1943, NARA, RG 165, Entry 179, Box 532.
2 Interrogation Report, OGefr. Heinrich Ries, 9.11.1943, NARA, RG 165, Entry 179, Box 532.
3 Interrogation Report, Maschinenmaat Berthold Elke, 16.11.1943, NARA, RG 165, Entry 179, Box 464.
4 Hs. Bericht, Heinrich Ries alias Johann Möllinger, 16.11.1943, NARA, RG 165, Entry 179, Box 464.
5 Room Conversation, Hausmann – Wambacher, 25.11.1944, NARA, RG 165, Entry 179, Box 480.
6 Room Conversation, Brauch – Müller, 21.6.1944, NARA, RG 165, Entry 179, Box 453. Room Conversation, Siebert – Rachanski, 14.7.1943, NARA, RG 165, Entry 179, Box 547.
7 Room Conversation, Elke – Möllinger, 11.11.1943, NARA, RG 165, Entry 179, Box 464.
8 Ebd.
9 Interrogation Report, Mechanikergefr. Helmut Grünewald, 21.5.1943, NARA, RG 165, Entry 179, Box 476.
10 Interrogation Report, »Möllinger«, 15.11.1943, NARA, RG 165, Entry 179, Box 532.
11 Room Conversation, Elke – Möllinger, 11.11.1943, NARA, RG 165, Entry 179, Box 464. Room Conversation, Elke – Möllinger – Dörper, 14.11.1943, NARA, RG 165, Entry 179, Box 464.
12 Room Conversation, Elke – Möllinger, 11.11.1943, NARA, RG 165, Entry 179, Box 464.
13 Room Conversation, Schlee – Templin, 15.2.1945, NARA, RG 165, Entry 179, Box 539: »S. says he is not Antinazi, but unpolitical; in the beginning he was for some ideas of the Nazis.«
14 Room Conversation, Widl – Werkhausen, 20.9.1944, NARA, RG 165, Entry 179, Box 562.
15 Room Conversation, Hessel – Hackert, 11.9.1944, NARA, RG 165, Entry 179, Box 478.
16 Room Conversations, Sturm – Brüsch, 21./22.3.1945, NARA, RG 165, Entry 179, Box 552: »PsW agree that it isn't their job to talk politics, after all, every man has a different opinion & who knows who is right anyway.«
17 Room Conversation, Nevels – Schmalenbach, 23.4.1945, NARA, RG 165, Entry 179, Box 521.

18 Interrogation Report, Gefr. Karl Lindner, 26.7.1944, NARA, RG 165, Entry 179, Box 509. Vgl. auch Room Conversation, Schlowinski – Burkert, 21.3.1945, NARA, RG 165, Entry 179, Box 540: »S. just tells the truth that he admits he is an opportunist and sides with the party that gives him bread and fills his stomach. [...] His only interest in life was to support his family. [...] S. says that only here in the U.S. does he realize that he is a Nazi. In Germany it was natural + so convenient to be a party member.« Room Conversation, Burkert – Schlowinski, 23.3.1945, NARA, RG 165, Entry 179, Box 456: »B. I want to work, earn money and save it. I'll remain a good German, but not become a politician.« Room Conversation, Messner – Albus, 30.10.1944, NARA, RG 165, Entry 179, Box 516: »Ich will keine Politik treiben, ich bin AN. Wenn [man] mir Arbeit gibt und mich in Ruhe lässt kann man allerhand von mir verlangen.«

19 Dies ergibt die Datenbankanalyse von rd. 700 politischen Fragebögen aus Ft. Hunt, den Morale Questionnaires.

20 Vgl. z.B. Room Conversation, Hager – Riedel – Stempel, 11.11.1944, NARA, RG 165, Entry 179, Box 478: »Nach dem Kriege, wenn mir mal einer wieder kommt mit Politik oder irgendein[em] Verein, der kriegt von mir ein[en] Tritt.«

21 Interrogation Report, Fw. Eugen Markgraf, 4.7.1944, NARA, RG 165, Entry 179, Box 513.

22 Room Conversation, Schild – Kuftner, 12.9.1944, NARA, RG 165, Entry 179, Box 538.

23 Interrogation Report, Maschinenmaat Friedrich Mast, 20.6.1943, NARA, RG 165, Entry 179, Box 513.

24 Interrogation Report, Funkmaat Josef Höller, 6.8.1943, NARA, RG 165, Entry 179, Box 486.

25 Vgl. Kap. V.

26 Room Conversation, Coreth – Gramlow, 28.3.1944, NARA, RG 165, Entry 179, Box 475.

27 Room Conversation, Vielitz – Timm, 14.3.1945, NARA, RG 165, Entry 179, Box 554.

28 Interrogation Report, Bootsmaat Richard Kieselbach, 13.4.1943, NARA, RG 165, Entry 179, Box 496. Im Original auf Englisch: »I have not taken any interest in politics for many years. I have talked things over with some of the officers here and I see much more clearly than before.«

29 Room Conversation, Hesse – Schrimpf – Fuchs, 28.5.1943, NARA, RG 165, Entry 179, Box 543.

30 Room Conversation, Mielke – Schöneberg, 1.3.1945, NARA, RG 165, Entry 179, Box 517.

31 Vgl. Hans-Peter Klausch, »Erziehungsmänner« und »Wehrunwürdige«.

32 Lagebericht des Hptm. Retzlaff, Afrika-Division 999/V.P., »Verlauf der Fahrt zur Kampfgruppe Wolf und zum XXX. Ital. Korps«, 2.4.1943, BA-MA, RH 26–999/5, Anl. T7. Vgl. den Eintrag im KTB (Ia) der Afrika-Division 999, 29.4.1943, BA-MA, RH 26–999/3, Bl. 40. Vgl. auch die übrigen Militärakten der »999er« aus Nordafrika, BA-MA, RH 26–999/4, 7, 10.

33 Lagebericht des Hptm. Retzlaff, Afrika-Division 999/V.P., an Abt. Ia, 7.4.1943, BA-MA, RH 26–999/5, Anl. T20.

34 Vgl. Klausch, »Erziehungsmänner« und »Wehrunwürdige«, S. 77.

35 Room Conversation, Wegener – Rottensteiner, 1.5.1945, NARA, RG 165, Entry 179, Box 559.

36 Vgl. z.B. den ms. Lebenslauf, Schtz. Erwin Beck, 20.4.1945, NARA, RG 165, Entry 179, Box 446. Vgl. Room Conversation, Beck – Lautenbach – Müller, 31.5.1945, NARA, RG 165, Entry 179, Box 446: »Discuss a number of mutual friends and men of the editorial staff of the ›Vorwärts‹. Talk about their time as members of SAJ (Sozialistische Arbeiter Jugend – Youth movement of the Social Democratic Party).«

37 Interrogation Report, Schtz. Jacob Grossdidier, 2.7.1943 , NARA, RG 165, Entry 179, Box 475. Hs. Bericht, Schtz. Jacob Grossdidier, o. D. (Juni/Juli 1943). ebd.

38 Room Conversation, Wegener – Rottensteiner, 1.5.1945, NARA, RG 165, Entry 179, Box 559.

39 Vgl. Kap. IV.

40 Room Conversation, Otto – Stelzer – Reitmaier, 21.8.1944, NARA, RG 165, Entry 179, Box 530.

41 Room Conversation, Vielitz – Timm, 14.3.1945, NARA, RG 165, Entry 179, Box 554.

42 Vgl. z. B. Room Conversation, Kuftner – Schild, 13.9.1944, NARA, RG 165, Entry 179, Box 504: »Du kannst ja ein guter Deutscher sein, aber brauchst keine Idee zu haben, die dir nicht gefällt.« Room Conversation, Schmidt – Sandrock, 24.10.1944, NARA, RG 165, Entry 179, Box 541: »Ich bin guter Deutscher, es ist aber sinnlos, noch weiterzumachen.« Room Conversation, Marsch – Deil, 19.1.1945, NARA, RG 165, Entry 179, Box 513: »Ich bin ein Deutscher, das hab' ich ihnen erzählt. Says he doesn't hate Americans. Marsch talks of previous political debates he has had – claims that even Nazis say to non-members: Es genügt, wenn man sich als Deutscher benimmt + fühlt. Talk about Germany, its history, etc., from point of view of ›good Germans‹.«

43 Room Conversation, Bruns – Fritsche, 29.3.1945, NARA, RG 165, Entry 179, Box 455.

44 Room Conversation, Voget – Schotzhauer, 28.3.1945, NARA, RG 165, Entry 179, Box 540.

45 Interrogation Report, Sold. Gustav Wendt, 26.7.1944, NARA, RG 165, Entry 179, Box 561.

46 Interrogation Report, Obermaschinist Reinhold Jesse, 15.6.1943, NARA, RG 165, Entry 179, Box 491.

47 Room Conversation, Steinbach – Schaad, 15.2.1945, NARA, RG 165, Entry 179, Box 549.

48 Room Conversation, Sundermann – Wilz, 24.6.1945, NARA, RG 165, Entry 179, Box 552.

49 Room Conversation, Kürt – Sturm – Höller, o. D. (Juni / Juli 1943), NARA, RG 165, Entry 179, Box 552.

50 Room Conversation, Klages – Noack, 14.9.1944, NARA, RG 165, Entry 179, Box 497.

51 Room Conversation, Gemeinhardt – Kirsch – Pöpperle, 27.4.1945, NARA, RG 165, Entry 179, Box 472.

52 Room Conversation, Klahn – Karpinsky, 12.3.1945, NARA, RG 165, Entry 179, Box 494.

53 Room Conversation, Nieschling – Sandrart, 21.5.1945, NARA, RG 165, Entry 179, Box 522. Room Conversation, Wilm – Wollenweber, 26.7.1944, NARA, RG 165, Entry 179, Box 564: »Das Lächeln von dem Mann schon, hat ihn verraten. Das war ein Jude, nicht.«

54 Room Conversation, Sack – Sponagel, 6.2.1945, NARA, RG 165, Entry 179, Box 535.

55 Vgl. ausführlich Kap. IX.

56 Interrogation Report, Masch.Gefr. Kurt Schulz, 10.6.1943, NARA, RG 165, Entry 179, Box 544.

57 Vgl. Römer, Kommissarbefehl.

58 Vgl. Römer, Kommissarbefehl, S. 513 ff.

59 Interrogation Report, Obermaschinist Reinhold Jesse, 15.6.1943, NARA, RG 165, Entry 179, Box 491.

60 Vgl. Kap. II.

61 Room Conversation, Vielitz – Timm, 14.3.1945, NARA, RG 165, Entry 179, Box 554.

62 Room Conversation, Schmidt (SP) – Müller-Jena, 18.1.1944, NARA, RG 165, Entry 179, Box 583.

63 Room Conversation, Schmitz – Thiemann, 24.6.1944, NARA, RG 165, Entry 179, Box 541.

64 Room Conversation, Kuftner – Schild, 13.9.1944, NARA, RG 165, Entry 179, Box 504.

65 Room Conversation, Dürner – Dahlems, 13.11.1944, NARA, RG 165, Entry 179, Box 458.

66 Vgl. Hübinger, »Sozialmoralisches Milieu«.
67 Vgl. Mergel, Führer, Volksgemeinschaft und Maschine.
68 Vgl. Falter, Hitlers Wähler, S. 368 ff.
69 Vgl. Römer, Volksgemeinschaft.
70 Interrogation Report, Lt. Oskar Mantel, 22. 9. 1944, NARA, RG 165, Entry 179, Box 512.
71 Vgl. Morale Questionnaire, Kanonier Otto Breidecker, 23. 8. 1944, NARA, RG 165, Entry 179, Box 453: »P/W regards Hitler as a great man who has done a lot of good for the German worker, even though it was only by rearming. After years of unemployment the workers didn't ask where the work came from.« Vgl. Morale Questionnaire, Grenadier Hermann Hofstadt, 1. 6. 1944, NARA, RG 165, Entry 179, Box 487: »Hitler is a good man. He relieved unemployment.« Morale Questionnaire, Obermaschinenmaat Friedrich Peters, 26. 6. 1944, NARA, RG 165, Entry 179, Box 525: »Hitler took over Germany when it was in a desperate condition and made it a nation again. P/W's father had been out of work for years but got work very soon after the Machtuebernahme. Hitler gave the Germans work and improved the economic status of the small worker.«
72 Room Conversation, Kohlstrunk – Flügel, 24. 3. 1945, NARA, RG 165, Entry 179, Box 468.
73 Room Conversation, Egger – Freissler, 14. 2. 1945, NARA, RG 165, Entry 179, Box 464.
74 Room Conversation, Gallenkamp – Pollert – Lengner, 8. 10. 1945, NARA, RG 165, Entry 179, Box 507: »Ja, ja, ein Reich, ein Volk, ein Verführer. – Ei, Sie furchtbarer Mensch, ich wusste gar nicht, dass Sie so sarkastisch sein können.«
75 Interrogation Report, Oberstleutnant Helmut Richter, 30. 12. 1944, NARA, RG 165, Entry 179, Box 531.
76 Room Conversation, Egger – Freissler, 14. 2. 1945, NARA, RG 165, Entry 179, Box 464.
77 Vgl. Raphael, Die nationalsozialistische Weltanschauung.
78 Vgl. Kap. IX.
79 Room Conversation, Wilm – Wollenweber, 26. 7. 1944, NARA, RG 165, Entry 179, Box 564.
80 Vgl. Hürter, Auf dem Weg zur Militäropposition.
81 Room Conversation, Nieschling – Dello, 31. 5. 1945, NARA, RG 165, Entry 179, Box 459.
82 Room Conversation, Wambacher – Hausmann, 25. 11. 1944, NARA, RG 165, Entry 179, Box 480.
83 Room Conversation, Meinecke – Berger, 2. 1. 1945, NARA, RG 165, Entry 179, Box 448.
84 Room Conversation, Egger – Freissler, 14. 2. 1945, NARA, RG 165, Entry 179, Box 464.
85 Room Conversation, Grebe – Dieck, 16. 8. 1944, NARA, RG 165, Entry 179, Box 460. Vgl. Kap. VI.
86 Vgl. Kap. VI.
87 Vgl. Kap. IX.
88 Room Conversation, Scherer – Heinze (SP), 8. 8. 1944, NARA, RG 165, Entry 179, Box 538.
89 Room Conversation, Loy – Neels, 15. 2. 1945, NARA, RG 165, Entry 179, Box 521.
90 Room Conversation, Sandrock – Schmidt, 24. 10. 1944, NARA, RG 165, Entry 179, Box 535.
91 Room Conversation, Höller – Duda, 21. 7. 1943, NARA, RG 165, Entry 179, Box 486.
92 Interrogation Report, Gefr. Walter Unger, 24. 11. 1944, NARA, RG 165, Entry 179, Box 556.
93 Room Conversation, Stahlbusch – Simonis, 19. 7. 1945, NARA, RG 165, Entry 179, Box 548.
94 Interrogation Report, Sold. Walter Seeger, 12. 12. 1943, NARA, RG 165, Entry 179, Box 546.
95 Room Conversation, Ulrich – Maihöfer – Freise, 11. 5. 1945, NARA, RG 165, Entry 179, Box 511. Room Conversation, Faulhaber – Möllinger (SP), 1. 12. 1943, NARA, RG 165, Entry 179, Box 466.
96 Room Conversation, Bode – Radinger, 23. 7. 1943, NARA, RG 165, Entry 179, Box 451.
97 Room Conversation, Gehl – Ethner, 30. 1. 1945, NARA, RG 165, Entry 179, Box 466.

98 Room Conversation, Lauterberg – Lehnert, 22.9.1944, NARA, RG 165, Entry 179, Box 507.
99 Interrogation Report, Oberstleutnant. Helmut Richter, 30.12.1944, NARA, RG 165, Entry 179, Box 531.
100 Room Conversation, Erkenbrecher – Vogt, 13.1.1945, NARA, RG 165, Entry 179, Box 465.
101 Room Conversation, Wilm – Wollenweber, 26.7.1944, NARA, RG 165, Entry 179, Box 564.
102 Room Conversation, Nieschling – Dello, 31.5.1945, NARA, RG 165, Entry 179, Box 459.
103 Room Conversation, Frömchen – Lindemann – Lüsebrink, 15.7.1945, NARA, RG 165, Entry 179, Box 470.
104 Room Conversation, Schulze – Schäffner, 8.4.1945, NARA, RG 165, Entry 179, Box 536.
105 Room Conversation, Mass (SP) – Grünfeld (SP) – Mürk (SP) – Krapoth, 12.1.1945, NARA, RG 165, Entry 179, Box 502.
106 Römer, Volksgemeinschaft, S. 64.
107 Room Conversation, Berndt – Schmid, 14.2.1945, NARA, RG 165, Entry 179, Box 448.
108 Room Conversation, Jacobi – Hevekerl, 26.7.1944, NARA, RG 165, Entry 179, Box 490.
109 Room Conversation, Geim – Schnelle, 17.11.1944, NARA, RG 165, Entry 179, Box 542.
110 Vgl. auch die Room Conversation, Maurer – Schwotzer – Streubel, 17.11.1944, NARA, RG 165, Entry 179, Box 514: »Der Aufschwung, die Überwindung der unruhigen Krisenzeit 33 – 37, war ein großer Erfolg. Die Wiederaufrüstung Deutschlands war zweifellos für viele eine gewisse Beruhigung. Ich habe es immer als eine defensive Maßnahme aufgefasst. Ich glaube auch, dass Hitler ganz ehrlich war, dass er … Er hat sich dann aber in die Enge getrieben gefühlt und hat die kürzesten Mittel angewandt, die ihm am sichersten schienen.«
111 Room Conversation, Schlotzhauer – Voget, 28.3.1945, NARA, RG 165, Entry 179, Box 540.
112 Room Conversation, Meier – Wolf, 15.3.1945, NARA, RG 165, Entry 179, Box 515: »Gestern hat der Führer gesprochen.«
113 Room Conversation, Turnau – Obert, 14.8.1944, NARA, RG 165, Entry 179, Box 523: »Der Führer hat ja gesagt, dass wir noch Waffen haben, dass die Welt zittern wird.«
114 Interrogation Report, OGefr. Hugo Kerkering, 26.7.1944, NARA, RG 165, Entry 179, Box 495.
115 Room Conversation, Jahn – Korn – Padberg, 20.1.1945, NARA, RG 165, Entry 179, Box 491.
116 Room Conversation, Reinke – Ruge, 22.5.1945, NARA, RG 165, Entry 179, Box 534.
117 Room Conversation, Meissle – Drechsel – Schulz, 12.6.1943, NARA, RG 165, Entry 179, Box 515.
118 Room Conversation, Jagow – Streubel, 16.3.1945, NARA, RG 165, Entry 179, Box 490.
119 Room Conversation, Nieschling – Humann, 9.6.1945, NARA, RG 165, Entry 179, Box 489.
120 Room Conversation, Schustaczek – Schönfeld, 1.8.1944, NARA, RG 165, Entry 179, Box 543.
121 Vgl. Aly, Volkes Stimme.
122 Room Conversation, Wagenführ – Schmiga, 28.9.1943, NARA, RG 165, Entry 179, Box 558.
123 Room Conversation, Nieschling – Sandrart, 20.5.1945, NARA, RG 165, Entry 179, Box 522.

124 Vgl. Hürter, Weg zur Militäropposition.
125 Vgl. Römer, Volksgemeinschaft, S. 62 ff.
126 Room Conversation, Aubart – Sebrandke – Rattay – Simon – Novakowsky, 15.8.1944, NARA, RG 165, Entry 179, Box 443.
127 Room Conversation, Holtmann – Schilder, 8.7.1944, NARA, RG 165, Entry 179, Box 487.
128 Room Conversation, Gehl – Ethner, 30.1.1945, NARA, RG 165, Entry 179, Box 466.
129 Room Conversation, Heyer – Werhahn, 3.1.1945, NARA, RG 165, Entry 179, Box 484.
130 Room Conversation, Schwotzer – Plettenberg, 27.3.1945, NARA, RG 165, Entry 179, Box 527.
131 Room Conversation, Thomas – Gehl, 2.2.1945, NARA, RG 165, Entry 179, Box 472.
132 Room Conversation, Delbrück – Dolff – Bongartz, 21.10.1944, NARA, RG 165, Entry 179, Box 452.
133 Interrogation Report, Gefr. Georg Miebach – Gefr. Joens Olsson, 26.7.1944, NARA, RG 165, Entry 179, Box 517.
134 Room Conversation, Gebhard – Könning, 16.7.1945, NARA, RG 165, Entry 179, Box 472.
135 Room Conversation, Messerschmidt – Weber, 21.3.1944, NARA, RG 165, Entry 179, Box 515.
136 Interrogation Report, OGefr. Oskar Wintergerst, 15.3.1944, NARA, RG 165, Entry 179, Box 564.
137 Room Conversation, Stahlbusch – Simonis, 19.7.1945, NARA, RG 165, Entry 179, Box 548.
138 Room Conversation, Mausolf – Lusebrink, 20.7.1945, NARA, RG 165, Entry 179, Box 511.
139 Room Conversation, Nieschling – Humann, 15.6.1945, NARA, RG 165, Entry 179, Box 522.
140 Room Conversation, Nieschling – Humann, 19.6.1945, NARA, RG 165, Entry 179, Box 489.
141 Room Conversation, Weber – Feicke, 17.6.1945, NARA, RG 165, Entry 179, Box 467.
142 Room Conversation, Schmidt (SP) – Müller-Jena, 18.1.1944, NARA, RG 165, Entry 179, Box 583.
143 Room Conversation, Erkenbrecher – Vogt, 13.1.1945, NARA, RG 165, Entry 179, Box 465.
144 Room Conversation, Lang – Turschner, 16.8.1944, NARA, RG 165, Entry 179, Box 506.
145 Room Conversation, Berndt – Schmid, 14.2.1945, NARA, RG 165, Entry 179, Box 448.
146 Interrogation Report, OGefr. Engelbert Werhahn, o.D. (Januar 1945), NARA, RG 165, Entry 179, Box 561.
147 Room Conversation, Müller – Neumann, 14.2.1945, NARA, RG 165, Entry 179, Box 518.
148 Room Conversation, Stahlbusch – Simonis, 19.7.1945, NARA, RG 165, Entry 179, Box 548.
149 Room Conversation, Nieschling – Weber, 4.6.1945, NARA, RG 165, Entry 179, Box 522.
150 Room Conversation, Lentes – Schagen, 9.2.1945, NARA, RG 165, Entry 179, Box 507.
151 Zur »Segregation of German Prisoners of War« vgl. die Grundsatzbefehle des War Department, Adjutant General, 17.2.1943 und 26.8.1944, NARA, RG 319, Entry 81, Box 4.
152 Room Conversation, Pohnert – Bergmann, 17.6.1944, NARA, RG 165, Entry 179, Box 527.
153 Room Conversation, Vogt – Hackert – Hessel, 11.9.1944, NARA, RG 165, Entry 179, Box 478: »Ich will in ein regelrechtes Lager! Ich will in kein Nazi-Lager, und ich will in kein Anti-Nazi-Lager, weil dort zu viel Kommunisten drin sind.«
154 Vgl. Römer, Alfred Andersch abgehört.
155 Room Conversation, Schagen – Lentes, 25.1.1945, NARA, RG 165, Entry 179, Box 507.

156 Room Conversation, Conrad – Krämer – Schulze, 20.4.1945, NARA, RG 165, Entry 179, Box 485.
157 Room Conversation, Hagen – Jagow, 24.3.1945, NARA, RG 165, Entry 179, Box 478.
158 Room Conversation, Egger – Freissler, 14.2.1945, NARA, RG 165, Entry 179, Box 464.
159 Room Conversation, Conrad – Krämer – Schulze, 20.4.1945, NARA, RG 165, Entry 179, Box 485.
160 Room Conversation, Müller – Reimbold, 22.3.1945, NARA, RG 165, Entry 179, Box 519.
161 Room Conversation, Riem – Hunold, 15.5.1945, NARA, RG 165, Entry 179, Box 489.
162 Room Conversation, Döll – Benkert, 5.2.1945, NARA, RG 165, Entry 179, Box 447. Vgl. auch Room Conversation, Kohl – Delles, 31.5.1944, NARA, RG 165, Entry 179, Box 500.
163 Room Conversation, Schagen – Lentes, 25.1.1945, NARA, RG 165, Entry 179, Box 507.
164 Ebd.
165 Ebd.
166 Room Conversation, Reinke – Ruge, 23.5.1945, NARA, RG 165, Entry 179, Box 530.
167 Room Conversation, Conrad – Krämer – Schulze, 20.4.1945, NARA, RG 165, Entry 179, Box 485.
168 Interrogation Report, StFw. Gustav Kirchner, 12.12.1943, NARA, RG 165, Entry 179, Box 496.
169 Room Conversation, Riem – Hunold, 15.5.1945, NARA, RG 165, Entry 179, Box 489.

## 第四章　军人伦理

1 Memorandum on Self-Wounding of P/W Zeilinger, 4.5.1944, NARA, RG 165, Entry 179, Box 567.
2 Hs. Abschiedsbrief, Funkmaat Georg Zeilinger, 4.5.1944, NARA, RG 165, Entry 179, Box 567: »Meine Lieben! Es sollte nicht sein, dass ich Euch wiedersehe, man hält mich für einen Spion, obwohl ich immer ein guter Soldat war. Werde Deutschland niemals verraten. Du liebe Mutter sorge Dich nicht, Du hast ja noch einen braven Jungen. Denke aber manchmal an mich. Ich habe Euch lieb gehabt bis zur letzten Minute. Hoffentlich erhaltet Ihr einmal diese Zeilen, es werden die letzten sein. Euer lb. Georg[.] Es lebe der Führer, es lebe Deutschland!«
3 Room Conversation, Zeilinger – Frost, 4.5.1944, NARA, RG 165, Entry 179, Box 567.
4 Room Conversation, Engelbrecht – Krahm, 8.5.1944, NARA, RG 165, Entry 179, Box 465: »Und wenn sie mich nach Bochum fragen, dann sollen sie mir einen Stadtplan vorlegen, und dann erzähle ich denen, was sie wollen. Bochum ist ja sowieso kaputt, was wollen sie von mir?«
5 Interrogation Report, OGefr. Jakob Boden, 3.7.1944, NARA, RG 165, Entry 179, Box 451.
6 Room Conversation, Boden – Bachmann, 6.7.1944, NARA, RG 165, Entry 179, Box 444.
7 Ebd.
8 Room Conversation, Kohtz – Grosser – Poppelbaum – Hopst, 21.7.1944, NARA, RG 165, Entry 179, Box 500. Die letzten beiden Formulierungen im Zitat stammten von einem zwischenzeitlich eingetretenen US-Vernehmungsoffizier.
9 Vgl. Kap. V.
10 Vgl. Kühne, Kameradschaft, S. 88.
11 Room Conversation, Picker – Schulz, 18.6.1944, NARA, RG 165, Entry 179, Box 526.
12 Dies sind die Ergebnisse einer Datenbankanalyse der Morale Questionnaires. Vgl. Römer, Volksgemeinschaft, S. 66 ff.
13 Morale Questionnaire, Uffz. Karl Behnke, 19.6.1944, NARA, RG 165, Entry 179, Box 447:

»The morale and fighting spirit of the German infantry are incomparable. No other group of soldiers could accomplish what they have done.«

14 Morale Questionnaire, Gefr. Wilhelm Scherer, 7.8.1944, NARA, RG 165, Entry 179, Box 538: »The Germans are excellent soldiers.«

15 Vgl. Römer, Gewaltsame Geschlechterordnung.

16 Room Conversation, Weiser – Pahl, 23.3.1945, NARA, RG 165, Entry 179, Box 524.

17 Room Conversation, Bausch – Baumann, 29.1.1945, NARA, RG 165, Entry 179, Box 446.

18 Room Conversation, Müller – Reimbold, 22.3.1945, NARA, RG 165, Entry 179, Box 519.

19 Room Conversation, Dolff – Witte, 27.10.1944, NARA, RG 165, Entry 179, Box 461.

20 Room Conversation, Berndt – Schmid, 14.2.1945, NARA, RG 165, Entry 179, Box 448.

21 Room Conversation, Wallendorf – Tischler, 14.2.1945, NARA, RG 165, Entry 179, Box 558.

22 Room Conversation, Holtappel – Weyland, 21.2.1945, NARA, RG 165, Entry 179, Box 487.

23 Room Conversation, Berndt – Schmid, 14.2.1945, NARA, RG 165, Entry 179, Box 448.

24 Room Conversation, Heyer – Jahn, 8.1.1945, NARA, RG 165, Entry 179, Box 484. Room Conversation, Brockmann – Berkenhagen – Meissen – Nahern, 29.5.1943, NARA, RG 165, Entry 179, Box 455.

25 Interrogation Report, OLt. Günther Spang, 10.1.1944, NARA, RG 165, Entry 179, Box 548.

26 Room Conversation, Swoboda – Konrad, 1.12.1944, NARA, RG 165, Entry 179, Box 501. Vgl. auch Kap. IX.

27 Vgl. Welzer, Täter, S. 212–219.

28 Ebd., S. 37.

29 Room Conversation, Abels – Richter – Krienke, 14.1.1945, NARA, RG 165, Entry 179, Box 441.

30 Vgl. Kap. VIII.

31 Room Conversation, Eberle – Vogl, 10.8.1944, NARA, RG 165, Entry 179, Box 463.

32 Room Conversation, Ertl – Laudahn, 13.12.1944, NARA, RG 165, Entry 179, Box 466.

33 Room Conversation, Nairz – Werner (SP), 16.3.1944, NARA, RG 165, Entry 179, Box 520.

34 Room Conversation, Bardong – Döll, 15.12.1944, NARA, RG 165, Entry 179, Box 461.

35 Room Conversation, Natzschka – Hartmann (SP), 16.5.1944, NARA, RG 165, Entry 179, Box 520. Natzschkas Darstellung war übertrieben. Zwischen Juni 1941 und Mai 1944 absolvierte U-371 19 Feindfahrten, die Natzschka nicht alle mitgemacht haben kann, und beschädigte oder versenkte dabei 19 Schiffe mit insgesamt 98 145 BRT. Die höchste Bilanz einer einzelnen Feindfahrt belief sich auf 23 189 BRT (März 1944). Vgl. http://www.ubootwaffe.net/ops/boat.cgi?boat=371.

36 Room Conversation, Groth – Kuhnke, 6.10.1943, NARA, RG 165, Entry 179, Box 476.

37 Room Conversation, Brauch – Müller, 23.6.1944, NARA, RG 165, Entry 179, Box 453.

38 Room Conversation, Lippold – Rohde (SP), 6.6.1944, NARA, RG 165, Entry 179, Box 509.

39 Room Conversation, Sander – Kürt (SP), 10.2.1944, NARA, RG 165, Entry 179, Box 535.

40 Room Conversation, Engelhardt – Wagner, 27.4.1944, NARA, RG 165, Entry 179, Box 465.

41 Room Conversation, Scheurer – Dietrich (SP), 19.12.1943, NARA, RG 165, Entry 179, Box 538.

42 Room Conversation, Hoffmann – Jacoby – Schmidt, 8.1.1944, NARA, RG 165, Entry 179, Box 486.

43 Room Conversation, Messerschmidt – Weber (SP), 22.3.1944, NARA, RG 165, Entry 179, Box 515.

44 Room Conversation, Hoffmann – Jacoby – Schmidt, 7.1.1944, NARA, RG 165, Entry 179, Box 486.

45 Room Conversation, Swoboda – Konrad, 30.11.1944, NARA, RG 165, Entry 179, Box 501.

46 Room Conversation, Kotenbeutel – Wiegel, 5.7.1945, NARA, RG 165, Entry 179, Box 501.
47 Interrogation Report, Fw. Emil Wagner, 17.4.1944, NARA, RG 165, Entry 179, Box 558.
48 Morale Questionnaire, Fw. Emil Wagner, 2.5.1944, NARA, RG 165, Entry 179, Box 558. »Says that Hitler is one of the greatest genius Germany ever had. [...] He favors national socialism very much.«
49 Interrogation Report, Fw. Emil Wagner, 1.5.1944, NARA, RG 165, Entry 179, Box 558.
50 Room Conversation, Wagner – Koberg (SP), 25.4.1944, NARA, RG 165, Entry 179, Box 558.
51 Ebd.: »Darf keiner in den Luftkampf eingreifen, bevor ich es befohlen habe [...]. Wenn alles formiert ist, gebe ich durch: ›Ladedruck 1–2‹. Ladedruck 1–2 reingeschoben – [...] Ja, darf nichts vergessen werden.«
52 Room Conversation, Wolff – Meier, 17.3.1945, NARA, RG 165, Entry 179, Box 515.
53 Room Conversation, Dreher – Müller (SP), 31.7.1944, NARA, RG 165, Entry 179, Box 462.
54 Room Conversation, Nowakowski – Bauermess, 10.8.1944, NARA, RG 165, Entry 179, Box 522.
55 Room Conversation, Krauss – Negele, 22.3.1945, NARA, RG 165, Entry 179, Box 502.
56 Room Conversation, Stössel – Meyer, 4.1.1945, NARA, RG 165, Entry 179, Box 516.
57 Room Conversation, Bornemann – Goethe, 14.7.1944, NARA, RG 165, Entry 179, Box 452.
58 Room Conversation, Bochinski – Hoberg, 4.8.1944, NARA, RG 165, Entry 179, Box 450.
59 Interrogation Report, OLt. Max Coreth, 15.1.1944, NARA, RG 165, Entry 179, Box 458.
60 Room Conversation, Brendel – Witt – Thorausch, 26.10.1943, NARA, RG 165, Entry 179, Box 454.
61 Room Conversation, Bayer – Rudolf, 13.7.1944, NARA, RG 165, Entry 179, Box 446.
62 Room Conversation, Picker – Schulz, 17.6.1944, NARA, RG 165, Entry 179, Box 526.
63 Room Conversation, Vüllers – Nolle, 2.7.1945, NARA, RG 165, Entry 179, Box 522.
64 Room Conversation, Brandt – Dewit – Heindl, 11.2.1945, NARA, RG 165, Entry 179, Box 453.
65 Room Conversation, Kleiböcker – Werner – Hoffmann, 11.8.1944, NARA, RG 165, Entry 179, Box 497.
66 Interrogation Report, StFw. Gustav Kirchner, 8.10.1943, NARA, RG 165, Entry 179, Box 496.
67 Room Conversation, Teyssen – Möllinger (SP), 18.1.1944, NARA, RG 165, Entry 179, Box 464.
68 Room Conversation, Holtmann – Klausch – Heinze, 10.7.1944, NARA, RG 165, Entry 179, Box 497.
69 Room Conversation, Neher – Glar, 19.9.1944, NARA, RG 165, Entry 179, Box 474.
70 Room Conversation, Voigt – Schulz, 12.6.1944, NARA, RG 165, Entry 179, Box 544.
71 Room Conversation, Wagner – Koberg (SP), 25.4.1944, NARA, RG 165, Entry 179, Box 558.
72 Room Conversation, Unger – Reusch – Caspers, 31.3.1944, NARA, RG 165, Entry 179, Box 474.
73 Room Conversation, Stiewe – Schulz, 13.7.1944, NARA, RG 165, Entry 179, Box 544.
74 Room Conversation, Ludwig – Braun – Schneider, 1.3.1944, NARA, RG 165, Entry 179, Box 453.
75 Room Conversation, Reiner – Mückstein, 3.6.1944, NARA, RG 165, Entry 179, Box 530.
76 Room Conversation, Vogel – Kreiser, 18.8.1944, NARA, RG 165, Entry 179, Box 502.
77 Room Conversation, Sander – Kürt (SP), 9.2.1944, NARA, RG 165, Entry 179, Box 535.
78 Room Conversation, Lenz – Dorn, 7.8.1944, NARA, RG 165, Entry 179, Box 508.

79 Vgl. die Verleihungsbedingungen: Reichsgesetzblatt, 2.9.1939, S. 1573.
80 Room Conversation, Dewit – Brandt, 7.2.1945, NARA, RG 165, Entry 179, Box 453.
81 Room Conversation, Cramer von Clausbruch – Vorberger, 20.8.1943, NARA, RG 165, Entry 179, Box 458.
82 Room Conversation, Leuthner – Bunde – Hülsmann, 4.1.1944, NARA, RG 165, Entry 179, Box 508. Leuthner hatte 1940 – 1943 u.a. auf der »Tirpitz« gedient, erst im November 1943 stieß er zur Crew von U-172, vgl. Interrogation Report, OGefr. Willi Leuthner, 1.1.1944, NARA, RG 165, Entry 179, Box 508.
83 Room Conversation, Nairz – Werner, 16.3.1944, NARA, RG 165, Entry 179, Box 520.
84 Room Conversation, Cramer von Clausbruch – Vorberger, 20.8.1943, NARA, RG 165, Entry 179, Box 458.
85 Room Conversation, Schön – Schlesiger, 8.4.1945, NARA, RG 165, Entry 179, Box 539.
86 Room Conversation, Weidner – Lenz (SP), 7.7.1944, NARA, RG 165, Entry 179, Box 560.
87 Room Conversation, Pitz – Rühle, 2.6.1945, NARA, RG 165, Entry 179, Box 527.
88 Room Conversation, Cramer von Clausbruch – Vorberger, 20.8.1943, NARA, RG 165, Entry 179, Box 458.
89 Room Conversation, Trautes – Kürt (SP) – Schnare (SP), 20.11.1943, NARA, RG 165, Entry 179, Box 555.
90 Room Conversation, Plontasch – Wiedemann, 19.8.1945, NARA, RG 165, Entry 179, Box 527.
91 Room Conversation, Hünefeldt – Werner (SP), 25.2.1944, NARA, RG 165, Entry 179, Box 488.
92 Room Conversation, Meißner – Rohde (SP), 3.1.1944, NARA, RG 165, Entry 179, Box 515.
93 Room Conversation, Lindemann – Taut, 15.6.1945, NARA, RG 165, Entry 179, Box508.
94 Room Conversation, Dobeneck – Möllinger (SP), 31.12.1943, NARA, RG 165, Entry 179, Box 460.
95 Room Conversation, Marsch – Deil, 19.1.1945, NARA, RG 165, Entry 179, Box 459.
96 Room Conversation, Ringelspacher – Padberg, 14.1.1944, NARA, RG 165, Entry 179, Box 524.
97 Room Conversation, Nairz – Weber (SP), 8.3.1944, NARA, RG 165, Entry 179, Box 520.
98 Room Conversation, Daunenberg – John – Schwerin, 27.10.1943, NARA, RG 165, Entry 179, Box 458.
99 Room Conversation, Hopbach – Döll, 20.12.1944, NARA, RG 165, Entry 179, Box 461. Hervorhebung durch Vf.
100 Room Conversation, Heymann – Linster, 1.5.1944, NARA, RG 165, Entry 179, Box 484.
101 Room Conversation, Karsch – Kugel, 26.5.1943, NARA, RG 165, Entry 179, Box 494.
102 Room Conversation, Geissler – Simon (SP), 9.2.1944, NARA, RG 165, Entry 179, Box 472.
103 Room Conversation, Sander – Kürt (SP), 10.2.1944, NARA, RG 165, Entry 179, Box 535.
104 Room Conversation, Wittenberg – Coreth (SP), 19.4.1944, NARA, RG 165, Entry 179, Box 565.
105 Room Conversation, Lück – Göppinger, 18.1.1945, NARA, RG 165, Entry 179, Box 474.
106 Room Conversation, Taubert – Kamrath, 12.12.1943, NARA, RG 165, Entry 179, Box 493.
107 Room Conversations, Erlwein – Wery, 27.1./31.1./1.2./2.2.1945, NARA, RG 165, Entry 179, Box 465.
108 Room Conversation, Litteck – Schulz, 27.9.1944, NARA, RG 165, Entry 179, Box 509.
109 Room Conversation, Reyak – Dissing – Meyer, 7.9.1943, NARA, RG 165, Entry 179,

Box 531. Bei den sogenannten Do-Geräten handelt es sich um Nebelwerfer bzw. Granat- und Raketenwerfer.

110 Room Conversation, Krummkühler – Wolff, 28.8.1944, NARA, RG 165, Entry 179, Box 504.

111 Room Conversation, Heine – Messner, 18.10.1944, NARA, RG 165, Entry 179, Box 481.

112 Room Conversation, Hutmacher – Cramer von Clausbruch, 11.8.1943, NARA, RG 165, Entry 179, Box 489.

113 Room Conversation, Jesinghaus – Steinmeister, 22.9.1944, NARA, RG 165, Entry 179, Box 491.

114 Room Conversation, Dörper – Eisenbach – Ries, 5.11.1943, NARA, RG 165, Entry 179, Box 461.

115 Room Conversation, Gerlinghaus – Friedl, 6.2.1945, NARA, RG 165, Entry 179, Box 469.

116 Room Conversation, Teyssen – Weidling, 11.1.1944, NARA, RG 165, Entry 179, Box 553.

117 Room Conversation, Hager – Lorke, 3.11.1944, NARA, RG 165, Entry 179, Box 478.

118 Room Conversation, Becker – Strobel, 12.6.1945, NARA, RG 165, Entry 179, Box 446.

119 Interrogation Report, Oberwaffenwart Gerhard Wiebke, 20.7.1944, NARA, RG 165, Entry 179, Box 562.

120 Room Conversation, Putz – Wöhrmann, 26.7.1944, NARA, RG 165, Entry 179, Box 528.

121 Interrogation Report, Matrose Hans Wahls, 13.9.1943, NARA, RG 165, Entry 179, Box 558.

122 Interrogation Report, Sdf. Paul Delanuit, 28.6.1945, NARA, RG 165, Entry 179, Box 459.

123 Room Conversation, Delanuit – Schmülling – Heinersdorff, 4.7.1945, NARA, RG 165, Entry 179, Box 542.

124 Room Conversation, Delanuit – Schmülling – Heinersdorff, 7.7.1945, NARA, RG 165, Entry 179, Box 459.

125 Room Conversation, Delanuit – Schmülling – Heinersdorff, 3.7.1945, NARA, RG 165, Entry 179, Box 459.

126 Room Conversation, Delanuit – Schmülling – Heinersdorff, 4.7.1945, NARA, RG 165, Entry 179, Box 542.

127 Room Conversation, Delanuit – Blum – Puzicha, 28.6.1945, NARA, RG 165, Entry 179, Box 450.

128 Room Conversation, Delanuit – Schmülling – Heinersdorff, 4.7.1945, NARA, RG 165, Entry 179, Box 542.

129 Room Conversation, Boden – Bachmann, 6.7.1944, NARA, RG 165, Entry 179, Box 444.

130 Room Conversations, Boden – Roth, 2.7./3.7./7.7.1944, Boden – Bachmann, 4.7.1944, NARA, RG 165, Entry 179, Box 451.

131 Room Conversation, Picker – Schulz, 18.6.1944, NARA, RG 165, Entry 179, Box 526.

132 Room Conversation, Fröndt – Knab, 16.11.1944, NARA, RG 165, Entry 179, Box 470.

133 Room Conversation, Fröndt – Knab, 16.11.1944, NARA, RG 165, Entry 179, Box 470.

134 Interrogation Report, Oberkanonier Herbert Fröndt, 23.11.1944, NARA, RG 165, Entry 179, Box 470.

135 Room Conversation, Mänz – Voss, 20.11.1944, NARA, RG 165, Entry 179, Box 513.

136 Room Conversation, Dürkop – Preckel, 28.10.1944, NARA, RG 165, Entry 179, Box 462.

137 Room Conversation, Lutka – Hohnhorst, 5.12.1944, NARA, RG 165, Entry 179, Box 487.

138 Room Conversation, Härchen – Hentschke, 13.9.1944, NARA, RG 165, Entry 179, Box 478.

139 Room Conversation, Kühn – Dorn (SP) – Simon (SP), 6.1.1944, NARA, RG 165, Entry 179, Box 504.

140 Room Conversation, Siebert – Michalski, 10.7.1943, NARA, RG 165, Entry 179, Box 547.
141 Room Conversation, Wagenführ – Schmiga, 28.9.1943, NARA, RG 165, Entry 179, Box 558.
142 Interrogation Report, OGefr. Peter van Meegen, 3.7.1944, NARA, RG 165, Entry 179, Box 556.
143 Vgl. z. B. Kühne, Kameradschaft, S. 140.
144 Room Conversation, Müller – Hanneken, 24.6.1944, NARA, RG 165, Entry 179, Box 519.
145 Room Conversation, Mayer – Ahnelt, 5.7.1944, NARA, RG 165, Entry 179, Box 514.
146 Interrogation Report, Major Arnold Kuhle, 3.7.1944, NARA, RG 165, Entry 179, Box 504.
147 Room Conversation, Matzdorff – Graichen, 22.12.1944, NARA, RG 165, Entry 179, Box 475.
148 Room Conversation, Liepold – Heindl, 3.2.1945, NARA, RG 165, Entry 179, Box 481.
149 Room Conversation, Pruscha – Meyer, 26.6.1944, NARA, RG 165, Entry 179, Box 516.
150 Interrogation Report, OGefr. Adolf Roth, 3.7.1944, NARA, RG 165, Entry 179, Box 533.
151 Room Conversation, Knoll – Künzelmann, 20.3.1945, NARA, RG 165, Entry 179, Box 499.
152 Room Conversation, Dirauf – Meyer – Albrecht, 10.1.1945, NARA, RG 165, Entry 179, Box 460.
153 Interrogation Report, Obermaschinist Alfred Schubert, 19.6.1943, NARA, RG 165, Entry 179, Box 544.
154 Room Conversation, Schilken – Harrich (SP), 3.1.1945, NARA, RG 165, Entry 179, Box 539.
155 Room Conversation, Knoll – Künzelmann, 20.3.1945, NARA, RG 165, Entry 179, Box 499.
156 Room Conversation, Förster – Koch (SP) – Müller (SP), 13.7.1944, NARA, RG 165, Entry 179, Box 468.
157 Room Conversation, Swoboda – Konrad, 1.12.1944, NARA, RG 165, Entry 179, Box 501.
158 Room Conversation, Förster – Koch (SP) – Müller (SP), 13.7.1944, NARA, RG 165, Entry 179, Box 468.
159 Room Conversation, Dewit – Brandt, 7.2.1945, NARA, RG 165, Entry 179, Box 453.
160 Room Conversation, Liepold – Pfordten, 20.1.1945, NARA, RG 165, Entry 179, Box 508.
161 Interrogation Report, Fw. Hans Knoll, 19.3.1945, NARA, RG 165, Entry 179, Box 499.
162 Room Conversation, Knoll – Künzelmann, 20.3.1945, NARA, RG 165, Entry 179, Box 499.
163 Room Conversation, Teyssen – Möllinger (SP), 18.1.1944, NARA, RG 165, Entry 179, Box 553.
164 Room Conversation, Teyssen – Weidling, 16.1.1944, NARA, RG 165, Entry 179, Box 553.
165 Bericht »Möllinger's Report on Teyssen«, o. D. (Januar 1944), NARA, RG 165, Entry 179, Box 553. Nach Einsätzen als Mannschaftssoldat und Unteroffizier im Westfeldzug und im Ostfeldzug diente er als Offizier in Afrika und Italien.
166 Interrogation Report, Lt. August Rudolf, 13.7.1944, NARA, RG 165, Entry 179, Box 534.
167 Room Conversation, Rudolf – Bayer, 13.7.1944, NARA, RG 165, Entry 179, Box 534.
168 Room Conversation, Dürkop – Preckel, 28.10.1944, NARA, RG 165, Entry 179, Box 462.
169 Vgl. Kap. III.
170 Vgl. Römer, Volksgemeinschaft.
171 Room Conversation, Asmussen – Herzenberg, 2.11.1944, NARA, RG 165, Entry 179, Box 443.

172 Room Conversation, Ertl – Schulze – Schrott, 16.12.1944, NARA, RG 165, Entry 179, Box 466.

173 Room Conversation, Ertl – Laudahn, 13.12.1944, NARA, RG 165, Entry 179, Box 466: »Everything of any military nature, even March music should be destroyed.«

174 Vgl. Römer, Alfred Andersch abgehört.

175 Vgl. Reinhardt, Alfred Andersch.

176 Zitate aus Anderschs Briefen an seine Mutter, 6. 12. 1943 und 31. 5. 1944, in: Andersch, »… einmal wirklich leben«, S. 19 f., 41 f.

177 Interrogation Report, Obermaschinist Alfred Schubert, 19. 6. 1943, NARA, RG 165, Entry 179, Box 544.

178 Room Conversation, Fröndt – Knab, 16.11.1944, NARA, RG 165, Entry 179, Box 470.

179 Vgl. Kap. VII.

180 Interrogation Report, OGefr. Ludwig Feldbusch, 13.7.1944, NARA, RG 165, Entry 179, Box 467.

181 Room Conversation, Feldbusch – Heinze (SP), 18.7.1944, NARA, RG 165, Entry 179, Box 467.

182 Interrogation Report, Sold. Bernhard Nitzke, 21.3.1945, NARA, RG 165, Entry 179, Box 522.

183 Room Conversation, Nitzke – Bachmann, 20.3.1945, NARA, RG 165, Entry 179, Box 522.

184 Ebd.

185 Vgl. Kap. VIII.

186 Interrogation Report, Lt. Oskar Mantel, 22.9.1944, NARA, RG 165, Entry 179, Box 512.

## 第五章　战友情谊

1 Room Conversation, Skuballa – Bock, 16.1.1945, NARA, RG 165, Entry 179, Box 548: »S. was hiding after town was occupied, shot at attackers (Maquis and Americans), planned to go to Spain with comrade.«

2 Vgl. u. a. Room Conversation, Skuballa – Wittemer, 10.1.1945, NARA, RG 165, Entry 179, Box 548: »S. tells of fights he has had; he seems to have enjoyed beating up people.«

3 Interrogation Report, Sdf. Alfons Skuballa, 10.1.1945, NARA, RG 165, Entry 179, Box 548.

4 Room Conversation, Skuballa – Wittemer, 10.1.1945, NARA, RG 165, Entry 179, Box 548.

5 Room Conversation, Skuballa – Bock, 16.1.1945, NARA, RG 165, Entry 179, Box 548.

6 Vgl. Kühne, Kameradschaft.

7 Vgl. hierzu und zum Folgenden: Kühne, Kameradschaft.

8 Room Conversation, Käss – Mewes, 30.4.1945, NARA, RG 165, Entry 179, Box 492.

9 Room Conversation, Richter – Stössel, 27.12.1944, NARA, RG 165, Entry 179, Box 531.

10 Room Conversation, Schimpff – Radinger, 30.7.1943, NARA, RG 165, Entry 179, Box 539.

11 Room Conversation, Schönfeld – Schustaczek, 3.8.1944, NARA, RG 165, Entry 179, Box 543.

12 Interrogation Report, Bootsmaat Theodor Gernhardt, 29.5.1943, NARA, RG 165, Entry 179, Box 473.

13 Room Conversation, Brockmann – Berkenhagen – Meissen – Nahorn, 29.5.1943, NARA, RG 165, Entry 179, Box 455.

14 Room Conversation, Taubert – Kamrath, 12.12.1943, NARA, RG 165, Entry 179, Box 493.

15 Room Conversation, Kastrup – Heinemann, 9.5.1944, NARA, RG 165, Entry 179, Box 494.

16 Interrogation Report, Gefr. Erich Nahorn, 24.5.1943, NARA, RG 165, Entry 179, Box 520.

17 Report on the Interrogation of Survivors from U-203 sunk on April 25, 1943, 12.6.1943, http://www.uboatarchive.net/U-203INT.htm. Übersetzung aus dem Englischen durch den Vf.
18 Vgl. Welzer, Täter, S. 88 f., 108–113.
19 Room Conversation, Conrad – Schulze – Krämer, 20.4.1945, NARA, RG 165, Entry 179, Box 458.
20 Room Conversation, Hummel – Sauerbier (SP), 11.10.1943, NARA, RG 165, Entry 179, Box 536.
21 Ebd.
22 Room Conversation, Winkler – Siebert (SP), 6.12.1944, NARA, RG 165, Entry 179, Box 565.
23 Room Conversation, Müller – Reimbold, 22.3.1945, NARA, RG 165, Entry 179, Box 519.
24 Room Conversation, Lutka – Hohnhorst, 5.12.1944, NARA, RG 165, Entry 179, Box 487.
25 Interrogation Report, OGefr. Irmfried Wilimzig – Reiter Walter Malner, 2.8.1944, NARA, RG 165, Entry 179, Box 512.
26 Room Conversation, Brenda – Preiß, 4.9.1944, NARA, RG 165, Entry 179, Box 453.
27 Room Conversation, Meyer – Dirauf – Ablrecht, 10.1.1945, NARA, RG 165, Entry 179, Box 460.
28 Room Conversation, Licen – Helbig, 20.4.1944, NARA, RG 165, Entry 179, Box 508.
29 Room Conversation, Weller – Lentz (SP), 19.8.1944, NARA, RG 165, Entry 179, Box 560.
30 Room Conversation, Schwarz – Kürt (SP), 12.11.1943, NARA, RG 165, Entry 179, Box 542. Vgl. auch Room Conversation, Kühn – Simon (SP), 6.1.1944, NARA, RG 165, Entry 179, Box 504: »Kennst Du … (sounds like Neitzel (??)), der ist dann ausgestiegen«.
31 Room Conversation, Duwe – Richt (SP), 2.1.1944, NARA, RG 165, Entry 179, Box 463.
32 Room Conversation, Weiß – Gockel, 2.12.1944, NARA, RG 165, Entry 179, Box 474.
33 Room Conversation, Gottschling – Simon (SP), 31.3.1944, NARA, RG 165, Entry 179, Box 474.
34 Room Conversation, Gesovius – Rudelsdorff, 24.4.1945, NARA, RG 165, Entry 179, Box 477.
35 Room Conversation, Frömchen – Lindemann – Lüsebrink, 9.7.1945, NARA, RG 165, Entry 179, Box 470.
36 Room Conversation, Höller – Duda, o.D., Juli 1943, NARA, RG 165, Entry 179, Box 462.
37 Room Conversation, Brodt – Schmidt, 18.3.1944, NARA, RG 165, Entry 179, Box 455.
38 Room Conversation, Brockmann – Berkenhagen – Meissen – Nahorn, 29.5.1943, NARA, RG 165, Entry 179, Box 455.
39 Room Conversation, Salmutter – Thomas, 30.4.1945, NARA, RG 165, Entry 179, Box 535.
40 Room Conversation, Hausmann – Wambacher, 26.11.1944, NARA, RG 165, Entry 179, Box 480.
41 Room Conversation, Frömchen – Lindemann – Lüsebrink, 12.7.1945, NARA, RG 165, Entry 179, Box 470.
42 Room Conversation, Bender – Reinsberg, 3.5.1945, NARA, RG 165, Entry 179, Box 447.
43 Room Conversation, Gesovius – Rudelsdorff, 24.4.1945, NARA, RG 165, Entry 179, Box 477.
44 Room Conversation, Dietel – Pflugk-Hartung, 18.12.1945, NARA, RG 165, Entry 179, Box 526.
45 Room Conversation, Kessler – Aschenbrenner, 25.6.1945, NARA, RG 165, Entry 179, Box 466.
46 Ebd.

47 Room Conversation, Hodenberg – Thomas, 28.3.1945, NARA, RG 165, Entry 179, Box 485. Room Conversation, Wagenführ – Schmiga, 28.9.1943, NARA, RG 165, Entry 179, Box 558.

48 Vgl. auch zum Folgenden Kap. III.

49 Room Conversation, Coreth (SP) – Gramlow, 28.3.1944, NARA, RG 165, Entry 179, Box 475.

50 Room Conversation, Mayer – Ahnelt, 5.7.1944, NARA, RG 165, Entry 179, Box 514.

51 Room Conversation, Bücker – Reimbold, 8.4.1945, NARA, RG 165, Entry 179, Box 456.

52 Room Conversation, Frömchen – Lindemann– Lüsebrink, 9.7.1945, NARA, RG 165, Entry 179, Box 470.

53 Room Conversation, Koziol – Scheermesser, 1.8.1945, NARA, RG 165, Entry 179, Box 502.

54 Room Conversation, Könning – Gebhardt, 16.7.1945, NARA, RG 165, Entry 179, Box 472.

55 Room Conversation, Denis – Bitzer, 26.7.1945, NARA, RG 165, Entry 179, Box 450.

56 Vgl. Shils/Janowitz, Cohesion and Disintegration in the Wehrmacht in World War II.

57 Zu den graduellen Unterschieden zwischen sekundären und primären »Face-to-Face«-Kleingruppen vgl. Vester, Kompendium der Soziologie I, S. 84.

58 Vgl. Esser, Soziologie (4), S. 200 ff.

59 Vgl. Moreno, Die Grundlagen der Soziometrie.

60 Room Conversation, Faulhaber – Möllinger (SP), 3.12.1943, NARA, RG 165, Entry 179, Box 466.

61 Room Conversation, Hager – Lorke, 3.11.1944, NARA, RG 165, Entry 179, Box 478.

62 Room Conversation, Gartz – Sitzle, 27.7.1944, NARA, RG 165, Entry 179, Box 471.

63 Room Conversation, Drosdowski – Müller, 14.1.1945, NARA, RG 165, Entry 179, Box 462. Vgl. zur 5. Fsch.Jg.Div. auch Kap. VIII.

64 Room Conversation, Dietrich – Klatt, 12.1.1944, NARA, RG 165, Entry 179, Box 460.

65 Room Conversation, Scheidtweiler – Hippel, 6.11.1943, NARA, RG 165, Entry 179, Box 538.

66 Room Conversation, Wenke – Siegmund – Blenk, 16.2.1945, NARA, RG 165, Entry 179, Box 547.

67 Room Conversation, Hager – Lorke, 3.11.1944, NARA, RG 165, Entry 179, Box 478.

68 Room Conversation, Schmülling – Heinersdorff – Delanuit, 3.7.1945, NARA, RG 165, Entry 179, Box 542. Room Conversation, Schmülling – Delanuit – Heinersdorff, 14.7.1945, ebd.

69 Room Conversation, Wagenführ – Schmiga, 28.9.1943, NARA, RG 165, Entry 179, Box 558.

70 Room Conversation, Skuballa – Blunder, 20.1.1945, NARA, RG 165, Entry 179, Box 548.

71 Room Conversation, Richter – Hentschel, 22.10.1944, NARA, RG 165, Entry 179, Box 531.

72 Interrogation Report, Kapitänleutnant Klaus Bargsten, 12.6.1943, NARA, RG 165, Entry 179, Box 445.

73 Room Conversation, Guggenberger – Maus – Bothmer, 28.9.1943, NARA, RG 165, Entry 179, Box 477.

74 Room Conversation, Freudig – Siebert (SP), 4.18.1944, NARA, RG 165, Entry 179, Box 469.

75 Room Conversation, Pfaff – Zimmermann, 15.6.1945, NARA, RG 165, Entry 179, Box 567.

76 Report on the Interrogation of Survivors from U-841 sunk 17 October 1943, 12.1.1944, http://www.uboatarchive.net/U-841INT.htm.

77 Room Conversation, Taubert – Clobes (SP) – Limmer (SP), 17.11.1943, NARA, RG 165, Entry 179, Box 553.

78 Room Conversation, Brendel – Thorausch – Witt, 28.10.1943, NARA, RG 165, Entry 179, Box 454.

79 Interrogation Report, Matrose Hans Wahls, 13.9.1943, NARA, RG 165, Entry 179, Box 558.
80 Room Conversation, Plottke – Kürt (SP), 21.1.1944, NARA, RG 165, Entry 179, Box 527.
81 Room Conversation, Pasedag – Hartmann (SP), 24.6.1944, NARA, RG 165, Entry 179, Box 524.
82 Room Conversation, Prion – Weyl, 2.11.1944, NARA, RG 165, Entry 179, Box 528.
83 Ebd.
84 Interrogation Report, Lt. Josef Heindl, 6.2.1945, NARA, RG 165, Entry 179, Box 481.
85 Room Conversation, Berger – Herberhold, 3.2.1945, NARA, RG 165, Entry 179, Box 448.
86 Room Conversation, Hörer – Sauermann, 5.8.1944, NARA, RG 165, Entry 179, Box 486.
87 Room Conversation, Voigt – Schulz, 12.6.1944, NARA, RG 165, Entry 179, Box 544.
88 Vgl. Kap. VIII.
89 Vgl. Kühne, Kameradschaft, S. 149.
90 Room Conversation, Wagenführ – Schmiga, 28.9.1943, NARA, RG 165, Entry 179, Box 558.
91 Room Conversation, Duda – Paprian, 26.5.1944, NARA, RG 165, Entry 179, Box 462.
92 Room Conversation, Luftensteiner – Tygl, 1.3.1945, NARA, RG 165, Entry 179, Box 511.
93 Room Conversation, Taubert – Clobes (SP) – Limmer (SP), 17.11.1943, NARA, RG 165, Entry 179, Box 553.
94 Room Conversation, Brendel – Thorausch – Witt, 28.10.1943, NARA, RG 165, Entry 179, Box 454.
95 Room Conversation, Trautes – Schnare (SP) – Kürt (SP), 4.12.1943, NARA, RG 165, Entry 179, Box 555.
96 Ebd.
97 Interrogation Report, Bootsmaat Willi Trautes, 27.12.1943, NARA, RG 165, Entry 179, Box 555.
98 Room Conversation, Trautes – Schnare – Kürt (SP), 18.11.1943, NARA, RG 165, Entry 179, Box 542.
99 Ebd.
100 Room Conversation, Wagenführ – Schmiga, 28.9.1943, NARA, RG 165, Entry 179, Box 558.
101 Room Conversation, Moths – Vennekötter, 8.6.1944, NARA, RG 165, Entry 179, Box 556.
102 Room Conversation, Sander – Kürt (SP), 9.2.1944, NARA, RG 165, Entry 179, Box 535.
103 Room Conversation, Gramlow – Coreth (SP), 28.3.1944, NARA, RG 165, Entry 179, Box 475.
104 Room Conversation, Geider – Coreth (SP), 7.4.1944, NARA, RG 165, Entry 179, Box 472.
105 Vgl. Kühne, Kameradschaft, S. 149.
106 Room Conversation, Moths – Vennekötter, 8.6.1944, NARA, RG 165, Entry 179, Box 556: »Und da sagt mir der freche Lenz noch: Was haben Sie in zwei Jahren geleistet. Nichts haben Sie geleistet.«
107 Vgl. Kap. III.
108 Vgl. den ms. Bericht, »Das Dolmetscherwesen innerhalb der Wehrmacht auf Grund von Wahrnehmungen berichtet«, Uffz. Walter Schmülling, o. D. (Juni 1945), NARA, RG 165, Entry 179, Box 542.
109 Zu den Ic-Abteilungen und ihrer Tätigkeit vgl. Römer, Kommissarbefehl, S. 318–332.
110 Vgl. den ms. Bericht, »Das Dolmetscherwesen innerhalb der Wehrmacht auf Grund von Wahrnehmungen berichtet«, Uffz. Walter Schmülling, o. D. (Juni 1945), NARA, RG 165, Entry 179, Box 542.

111 Ms. Bericht, »Interpreter-Companies«, Sdf. Werner Schrank, 4.6.1945, NARA, RG 165, Entry 179, Box 543.

112 Ebd.: »The company was not favorably regarded by the Gen.Kdo., as has been mentioned, because one saw in the unit a conglomeration of intellectuals for whom there was no question of their being militaristic and full of warlike enthusiasm. For the rest, this not unfounded suspicion led to several inspections and training-problems the reports on which were not exactly favorable.«

113 Room Conversation, Blum – Puzicha – Delanuit, 28.6.1945, NARA, RG 165, Entry 179, Box 450.

114 Vgl. Kap. III.

115 Room Conversation, Rehage – Schaad, 25.2.1945, NARA, RG 165, Entry 179, Box 529.

116 Interrogation Report, OGefr. Gerhardt Hesse, Subject: Olmütz. The G. A. F. Interpreters' School, 6.2.1945, NARA, RG 165, Entry 179, Box 484: »The reputation of the school was bad from a Nazi viewpoint. Most of the instructors and students, being of a higher intellectual standard and having travelled abroad, were Anti-Nazi.«

117 Room Conversation, Richter – Hentschel, 23.10.1944, NARA, RG 165, Entry 179, Box 531.

118 Room Conversation, Weber – Haas, 18.5.1945, NARA, RG 165, Entry 179, Box 478.

119 Dies ergibt die eingehende Analyse von rund dreißig Gefangenenakten von Wehrmachtsangehörigen, die zu verschiedenen Zeitpunkten Dolmetscher-Einheiten angehört hatten bzw. als Dolmetscher eingesetzt waren.

120 Interrogation Report, Gefr. Hans Losch, 4.7.1943, NARA, RG 165, Entry 179, Box 510.

121 Room Conversation, Grebe – Dieck, 18.8.1944, NARA, RG 165, Entry 179, Box 475.

122 Vgl. die Gefangenenakte, Uffz. Heinrich Zimmermann, NARA, RG 165, Entry 179, Box 567.

123 Room Conversation, Schmülling – Delanuit – Heinersdorff, 14.7.1945, NARA, RG 165, Entry 179, Box 542.

124 Ms. Bericht, »Interpreter-Companies«, Sdf. Werner Schrank, 4.6.1945, NARA, RG 165, Entry 179, Box 543.

125 Room Conversation, Schramm – Honig, 5.11.1944, NARA, RG 165, Entry 179, Box 543.

126 Room Conversation, Losch – Bargsten, 14.7.1943, NARA, RG 165, Entry 179, Box 510.

127 Vgl. Kap. IV.

## 第六章 军心斗志

1 Room Conversation, Otto – Friemel, 29.12.1944, NARA, RG 165, Entry 179, Box 524.

2 Heute: Saarlouis.

3 Vgl. Christoffel, Krieg am Westwall 1944/45, S. 239 ff.

4 Interrogation Report, Hptm. Werner Otto, 27.12.1944, NARA, RG 165, Entry 179, Box 524.

5 Room Conversation, Otto – Friemel, 29.12.1944, NARA, RG 165, Entry 179, Box 524.

6 Ebd.

7 Room Conversations, Otto – Friemel, 1./2.1.1945, NARA, RG 165, Entry 179, Box 524.

8 Room Conversation, Otto – Friemel, 1.1.1945, NARA, RG 165, Entry 179, Box 524.

9 Room Conversation, Otto – Friemel, 1.1.1945, 07.30–11.45 Uhr, NARA, RG 165, Entry 179, Box 524: »Mentions he once commanded firing squad for an execution (no details).«

10 Room Conversation, Otto – Friemel, 29.12.1944, 11.45–14.25 Uhr, NARA, RG 165, Entry 179, Box 524: »An beiden Seiten der Mosel war das kleine Städtchen, mit einer Brücke (Charmont (?))«.

11 Interrogation Report, Hptm. Werner Otto, 27.12.1944, NARA, RG 165, Entry 179, Box 524.

12 Room Conversation, Otto – Friemel, 30.12.1944, NARA, RG 165, Entry 179, Box 524.

13 Room Conversation, Otto – Friemel, 29.12.1944, NARA, RG 165, Entry 179, Box 524.

14 Room Conversation, Otto – Friemel, 1.1.1945, NARA, RG 165, Entry 179, Box 524.

15 Room Conversation, Otto – Friemel, 29.12.1944, NARA, RG 165, Entry 179, Box 524.

16 Room Conversation, Otto – Friemel, 1.1.1945, NARA, RG 165, Entry 179, Box 524.

17 Ebd.

18 Dies ergibt die elektronische Datenbankanalyse der Morale Questionnaires: Hierzu wurden alle überlieferten Fragebögen einzeln eingelesen, die gegebenen Antworten nach einem abgestuften Kategorienschema erfasst.

19 Interrogation Report, Uffz. Herrmann Hartmann, 25.2.1944, NARA, RG 165, Entry 179, Box 480.

20 Morale Questionnaire, Uffz. Herrmann Hartmann, 24.2.1944, NARA, RG 165, Entry 179, Box 480: »Germany will win because of the spirit of her soldiers: P/W considers this factor more important than technical matters.«

21 Interrogation Report, Uffz. Herrmann Hartmann, 25.2.1944, NARA, RG 165, Entry 179, Box 480.

22 Morale Questionnaire, Uffz. Herrmann Hartmann, 24.2.1944, NARA, RG 165, Entry 179, Box 480.

23 Ebd.: »Well, what have I been fighting for, these four years? In that event they would be for nothing.«

24 Vgl. Neitzel/Welzer, Soldaten, S. 267. 270 ff.

25 Vgl. Kap. III.

26 Von 194 antwortenden Befragten dieser Jahrgänge glaubten 98 an einen Sieg, 96 an eine Niederlage.

27 Morale Questionnaire, Fallschirmjäger Karl Schmitz, 22.6.1944, NARA, RG 165, Entry 179, Box 541: »A young fanatic Nazi, average intelligence, he is completely swept away by the Nazi ideology and has nothing but the best to say about them.«

28 Vgl. Kap. III.

29 Room Conversation, Reimbold – Müller, 22.3.1945, NARA, RG 165, Entry 179, Box 519.

30 Room Conversation, Kroll – Wendorff, 27.10.1943, NARA, RG 165, Entry 179, Box 503.

31 Room Conversation, Dolff – Witte, 27.10.1944, NARA, RG 165, Entry 179, Box 461.

32 Room Conversation, Hill – Stammler, 19.8.1944, NARA, RG 165, Entry 179, Box 484.

33 Room Conversation, Grote – Wiljotti, 8.8.1944, NARA, RG 165, Entry 179, Box 476.

34 Morale Questionnaire, Lt. Johann Grote, 9.8.1944, NARA, RG 165, Entry 179, Box 476: »The Allies will win the war. [...] Already in 1943 many of the people were beginning to doubt about the outcome. [...] P/W estimates that 95% of the German officers know Germany has lost the war.«

35 Room Conversation, Lahmann – Nairz, 17.3.1944, NARA, RG 165, Entry 179, Box 506.

36 Room Conversation, Wenke – Siegmund – Blenk, 14.2.1945, NARA, RG 165, Entry 179, Box 561.

37 Room Conversation, Schulz – Studemann, 17.7.1944, NARA, RG 165, Entry 179, Box 544.

38 Room Conversation, Deffge – Thon, 7.9.1944, NARA, RG 165, Entry 179, Box 459.

39 Room Conversation, Feldbusch – Heinze (SP), 18.7.1944, NARA, RG 165, Entry 179, Box 467.

40 Room Conversation, Richter – Hennecke, 15.9.1944, NARA, RG 165, Entry 179, Box 531.

41 Room Conversation, Zink – Sturm (SP), 30.8.1944, NARA, RG 165, Entry 179, Box 526.

42 Room Conversation, Scheurer - Dietrich (SP), 19.12.1943, NARA, RG 165, Entry 179, Box 538.
43 Interrogation Report, OGefr. Heinz Junker, 18.4.1944, NARA, RG 165, Entry 179, Box 492.
44 Room Conversation, Junker - Bodewig, 25.4.1944, NARA, RG 165, Entry 179, Box 451.
45 Room Conversation, Voigt - Schulz, 12.6.1944, NARA, RG 165, Entry 179, Box 544.
46 Room Conversation, Pohnert - Ruffer, 13.6.1944, NARA, RG 165, Entry 179, Box 527.
47 Room Conversation, Rössler - Knieper, 22.3.1945, NARA, RG 165, Entry 179, Box 498.
48 Room Conversation, Gengenbach - Wilgosch, 18.5.1944, NARA, RG 165, Entry 179, Box 472.
49 Room Conversation, Heymann - Linster, 1.5.1944, NARA, RG 165, Entry 179, Box 484.
50 Room Conversation, Lahmann - Nairz, 17.3.1944, NARA, RG 165, Entry 179, Box 506.
51 Room Conversation, Delbrück - Dolff, 22.10.1944, NARA, RG 165, Entry 179, Box 452.
52 Room Conversation, Padberg - Ringelspacher, 16.1.1945, NARA, RG 165, Entry 179, Box 524.
53 Room Conversation, Nieschling - Humann, 9.6.1945, NARA, RG 165, Entry 179, Box 489.
54 Room Conversation, Meier - Wolf, 15.3.1945, NARA, RG 165, Entry 179, Box 515.
55 Interrogation Report, OFw. Otto Wolf, 15.3.1945, NARA, RG 165, Entry 179, Box 565.
56 Room Conversation, Meier - Wolf, 15.3.1945, NARA, RG 165, Entry 179, Box 515.
57 Room Conversation, Keffel - Theis, 6.7.1944, NARA, RG 165, Entry 179, Box 494.
58 Room Conversation, Keffel - Köpcke, 10.7.1944, NARA, RG 165, Entry 179, Box 494.
59 Room Conversation, Keffel - Klatte, 9.7.1944, NARA, RG 165, Entry 179, Box 494.
60 Interrogation Report, Wachtm. Wilhelm Keffel, 6.7.1944, NARA, RG 165, Entry 179, Box 494.
61 Room Conversation, Geiser - Wamser, 26.5.1944, NARA, RG 165, Entry 179, Box 558.
62 Room Conversation, Seidl - Koch, 11.11.1944, NARA, RG 165, Entry 179, Box 499.
63 Room Conversation, Kruk - Böhm - Pickler, 14.6.1944, NARA, RG 165, Entry 179, Box 504.
64 Room Conversation, Friese - Hoyer - Pietzsch, 26.11.1943, NARA, RG 165, Entry 179, Box 470.
65 Vgl. Kap. IV.
66 Vgl. Gurfein/Janowitz, Trends in Wehrmacht Morale.
67 Vgl. Kap. IV.
68 Room Conversation, Heinz - Bartels, 22.9.1944, NARA, RG 165, Entry 179, Box 481.
69 Room Conversation, Hartmann - Rapmund, 4.10.1944, NARA, RG 165, Entry 179, Box 480.
70 Room Conversation, Heinz - Bartels - Huber, 23.9.1944, NARA, RG 165, Entry 179, Box 445.
71 Room Conversation, Abels - Gössele - Schwoch, 9.1.1945, NARA, RG 165, Entry 179, Box 441.
72 Room Conversation, Feldbusch - Joswig, 15.7.1944, NARA, RG 165, Entry 179, Box 467.
73 Room Conversation, Haffner - Trautmann - Höpstein, 5.12.1944, NARA, RG 165, Entry 179, Box 478.
74 Room Conversation, Schilken - Harrich (SP), 2.1.1945, NARA, RG 165, Entry 179, Box 526.
75 Room Conversation, Eilers - Brauch, 20.6.1944, NARA, RG 165, Entry 179, Box 453.
76 Vgl. Gurfein/Janowitz, Trends in Wehrmacht Morale.
77 Room Conversation, Burmeister - Schmidt, 18.7.1944, NARA, RG 165, Entry 179, Box 456.
78 Room Conversation, Turnau - Obert, 14.8.1944, NARA, RG 165, Entry 179, Box 523.

79 Room Conversation, Hackert – Tiebusch, 11. 10. 1944, NARA, RG 165, Entry 179, Box 478.
80 Room Conversation, Meese – Schmitz, 21. 6. 1944, NARA, RG 165, Entry 179, Box 515.
81 Room Conversation, Maurer – Weygand – Neuert, 14. 1. 1945, NARA, RG 165, Entry 179, Box 514.
82 Room Conversation, Messerschmidt – Weber (SP), 21. 3. 1944, NARA, RG 165, Entry 179, Box 515.
83 Room Conversation, Prion – Baumann, 31. 10. 1944, NARA, RG 165, Entry 179, Box 446.
84 Room Conversation, Koch – Edelmann, 27. 3. 1944, NARA, RG 165, Entry 179, Box 499.
85 Room Conversation, Grote – Wiljotti, 5. 8. 1944, NARA, RG 165, Entry 179, Box 476.
86 Room Conversation, Knab – Fröndt, 17. 11. 1944, NARA, RG 165, Entry 179, Box 498.
87 Room Conversation, Engler – Salac, 6. 11. 1944, NARA, RG 165, Entry 179, Box 465.
88 Room Conversation, Kneipp – Kehle, 22. 10. 1944, NARA, RG 165, Entry 179, Box 495.
89 Room Conversation, Hansen – Gurcke, 30. 10. 1944, NARA, RG 165, Entry 179, Box 477.
90 Room Conversation, Valis – Olsson – Wöhrmann, 29. 7. 1944, NARA, RG 165, Entry 179, Box 556.
91 Room Conversation, Wurzer – Steinig, 30. 8. 1944, NARA, RG 165, Entry 179, Box 549.
92 Room Conversation, Merkel – Herzig, 24. 8. 1944, NARA, RG 165, Entry 179, Box 515.
93 Room Conversation, Gromoll – Politz, 2. 10. 1944, NARA, RG 165, Entry 179, Box 475.
94 Room Conversation, Otto – Friemel, 1. 1. 1945, NARA, RG 165, Entry 179, Box 524.
95 Room Conversation, Schönberger – Reinhardt, 13. 8. 1944, NARA, RG 165, Entry 179, Box 530.
96 Room Conversation, Kneipp – Kerle, 20. 10. 1944, NARA, RG 165, Entry 179, Box 495.
97 Room Conversation, Gromoll – Politz, 2. 10. 1944, NARA, RG 165, Entry 179, Box 475.
98 Room Conversation, Nairz – Weber (SP), 10. 3. 1944, NARA, RG 165, Entry 179, Box 520.
99 Room Conversation, Haas – Heinz, 12. 10. 1944, NARA, RG 165, Entry 179, Box 478.
100 Im neuesten Buch zum Thema findet dieser Aspekt kaum Erwähnung: Vgl. Süß, Tod aus der Luft. In Jörg Friedrichs Kapitel über die Stimmung an der Heimatfront treten Wehrmachtssoldaten nur so auf: »Fronturlauber aus Russland sind die einzig Positiven.« Vgl. Friedrich, Der Brand, S. 480.
101 Dies ergibt die inhaltsanalytische Auswertung dieser Stichprobe mittels Codierverfahren.
102 Vgl. Kap. IX.
103 Dies ergibt die inhaltsanalytische Codierung der Abhörprotokolle aus den britischen Vernehmungslagern.
104 Room Conversation, Loy – Neels, 15. 2. 1945, NARA, RG 165, Entry 179, Box 521.
105 Room Conversation, Leimer – Schwandt, 30. 11. 1944, NARA, RG 165, Entry 179, Box 507.
106 Room Conversation, Sander – Kürt (SP), 16. 2. 1944, NARA, RG 165, Entry 179, Box 535.
107 Room Conversation, Clobes – Schneck, 22. 1. 1944, NARA, RG 165, Entry 179, Box 542. Hervorhebung im Original.
108 Room Conversation, Glinsmann – Werner (SP), 2. 3. 1944, NARA, RG 165, Entry 179, Box 474.
109 Room Conversation, Glinsmann – Werner (SP), 2. 3. 1944, NARA, RG 165, Entry 179, Box 474.
110 Room Conversation, Roth – Richter, 19. 1. 1945, NARA, RG 165, Entry 179, Box 533.
111 Vgl. Friedrich, Der Brand, S. 192 – 195.
112 Room Conversation, Baumann – Schmidt, 31. 10. 1944, NARA, RG 165, Entry 179, Box 446.
113 Room Conversation, Hahn – Widmann, 30. 9. 1944, NARA, RG 165, Entry 179, Box 478.

114 Interrogation Report, Sdf. Heinrich Ries, 9.11.1943, NARA, RG 165, Entry 179, Box 532.
115 Room Conversation, Schrott – Klan, 26.12.1944, NARA, RG 165, Entry 179, Box 497.
116 Room Conversation, Hartmann – Behrens – Chraust, 22.11.1944, NARA, RG 165, Entry 179, Box 447.
117 Room Conversation, Ruffer – Zajonetz, 9.6.1944, NARA, RG 165, Entry 179, Box 534.
118 Room Conversation, Holleder – Eschenbacher, 9.4.1944, NARA, RG 165, Entry 179, Box 487.
119 Room Conversation, Krug – Poppelbaum, 19.7.1944, NARA, RG 165, Entry 179, Box 504.
120 Room Conversation, Hartmann – Rapmund, 4.10.1944, NARA, RG 165, Entry 179, Box 480.
121 Room Conversation, Willms – Schumann, 24.7.1945, NARA, RG 165, Entry 179, Box 545.
122 Room Conversation, Lück – Göppinger, 19.1.1945, NARA, RG 165, Entry 179, Box 474.
123 Room Conversation, Lupberger – Kürt (SP), 1.4.1944, NARA, RG 165, Entry 179, Box 511.
124 Room Conversation, Münster – Schattner, 21.12.1944, NARA, RG 165, Entry 179, Box 537.
125 Room Conversation, Lehmann – Mackenthurm, 18.8.1944, NARA, RG 165, Entry 179, Box 507.
126 Room Conversation, Lippold – Rohde (SP), 7.6.1944, NARA, RG 165, Entry 179, Box 509.
127 Room Conversation, Schulz – Picker, 19.6.1944, NARA, RG 165, Entry 179, Box 526.
128 Room Conversation, Schagen – Besser, 9.1.1945, NARA, RG 165, Entry 179, Box 449.
129 Room Conversation, Vorberger – Clausbruch, 17.8.1943, NARA, RG 165, Entry 179, Box 557.
130 Room Conversation, Taubert – Clobes (SP) – Limmer (SP), 17.11.1943, NARA, RG 165, Entry 179, Box 553.
131 Room Conversation, Schreiner – Matzdorff, 20.12.1944, NARA, RG 165, Entry 179, Box 514.
132 Vgl. Friedrich, Der Brand, S. 192.
133 Room Conversation, Kleist – Lössner, 22.10.1943, NARA, RG 165, Entry 179, Box 497.
134 Room Conversation, Litteck – Huber, 4.10.1944, NARA, RG 165, Entry 179, Box 488.
135 Vgl. Friedrich, Der Brand, S. 44 f., 56.
136 Room Conversation, Wertenbruch – Gotschlich – Schlottig, 10.8.1944, NARA, RG 165, Entry 179, Box 540.
137 Room Conversation, Hesse – Fuchs – Schrimpf, 28.5.1943, NARA, RG 165, Entry 179, Box 543.
138 Vgl. Friedrich, Der Brand, S. 477 ff.
139 Interrogation Report, Sdf. Heinrich Ries, 9.11.1943, NARA, RG 165, Entry 179, Box 532.
140 Vgl. Friedrich, Der Brand, S. 85–89.
141 Room Conversation, Frank – Hartmann (SP), 14.4.1944, NARA, RG 165, Entry 179, Box 468.
142 Room Conversation, Engler – Salac, 6.11.1944, NARA, RG 165, Entry 179, Box 465.
143 Room Conversation, Siems – Pfannkuche, 17.10.1944, NARA, RG 165, Entry 179, Box 525.
144 Room Conversation, Rydzy – Schäfer – Krützfeldt, 7.6.1943, NARA, RG 165, Entry 179, Box 535.
145 Interrogation Report, Uffz. Arthur Peikewski, 6.7.1943, NARA, RG 165, Entry 179, Box 525.
146 Room Conversation, Stemmler – Roch – Uhlhorn, 1.3.1944, NARA, RG 165, Entry 179, Box 550.
147 Room Conversation, Willms – Schumann, 24.7.1945, NARA, RG 165, Entry 179, Box 545.

148 Room Conversation, Schrott – Klan, 26.12.1944, NARA, RG 165, Entry 179, Box 497.

149 Room Conversation, Fritz – Krug – Rangeard, 26.7.1943, NARA, RG 165, Entry 179, Box 470.

150 Room Conversation, Schrott – Klan, 26.12.1944, NARA, RG 165, Entry 179, Box 497.

151 Room Conversation, Werner – Eschenbacher (SP), 14.4.1944, NARA, RG 165, Entry 179, Box 561.

152 Room Conversation, Hummel – Sauerbier, 11.10.1943, NARA, RG 165, Entry 179, Box 489. Pietro Badoglio war ein italienischer Marschall, der den Waffenstillstand mit den Alliierten vom September 1843 aushandelte.

153 Interrogation Report, Gefr. Adolf Ide, 26.7.1944, NARA, RG 165, Entry 179, Box 489.

154 Room Conversation, Nöckel – Passmann, 19.9.1944, NARA, RG 165, Entry 179, Box 517.

155 Room Conversation, Wenke – Siegmund – Blenk, 14.2.1945, NARA, RG 165, Entry 179, Box 561.

156 Room Conversation, Labude – Lautner, 15.3.1945, NARA, RG 165, Entry 179, Box 505.

157 Room Conversation, Hermann – Ross, 16.6.1944, NARA, RG 165, Entry 179, Box 483.

158 Ebd.

159 Room Conversation, Trautes – Kürt (SP) – Schnare (SP), 21.11.1943, NARA, RG 165, Entry 179, Box 555.

160 Room Conversation, Halter – Kaubisch, 6.12.1944, NARA, RG 165, Entry 179, Box 479.

161 Room Conversation, Schweier – Kotenbeutel, 12.7.1945, NARA, RG 165, Entry 179, Box 501.

162 Room Conversation, Weiser – Pahl, 20.3.1945, NARA, RG 165, Entry 179, Box 524.

163 Vgl. Friedrich, Der Brand, S. 98 ff.

164 Dessen waren sich auch die U-Boot-Fahrer bewusst, vgl. Room Conversation, Bunde – Hülsmann – Leuthner, 4.1.1944, NARA, RG 165, Entry 179, Box 508: »Du darfst ja nicht vergessen, dass jetzt mehr U-Boot gefahren wird als Kriegsschiffe … Du siehst ja jetzt, wenn die Kriegsschiffe irgendwohin fahren, kriegen sie ja immer eine auf den Arsch, hast ja gesehen – Scharnhorst.«

165 Vgl. auch zum Folgenden: Mulligan, Neither Sharks nor Wolves.

166 Room Conversation, Pfaff – Zimmermann, 15.6.1945, NARA, RG 165, Entry 179, Box 567.

167 Room Conversation, Sander – Kürt (SP), 13.2.1944, NARA, RG 165, Entry 179, Box 535.

168 Room Conversation, Holleder – Eschenbacher, 8.4.1944, NARA, RG 165, Entry 179, Box 487.

169 Room Conversation, Satzger – Eschenbacher (SP), 6.7.1944, NARA, RG 165, Entry 179, Box 536.

170 Room Conversation, Weidner – Lenz (SP), 10.7.1944, NARA, RG 165, Entry 179, Box 560.

171 Room Conversation, Schlesiger – Schön, 8.4.1945, NARA, RG 165, Entry 179, Box 539.

172 Room Conversation, Hauptmann – Oppermann – Schmiga, 28.9.1943, NARA, RG 165, Entry 179, Box 523.

173 Room Conversation, Gramlow – Mayer – Stuhff [?], 19.4.1944, NARA, RG 165, Entry 179, Box 475.

174 Room Conversation, Hausmann – Wambacher, 26.11.1944, NARA, RG 165, Entry 179, Box 480.

175 Vgl. Mulligan, Neither Sharks nor Wolves, S. 72.

176 Room Conversation, Hausmann – Wambacher, 26.11.1944, NARA, RG 165, Entry 179, Box 480.

177 Vgl. Rahn, Die Deutsche Seekriegführung 1943 bis 1945, S. 120.

178 Room Conversation, Kastrup - Hainemann, 9.5.1944, NARA, RG 165, Entry 179, Box 494.

179 Room Conversation, Sander - Kürt, 12.2.1944, NARA, RG 165, Entry 179, Box 535.

180 Room Conversation, Mänz - Schumann - Günther, 26.12.1944, NARA, RG 165, Entry 179, Box 513.

181 Vgl. Mulligan, Neither Sharks nor Wolves, S. 193.

182 Room Conversation, Mänz - Schumann - Günther, 26.12.1944, NARA, RG 165, Entry 179, Box 513.

183 Room Conversation, Klauke - Lenz (SP), 4.9.1944, NARA, RG 165, Entry 179, Box 497.

184 Room Conversation, Satzger - Kochenbacher (SP), 6.7.1944, NARA, RG 165, Entry 179, Box 536.

185 Room Conversation, Hausmann - Wambacher, 26.11.1944, NARA, RG 165, Entry 179, Box 480.

186 Room Conversation, Satzger - Eschenbacher (SP), 6.7.1944, NARA, RG 165, Entry 179, Box 536.

187 Room Conversation, Rachanski - Siebert, 14.7.1943, NARA, RG 165, Entry 179, Box 547.

188 Room Conversation, Bode - Bernadelli, 19.5.1945, NARA, RG 165, Entry 179, Box 448.

189 Interrogation Report, Funkmaat Erich Witte, 22.2.1944, NARA, RG 165, Entry 179, Box 565.

190 Room Conversation, Karsch - Kugel, 22.5.1943, NARA, RG 165, Entry 179, Box 494.

191 Room Conversation, Rossbach - Brandt, 31.5.1943, NARA, RG 165, Entry 179, Box 453.

192 Room Conversation, Bunde - Krüger - Wenke, 7.1.1944, NARA, RG 165, Entry 179, Box 456.

193 Room Conversation, Hässler - Stenten (SP), 2.1.1944, NARA, RG 165, Entry 179, Box478.

194 Room Conversation, Frank - Hartmann (SP), 14.4.1944, NARA, RG 165, Entry 179, Box 468.

195 Room Conversation, Hünefeldt - Schiefner - Coreth (SP), 9.2.1944, NARA, RG 165, Entry 179, Box 488.

196 Room Conversation, Klauke - Lenz (SP), 4.9.1944, NARA, RG 165, Entry 179, Box 497.

197 Room Conversation, Taubert - Kamrath, 12.12.1943, NARA, RG 165, Entry 179, Box 493.

198 Room Conversation, Sander - Kürt (SP), 13.2.1944, NARA, RG 165, Entry 179, Box 535.

199 Room Conversation, Taubert - Clobes (SP) - Limmer (SP), 24.11.1943, NARA, RG 165, Entry 179, Box 553.

200 Vgl. Mulligan, Neither Sharks nor Wolves, S. 193.

201 Room Conversation, Weise - König, 9.7.1944, NARA, RG 165, Entry 179, Box 499.

202 Room Conversation, Pfaff - Zimmermann, 15.6.1945, NARA, RG 165, Entry 179, Box 567.

203 Vgl. Mulligan, Neither Sharks nor Wolves, S. 85.

204 Room Conversation, Hausmann - Wambacher, 25.11.1944, NARA, RG 165, Entry 179, Box 480.

205 Ebd.

206 Room Conversation, Kühn - Simon (SP), 6.1.1944, NARA, RG 165, Entry 179, Box 504.

207 Room Conversation, Schneck - Clobes, 22.1.1944, NARA, RG 165, Entry 179, Box 542.

208 Room Conversation, Kaussmann - Becker - Schalling, 9.5.1944, NARA, RG 165, Entry 179, Box 446.

209 Room Conversation, Weidner - Lenz (SP), 7.7.1944, NARA, RG 165, Entry 179, Box 560.

210 Interrogation Report, Kapitänleutnant Siegfried Sterzing, 30.6.1943, NARA, RG 165, Entry 179, Box 550.

211 Room Conversation, Holleder – Eschenbacher, 8.4.1944, NARA, RG 165, Entry 179, Box 487.
212 Interrogation Report, Oberfunkmaat Josef Höller, 6.8.1943, NARA, RG 165, Entry 179, Box 486.
213 Room Conversation, Hausmann – Wambacher, 25.11.1944, NARA, RG 165, Entry 179, Box 480.
214 Interrogation Report, Maschinenmaat Friedrich Mast, 20.6.1943, NARA, RG 165, Entry 179, Box 513.
215 Vgl. Kap. IX.
216 Room Conversation, Kühn – Simon (SP), 6.1.1944, NARA, RG 165, Entry 179, Box 504.
217 Room Conversation, Sander – Kürt (SP), 13.2.1944, NARA, RG 165, Entry 179, Box 535.
218 Room Conversation, Förster – Koch – Müller, 15.7.1944, NARA, RG 165, Entry 179, Box 468.
219 Room Conversation, Otto – Friemel, 29.12.1944, NARA, RG 165, Entry 179, Box 524.
220 Room Conversation, Dolff – Witte, 27.10.1944, NARA, RG 165, Entry 179, Box 461.
221 Room Conversation, Karpinski – Klahn, 12.3.1945, NARA, RG 165, Entry 179, Box 494.
222 Room Conversation, Scheurich – Schweier, 6.7.1945, NARA, RG 165, Entry 179, Box 538.
223 Room Conversation, Unger – Schläger, 5.12.1943, NARA, RG 165, Entry 179, Box 556.
224 Room Conversation, Ahnelt – Mayer, 5.7.1944, NARA, RG 165, Entry 179, Box 441.
225 Room Conversation, Feldbusch – Saur, 12.7.1944, NARA, RG 165, Entry 179, Box 467.
226 Room Conversation, Graichen – Matzdorff, 22.12.1944, NARA, RG 165, Entry 179, Box 475.
227 Room Conversation, Adasch – Carl, 2.11.1944, NARA, RG 165, Entry 179, Box 441.
228 Room Conversation, Ahnelt – Mayer, 5.7.1944, NARA, RG 165, Entry 179, Box 441.
229 Room Conversation, Eckold – Plettenberg, 25.3.1945, NARA, RG 165, Entry 179, Box 463.
230 Room Conversation, Dirauf – Meyer – Albrecht, 10.1.1945, NARA, RG 165, Entry 179, Box 460.
231 Room Conversation, Stemann – Daute, 25.8.1944, NARA, RG 165, Entry 179, Box 458.
232 Room Conversation, Keffel – Klatte, 9.7.1944, NARA, RG 165, Entry 179, Box 494.
233 Room Conversation, Widmann – Schmalfuß, 3.10.1944, NARA, RG 165, Entry 179, Box 540.
234 Room Conversation, Frömchen – Lindemann – Lüsebrink, 9.7.1945, NARA, RG 165, Entry 179, Box 470.
235 Room Conversation, Koppermann – Lucius, 28.12.1944, NARA, RG 165, Entry 179, Box 501.
236 Room Conversation, Geus – Libnow, 6.11.1944, NARA, RG 165, Entry 179, Box 473.
237 Room Conversation, Müller-Jena – Schmidt (SP), 18.1.1944, NARA, RG 165, Entry 179, Box 519.
238 Room Conversation, Scheurich – Schweier, 6.7.1945, NARA, RG 165, Entry 179, Box 538.
239 Ebd.
240 Vgl. hierzu die Beispiele im obigen Abschnitt »Kriegslage«.
241 Room Conversation, Adasch – Carl, 2.11.1944, NARA, RG 165, Entry 179, Box 441.
242 Room Conversation, Otto – Friemel, 1.1.1945, NARA, RG 165, Entry 179, Box 524.
243 Room Conversation, Otto – Friemel, 29.12.1944, NARA, RG 165, Entry 179, Box 524.
244 Vgl. Kap. VIII.
245 Room Conversation, Schild – Kuftner, 13.9.1944, NARA, RG 165, Entry 179, Box 504.
246 Room Conversation, Wertenbruch – Gotschlich – Schlottig, 10.8.1944, NARA, RG 165,

Entry 179, Box 540. Hierauf entgegnete der Gesprächspartner: »Kriege waren schon immer, schon 1000 Jahre vor Christi hart, aber heute sind sie eben etwas härter.«

247 Vgl. Römer, Kommissarbefehl.

248 Eintrag im Tagebuch Karl-Heinz v. B., 24.8.1941, BA-MA, MSg 2/5782.

249 Tätigkeitsbericht, 113. Inf.Div., IVd/ev., 2.10.1941, BA-MA, RH 26–113/37.

250 Tätigkeitsbericht, 96. Inf.Div., IVd/ev., 30.6.–20.9.1941, BA-MA, RH 26–96/44.

251 Tätigkeitsbericht, AOK 16, IVd/ev., 8.8.–15.10.1941, BA-MA, RH 20–16/1095.

252 Tätigkeitsbericht, 239. Inf.Div., IVd/ev., 4.12.1941, BA-MA, RH 26–239/38.

253 Ebd.

254 Vgl. Jasper, Zweierlei Weltkriege?

255 Vgl. Römer, Kommissarbefehl, S. 267 f.

256 Interrogation Report, Oberstleutnant Helmut Richter, 30.12.1944, NARA, RG 165, Entry 179, Box 531.

257 Morale Questionnaire, OGefr. Otto Nitz, 23.6.1944, NARA, RG 165, Entry 179, Box 522: »The Russian is not a bad soldier, but he is brutal. He is effective only in groups.«

258 Ebd.: »Russians: Barbarous. ›We saw enough in Russia.‹ Thinks Russia would like to include all of Europe, including England, in its domain.«

259 Morale Questionnaire, Gefr. Heinz Balcerkiewicz, 7.6.1944, NARA, RG 165, Entry 179, Box 444: »The Russians fight in masses, mechanically, because they are forced to. Also the Russians fight with knives and are very treacherous. P/W was outraged at the fact that some women were fighting. Thinks the Americans and English fight much more fairly. The German is the best soldier, and then come the English, Americans and Russians.«

260 Interrogation Report, OGefr. Wilhelm Schlecht/Gefr. Georg Albrecht, 2.8.1944, NARA, RG 165, Entry 179, Box 539.

261 Room Conversation, Römer – Müller, 26.4.1944, NARA, RG 165, Entry 179, Box 533.

262 Vgl. Overmans, Soldaten hinter Stacheldraht, S. 34, S. 246 f.

263 Room Conversation, Eckartsberg – Pietscher – Steinmeister, 1.10.1944, NARA, RG 165, Entry 179, Box 463.

264 Room Conversation, Sandrart – Nieschling, 19.5.1945, NARA, RG 165, Entry 179, Box 522.

265 Interrogation Report, Major Arnold Kuhle, 3.7.1944, NARA, RG 165, Entry 179, Box 504.

266 Room Conversation, Lindemann – Taut, 25.6.1945, NARA, RG 165, Entry 179, Box 508.

267 Room Conversation, Seidemann – Weismann, 7.5.1944, NARA, RG 165, Entry 179, Box 547.

268 Interrogation Report, StFw. Gustav Kirchner, 8.10.1943, NARA, RG 165, Entry 179, Box496.

269 Interrogation Report, Major Arnold Kuhle, 3.7.1944, NARA, RG 165, Entry 179, Box 504.

270 Vgl. Kap. IX.

271 Room Conversation, Teyssen – Möllinger (SP), 16.1.1944, NARA, RG 165, Entry 179, Box 553.

272 Room Conversation, Pfeiffer – Pfitzke, 18.9.1944, NARA, RG 165, Entry 179, Box 525.

273 Room Conversation, Illig – Riede, 23.6.1944, NARA, RG 165, Entry 179, Box 490.

274 Room Conversation, Werner – Höhn – Frör, 20.10.1944, NARA, RG 165, Entry 179, Box 485.

275 Room Conversation, Vorberger – Clausbruch, 15.8.1943, NARA, RG 165, Entry 179, Box 557.

## 第七章　部队长官

1 Vgl. Christoffel, Krieg am Westwall 1944/45, S. 229.
2 Room Conversation, Meyer – Osterloh, 2.1.1945, NARA, RG 165, Entry 179, Box 516.
3 Room Conversation, Meyer – Stössel – Albrecht, 4.1.1945, NARA, RG 165, Entry 179, Box 516.
4 Vgl. Christoffel, Krieg am Westwall, S. 230 f.
5 Room Conversation, Meyer – Osterloh, 2.1.1945, NARA, RG 165, Entry 179, Box 516.
6 Room Conversation, Meyer – Dirauf, 10.1.1945, NARA, RG 165, Entry 179, Box 460.
7 Room Conversation, Meyer – Albrecht, 16.12.1944, NARA, RG 165, Entry 179, Box 442.
8 Room Conversation, Meyer – Osterloh, 2.1.1945, NARA, RG 165, Entry 179, Box 516.
9 Room Conversation, Meyer – Stössel – Albrecht, 4.1.1945, NARA, RG 165, Entry 179, Box 516.
10 Room Conversation, Dirauf – Meyer – Albrecht, 10.1.1945, NARA, RG 165, Entry 179, Box460.
11 Room Conversation, Meyer – Osterloh, 2.1.1945, NARA, RG 165, Entry 179, Box 524.
12 Room Conversation, Meyer – Osterloh, 2.1.1945, NARA, RG 165, Entry 179, Box 516.
13 Ebd.
14 Room Conversation, Meyer – Albrecht, 15.12.1944, NARA, RG 165, Entry 179, Box 516.
15 Room Conversation, Meyer – Albrecht, 4.1.1944, NARA, RG 165, Entry 179, Box 442.
16 Room Conversation, Meyer – Osterloh, 2.1.1945, NARA, RG 165, Entry 179, Box 516.
17 Room Conversation, Dirauf – Meyer – Albrecht, 10.1.1945, NARA, RG 165, Entry 179, Box460.
18 Room Conversation, Meyer – Osterloh, 2.1.1945, NARA, RG 165, Entry 179, Box 516.
19 Ebd.
20 Ebd.
21 Room Conversation, Stössel – Richter, 29.12.1944, NARA, RG 165, Entry 179, Box 531.
22 Room Conversation, Stössel – Richter, 29.12.1944, NARA, RG 165, Entry 179, Box 531.
23 Vgl. Cole, Lorraine Campaign, S. 448.
24 Vgl. ebd., S. 447.
25 Room Conversation, Stössel – Richter, 29.12.1944, NARA, RG 165, Entry 179, Box 531.
26 Room Conversation, Stössel – Meyer, 4.1.1945, NARA, RG 165, Entry 179, Box 516.
27 Room Conversation, Stössel – Richter, 27.12.1944, NARA, RG 165, Entry 179, Box 531.
28 Room Conversation, Stössel – Meyer, 4.1.1945, NARA, RG 165, Entry 179, Box 516.
29 Room Conversation, Stössel – Richter, 27.12.1944, NARA, RG 165, Entry 179, Box 531.
30 Room Conversation, Stössel – Richter, 28.12.1944, NARA, RG 165, Entry 179, Box 531.
31 Room Conversation, Stössel – Richter, 4.1.1945, NARA, RG 165, Entry 179, Box 531.
32 Room Conversation, Stössel – Richter, 28.12.1944, NARA, RG 165, Entry 179, Box 531.
33 Room Conversation, Stössel – Richter, 28.12.1944, NARA, RG 165, Entry 179, Box 531.
34 Room Conversation, Stössel – Richter, 29.12.1944, NARA, RG 165, Entry 179, Box 531.
35 Room Conversation, Stössel – Richter, 29.12.1944, NARA, RG 165, Entry 179, Box 531.
36 Interrogation Report, Oberstleutnant Helmut Richter, 28.12.1944, NARA, RG 165, Entry 179, Box 531.
37 Room Conversation, Stössel – Richter, 29.12.1944, NARA, RG 165, Entry 179, Box 531.
38 Interrogation Report, Oberstleutnant Helmut Richter, 28.12.1944, NARA, RG 165, Entry 179, Box 531.
39 Room Conversations, Stössel – Richter, 27./29.12.1944, NARA, RG 165, Entry 179, Box 531.
40 Interrogation Report, Oberstleutnant Helmut Richter, 28.12.1944, NARA, RG 165, Entry 179, Box 531.

41 Room Conversation, Stössel – Richter, 29.12.1944, NARA, RG 165, Entry 179, Box 531.
42 Room Conversation, Stössel – Richter, 4.1.1945, NARA, RG 165, Entry 179, Box 531.
43 Room Conversation, Stössel – Richter, 29.12.1944, NARA, RG 165, Entry 179, Box 531.
44 Ebd., vgl. Christoffel, Krieg am Westwall, S. 230.
45 Interrogation Report, Oberstleutnant Helmut Richter, 28.12.1944, NARA, RG 165, Entry 179, Box 531.
46 Interrogation Report, Oberstleutnant Helmut Richter, 28.12.1944, NARA, RG 165, Entry 179, Box 531.
47 Interrogation Report, Oberstleutnant Helmut Richter, 30.12.1944, NARA, RG 165, Entry 179, Box 531.
48 Interrogation Reports, Oberstleutnant Helmut Richter, 28./30.12.1944, NARA, RG 165, Entry 179, Box 531.
49 Room Conversation, Stössel – Richter, 29.12.1944, NARA, RG 165, Entry 179, Box 531.
50 Vgl. Neitzel, Abgehört.
51 Interrogation Report, Oberst Constantin Meyer, 16.12.1944, NARA, RG 165, Entry 179, Box 516. Interrogation Report, Oberst Arno von Stössel, 27.12.1944, NARA, RG 165, Entry 179, Box 551. Interrogation Report, Oberstleutnant Helmut Richter, 28.12.1944, NARA, RG 165, Entry 179, Box 531.
52 Vgl. Kroener, Generationserfahrungen und Elitenwandel.
53 Vgl. Hürter, Heerführer.
54 Vgl. Kap. IV.
55 Room Conversations, Berge – Meincke, 2./10.1.1945, NARA, RG 165, Entry 179, Box 515.
56 Room Conversation, Koppermann – Lucius, 28.12.1944, 11.45 – 16.40 Uhr, NARA, RG 165, Entry 179, Box 501: »Quiet – 12.30 same – Sleeping/14.00 Sleeping. L. out for inter[rogation], returns 14.20 with OSS questionnaire, says: Ich wollte darüber nicht sprechen, jetzt soll ich mir da Stichworte aufschreiben (sounds indifferent + weary). L. bitter about our promises that in next camp he'll get everything. Says with front troops he got along better: Die waren anständig. Wir kamen immer nur mit Offizieren in Berührung./14.45 quiet. Very little conversation./15.30 out of room. Humming. K. relates amusing incident from Russ[ian] front, talks of his war wounds, his children. Combat incident from Lemberg. 16.00 quiet – 16.30 eating.«
57 Room Conversation, Koppermann – Lucius, 29.12.1944, 7.30 – 11.45 Uhr, NARA, RG 165, Entry 179, Box 501.
58 Room Conversation, Koppermann – Lucius, 31.12.1944, 19.30 – 21.45 Uhr, NARA, RG 165, Entry 179, Box 501.
59 Interrogation Report, Hptm. Fritz Koppermann, 30.12.1944, NARA, RG 165, Entry 179, Box 501.
60 Room Conversation, Koppermann – Lucius, 31.12.1944, 13.00 – 16.45 Uhr, NARA, RG 165, Entry 179, Box 501: »Quiet: Sleeping. – K. tells how he dreamt of a battle.«
61 Nur auf drei von 15 Seiten der über Fritz Koppermann überlieferten Abhörprotokolle kommen keine Themen zur Sprache, die im engeren Sinne den Krieg und das Militär betreffen.
62 Room Conversation, Voss – Mänz, 20.11.1944, NARA, RG 165, Entry 179, Box 557.
63 Interrogation Report, Lt. Erwin Voss, 22.11.1944, NARA, RG 165, Entry 179, Box 557.
64 Room Conversation, Voss – Mänz, 22.11.1944, NARA, RG 165, Entry 179, Box 557.
65 Room Conversation, Voss – Mänz, 21./23.11.1944, NARA, RG 165, Entry 179, Box 557.
66 Vgl. Bourke, An Intimate History of Killing.
67 Room Conversation, Eckoldt – Plettenberg, 25.3.1945, NARA, RG 165, Entry 179, Box 463.

68 Room Conversation, Schwotzer – Plettenberg, 27.3.1945, NARA, RG 165, Entry 179, Box 527.
69 Zit. nach: Förster, Die Wehrmacht im NS-Staat, S. 115 ff.
70 Tagebuch, Oberleutnant Theodor Habicht, 19.6.1941, BA-MA, MSg 1/2311.
71 Room Conversation, Frank – Müller, 24.4.1944, NARA, RG 165, Entry 179, Box 468.
72 Interrogation Report, Kapitänleutnant Klaus Bargsten, 12.6.1943, NARA, RG 165, Entry 179, Box 445.
73 Room Conversation, Voss – Fischer (SP) – Burke (SP), 30.5.1944, NARA, RG 165, Entry 179, Box 557.
74 Room Conversation, Salmutter – Thomas, 30.4.1945, NARA, RG 165, Entry 179, Box 535.
75 Ebd.
76 Room Conversation, Kessler – Aschenbrenner, 19.6.1945, NARA, RG 165, Entry 179, Box 495.
77 Room Conversation, Pfeiffer – Pfitzke, 16.9.1944, NARA, RG 165, Entry 179, Box 525. General der Artillerie Erich Marcks, Kommandierender General des LXXXIV. AK, wurde am 12. Juni 1944 in der Normandie bei St. Lô durch einen Luftangriff getötet. Seit einer schweren Verwundung an der Ostfront im Juni 1941 besaß er indes nur noch ein Bein.
78 Room Conversation, Willms – Schumann, 24.7.1945, NARA, RG 165, Entry 179, Box 545.
79 Room Conversation, Kalytta – Lorenz, 6.5.1944, NARA, RG 165, Entry 179, Box 493.
80 Room Conversation, Schönfeld – Schustaczek, 3.8.1944, NARA, RG 165, Entry 179, Box 543.
81 Room Conversation, Schnare – Kürt – Trautes, 18.11.1943, NARA, RG 165, Entry 179, Box 542.
82 Room Conversation, Lamprecht – Simon, 3.5.1944, NARA, RG 165, Entry 179, Box 506.
83 Room Conversation, Kürt – Sturm – Höller, o. D. (Juni/Juli 1943), NARA, RG 165, Entry 179, Box 552.
84 Room Conversation, Lenz – Dorn (SP), 5.6.1944, NARA, RG 165, Entry 179, Box 508.
85 Room Conversation, Gramlow – Coreth (SP), 25.3.1944, NARA, RG 165, Entry 179, Box 475.
86 Room Conversation, Taubert – Clobes (SP) – Limmer (SP), 17.11.1943, NARA, RG 165, Entry 179, Box 553. Als »Wintergarten« wurde die hintere Turmplattform bezeichnet, auf der die Fliegerabwehr-Waffen standen.
87 Room Conversation, Schu – Banholzer, 1.8.1944, NARA, RG 165, Entry 179, Box 544.
88 Room Conversation, Dirauf – Meyer – Albrecht, 10.1.1945, NARA, RG 165, Entry 179, Box 460.
89 Morale Questionnaire, Jäger Michael Böhm, 22.6.1944, NARA, RG 165, Entry 179, Box 452.
90 Die Berechnung beruht auf einer elektronischen Datenbankanalyse der »Morale Questionnaires«.
91 Vgl. Richhardt, Auswahl und Ausbildung junger Offiziere 1930–1945, S. 329.
92 Morale Questionnaire, Maschinengefr. Egon Bender, 27.1.1944, NARA, RG 165, Entry 179, Box 447. »Officers and Non-Coms are respected when competent.«
93 Room Conversation, Gengenbach – Wilgosch, 18.5.1944, NARA, RG 165, Entry 179, Box 472.
94 Room Conversation, Bauer – Hanrieder, 26.4.1944, NARA, RG 165, Entry 179, Box 446.
95 Room Conversation, Kantz – Opitz, 10.8.1944, NARA, RG 165, Entry 179, Box 493.
96 Room Conversation, Ludwig – Braun, 1.3.1944, NARA, RG 165, Entry 179, Box 453.
97 Room Conversation, Kantz – Opitz, 10.8.1944, NARA, RG 165, Entry 179, Box 493.

98 Room Conversation, Teyssen – Weidling, 16.1.1944, NARA, RG 165, Entry 179, Box 553.
99 Room Conversation, Gädtke – Thiemann, 21.6.1944, NARA, RG 165, Entry 179, Box 471.
100 Room Conversation, Unger – Reusch – Caspers, 31.3.1944, NARA, RG 165, Entry 179, Box 474.
101 Room Conversation, Trautes – Kürt (SP) – Schnare (SP), 20.11.1943, NARA, RG 165, Entry 179, Box 555.
102 Room Conversation, Michalski – Dorn (SP), 15.4.1944, NARA, RG 165, Entry 179, Box 517.
103 Room Conversation, Voss – Kaste, 15.6.1944, NARA, RG 165, Entry 179, Box 494.
104 Interrogation Report, Lt. Josef Heindl, 6.2.1945, NARA, RG 165, Entry 179, Box 481.
105 Room Conversation, Koudele – Lodomez, 8.6.1944, NARA, RG 165, Entry 179, Box 502.
106 Room Conversation, Plottke – Kürt (SP), 28.1.1944, NARA, RG 165, Entry 179, Box 527.
107 Room Conversation, Gädtke – Thiemann, 21.6.1944, NARA, RG 165, Entry 179, Box 471.
108 Room Conversation, Meissen – Nahorn – Berkenhagen – Brockmann, 29.5.1943, NARA, RG 165, Entry 179, Box 455.
109 Vgl. Kap. V.
110 Room Conversation, Bernzen – Tönniges – Jagow, 22.2.1945, NARA, RG 165, Entry 179, Box 448.
111 Room Conversation, Meyer – Dirauf – Albrecht, 10.1.1945, NARA, RG 165, Entry 179, Box 460.
112 Room Conversation, Meyer – Dirauf – Albrecht, 10.1.1945, NARA, RG 165, Entry 179, Box 460.
113 Room Conversation, Stössel – Richter, 27.12.1944, NARA, RG 165, Entry 179, Box 531.
114 Ebd.
115 Room Conversation, Stössel – Richter, 26.12.1944, NARA, RG 165, Entry 179, Box 531.
116 Vgl. Kap. VI.
117 Room Conversation, Otto – Friemel, 29.12.1944, NARA, RG 165, Entry 179, Box 524.
118 Room Conversation, Otto – Friemel, 2.1.1945, NARA, RG 165, Entry 179, Box 470.
119 Room Conversation, Lucius – Koppermann, 26.12.1944, NARA, RG 165, Entry 179, Box 510.
120 Room Conversation, Lutka – Bitzer – Schüssler, 12.12.1944, NARA, RG 165, Entry 179, Box 450.
121 Vgl. hierzu auch Kap. VIII.
122 Room Conversation, Meyer – Osterloh, 2.1.1945, NARA, RG 165, Entry 179, Box 516.
123 Vgl. Römer, »Im alten Deutschland«.
124 Eintrag im KTB der 5. Inf.Div., 28.6.1941, BA-MA, RH 26–5/7, Bl. 55.
125 Eintrag im KTB der A.Abt. 297, 11.7.1941, BA-MA, MSg 2/2934, S. 12.
126 Room Conversation, Schilken – Harrich (SP), 3.1.1945, NARA, RG 165, Entry 179, Box 539.
127 Room Conversation, Schumann – Hopdach – Mänz, 19.12.1944, NARA, RG 165, Entry 179, Box 513.
128 Room Conversation, Brandt – Dewit, 7.2.1945, NARA, RG 165, Entry 179, Box 453.
129 Room Conversation, Grebe – Dieck, 18.8.1944, NARA, RG 165, Entry 179, Box 460.
130 Room Conversation, Mayer – Ahnelt, 5.7.1944, NARA, RG 165, Entry 179, Box 514.
131 Vgl. Fischer/Wiswede, Grundlagen der Sozialpsychologie, S. 328 ff.
132 Room Conversation, Hartdegen – Schildknecht, 31.8.1944, NARA, RG 165, Entry 179, Box 479.
133 Vgl. Neitzel, Abgehört; Hürter, Hitlers Heerführer; Seidl, Führerpersönlichkeiten.

## 第八章　战斗与杀戮

1 Room Conversation, Preiß – Brenda, 4. 9. 1944, NARA, RG 165, Entry 179, Box 528.

2 Mitteilung von Herrn Paul Kudlek, Halle, an den Vf., 4. 11. 2011.

3 Vgl. Esser, Soziologie, Bd. 1, S. 355 ff.

4 Room Conversation, Glinsmann – Kisslinger, 26. 2. 1944, NARA, RG 165, Entry 179, Box 474.

5 Ebd.

6 Room Conversation, Pohnert – Ruffer, 15. 6. 1944, NARA, RG 165, Entry 179, Box 527.

7 Room Conversation, Gütter – Tschitschko, 27. 6. 1944, NARA, RG 165, Entry 179, Box 555.

8 Ebd.; die Erläuterung in Klammern wurde bei der Transkription durch das Personal in Fort Hunt ergänzt.

9 Room Conversation, Rachanski – Siebert, 14. 7. 1943, NARA, RG 165, Entry 179, Box 547.

10 Room Conversation, Bunde – Jacoby – Schmidt, 11. 1. 1944, NARA, RG 165, Entry 179, Box 456.

11 Room Conversation, Brauch – Müller, 21. 6. 1944, NARA, RG 165, Entry 179, Box 453.

12 Room Conversation, Rachanski – Siebert, 14. 7. 1943, NARA, RG 165, Entry 179, Box 547.

13 Room Conversation, Schneck – Clobes (SP), 2. 1. 1944, NARA, RG 165, Entry 179, Box 542.

14 Room Conversation, Rachanski – Siebert, 14. 7. 1943, NARA, RG 165, Entry 179, Box 547.

15 Room Conversation, Bode – Bernadelli, 19. 5. 1945, NARA, RG 165, Entry 179, Box 448.

16 Interrogation Report, Funkmaat Erich Witte, 22. 2. 1944, NARA, RG 165, Entry 179, Box 565.

17 Room Conversation, Siebert (SP) – Dahl, 20. 6. 1944, NARA, RG 165, Entry 179, Box 458.

18 Room Conversation, Krüger – Bunde – Machon (SP), 8. 1. 1944, NARA, RG 165, Entry 179, Box 456.

19 Room Conversation, Freudenberg – Runge, 21. 8. 1944, NARA, RG 165, Entry 179, Box 535.

20 Room Conversation, Göpel – Holleder, 16. 4. 1944, NARA, RG 165, Entry 179, Box 474.

21 Room Conversation, Krüger – Bunde – Machon (SP), 8. 1. 1944, NARA, RG 165, Entry 179, Box 456.

22 Room Conversation, Murza – Bündgens, 1. 9. 1943, NARA, RG 165, Entry 179, Box 520.

23 Room Conversation, Lippold – Rohde (SP), 8. 6. 1944, NARA, RG 165, Entry 179, Box 509.

24 Room Conversation, Scholz-Wülfing – Grünewald, 23. 5. 1943, NARA, RG 165, Entry 179, Box 543.

25 Room Conversation, Weimer – Putzsche, 17. 7. 1943, NARA, RG 165, Entry 179, Box 563.

26 »Er imitiert das Geräusch der Schrauben eines Zerstörers«, »er macht das Geräusch von Wasserbomben nach«, »Geräusche imitierend« – Room Conversation, Freudenberg – Runge, 19. 8. 1944, NARA, RG 165, Entry 179, Box 469.

27 Vgl. Ritter, Tönende Erinnerung, S. 34.

28 Room Conversation, Heinze – Markgraf – Ebert, 28. 1. 1944, NARA, RG 165, Entry 179, Box 481.

29 Room Conversation, Klütmeier – Dietrich (SP), 7. 11. 1943, NARA, RG 165, Entry 179, Box 498.

30 Room Conversation, Breuer – Dorn (SP), 16. 2. 1944, NARA, RG 165, Entry 179, Box 454.

31 Room Conversation, Heinze – Ladener, 15. 7. 1944, NARA, RG 165, Entry 179, Box 506.

32 Room Conversation, Vorberger – Klüver – Hausschild, 16. 8. 1943, NARA, RG 165, Entry 179, Box 498.

33 Interrogation Report, OLt. Max Coreth, 15. 1. 1944, NARA, RG 165, Entry 179, Box 458.

34 Vgl. Neitzel/Welzer, Soldaten, S. 101 – 106.

35 Room Conversation, Junker – Bodewig, 25.4.1944, NARA, RG 165, Entry 179, Box 451.
36 Room Conversation, Messerschmidt – Weber (SP), 21.3.1944, NARA, RG 165, Entry 179, Box 515.
37 Vgl. Kap. IV.
38 Room Conversation, Klütmeier – Dietrich (SP), 7.11.1943, NARA, RG 165, Entry 179, Box 498.
39 Room Conversation, Kühn – Dorn (SP) – Simon (SP), 7.1.1944, NARA, RG 165, Entry 179, Box 504.
40 Vgl. Esser, Soziologie, S. 354f.
41 Room Conversation, Heftmann – Eggers, 14.10.1943, NARA, RG 165, Entry 179, Box 464.
42 Room Conversation, Degener-Boning – Siebert, 23.6.1944, NARA, RG 165, Entry 179, Box 459.
43 Report on the Interrogation of Survivors from U-1059 sunk on 19 March, 1944, 14.6.1944, http://www.uboatarchive.net/U-1059INT.htm.
44 Room Conversation, Göpel – Spitzer – Holleder, 12.4.1944, NARA, RG 165, Entry 179, Box 548.
45 Room Conversation, Brauch – Müller, 21.6.1944, NARA, RG 165, Entry 179, Box 453.
46 Room Conversation, Markgraf – Bachmann, 7.1.1944, NARA, RG 165, Entry 179, Box 513.
47 Interrogation Report, OLt. Max Coreth, 15.1.1944, NARA, RG 165, Entry 179, Box 458.
48 Room Conversation, Preiß – Brenda, 4.9.1944, NARA, RG 165, Entry 179, Box 528.
49 Room Conversation, Nordt – Frost, 30.4.1944, NARA, RG 165, Entry 179, Box 470.
50 Room Conversation, Goldau – Krüger, 18.8.1944, NARA, RG 165, Entry 179, Box 474.
51 Room Conversation, Plottke – Kürt (SP), 21.1.1944, NARA, RG 165, Entry 179, Box 527.
52 Ebd.
53 Room Conversation, Höller – Duda, 20.7.1943, NARA, RG 165, Entry 179, Box 486.
54 Room Conversation, Bauermess – Nowakowski, 10.8.1944, NARA, RG 165, Entry 179, Box 522.
55 Room Conversation, Rattay – Dietrich (SP), 14.8.1944, NARA, RG 165, Entry 179, Box 526.
56 Room Conversation, Junker – Bodewig, 25.4.1944, NARA, RG 165, Entry 179, Box 451.
57 Vgl. Kap. VI.
58 Room Conversation, Schneck – Clobes (SP), 2.1.1944, NARA, RG 165, Entry 179, Box 542.
59 Room Conversation, Gramlow – Coreth (SP), 27.3.1944, NARA, RG 165, Entry 179, Box 475.
60 Room Conversation, Kühn – Simon (SP), 6.1.1944, NARA, RG 165, Entry 179, Box 504.
61 Room Conversation, Hausmann – Wambacher, 26.11.1944, NARA, RG 165, Entry 179, Box 480.
62 Room Conversation, Rachanski – Siebert, 14.7.1943, NARA, RG 165, Entry 179, Box 547.
63 Room Conversation, Plottke – Kürt (SP), 21.1.1944, NARA, RG 165, Entry 179, Box 527.
64 Room Conversation, Eggers – Rieske, 25.10.1943, NARA, RG 165, Entry 179, Box 532.
65 Ebd.
66 Room Conversation, Gottschling – Simon (SP), 31.3.1944, NARA, RG 165, Entry 179, Box 474.
67 Room Conversation, Gramlow – Coreth (SP), 28.3.1944, NARA, RG 165, Entry 179, Box 475.
68 Room Conversation, Trautes – Kürt (SP) – Schnare (SP), 18.11.1943, NARA, RG 165, Entry 179, Box 555.

69 Room Conversation, Scholz-Wülfing - Grünewald, 23.5.1943, NARA, RG 165, Entry 179, Box 543.
70 Room Conversation, Wagenführ - Schmiga, 28.9.1943, NARA, RG 165, Entry 179, Box 558.
71 Room Conversation, Wagner - Koberg (SP), 25.4.1944, NARA, RG 165, Entry 179, Box 558.
72 Room Conversation, Dorn - Boddicker, 20.4.1944, NARA, RG 165, Entry 179, Box 451.
73 Report on the Interrogation of Survivors from U-664 sunk on 9 August, 1943, 13.12.1943, http://www.uboatarchive.net/U-664INT.htm.
74 Room Conversation, Eggers - Rieske, 25.10.1943, NARA, RG 165, Entry 179, Box 532.
75 Vgl. Esser, Soziologie (1), S. 161.
76 Room Conversation, Brauch - Müller, 21.6.1944, NARA, RG 165, Entry 179, Box 453.
77 Room Conversation, Werner - Kaminsky, 4.8.1943, NARA, RG 165, Entry 179, Box 493.
78 Room Conversation, Göpel - Spitzer - Holleder, 12.4.1944, NARA, RG 165, Entry 179, Box 548.
79 Room Conversation, Joppich - Wenner, 12.2.1944, NARA, RG 165, Entry 179, Box 561.
80 Room Conversation, Kugel - Karsch, 20.5.1943, NARA, RG 165, Entry 179, Box 494.
81 Room Conversation, Dewit - Brandt, 7.2.1945, NARA, RG 165, Entry 179, Box 453.
82 Vgl. Welzer, Täter, S. 138f.
83 Room Conversation, Templin - Erlwein - Friedl, 16.2.1945, NARA, RG 165, Entry 179, Box 553.
84 Vgl. Scherr, Sozialisation, Person, Individuum, S. 55f.
85 Vgl. Kap. IV.
86 Room Conversations, Voss - Burke (SP) - Fischer (SP), 29./30.5.1944, NARA, RG 165, Entry 179, Box 557.
87 Room Conversation, Hevekerl - Jakobi - Carsten, 22.7.1944, NARA, RG 165, Entry 179, Box 484.
88 Vgl. Kap. VI.
89 Room Conversation, Luftensteiner - Tygl, 6.3.1945, NARA, RG 165, Entry 179, Box 511.
90 Interrogation Report, Kapitänleutnant Klaus Bargsten, 8.6.1943, NARA, RG 165, Entry 179, Box 445.
91 Report on the Interrogation of sole Survivor from U-521 sunk on 2 June, 1943, 22.7.1943, http://www.uboatarchive.net/U-521INT.htm.
92 Report on the Interrogation of Survivors from U-203 sunk on April 25, 1943, 12.6.1943, http://www.uboatarchive.net/U-203INT.htm.
93 Ebd.
94 Vgl. Kap. VII.
95 Vgl. Esser, Soziologie (4), S. 355f.
96 Ebd., S. 365.
97 Vgl. Neitzel/Welzer, Soldaten, S. 125f.; Welzer, Täter, S. 161f., 188-193; Browning, Ganz normale Männer.
98 Vgl. Schwilk, Ernst Jünger, S. 232-240.
99 Interrogation Report, Major Arnold Kuhle, 3.7.1944, NARA, RG 165, Entry 179, Box 504.
100 Interrogation Report, OGefr. Peter van Meegen, 3.7.1944, NARA, RG 165, Entry 179, Box 556.
101 Room Conversation, Scheurich - Schweier, 6.7.1945, NARA, RG 165, Entry 179, Box 538. Vgl. Kap. IV, VI.
102 Room Conversation, Lenz - Dorn (SP), 7.6.1944, NARA, RG 165, Entry 179, Box 508.

103 Room Conversation, Pötzsche – Weimer, 17.7.1943, NARA, RG 165, Entry 179, Box 563.
104 Room Conversation, Horst – Gümbel, 12.7.1944, NARA, RG 165, Entry 179, Box 476.
105 Vgl. Kap. IV.
106 Room Conversation, Preiß – Brenda, 4.9.1944, 18.30 – 21.00 Uhr, NARA, RG 165, Entry 179, Box 528.
107 Room Conversation, Hevekerl – Jakobi – Carsten, 22.7.1944, NARA, RG 165, Entry 179, Box 484.
108 Room Conversation, Hörer – Sauermann, 5.8.1944, NARA, RG 165, Entry 179, Box 486.
109 CSDIC (UK), 29.6.1944; TNA, SRM 613.
110 Vgl. Lieb, Krieg, S. 440 ff.
111 Interrogation Report, Gefr. Erich Neliba, 19.2.1944, NARA, RG 165, Entry 179, Box 521.
112 Room Conversation, Neliba – Brun, 14.2.1945, NARA, RG 165, Entry 179, Box 521.
113 Vgl. Room Conversation, Becker-Siegmund – Wenke, 18.2.1945, NARA, RG 165, Entry 179, Box 447: »Becker says that in his bunker, fortunately, they were all of one mind and no last ditch fanatics, – they felt good about being captured.«
114 Room Conversation, Strobel – Heidenreich, 15.6.1945, NARA, RG 165, Entry 179, Box 552: »H. did not want to become a PW. St. wanted it very much, but he got wounded in the process«.
115 Room Conversation, Grebe – Dieck, 18.8.1944, NARA, RG 165, Entry 179, Box 475.
116 Room Conversation, Dille – Schäfer, 10.8.1944, NARA, RG 165, Entry 179, Box 460.
117 Room Conversation, Knieper – Rössler, 22.3.1945, NARA, RG 165, Entry 179, Box 498.
118 Ebd.
119 Interrogation Report, Uffz. Heinrich Knieper, 19.3.1945, NARA, RG 165, Entry 179, Box 498.
120 Room Conversation, Otto – Friemel, 29.12.1944, NARA, RG 165, Entry 179, Box 524. Vgl. Kap. VI.
121 Vgl. Kap. VI.
122 Room Conversation, Bausch – Baumann, 25.1.1945, NARA, RG 165, Entry 179, Box 446.
123 Room Conversation, Liepold – Pfordten, 20.1.1945, NARA, RG 165, Entry 179, Box 508.
124 Room Conversation, Luftensteiner – Tygl, 1.3.1945, NARA, RG 165, Entry 179, Box 511.
125 Room Conversation, Liepold – Heindl, 3.2.1945, NARA, RG 165, Entry 179, Box 481.
126 Vgl. Rohrkamp, Weltanschaulich gefestigte Kämpfer, S. 378 ff.
127 Room Conversation, Schilken – Harrich (SP), 3.1.1945, NARA, RG 165, Entry 179, Box 539.
128 Interrogation Report, StFw. Gustav Kirchner, 8.10.1943, NARA, RG 165, Entry 179, Box 496.
129 Vgl. Förster, Geistige Kriegführung in Deutschland 1919 bis 1945.
130 Vgl. Wegner, Hitlers politische Soldaten, S. 164 – 169, 186 – 194; Förster, Die weltanschauliche Erziehung in der Waffen-SS.
131 Room Conversation, Kalytta – Lorenz, 6.5.1944, NARA, RG 165, Entry 179, Box 493.
132 Vgl. Rohrkamp, Weltanschaulich gefestigte Kämpfer, S. 69 ff.
133 Interrogation Report, USchaFü. Kurt Kretschmer, 30.3.1945, NARA, RG 165, Entry 179, Box 503.
134 Interrogation Report, USchaFü. Kurt Kretschmer, 4.4.1945, NARA, RG 165, Entry 179, Box 503.
135 Room Conversation, Kretschmer – Maschek, 2.4.1945, NARA, RG 165, Entry 179, Box 503.

136 Vgl. Müllers, Elite des »Führers«?; Straub, Wahrnehmungen und Deutungen von Soldaten der Waffen-SS.
137 Vgl. Rohrkamp, »Weltanschaulich gefestigte Kämpfer«, S. 526 f.
138 Vgl. Neitzel, Des Forschens noch wert?
139 Room Conversation, Otto – Friemel, 27.12.1944, NARA, RG 165, Entry 179, Box 470.
140 Vgl. Stein, Geschichte der Waffen-SS.
141 Room Conversation, Swoboda – Konrad, 29.11.1944, 13.45 – 17.10, 17.00 – 20.00 Uhr, NARA, RG 165, Entry 179, Box 552.
142 Room Conversation, Swoboda – Konrad, 29.11.1944, NARA, RG 165, Entry 179, Box 552.
143 Room Conversation, Meyer – Osterloh, 2.1.1945, NARA, RG 165, Entry 179, Box 516.
144 Room Conversation, Halter – Kaubisch, 5.12.1944, NARA, RG 165, Entry 179, Box 479.
145 Room Conversation, Halter – Matthiesen, 8.12.1944, NARA, RG 165, Entry 179, Box 479.
146 Vgl. Overmans, Deutsche militärische Verluste im Zweiten Weltkrieg, S. 257.
147 Vgl. Neitzel, Des Forschens noch wert?, S. 411.
148 Vgl. Rohrkamp, »Weltanschaulich gefestigte Kämpfer«, S. 131.
149 Ebd., S. 409.
150 Vgl. Lieb, Krieg, S. 438 – 444.
151 Ebd., S. 513 f.
152 Ebd., S. 428.
153 Vgl. Rohrkamp, »Weltanschaulich gefestigte Kämpfer«, S. 436. Zu einem Beispiel vgl. Lieb, Krieg, S. 423.
154 Vgl. Stimpel, Die deutsche Fallschirmtruppe 1942 – 1945, S. 131 ff.
155 Room Conversation, Thomas – Gehl, 2.2.1945, NARA, RG 165, Entry 179, Box 554.
156 Tagesmeldung des Fallschirmjägerregiments 13, 16.7.1944, zit. nach: Lieb, Krieg, S. 423.
157 Vgl. Rohrkamp, »Weltanschaulich gefestigte Kämpfer«, S. 494 – 500.
158 Vgl. Rass, »Menschenmaterial«, S. 192 ff.
159 Vgl. Richter (Hrsg.), Krieg und Verbrechen.
160 Vgl. Kühne, Kameradschaft; Neitzel/Welzer, Soldaten.
161 Vgl. Neitzel/Welzer, Soldaten.
162 Room Conversation, Schubert – Kieselbach, 20.5.1943, NARA, RG 165, Entry 179, Box 544.
163 Vgl. Welzer, Täter, S. 144 f., S. 168 ff.
164 Interrogation Report, Lt. Werner Wladarz, 2.3.1944, NARA, RG 165, Entry 179, Box 565.
165 Interrogation Report, Lt. Werner Wladarz, 5.2.1944, NARA, RG 165, Entry 179, Box 565.
166 Interrogation Report, Lt. Werner Wladarz, 2.3.1944, NARA, RG 165, Entry 179, Box 565.
167 Room Conversation, Dewit – Brandt, 7.2.1945, NARA, RG 165, Entry 179, Box 453.
168 Room Conversation, Wertenbruch – Schlottig – Gotschlich, 10.8.1944, NARA, RG 165, Entry 179, Box 540.
169 Room Conversation, Nowakowski – Bauermess, 10.8.1944, NARA, RG 165, Entry 179, Box 522.
170 Ebd.
171 Vgl. Kap. IV.
172 Room Conversation, Thomas – Gehl, 2.2.1945, NARA, RG 165, Entry 179, Box 554.
173 Interrogation Report, Mechanikergefr. Helmut Grünewald, 21.5.1943, NARA, RG 165, Entry 179, Box 476.
174 Room Conversation, Hünefeldt – Schiefner – Coreth (SP), 9.2.1944, NARA, RG 165, Entry 179, Box 488.

175 Room Conversation, Wagenführ – Schmiga, 29.9.1943, NARA, RG 165, Entry 179, Box 558.
176 Room Conversation, Preiß – Brenda, 4.9.1944, NARA, RG 165, Entry 179, Box 528.
177 Room Conversation, Dreher – Funke, 8.3.1945, NARA, RG 165, Entry 179, Box 462.
178 Room Conversation, Förster – Koch (SP) – Müller (SP), 13.7.1944, NARA, RG 165, Entry 179, Box 468.
179 Room Conversation, Gerspacher – Haubenwallner, 16.5.1944, NARA, RG 165, Entry 179, Box 473.
180 Room Conversation, Wamser – Geiser, 26.5.1944, NARA, RG 165, Entry 179, Box 558.
181 Room Conversation, Gerspacher – Haubenwallner, 16.5.1944, NARA, RG 165, Entry 179, Box 473.
182 Room Conversation, Oswald – Prohaska, 13.7.1944, NARA, RG 165, Entry 179, Box 524.
183 Room Conversation, Lindner – Koberg (SP), 26.7.1944, NARA, RG 165, Entry 179, Box 509.
184 Room Conversation, Böhme – Blumenberg (SP), 28.10.1944, NARA, RG 165, Entry 179, Box 452.
185 CSDIC (UK), 29.6.1944; TNA, SRM 613.
186 Room Conversation, Gaedtke – Thiemann, 21.6.1944, NARA, RG 165, Entry 179, Box 471.
187 Room Conversation, Glinsmann – Kisslinger, 26.2.1944, NARA, RG 165, Entry 179, Box 474.
188 Room Conversation, Vorberger – Klüver – Hausschild, 15.8.1943, NARA, RG 165, Entry 179, Box 498.
189 Room Conversation, Nowakowski – Bauermess, 10.8.1944, NARA, RG 165, Entry 179, Box 522.
190 Room Conversation, Wade-Pohl – Wiljotti, 24.7.1944, NARA, RG 165, Entry 179, Box 558.
191 Vgl. Bourke, An Intimate History of Killing; Neitzel/Welzer, Soldaten.
192 Room Conversation, Clausbruch – Vorberger, 20.8.1943, NARA, RG 165, Entry 179, Box 458.
193 Interrogation Report, OGefr. Walter Duda, 17.5.1944, NARA, RG 165, Entry 179, Box 462.
194 Room Conversation, Gerspacher – Haubenwallner, 18.5.1944, NARA, RG 165, Entry 179, Box 473.
195 Zit. nach: Marianne Enigl, Protokolle aus dem Käfig, in: Profil, Nr. 40 (2011), S. 38–41, hier S. 40.
196 Room Conversation, Duda – Paprian, 26.5.1944, NARA, RG 165, Entry 179, Box 462.
197 Vgl. Tagesbefehl der 8. Pz.Div./Abt. Ic v. 5.8.1941, BA-MA, RH 27–8/169, Anl. 25.
198 Room Conversation, Duda – Paprian, 26.5.1944, NARA, RG 165, Entry 179, Box 462.
199 Hierbei handelt es sich um ein schlesisches Mundartwort für einen hoch aufgeschossenen Menschen.
200 Vgl. Browning, Ganz normale Männer; Welzer, Täter.
201 Vgl. Bourke, An Intimate History of Killing.
202 Interrogation Reports, Gefr. Alfred Gerspacher, 16./17.5.1944, NARA, RG 165, Entry 179, Box 473.
203 Room Conversation, Gerspacher – Haubenwallner, 16.5.1944, NARA, RG 165, Entry 179, Box 473.

204 Vgl. Kap. IV.

205 Vgl. Welzer, Täter, S. 133 f.

206 Room Conversation, Topp – Böttcher, 20.7.1945, NARA, RG 165, Entry 179, Box 452.

207 Room Conversation, Dreher – Funke, 8.3.1945, NARA, RG 165, Entry 179, Box 462.

208 Room Conversation, Widmann – Schmalfuß, 3.10.1944, NARA, RG 165, Entry 179, Box 562.

209 Interrogation Report, Fw. Eduard Widmann, 9.10.1944, NARA, RG 165, Entry 179, Box 562; Interrogation Report, »Die Judenfrage in Böhmen und Mähren«, 6.11.1944; ebd.: »Ich habe das jüdische Problem studiert und seine Lösung mitverfolgt, mit Deutschen, Tschechen u. Juden darüber gesprochen u. gefunden, dass eine Lösung kommen musste.«

210 Room Conversation, Widmann – Hahn, 2.10.1944, NARA, RG 165, Entry 179, Box 562.

211 Room Conversation, Widmann – Hahn, 2.10.1944, NARA, RG 165, Entry 179, Box 562.

212 Rudolf Höß, Kommandant in Auschwitz. Broszat (Hrsg.), Autobiographische Aufzeichnungen des Rudolf Höß, S. 156; vgl. Welzer, Täter, S. 23.

213 Vgl. ebd., S. 38 – 41, 196.

214 Tätigkeitsbericht des Wehrmachtpfarrers Schäperkötter, 111. Inf.Div., IVd/ev., 23.11.1941, BA-MA, RH 26 – 111/59.

## 第九章　战争罪行

1 Interrogation Report, OSchaFü. Fritz Swoboda, 11.12.1944, NARA, RG 165, Entry 179, Box 552.

2 Room Conversation, Swoboda – Konrad, 29.11.1944, 17.00 – 20.00 Uhr, NARA, RG 165, Entry 179, Box 552.

3 Room Conversation, Swoboda – Konrad, 1.12.1944, NARA, RG 165, Entry 179, Box 552.

4 Vgl. Robert Gerwarth, Reinhard Heydrich. Biographie, München 2011, S. 345.

5 Room Conversation, Swoboda – Konrad, 1.12.1944, NARA, RG 165, Entry 179, Box 552.

6 Ms. Ausarbeitung, OSchaFü. Fritz Swoboda, 7.12.1944, NARA, RG 165, Entry 179, Box 552.

7 Room Conversation, Swoboda – Konrad, 1.12.1944, NARA, RG 165, Entry 179, Box 552.

8 Vgl. Robert Gerwarth, Hitler's Hangman. The Life of Heydrich, New Haven [u.a.] 2011, S. 285.

9 Room Conversation, Swoboda – Konrad, 29.11.1944, NARA, RG 165, Entry 179, Box 552.

10 Ms. Ausarbeitung, OSchaFü. Fritz Swoboda, 7.12.1944, NARA, RG 165, Entry 179, Box 552.

11 Room Conversation, Swoboda – Konrad, 29.11.1944, NARA, RG 165, Entry 179, Box 552.

12 Ms. Ausarbeitung, OSchaFü. Fritz Swoboda, 7.12.1944, NARA, RG 165, Entry 179, Box 552.

13 Vgl. Lieb, Krieg, S. 506.

14 Room Conversation, Swoboda – Konrad, 2.12.1944, NARA, RG 165, Entry 179, Box 552.

15 Room Conversation, Swoboda – Konrad, 29.11.1944, NARA, RG 165, Entry 179, Box 552.

16 Room Conversation, Swoboda – Konrad, 29.11.1944, 20.00 – 23.00 Uhr, NARA, RG 165, Entry 179, Box 552.

17 Vgl. Kap. IV.

18 Ms. Ausarbeitung, OSchaFü. Fritz Swoboda, 7.12.1944, NARA, RG 165, Entry 179, Box 552.

19 Vgl. Welzer, Täter, S. 139 f.

20 Vgl. Browning, Ganz normale Männer.
21 Vgl. Richter, Krieg und Verbrechen.
22 Vgl. Kap. VIII.
23 Hs. Lebenslauf von Fritz Swoboda, o. D. (nach 1972), Unterlagen des Landespflegeheims Baden.
24 Room Conversation, Illig – Plage, 17.7.1945, NARA, RG 165, Entry 179, Box 490.
25 Room Conversation, Zilliken – Munchingen, 11.11.1944, NARA, RG 165, Entry 179, Box 520.
26 Room Conversation, Reimbold – Müller, 22.3.1945, NARA, RG 165, Entry 179, Box 519.
27 Room Conversation, Schalling – Wollny, 28.4.1944, NARA, RG 165, Entry 179, Box 566.
28 Room Conversation, Voss – Fischer (SP) – Burke (SP), 29.5.1944, NARA, RG 165, Entry 179, Box 557.
29 Vgl. Römer, Kommissarbefehl.
30 Vgl. Römer, Wehrmacht.
31 Room Conversation, Capell – Seeger, 5.10.1944, NARA, RG 165, Entry 179, Box 457.
32 Room Conversation, Rachanski – Siebert, 14.7.1943, NARA, RG 165, Entry 179, Box 367: »We always shot the commissars in Russia. They're the most dangerous. We've lost about 3 – 4 million[s] already.«
33 Room Conversation, Sandrart – Nieschling, 19.5.1945, NARA, RG 165, Entry 179, Box 535.
34 Vgl. Interrogation Report, Gefr. Franz Krug, 24.7.1943, NARA, RG 165, Entry 179, Box 552. Vgl. Kap. III.
35 Vgl. Kühne, Kameradschaft, S. 108, 152 f.; Römer, Kommissarbefehl, S. 552.
36 Vgl. Scheck, Hitler's African Victims.
37 Vgl. Lieb, Krieg, S. 176.
38 Vgl. Kap. VI.
39 Korpsbefehl des Kommandierenden Generals des XXXXVII. Pz.K., 30.6.1941, BA-MA, RH 24 – 47/4.
40 Vgl. Römer, Kommissarbefehl, S. 243 ff.
41 Vgl. Baberowski, Kriege in staatsfernen Räumen; vgl. hierzu die begründete Kritik von Kay, A »War in a Region beyond State Control«? Vgl. auch die detaillierte Kritik zu einem ähnlich fragwürdigen Raumkonzept von Zarusky, Timothy Snyders »Bloodlands«.
42 Vgl. Römer, »Im alten Deutschland«, S. 76.
43 Vgl. Römer, Kommissarbefehl, S. 66 ff.
44 Ebd. Vgl., S. 85 ff.
45 Kommandeurbesprechung, 10. Inf.Div., 17.6.1941, BA-MA, 26 – 10/10; Befehl des Div. Kdr., 12. Pz.Div., 15.6.1941, BA-MA, 27 – 12/49.
46 Kriegstagebuch der 20. Inf.Div. (mot.), 22.6.1941, BA-MA, RH 26 – 20/11.
47 Vgl. Römer, Wehrmacht, S. 228 ff.
48 Vgl. Römer, Kommissarbefehl, S. 268 f.
49 Room Conversation, Grosser – Kohtz – Poppelbaum – Horst, 21.7.1944, NARA, RG 165, Entry 179, Box 500.
50 Room Conversation, Tygl – Luftensteiner, 6.3.1945, NARA, RG 165, Entry 179, Box 511.
51 Room Conversation, Geiser – Wamser, 27.5.1944, NARA, RG 165, Entry 179, Box 472.
52 Morale Questionnaire, Uffz. Adolf Ross, 12.6.1944, NARA, RG 165, Entry 179, Box 533.
53 Room Conversation, Swoboda – Konrad, 1.12.1944, NARA, RG 165, Entry 179, Box 552.
54 Tagebuch Theodor Habicht, 25.6.1941, 20.00 Uhr, BA-MA, MSg 1/2311.

55 Room Conversation, Held – Langfeld, 13.8.1944, NARA, RG 165, Entry 179, Box 481.
56 Room Conversation, Geiser – Wukicsevits, 29.5.1944, NARA, RG 165, Entry 179, Box 414.
57 Vgl. Lieb, Krieg, S. 253ff.
58 Room Conversation, Illig – Riede, 24.6.1945, NARA, RG 165, Entry 179, Box 490.
59 Vgl. Römer, »Im alten Deutschland wäre solcher Befehl nicht möglich gewesen.«
60 Room Conversation, Kneipp – Kerle, 23.10.1944, NARA, RG 165, Entry 179, Box 495.
61 Room Conversation, Huber – Gumlich, 21.5.1945, NARA, RG 165, Entry 179, Box 477.
62 Room Conversation, Kotenbeutel – Wiegel, 5.7.1945, NARA, RG 165, Entry 179, Box 501.
63 Room Conversation, Krämer – Pfeiffer, 29.4.1945, NARA, RG 165, Entry 179, Box 502.
64 Room Conversation, Hausmann – Wambacher, 27.11.1944, NARA, RG 165, Entry 179, Box 480.
65 Befehl des AOK 11/Abt. Ic/AO, 22.7.1941, BA-MA, RH 26 – 46/49, Anl. 36.
66 Bericht der Feldpostprüfstelle des AOK 16, 16.1.1942, BA-MA, RH 20 – 16-/86, Anl. 103.
67 Room Conversation, Kotenbeutel – Wiegel, 5.7.1945, NARA, RG 165, Entry 179, Box 501.
68 Vgl. Welzer, Täter, S. 47f.
69 Baberowski, Verbrannte Erde, S. 362.
70 Room Conversation, Dreher – Funke, 8.3.1945, NARA, RG 165, Entry 179, Box 462. Da Bastogne während der Ardennen-Offensive im Dezember 1944 in amerikanischer Hand blieb, können sich die geschilderten Taten nicht in der Stadt selbst ereignet haben.
71 Vgl. Welzer, Täter, S. 38 – 41.
72 Vgl. Kap. VIII.
73 Room Conversation, Salmutter – Thomas, 30.4.1945, NARA, RG 165, Entry 179, Box 535. Die Namen der anderen beiden beteiligten SS-Offiziere sind unbekannt.
74 Room Conversation, Hornung – Lessmann, 17.11.1944, NARA, RG 165, Entry 179, Box 488.
75 Vgl. Römer, »Im alten Deutschland wäre solcher Befehl nicht möglich gewesen«, S. 95ff.
76 Vgl. Lieb, Generalleutnant Harald von Hirschfeld, S. 50.
77 Room Conversation, Wertenbruch – Gotschlich – Schlottig, 10.8.1944, NARA, RG 165, Entry 179, Box 540.
78 Room Conversation, Kneipp – Kerle, 23.10.1944, NARA, RG 165, Entry 179, Box 495.
79 Room Conversation, Krämer – Pfeiffer, 29.4.1945, NARA, RG 165, Entry 179, Box 502.
80 Room Conversation, Schwotzer – Streubel – Maurer, 4.4.1945, NARA, RG 165, Entry 179, Box 546.
81 Vgl. Christ, »Das wird sich alles einmal rächen«, S. 272f.
82 Room Conversation, Ctortecka – Eckenbach, 16.8.1944, NARA, RG 165, Entry 179, Box 458.
83 Vgl. Kap. VI.
84 So schon Pohl, Die Herrschaft der Wehrmacht, S. 242.
85 Ebd., S. 219.
86 Ebd., S. 220.
87 Room Conversation, Czosnowski – Schultka, 1.4.1945, NARA, RG 165, Entry 179, Box 458.
88 Room Conversation, Ellger – Hennings, 19.4.1945, NARA, RG 165, Entry 179, Box 464.
89 Vgl. Pohl, Herrschaft, S. 240.
90 Room Conversation, Mecke – Bürger, 24.11.1944, NARA, RG 165, Entry 179, Box 456.
91 Room Conversation, Heroven – Holzapfel, 7.4.1945, NARA, RG 165, Entry 179, Box 483.
92 Room Conversation, Maurer – Streubel – Schwotzer, 3.4.1945, NARA, RG 165, Entry 179, Box 514.

93 Room Conversation, Bitzer – Schüssler – Lutka, 10.12.1944, NARA, RG 165, Entry 179, Box 450.
94 Room Conversation, Witte – Dolff, 27.10.1944, NARA, RG 165, Entry 179, Box 461.
95 Room Conversation, Hackert – Hessel, 8.9.1944, 09.45 – 11.45 Uhr, NARA, RG 165, Entry 179, Box 478.
96 Room Conversation, Dirauf – Meyer – Albrecht, 10.1.1945, NARA, RG 165, Entry 179, Box 460.
97 Room Conversation, Heroven – Holzapfel, 7.4.1945, NARA, RG 165, Entry 179, Box 483.
98 Vgl. Klinkhammer, Der Partisanenkrieg der Wehrmacht 1941 – 1944, S. 833.
99 Vgl. Hürter, Auf dem Weg zur Militäropposition.
100 Vgl. Christ, »Das wird sich alles einmal rächen«, S. 276, Neitzel/Welzer, Soldaten, S. 148.
101 Room Conversation, Enders – Langensteiner, 1.7.1944, 16.00 – 17.15 Uhr, NARA, RG 165, Entry 179, Box 464.
102 Room Conversation, Schönberger – Fischer, 11.8.1944, 11.45 Uhr, NARA, RG 165, Entry 179, Box 467.
103 Room Conversation, Meyer – Albrecht, 4.1.1944, NARA, RG 165, Entry 179, Box 442.
104 Room Conversation, Kübler – Thumm, 28.10.1944, NARA, RG 165, Entry 179, Box 504.
105 Room Conversation, Schwotzer – Plettenberg, 26.3.1945, NARA, RG 165, Entry 179, Box 527.
106 Room Conversation, Kübler – Thumm, 28.10.1944, NARA, RG 165, Entry 179, Box 504.
107 Vgl. Bajohr/Pohl, Der Holocaust als offenes Geheimnis.
108 Room Conversation, Lessmann – Geus, 13.11.1944, NARA, RG 165, Entry 179, Box 473.
109 Room Conversation, Reinke – Ruge, 23.5.1945, 11.45 – 13.15 Uhr, NARA, RG 165, Entry 179, Box 530.
110 Room Conversation, Reinke – Ruge, 23.5.1945, NARA, RG 165, Entry 179, Box 530.
111 Room Conversation, Schattner – Mrose – Werhahn, 9.1.1945, NARA, RG 165, Entry 179, Box 518.
112 Room Conversation, Röhm – Einsiedel, 26.1.1945, NARA, RG 165, Entry 179, Box 464.
113 Room Conversation, Egger – Freissler, 15.2.1945, NARA, RG 165, Entry 179, Box 464.
114 Room Conversation, Egger – Freissler, 14.2.1945, NARA, RG 165, Entry 179, Box 464.
115 Room Conversation, Rothmann – Ruhe – Uhlmann, 12.8.1944, NARA, RG 165, Entry 179, Box 533.
116 Room Conversation, Heroven – Holzapfel, 7.4.1945, NARA, RG 165, Entry 179, Box 483.
117 Room Conversation, Müller – Reimbold, 22.3.1945, NARA, RG 165, Entry 179, Box 519.
118 Room Conversation, Mewes – Käss, 30.4.1945, NARA, RG 165, Entry 179, Box 492.
119 Room Conversation, Egger – Freissler, 14.2.1945, NARA, RG 165, Entry 179, Box 464.
120 Room Conversation, Bader – Deisler, 29.3.1945, NARA, RG 165, Entry 179, Box 444.
121 Room Conversation, Mass (SP) – Grünfeld (SP) – Mürk (SP) – Krapoth, 12.1.1945, NARA, RG 165, Entry 179, Box 502.
122 Vgl. Kap. VI.
123 Vgl. Kap. V.
124 Room Conversation, Bermann (SP) – Eilers, 22.6.1944, NARA, RG 165, Entry 179, Box 464.
125 Room Conversation, Bartoleit – Schwoch, 5.1.1945, NARA, RG 165, Entry 179, Box 445.
126 Room Conversation, Albrecht – Schlecht, 29.7.1944, NARA, RG 165, Entry 179, Box 442.
127 Room Conversation, Gössele – Langer, 27.12.1944, NARA, RG 165, Entry 179, Box 506.
128 Room Conversation, Klages – Noack, 14.9.1944, NARA, RG 165, Entry 179, Box 497.

129 Room Conversation, Stössel – Richter, 29.12.1944, NARA, RG 165, Entry 179, Box 531. Vgl. auch Kap. VII.
130 Vgl. Gutman u. a. (Hrsg.), Enzyklopädie des Holocaust, S. 859 f. (s.v. Libau).
131 Room Conversation, Drechsel – Meissle – Schulz, 13.6.1943, NARA, RG 165, Entry 179, Box 515.
132 Room Conversation, Bader – Deisler, 29.3.1945, NARA, RG 165, Entry 179, Box 444.
133 Room Conversation, Drechsel – Meissle – Schulz, 12.6.1943, NARA, RG 165, Entry 179, Box 515.
134 Room Conversation, Manger – Mehlis, 1.3.1945, NARA, RG 165, Entry 179, Box 515.
135 Vgl. Christ, »Das wird sich alles einmal rächen«, S. 278 f.
136 Room Conversation, Störer – Dolch, 20.4.1945, NARA, RG 165, Entry 179, Box 461.
137 Room Conversation, Mantel – Keller (SP), 5.10.1944, NARA, RG 165, Entry 179, Box 512.
138 Room Conversation, Nieschling – Humann, 10.6.1945, NARA, RG 165, Entry 179, Box 489.
139 Room Conversation, Bruns – Fritsche, 29.3.1945, NARA, RG 165, Entry 179, Box 455.
140 Room Conversation, Breitlich – Hanelt, 3.4.1945, NARA, RG 165, Entry 179, Box 447.
141 Room Conversation, Bode – Radinger, 23.7.1943, NARA, RG 165, Entry 179, Box 451.
142 Room Conversation, Erlwein – Wery, 4.2.1945, NARA, RG 165, Entry 179, Box 465.
143 Room Conversation, Blunder – Gelfert, 20.1.1945, NARA, RG 165, Entry 179, Box 450.
144 Room Conversation, Müller – Reimbold, 22.3.1945, NARA, RG 165, Entry 179, Box 519.
145 Room Conversation, Meyer – Hoffer, 14.2.1945, NARA, RG 165, Entry 179, Box 516.
146 Room Conversation, Sponagel – Sack, 6.2.1945, NARA, RG 165, Entry 179, Box 535.
147 Room Conversation, Rothmann – Ruhe – Uhlmann, 12.8.1944, NARA, RG 165, Entry 179, Box 556.
148 Room Conversation, Müller – Reimbold, 22.3.1945, NARA, RG 165, Entry 179, Box 519.
149 Room Conversation, Lang – Labude, 22.3.1945, NARA, RG 165, Entry 179, Box 505.
150 Room Conversation, Blunder – Gelfert, 20.1.1945, NARA, RG 165, Entry 179, Box 450.
151 Room Conversation, Meyer – Albrecht, 4.1.1944, NARA, RG 165, Entry 179, Box 442; Room Conversation, Meyer – Osterloh, 2.1.1945, NARA, RG 165, Entry 179, Box 516.
152 Room Conversation, Krienke – Richter – Abels, 14.1.1945, NARA, RG 165, Entry 179, Box 441.
153 Room Conversation, Sponagel – Sack, 6.2.1945, NARA, RG 165, Entry 179, Box 535.
154 Room Conversation, Kessler – Aschenbrenner, 19.6.1945, NARA, RG 165, Entry 179, Box 495.
155 Room Conversation, Lang – Labude, 22.3.1945, NARA, RG 165, Entry 179, Box 505.
156 Interrogation Report, StFw. Gustav Kirchner, 8.10.1943, NARA, RG 165, Entry 179, Box 496.
157 Room Conversation, Schwotzer – Streubel – Maurer, 4.4.1945, NARA, RG 165, Entry 179, Box 546.
158 Room Conversation, Capell – Seeger, 6.10.1944, NARA, RG 165, Entry 179, Box 457.
159 Room Conversation, Hartdegen – Schildknecht, 31.8.1944, NARA, RG 165, Entry 179, Box 479.
160 Room Conversation, Munchinger – Zilliken, 11.11.1944, NARA, RG 165, Entry 179, Box 520.
161 Room Conversation, Heroven – Holzapfel, 7.4.1945, NARA, RG 165, Entry 179, Box 483.
162 Room Conversation, Eckold – Plettenberg, 25.3.1945, NARA, RG 165, Entry 179, Box 463.

163 Room Conversation, Kessler – Aschenbrenner, 19.6.1945, NARA, RG 165, Entry 179, Box 495.
164 Room Conversation, Illig – Riede, 24.6.1945, NARA, RG 165, Entry 179, Box 490.
165 Room Conversation, Bender – Ulrich, 29.4.1945, NARA, RG 165, Entry 179, Box 556.
166 Room Conversation, Killmann – Meyer, 16.8.1944, NARA, RG 165, Entry 179, Box 496.
167 Interrogation Report, Gefr. Friedrich Killmann, 15.8.1944, NARA, RG 165, Entry 179, Box 500.
168 Interrogation Report, USchaFü. Georg Blunder, 20.1.1945, NARA, RG 165, Entry 179, Box 450.
169 Room Conversation, Schwotzer – Plettenburg, 27.03.1945, 11.45 – 17.10 Uhr, NARA, RG 165, Entry 179, Box 546. Interrogation Report, Lt. Helmut Schwotzer, 16.3.1945, NARA, RG 165, Entry 179, Box 546.
170 Room Conversation, Schwotzer – Plettenburg, 26.03.1945, 14.00 – 17.10 Uhr, NARA, RG 165, Entry 179, Box 546.
171 Vgl. Müllers, Elite des »Führers«?
172 Room Conversation, Bader – Deisler, 29.3.1945, NARA, RG 165, Entry 179, Box 444.
173 Room Conversation, Rattag – Simon – Valis – Olsson, 8.8.1944, NARA, RG 165, Entry 179, Box 529.

## 第十章　结语

1 Vgl. Guerrazzi, Noi non sappiamo odiare. Vgl. auch Neitzel/Welzer, Soldaten, S. 355 – 361.
2 Vgl. Höpken, Archaische Gewalt, S. 257 ff.
3 Vgl. Strauss, The Anguish of Surrender, S. 48 f.
4 Vgl. Melber, Alliierte Studien zu Moral und Psyche japanischer Soldaten im Zweiten Weltkrieg, S. 419.
5 Ebd.
6 Vgl. Neitzel/Welzer, Soldaten, S. 355 – 361.
7 Vgl. Neitzel/Welzer, Soldaten, S. 390.
8 Vgl. Baberowski, Verbrannte Erde, S. 500.

# 参考文献


Aly, Götz (Hrsg.): *Volkes Stimme. Skepsis und Führervertrauen im Nationalsozialismus,* Frankfurt a. M. 2006.

Andersch, Alfred: »... *einmal wirklich leben*«. Ein Tagebuch in Briefen an Hedwig Andersch 1943 bis 1975, Zürich 1986.

Andersch, Alfred: *Amerikaner – erster Eindruck,* in: ders.: Gesammelte Werke in zehn Bänden. Kommentierte Ausgabe, Bd. 5: Erzählungen, Zürich 2004. S. 305–322.

Baberowski, Jörg: *Kriege in staatsfernen Räumen. Russland und die Sowjetunion 1905–1950,* in: Beyrau, Dietrich/Hochgeschwender, Michael/Langewiesche, Dieter (Hrsg.): *Formen des Krieges. Von der Antike bis zur Gegenwart,* Paderborn 2007, S. 291–309.

–: *Verbrannte Erde. Stalins Herrschaft der Gewalt,* München 2012.

Bajohr, Frank/Dieter Pohl: *Der Holocaust als offenes Geheimnis. Die Deutschen, die NS-Führung und die Alliierten,* München 2006.

Biehl, Heiko: *Kampfmoral und Kohäsion als Forschungsgegenstand, militärische Praxis und Organisationsideologie,* in: Apelt, Maja (Hrsg.), *Forschungsthema Militär. Militärische Organisation im Spannungsfeld von Krieg, Gesellschaft und soldatischen Subjekten,* Wiesbaden 2010, S. 139–162.

Bourke, Joanna: *An Intimate History of Killing. Face-to-face killing in twentieth century warfare,* London 1999.

Broszat, Martin (Hrsg.): *Autobiographische Aufzeichnungen des Rudolf Höß,* München 1963.

Browning, *Ganz normale Männer. Das Reserve-Polizeibataillon 101 und die »Endlösung« in Polen,* Reinbek 1993.

Christ, Michaela: *»Das wird sich alles einmal rächen.« Gewalt und Verbrechen in den Gesprächen deutscher Kriegsgefangener im amerikanischen Verhörlager Fort Hunt,* in: Welzer, Harald/Neitzel, Sönke/Gudehus, Christian: *»Der Führer war wieder viel zu human, viel zu gefühlvoll!« Der Zweite Weltkrieg aus der Sicht deutscher und italienischer Soldaten,* Frankfurt a. M. 2011, S. 266–298.

Christoffel, Edgar: *Krieg am Westwall 1944/45. Das Grenzland im Westen zwischen Aachen und Saarbrücken in den letzten Kriegsmonaten,* Trier 1989.

Cole, Hugh M.: *The Lorraine Campaign. United States Army in World War II. The European Theater of Operations,* Washington 1993.

Dvorak, Petula: *Fort Hunt's Quiet Men Break Silence on WWII,* in: *Washington Post,* 6. 10. 2007.

Gutman, Israel u. a. (Hrsg.): *Enzyklopädie des Holocaust. Die Verfolgung und Ermordung der europäischen Juden.* München/Zürich ²1998.

Esser, Hartmut: *Soziologie. Spezielle Grundlagen.* Bd. 4: Opportunitäten und Restriktionen, Frankfurt a. M. 2000.

–: *Soziologie. Spezielle Grundlagen.* Bd. 1: Situationslogik und Handeln, Frankfurt/Main 1999.

Falter, Jürgen W.: *Hitlers Wähler,* München 1991.

Fischer, Lorenz/Wiswede, Günter: *Grundlagen der Sozialpsychologie,* München ³2009.
Förster, Jürgen: *Die Wehrmacht im NS-Staat. Eine strukturgeschichtliche Analyse,* München 2007.
–: *Die weltanschauliche Erziehung in der Waffen-SS: »Kein totes Wissen, sondern lebendiger Nationalsozialismus«,* in: Matthäus, Jürgen [u.a.] (Hrsg.): *Ausbildungsziel Judenmord? »Weltanschauliche Erziehung« von SS, Polizei und Waffen-SS im Rahmen der »Endlösung«,* Frankfurt a.M. 2003, S. 87 – 114.
–: *Geistige Kriegführung in Deutschland 1919 bis 1945,* in: Blank, Ralf [u.a.] (Hrsg.): *Das Deutsche Reich und der Zweite Weltkrieg,* Bd. 9/1, Stuttgart 2004, S. 469 – 640.
Friedrich, Jörg: *Der Brand. Deutschland im Bombenkrieg 1940 – 1945,* München 2002.
Geck, Stefan: *Dulag Luft – Auswertestelle West. Vernehmungslager der Luftwaffe für westalliierte Kriegsgefangene im Zweiten Weltkrieg,* Frankfurt a.M. [u.a.] 2008.
Gerwarth, Robert: *Reinhard Heydrich. Biographie,* München 2011.
Groß, Sebastian: *Gefangen im Krieg. Frontsoldaten der Wehrmacht und ihre Weltsicht,* Berlin 2012.
Gudehus, Christian/Neitzel, Sönke/Welzer, Harald (Hrsg.): *»Der Führer war wieder viel zu human, viel zu gefühlvoll«. Der Zweite Weltkrieg aus der Sicht deutscher und italienischer Soldaten,* Frankfurt a.M. 2011.
Guerrazzi, Amedeo Osti: *Noi non sappiamo odiare. L'esercito italiano tra fascismo e democrazia,* Turin 2010.
Gurfein, M. I./Janowitz, Morris: *Trends in Wehrmacht Morale,* in: *Public Opinion Quarterly 10* (1946), S. 78 – 84.
Höpken, Wolfgang: *Archaische Gewalt oder Vorboten des »totalen Krieges«? Die Balkankriege 1912/13 in der europäischen Kriegsgeschichte des 20. Jahrhunderts.* In: Brunnbauer, Ulf/Helmedach, Andreas/Troebst, Stefan (Hrsg.): *Schnittstellen. Gesellschaft, Nation, Konflikt und Erinnerung in Südosteuropa,* München 2007, S. 245 – 260.
Hübinger, Gangolf, *»Sozialmoralisches Milieu«. Ein Grundbegriff der deutschen Geschichte,* in: Steffen Sigmund (Hrsg.), *Soziale Konstellation und historische Perspektive,* Wiesbaden 2008, S. 207 – 227.
Hürter, Johannes: *Auf dem Weg zur Militäropposition. Tresckow, Gersdorff, der Vernichtungskrieg und der Judenmord. Neue Dokumente über das Verhältnis der Heeresgruppe Mitte zur Einsatzgruppe B im Jahr 1941,* in: *Vierteljahrshefte für Zeitgeschichte* 52 (2004), S. 527 – 562.
–: *Hitlers Heerführer. Die deutschen Oberbefehlshaber im Krieg gegen die Sowjetunion 1941/42,* München ²2007.
Jasper, Andreas: *Zweierlei Weltkriege? Kriegserfahrungen deutscher Soldaten in Ost und West 1939 bis 1945,* Paderborn [u.a.] 2011.
Joch, Markus: *Erzählen als Kompensieren. Andersch revisited und ein Seitenblick auf die Sebald-Debatte,* Döring, Jörg/Joch, Markus (Hrsg.), *Alfred Andersch »revisited«. Werkbiographische Studien im Zeichen der Sebald-Debatte,* Berlin/Boston 2011, S. 253 – 296.
Kay, Alex J.: A *»War in a Region beyond State Control«? The German-Soviet War, 1941 – 1944,* in: *War in History 18* (2011), S. 109 – 122.
Klausch, Hans-Peter: *»Erziehungsmänner« und »Wehrunwürdige«. Die Sonder- und Bewährungseinheiten der Wehrmacht,* in: Haase, Norbert/Paul, Gerhard (Hrsg.), *Die anderen Soldaten. Wehrkraftzersetzung, Gehorsamsverweigerung und Fahnenflucht im Zweiten Weltkrieg,* Frankfurt/Main ²1997, S. 66 – 82.
Klinkhammer, Lutz: *Der Partisanenkrieg der Wehrmacht 1941 – 1944,* in: Müller, Rolf-Dieter [u.a.] (Hrsg.): *Die Wehrmacht, Mythos und Realität,* München 1999, S. 815 – 836.
Kroener, Bernhard R.: *Generationserfahrungen und Elitenwandel. Strukturveränderungen im deutschen Offizierkorps 1933 – 1945,* in: Hudemann, Rainer/Soutou, Georges-Henri (Hrsg.): *Eliten in Deutschland und Frankreich im 19. und 20. Jahrhundert. Strukturen und Beziehungen.* Bd. 1, München 1994, S. 219 – 233.

Kühne, Thomas: *Kameradschaft. Die Soldaten des nationalsozialistischen Krieges und das 20. Jahrhundert*, Göttingen 2006.
Lieb, Peter: *Generalleutnant Harald von Hirschfeld. Eine nationalsozialistische Karriere in der Wehrmacht*, in: Hartmann, Christian (Hrsg.): *Von Feldherren und Gefreiten. Zur biographischen Dimension des Zweiten Weltkriegs*, München 2008, S. 45–56.
–: *Konventioneller Krieg oder NS-Weltanschauungskrieg? Kriegsführung und Partisanenbekämpfung in Frankreich 1943/44*, München 2006.
Melber, Takuma: *Alliierte Studien zu Moral und Psyche japanischer Soldatem im Zweiten Weltkrieg*, in: Welzer, Harald/Neitzel, Sönke/Gudehus, Christian: *»Der Führer war wieder viel zu human, viel zu gefühlvoll!« Der Zweite Weltkrieg aus der Sicht deutscher und italienischer Soldaten*, Frankfurt a. M. 2011, S. 414–437.
Mergel, Thomas: *Führer, Volksgemeinschaft und Maschine. Politische Erwartungsstrukturen in der Weimarer Republik und dem Nationalsozialismus 1918–1936*, in: Hardtwig, Wolfgang (Hrsg.): *Politische Kulturgeschichte der Zwischenkriegszeit 1918–1939*, Göttingen 2005, S. 91–127.
Moore, John Hammond: *The Faustball Tunnel. German POWs in America and their Great Escape*, New York 1978.
Moreno, Jacob L.: *Die Grundlagen der Soziometrie. Wege zur Neuordnung der Gesellschaft*, Opladen 1996.
Müllers, Frederik: *Elite des »Führers«? Mentalitäten im subalternen Führungspersonal von Waffen-SS und Fallschirmjägern, 1944/45*, Berlin 2012.
Mulligan, Timothy P.: *Lone Wolf. The Life and Death of U-Boat Ace Werner Henke*, Westport/ London 1993.
–: *Neither Sharks nor Wolves. The Men of Nazi Germany's U-Boat Arm, 1939–1945*, Annapolis 1999, S. 172–194.
Neitzel, Sönke/Welzer, Harald: *Soldaten. Protokolle vom Kämpfen, Töten und Sterben*. Frankfurt a. M. 2011.
Neitzel, Sönke: *Abgehört. Deutsche Generäle in britischer Kriegsgefangenschaft 1942–1945*, Berlin 2005.
–: *Des Forschens noch wert? Anmerkungen zur Operationsgeschichte der Waffen-SS*, in: *Militärgeschichtliche Zeitschrift 61* (2002), S. 403–429.
Overmans, Rüdiger: *Deutsche militärische Verluste im Zweiten Weltkrieg*, Freiburg i. Brsg. 1996.
–: *Soldaten hinter Stacheldraht. Deutsche Kriegsgefangene des Zweiten Weltkriegs*, Berlin/München 2000.
Pohl, Dieter: *Die Herrschaft der Wehrmacht. Deutsche Militärbesatzung und einheimische Bevölkerung in der Sowjetunion 1941–1944*, München 2008.
Rahn, Werner: *Die Deutsche Seekriegführung 1943 bis 1945*, in: Müller, Rolf Dieter [u. a.] (Hrsg.): *Das Deutsche Reich und der Zweite Weltkrieg*. Bd. 10/1, München 2008, S. 3–273.
Raphael, Lutz: *Die nationalsozialistische Weltanschauung. Profil, Verbreitungsformen und Nachleben*, in: Gehl, Günter (Hrsg.): *Kriegsende 1945. Befreiung oder Niederlage für die Deutschen? Gedanken über die Hintergründe des Rechtsextremismus in der Bundesrepublik Deutschland*, Weimar 2006, S. 27–42.
Rass, Christoph: *»Menschenmaterial«. Deutsche Soldaten an der Ostfront. Innenansichten einer Infanteriedivision 1939–1945*, Paderborn [u. a.] 2003.
Reinhardt, Stephan: *Alfred Andersch. Eine Biographie*, Zürich 1990.
Richhardt, Dirk: *Auswahl und Ausbildung junger Offiziere 1930–1945. Zur sozialen Genese des deutschen Offizierkorps*, Marburg 2003.
Richter, Timm C. (Hrsg.): *Krieg und Verbrechen. Situation und Intention. Fallbeispiele*, München 2006.
Ritter, Rüdiger: *Tönende Erinnerung. Überlegungen zur Funktionsstruktur des akustischen Gedächt-*

*nisses. Das Beispiel der Schlacht von Stalingrad,* in: Maier, Robert (Hrsg.), *Akustisches Gedächtnis und Zweiter Weltkrieg,* Göttingen 2011, S. 31 – 42.

Rohrkamp, René: »*Weltanschaulich gefestigte Kämpfer*«. *Die Soldaten der Waffen-SS 1933 – 1945: Organisation – Personal – Sozialstruktur,* Paderborn 2010.

Römer, Felix: »*A New Weapon in Modern Warfare*«. *Militärische Nachrichtendienste und strategische »Prisoner of War Intelligence« in Vernehmungslagern der USA, 1942 – 1945, in:* Gudehus, Christian/Neitzel, Sönke/Welzer, Harald (Hrsg.): »*Der Führer war wieder viel zu human, viel zu gefühlvoll*«. *Der Zweite Weltkrieg aus der Sicht deutscher und italienischer Soldaten,* Frankfurt a. M. 2011, S. 116 – 139.

–: »*Im alten Deutschland wäre solcher Befehl nicht möglich gewesen*«. *Rezeption, Adaption und Umsetzung des Kriegsgerichtsbarkeitserlasses im Ostheer 1941/1942,* in: *Vierteljahrshefte für Zeitgeschichte 56* (2008), S. 53 – 99.

–: *Alfred Andersch abgehört. Kriegsgefangene »Anti-Nazis« im amerikanischen Vernehmungslager Fort Hunt,* in: *Vierteljahrshefte für Zeitgeschichte 58* (2010), S. 563 – 598.

–: *Die Wehrmacht und der Kommissarbefehl. Neue Forschungsergebnisse,* in: *Militärgeschichtliche Zeitschrift 69* (2010), S. 243 – 274.

–: *Gewaltsame Geschlechterordnung. Wehrmacht und »Flintenweiber« an der Ostfront 1941/42,* in: Latzel, Klaus/Maubach, Franka/Satjukow, Silke (Hrsg.): *Soldatinnen. Gewalt und Geschlecht vom Mittelalter bis heute,* Paderborn [u. a.] 2011, S. 331 – 351.

–: *Literarische Vergangenheitsbewältigung. Alfred Andersch und seine Gesinnungsgenossen im amerikanischen Vernehmungslager Fort Hunt,* in: Döring, Jörg/Joch, Markus (Hrsg.): *Alfred Andersch »revisited«. Werkbiographische Studien im Zeichen der Sebald-Debatte,* Berlin/Boston 2011, S. 153 – 188.

–: *Volksgemeinschaft in der Wehrmacht? Milieus, Mentalitäten und militärische Moral in den Streitkräften des NS-Staates,* in: Gudehus, Christian/Neitzel, Sönke/Welzer, Harald (Hrsg.): »*Der Führer war wieder viel zu human, viel zu gefühlvoll*«. *Der Zweite Weltkrieg aus der Sicht deutscher und italienischer Soldaten,* Frankfurt a. M. 2011, S. 55 – 94.

Scheck, Raffael: *Hitler's African Victims. The German Army Massacres of Black French Soldiers 1940,* Cambridge 2006.

Scherr, Albert: *Sozialisation, Person, Individuum,* in: Korte, Hermann; Schäfers, Bernhard (Hrsg.) *Einführung in die Hauptbegriffe der Soziologie.* Opladen [7]2008, S. 45 – 68.

Schwilk, Heimo: *Ernst Jünger. Ein Jahrhundertleben,* München 2010.

Seidl, Tobias: *Führerpersönlichkeiten. Deutungen und Interpretationen deutscher Wehrmachtgeneräle in britischer Kriegsgefangenschaft,* Paderborn [u. a.] 2012.

Shils, Edward A./Janowitz, Morris: *Cohesion and Disintegration in the Wehrmacht in World War II,* in: *Public Opinion Quarterly 12* (1948), S. 280 – 315.

Smith, Bradley: *Admiral Godfrey's Mission to America, in: Intelligence and National Security 1* (1986), H. 3, S. 441 – 450.

Stein, George H.: *Geschichte der Waffen-SS,* Königstein 1978.

Stimpel, Hans-Martin: *Die deutsche Fallschirmtruppe 1942 – 1945. Einsätze auf Kriegsschauplätzen im Osten und Westen,* Hamburg 2001.

Straub, Katharina: *Wahrnehmungen und Deutungen von Soldaten der Waffen-SS,* in: Gudehus, Christian/Neitzel, Sönke/Welzer, Harald (Hrsg.): »*Der Führer war wieder viel zu human, viel zu gefühlvoll*«. *Der Zweite Weltkrieg aus der Sicht deutscher und italienischer Soldaten,* Frankfurt a. M. 2011, S. 315 – 347.

Strauss, Ulrich: *The Anguish of Surrender. Japanese POWs of World War II,* London/Seattle 2003.

Süß, Winfried: *Tod aus der Luft. Kriegsgesellschaft und Luftkrieg in Deutschland und England,* München 2011.

Vester, Heinz-Günter: *Kompendium der Soziologie I: Grundbegriffe,* Wiesbaden 2009.

Wegner, Bernd: *Hitlers politische Soldaten. Die Waffen-SS 1933–1945*, Paderborn [u. a.] [8]2010.
Welzer, Harald: *Täter. Wie aus ganz normalen Menschen Massenmörder werden*, Frankfurt a. M. 2005.
Wernicke, Christian: *Scham ist stärker als Schweigen*, in: *Süddeutsche Zeitung*, 8. 11. 2007.
Zarusky, Jürgen: *Timothy Snyders »Bloodlands«. Kritische Anmerkungen zur Konstruktion einer Geschichtslandschaft*, in: *Vierteljahrshefte für Zeitgeschichte* 60 (2012), S. 1–31.